ユングのタイプ論に基づく

世界諸国の
国民性

そして内向型国民の優れた特性

山口 實

CCCメディアハウス

Carl Gustav Jung（1875.7.26 バーゼル〜1961.6.6 チューリッヒ）
スイスの心理学者、精神病学者。1948年チューリッヒにユング研究所を設立。チューリッヒ大学を経て1943年バーゼル大学教授。はじめはフロイトの熱心な支持者。分析心理学を創始した。「リビドーの変転とシンボル」（1912）、「タイプ論」（1921）、「分析心理学への寄与」（1928）、「パーソナリティーの統合」（1939）、「無意識の心理学について」（1960）、その他多くの重要な著作を遺す。

写真提供　ユニフォトプレス

キュエノによる「生命の樹」

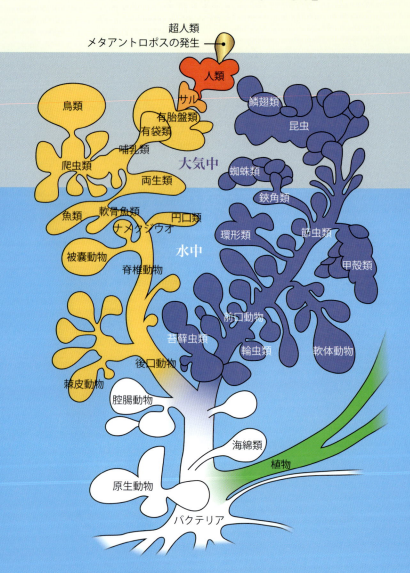

この象徴図では「層」に相当する各葉片が、
(形態的に量的に) 哺乳類全体で形作るものと少なくとも同程度の重要さを示している。
濃い青は水中。その上の薄い青は大気中。さらにその上の白い部分は生命のみの世界。
ただし、霊長類以上は著者が追加。
(テイヤール・ド・シャルダン著作集1『現象としての人間』第二図キュエノによる〈生命の樹〉p.151 より)

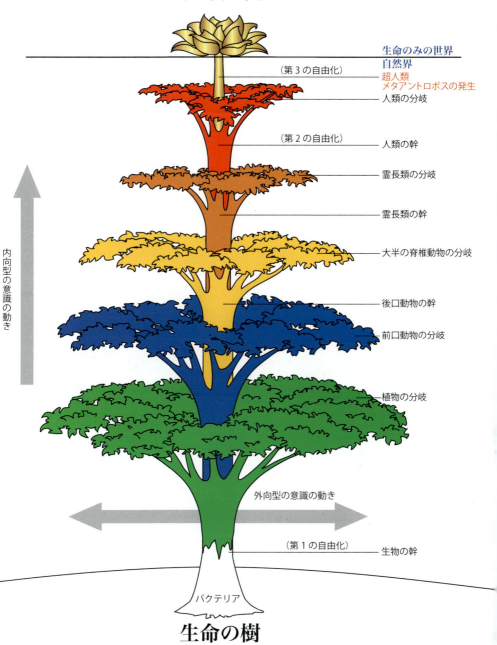

Henri Bergson（1859.10.18 パリ〜1941.1.4 パリ）
フランスの哲学者。1928年ノーベル文学賞。1900年コレージュ・ド・フランス教授。独特の進化論的な生命の哲学。20世紀前半のフランスの知的世界の中心人物。「物質と記憶」(1896)、「創造的進化」(1907)、「道徳と宗教の二源泉」(1932)、その他多くの重要な著作を遺す。

写真提供　ユニフォトプレス

ユングのタイプ論に基づく
世界諸国の国民性
そして内向型国民の優れた特性
●目次●

15……緒　言
15…………はじめに
16…………ユングの気質論の概要
21……本書におけるプレゼンテーションのポリシー
21…………資料について
22…………統計資料について
22…………現地調査について
22…………出典の表示について
23…………英語について

【分析的目次】

25……〈1〉第Ⅰ部　世界諸国の国民性

26……〈11〉第1章　感覚が主機能の場合
26…………〈111〉第1節　感覚・思考型
26……………〈111・1〉内向感覚・思考型
26………………〈111・11〉オーストリア人
32……………〈111・2〉外向感覚・思考型
32………………〈111・21〉イタリア人
42………………〈111・22〉ギリシア人
55…………〈112〉第2節　感覚・気持型
55……………〈112・1〉内向感覚・気持型
56………………〈112・11〉日本人
64……………〈112・2〉外向感覚・気持型

64……………〈112・21〉アルゼンチン人
85……………〈112・22〉ブラジル人
97……………〈112・23〉エジプト人
119……………〈112・24〉ハンガリー人

132……〈12〉第2章　直観が主機能の場合

132………〈121〉第1節　直観・思考型
132…………〈121・1〉内向直観・思考型
132……………〈121・11〉ロシア人
147…………〈121・2〉外向直観・思考型
147……………〈121・21〉中国人

161………〈122〉第2節　直観・気持型
161………※〈122・1〉（内向直観・気持型）
161…………〈122・2〉外向直観・気持型
161……………〈122・21〉アメリカ人

168……〈13〉第3章　思考が主機能の場合

168………〈131〉第1節　思考・感覚型
168…………〈131・1〉内向思考・感覚型
168……………〈131・11〉チリ人
177……………〈131・12〉イラン（アーリア）人
200……………〈131・13〉インドネシアのジャワ島人
208……………〈131・14〉フィンランド人
215……………〈131・15〉ドイツ人
221……………〈131・16〉スウェーデン人
230…………〈131・2〉外向思考・感覚型
230……………〈131・21〉フランス人
243……………〈131・22〉韓国人

254………〈132〉第2節　思考・直観型
254…………〈132・1〉内向思考・直観型
254……………〈132・11〉イギリス人

264……………〈132・12〉 イスラエル人
275……………〈132・13〉 スイス人
282………※〈132・2〉（外向思考・直観型）

283……〈14〉 第4章　気持が主機能の場合

283………〈141〉 第1節　気持・感覚型
283………※〈141・1〉（内向気持・感覚型）
283………※〈141・2〉（外向気持・感覚型）
283………〈142〉 第2節　気持・直観型
283………※〈142・1〉（内向気持・直観型）
283…………〈142・2〉外向気持・直観型
283……………〈142・21〉ポルトガル人

291……〈2〉 第Ⅱ部　内向型国民の優れた特性

292…………ユングの心理学的タイプ論の序文より

295……〈21〉 第1章　内向型と外向型の特徴の違いが生じる生物学的基盤

295………〈211〉 第1節　内向型と外向型の特徴の違いは生命と物質の違いから生じる
295…………〈211・1〉 第1項　生命の基本的動き：「物質から自由になろうとする動き」と「一つに溶け合おうとする動き」
296……………〈211・11〉生命は物質の制約から自由になろうとする
297……………〈211・12〉生命は一つに溶け合おうとする、総合に向かおうとする
298…………〈211・2〉 第2項　物質の基本的動き：部分に分かれる（fragmentation）
299………〈212〉 第2節　なぜある人は内向型となり他の人は外向型となるのか（「生命の樹」からの考察）
299…………〈212・1〉 第1項　「生命の樹」の幹の部分において
300…………〈212・2〉 第2項　「生命の樹」の先端部分（分裂組織）において

301 ……〈212・3〉第3項　「生命の樹」の概念図
302 ……〈212・4〉第4項　「生命の樹」に起こりつつある最後の「突然変異」、新しき人「超人類の発生」
304 ……〈212・5〉第5項　人類の最終目的：根源的生命との合一
305 ……〈212・6〉第6項　古代宗教の問題

307 …〈22〉**第2章　内向型と外向型の特徴**

307 ……〈221〉第1節　内向型は主観的、外向型は客観的
307 ……〈221・0〉主観の世界の基本的構造：豊かな元型の世界（優れた情報源）
308 ……〈221・01〉2種類の元型
309 ……〈221・011〉イメージとして現われる元型
309 ……〈221・012〉展開パターンとして現われる元型
310 ……〈221・02〉しかし元型そのものは言葉では言い表わせない
310 ……〈221・03〉内向型の四つの機能を通して現われる元型の特徴
310 ……〈221・031〉内向感覚型の場合
311 ……〈221・032〉内向直観型の場合
313 ……〈221・033〉内向思考型の場合
314 ……〈221・034〉内向気持型の場合
315 ……〈221・04〉内向型の豊かな主観の世界を軽視する現代の風潮に対するユングの警鐘
317 ……〈221・1〉第1項　内向型は意識が深い、外向型は意識が浅い
317 ……〈221・11〉内向型は外への反応が遅い、外向型は速い
319 ……〈221・12〉内向型は外的刺激に鈍感、外向型は敏感
321 ……〈221・121〉誤解されたスウェーデンの性哲学
322 ……〈221・122〉裸の哲学
323 ……〈221・13〉内向型は言葉が少ない、外向型は言葉が多い
324 ……〈221・131〉「以心伝心」心から心へ
325 ……〈221・132〉暗黙の了解
325 ……〈221・133〉内向型諸国の例
325 ……〈221・133・1〉スウェーデン
326 ……〈221・133・2〉ドイツ

326	〈221・133・3〉	スイス
327	〈221・133・4〉	日本
328	〈221・14〉	内向型社会の「言葉の二重性」
329	〈221・15〉	内向型社会の言語と外向型社会の言語の特徴
330	〈221・151〉	内向型社会の言語の特徴
332	〈221・152〉	外向型社会の言語の特徴
332	〈221・152・1〉	物質的対象の語彙が多い
333	〈221・152・2〉	日常用語では、動詞の分化が内向型言語よりも少ない
334	〈221・152・3〉	外向型言語は一般に概念が明確（哲学原理の百科事典）
335	〈221・2〉	第2項　内向型は物証よりも心証を重んじる、外向型は心証よりも物証を重んじる
336	〈221・21〉	内向型は心が通じ合っていれば満足できるが、外向型は触れ合って確かめる
337	〈221・22〉	内向型は主観的確信に動かされて仕事を進めることがあるが、外向型は客観的証拠で確かめてからでないと進めることができない
337	〈221・221〉	iPS細胞でノーベル賞を受賞した京都大学の山中伸弥教授の例
337	〈221・222〉	『ニューズウィーク』日本版の例
339	〈221・3〉	第3項　内向型は強い計画志向によって客観を支配しようとする
339	〈221・31〉	スウェーデン人の計画志向
340	〈221・32〉	スイス人の計画志向
340	〈221・33〉	日本人の計画志向
343	〈221・34〉	ロシア人の計画志向
344	〈221・4〉	第4項　内向型は何事も心を込めて行なう（精神主義、理想主義、完璧主義）
345	〈221・41〉	内向型は趣味やスポーツまでも精神修養にしてしまう
346	〈221・42〉	内向型は理念をどこまでも追求する
346	〈221・421〉	ドイツ人（内向思考・感覚型）の場合
347	〈221・422〉	スイス人（内向思考・直観型）の場合

348 ……… 〈221・423〉 日本人（内向感覚・気持型）の場合
348 ……… 〈221・423・1〉 どこまでも美しいものを
348 ……… 〈221・423・2〉 どこまでも美味しいものを
349 ……… 〈221・423・3〉 どこまでも可愛いものを
350 ……… 〈221・423・4〉 どこまでも便利なものを
350 ……… 〈221・423・5〉 どこまでも使いやすいものを（アップルの社長 Jobsは感性的には日本人？）
351 ……… 〈222〉 **第2節　内向型は自衛的、外向型は攻撃的**
352 ……… 〈222・1〉 第1項　内向型は外に対しては閉鎖的
353 ……… 〈222・11〉 スウェーデン人
354 ……… 〈222・12〉 ドイツ人
354 ……… 〈222・13〉 スイス人
355 ……… 〈222・14〉 日本人
355 ……… 〈222・2〉 第2項　内向型は控え目 Reserved
355 ……… 〈222・21〉 目をそらす
356 ……… 〈222・22〉 おとなしい
358 ……… 〈222・23〉 大声を出さない
358 ……… 〈222・24〉 ぎこちない
359 ……… 〈222・25〉 感情はあまり表わさない
360 ……… 〈222・26〉 外向型社会の人は内向型のこうした特徴を見て精神病だと思っている
361 ……… 〈222・27〉 しかし、内向型は外向型を真似てはならない
362 ……… 〈222・3〉 第3項　内向型は外界に対しては外向型ほど積極的には関わらない
362 ……… 〈222・31〉 内向型は外向型と違い外界をあまりマニピュレートしない
363 ……… 〈222・32〉 内向型は外向型と違い変化を好まない、外向型は飽きっぽい
364 ……… 〈222・33〉 内向型は外向型と違いアグレッシブではない
364 ……… 〈222・331〉 犯罪発生率
365 ……… 〈222・332〉 第二次世界大戦中のドイツと日本の攻撃性（関東軍の暴走）

365	〈222・332・1〉	ドイツの場合
366	〈222・332・2〉	日本の場合
367	〈222・34〉	外向型はアグレッシブ
369	〈222・4〉	第4項　内向型は外向型と違い心配症
369	〈222・41〉	スウェーデン人
370	〈222・42〉	ドイツ人
370	〈222・43〉	スイス人
371	〈222・44〉	ロシア人
371	〈222・45〉	日本人
372	〈222・5〉	第5項　内向型は安全第一、石橋を叩いて渡る
372	〈222・51〉	「食の安全へのこだわり（Anxiety）」（日米牛肉摩擦の例）
373	〈222・52〉	「医療の安全性へのこだわり」
375	〈223〉	第3節　内向型は集団的、外向型は単独的
375	〈223・1〉	第1項　内向型は仲間を真似る（イミテーション）、外向型は真似ない
377	〈223・2〉	第2項　内向型は他の文化を吸収・同化（アシミレーション）しようとする、外向型はしない
378	〈223・21〉	内向型社会は外国語を取り入れることに積極的、外向型は消極的
379	〈223・22〉	内向型社会は外国文化のアシミレーションにも積極的
379	〈223・221〉	スウェーデン人、スイス人、ロシア人の場合
380	〈223・222〉	日本人の場合
380	〈223・222・1〉	中国文化のアシミレーション
380	〈223・222・2〉	西洋文化のアシミレーション
380	〈223・222・21〉	David S. Landes の証言
381	〈223・222・22〉	中谷巌（一橋大学名誉教授）の証言
383	〈223・3〉	第3項　内向型は仲間集団 Our Community（以下 Our Com）を形成しようとする、外向型はしない
384	〈223・31〉	Our Com の範囲と拡大
385	〈223・32〉	Our Com に受け入れられたい、権威に従う
385	〈223・321〉	受け入れる側の姿勢：ヤンテの法 Law of Jante（Jantelagen）

386	〈223・322〉	受け入れてもらう側の姿勢
386	〈223・322・1〉	謙虚であること（Ritual subordination）
387	〈223・322・11〉	スウェーデン人の場合
388	〈223・322・12〉	ドイツ人、スイス人、ロシア人、オランダ人の場合
389	〈223・322・13〉	日本人の場合
390	〈223・33〉	**Our Com では、皆との心の結びつきを重視する**
390	〈223・331〉	スウェーデン人
391	〈223・332〉	ドイツ人
391	〈223・333〉	スイス人
391	〈223・334〉	ロシア人
392	〈223・335〉	インドネシアのジャワ島人
393	〈223・336〉	アーリア人
393	〈223・337〉	日本人
394	〈223・34〉	**Our Com の中では平等に扱われたい**
395	〈223・341〉	内向型諸国の例
395	〈223・341・1〉	スウェーデン
395	〈223・341・2〉	ドイツ
396	〈223・341・3〉	スイス
396	〈223・341・4〉	ロシア
396	〈223・341・5〉	日本
397	〈223・342〉	所得格差の問題
398	〈223・35〉	**Our Com では、正直、真面目、勤勉となり、そして頑張る**
398	〈223・351〉	正直
398	〈223・351・1〉	スウェーデン人の正直さ
398	〈223・351・2〉	ドイツ人の正直さ
399	〈223・351・3〉	日本人の正直さ
399	〈223・352〉	真面目
399	〈223・352・1〉	スウェーデン人の真面目さ
400	〈223・352・2〉	ドイツ人の真面目さ
400	〈223・352・3〉	日本人の真面目さ

400	〈223・353〉	勤勉
401	〈223・353・1〉	スウェーデン人の勤勉性
401	〈223・353・2〉	スイス人の勤勉性
401	〈223・352・3〉	ドイツ人の勤勉性
402	〈223・352・4〉	日本人の勤勉性
404	〈223・353・5〉	「せっかち」Fast pace of life の国際比較
406	〈223・354〉	頑張る
407	〈223・354・1〉	スウェーデン人の頑張り
407	〈223・354・2〉	スイス人の頑張り
408	〈223・354・3〉	ドイツ人の頑張り
408	〈223・354・4〉	日本人の頑張り
410	〈223・36〉	**Our Com の仲間に感謝する、過失を謝る、赦す**
410	〈223・361〉	感謝する
410	〈223・362〉	過失を謝る
411	〈223・362・1〉	しかし、外向型は責任が問われる場合には謝らない
412	〈223・363〉	国家としての謝罪の問題
412	〈223・363・1〉	ドイツの場合
413	〈223・363・2〉	日本の場合（マッカーサーと昭和天皇、靖国神社問題）
419	〈223・363・3〉	今こそ世界諸国が相互に赦し合うべき時が来た
420	〈223・37〉	**Our Com に役立つことが内向型の生き甲斐となる、外向型は自分で達成した成果を楽しむことが生き甲斐となる**
423	〈223・38〉	**内向型は大自然を大きな Our Com のように感じ、その中に溶け込むときに安らぎを覚える**
424	〈223・4〉	第4項　内向型社会における組織の特徴
424	〈223・40〉	この問題を解くために参考になる Geert Hofstede の理論
426	〈223・401〉	HofstedeのPower Distance の設問に見る内向型と外向型
429	〈223・402〉	Hofstede の設問をスウェーデン人に当てはめてみた結果

430 ……………〈223・41〉内向型社会の上司に求められる資質とその役割
430 ……………〈223・411〉上司に求められる基本的資質、すなわち成熟（利己心の超克）
431 ……………〈223・412〉内向型社会における上司の役割
432 ……………〈223・412・1〉ヴィジョンを策定する
432 ……………〈223・412・2〉部下を育てる（事業は人なり）
432 ……………〈223・412・3〉部下が最大の成果を挙げるよう仕事環境を整える
432 ……………〈223・412・4〉部下とその家族を守るために最大限の努力をする
433 ……………〈223・413〉内向型諸国に見るトップの役割の実際
433 ……………〈223・413・1〉スウェーデン
434 ……………〈223・413・2〉ドイツ
434 ……………〈223・413・3〉スイス
434 ……………〈223・413・4〉ロシア
435 ……………〈223・413・5〉インドネシア
435 ……………〈223・413・6〉日本
435 ……………〈223・413・61〉もと不良少年だった二人の弁護士が語るリーダー論
436 ……………〈223・413・62〉理想的な中小企業の一例：伊那食品工業
438 ……………〈223・413・63〉大企業の一例：トヨタ自動車・豊田喜一郎の姿勢
439 ……………〈223・5〉第5項　内向型社会と経済
439 ……………〈223・51〉成果主義は内向型社会には基本的にはなじまない
440 ……………〈223・52〉内向型諸国の高度な生産性 Productivity
443 ……………〈223・6〉第6項　内向型社会の課題：外向型社会の個人主義が侵入するとき、問題が発生する

445 ……〈3〉第3章　気質に関わる問題
445 ………〈31〉第1節　気質と成熟（美点と欠点）
448 ………〈32〉第2節　気質と性格の違い
449 ………〈33〉第3節　気質と気候の関係

450 ……〈4〉第4章　気質論の基盤に関わる哲学
450 ………〈41〉第1節　無から有は生じない

- 450 ……… ⟨411⟩ 第1項　空間の意識
- 451 ……… ⟨412⟩ 第2項　無の意識
- 452 ……… ⟨413⟩ 第3項　「実在することが本質となっている存在」とは
- 453 ……… ⟨414⟩ 第4項　カントの不可知論の問題
- 455 …… ⟨42⟩ 第2節　生命は物質からは生じない
- 455 ……… ⟨421⟩ 第1項　生命は一つに融合しようとする、物質は多に分散する
- 456 ……… ⟨422⟩ 第2項　生命は空間に制約されない、生命は「偏在」しようとする
- 457 ……… ⟨423⟩ 第3項　生命は時間にも制約されない、生命は「永遠」になろうとする（現在に収斂する）
- 458 ……… ⟨424⟩ 第4項　物質には目的性がないが、生命には目的性がある：驚異的な生命体の合目的的構造
- 461 ……… ⟨425⟩ 第5項　生命と物質のさらなる相違
- 461 ………… ⟨425・1⟩ **生命は築く、物質は崩れる**
- 461 ………… ⟨425・2⟩ **生命はプラスサム的、物質はゼロサム的**
- 462 ………… ⟨425・3⟩ **生命体ではすべてが好循環か悪循環になる、物体ではそれがない**
- 463 …… ⟨43⟩ 第3節　進化は偶然の突然変異だけでは生じない
- 463 ……… ⟨431⟩ 第1項　生物の側からの積極的適応努力が必要
- 464 ……… ⟨432⟩ 第2項　偶然の確率から見ると、偶然の突然変異だけでは進化は生じない

- 467 … ⟨5⟩ **第5章　相互誤解から相互理解へ**
- 467 …… ⟨51⟩ 第1節　内向型と外向型の間に生じる誤解
- 467 ……… ⟨511⟩ 第1項　内向型の寡黙から生じる誤解：魔女裁判
- 468 ……… ⟨512⟩ 第2項　内向型の理想主義と外向型の現実主義に基づく相互誤解
- 469 ……… ⟨513⟩ 第3項　全体主義社会と個人主義社会の相互誤解
- 470 …… ⟨52⟩ 第2節　合理的タイプと非合理的タイプの間に生じる相互誤解
- 472 …… ⟨53⟩ 第3節　相互誤解の根深い原因：文化の違いの認識不足

475……〈0〉		**C. G. Jung「心理学的タイプ」の第10章縮訳** (p.473a〜p.583a)	

479……〈00〉 A 　序文（473a〜477c）

484……〈01〉 B 　外向型（477d〜535c）

484………〈011〉 Ⅰ 　外向型の意識の一般的「姿勢」（478a〜483b）
488………〈012〉 Ⅱ 　外向型の無意識の「姿勢」（483c〜490a）
494………〈013〉 Ⅲ 　外向的「姿勢」における心理学的諸機能の基本的特質 （490b〜535c）

494…………〈013・1〉 1 　外向思考（490b〜496d）
499…………〈013・2〉 2 　外向思考型（497a〜509a）
509…………〈013・3〉 3 　外向気持（509b〜511c）
512…………〈013・4〉 4 　外向気持型（511d〜515d）
516…………〈013・5〉 5 　合理的タイプのまとめ（516b〜519c）
519…………〈013・6〉 6 　外向感覚（519d〜521a）
520…………〈013・7〉 7 　外向感覚型（521b〜525b）
524…………〈013・8〉 8 　外向直観（525c〜527d）
526…………〈013・9〉 9 　外向直観型（528a〜531c）
530…………〈013・(10)〉 10 　外向的非合理的タイプのまとめ（531c〜535c）

534……〈02〉 C 　内向型（535d〜583a）

534………〈021〉 Ⅰ 　内向型の意識の一般的な「姿勢」（535d〜541d）
539………〈022〉 Ⅱ 　内向型の無意識の「姿勢」（542a〜544d）
542………〈023〉 Ⅲ 　内向的「姿勢」における心理学的諸機能の基本的特質 （545a〜583a）

542…………〈023・1〉 1 　内向思考（545a〜549b）
546…………〈023・2〉 2 　内向思考型（549c〜554b）
551…………〈023・3〉 3 　内向気持（554c〜556c）
553…………〈023・4〉 4 　内向気持型（556d〜560d）
557…………〈023・5〉 5 　内向的合理的タイプのまとめ（561a〜563b）

559	〈023・6〉	6	内向感覚（563c〜566a）
562	〈023・7〉	7	内向感覚型（566b〜570b）
565	〈023・8〉	8	内向直観（570c〜574a）
569	〈023・9〉	9	内向直観型（574b〜576d）
571	〈023・(10)〉	10	内向的非合理的タイプのまとめ（577a〜579c）
573	〈023・(11)〉	11	主要機能と補助機能（579d〜583a）

577 ┄┄ **Epilogue**

※印で示した項目に関しては、筆者はそこに該当する民族を見つけることができなかったか、十分な知識を持たなかった。

装丁　水崎真奈美
口絵イラスト　楠本礼子（asterisk-agency）

緒　言

はじめに

　上機嫌になった呑み助が老神父に「天国とはどんなところかね」と尋ねた。
「そうじゃな、まあ言ってみれば、フランス人が料理人、イギリス人がお巡り、ドイツ人が技術者、スイス人が役人で、イタリア人が愛人というようなところじゃ」
「では、地獄は？」
「うん、料理人がイギリス人、お巡りはドイツ人、役人はフランス人、愛人はスイス人、技術者はイタリア人というところじゃ」
〔注：『不思議の国イタリア』元駐イタリア大使・堀新助著、サイマル出版会、p.133〕
　日本に来ていたベルギー人が言っていた。
「面白い話が出たら、話が始まるや否や笑うのがスペイン人、話が終わる前に笑うのがフランス人、話が終わると話した人に対して儀礼的に笑うのがイギリス人、翌朝になって笑い出すのがドイツ人と日本人」
　スペインの友人が言っていた。
「道路に通行止めの柵があったとする。そこにドイツ人や日本人がやってくると、それに敬意を払ってクルリと回って戻っていくだろう。フランス人はヒョイと飛び越えて先に行く。イタリア人やスペイン人はどうするかわかるかい？それはもう楽しそうにボカーツとぶっ壊して進んでいくさあ！」

■**それにしても個人の気質がみな違うのに、民族・国民気質が本当にあるのだろうか**

　あるのである。人数的にか文化的に多数派majorityとなっている人々の気質が、その国民の集団気質となる傾向が強いからだ。そのなかに生きる〈他の気質の人〉たちは、多数派に自分を合わせ（適応）なければそのなかには溶け込めないばかりか、不利になるからである。集団主義的な日本人は、個人主義的

なアメリカ社会では、自己主張をしなければ対等に生きることはできない。その結果、アメリカの国民気質は、ますます色濃くなっていくのである。

ただし、この場合、その日本人は「適応行動」を表面的にとっているだけであって、アメリカ人の個人主義的な気質に変わったわけではない。ユングが言うように、個人の気質は一生変わらないからである。カメレオン現象と呼べるかもしれない。

そして実際、国民気質について書かれた本はたくさんある。有名なものとしては、例えば、アメリカ人については、Margaret Mead の *And Keep Your Powder Dry* (1942)。日本人については、Ruth Benedict の *The Chrysanthemum and the Sword*『菊と刀』(1946)。ドイツ人については、Theodor Adorno et alia の *The Authoritarian Personality*。イギリス人については、Geoffrey Gorer の *Exploring English Character* (1955)。イタリア人については、Luigi Barzini の *The Italians* (1964) など、いろいろある。

一方、個人の気質については、昔から大きな関心が寄せられ、気質の様々な分類が試みられてきた。なかでも、2世紀のギリシアの医師ガレノスは、多血質、粘液質、胆汁質、憂鬱質に分けて説明を試みた。ドイツの精神医学者クレッチマーは、痩せ型と肥満型に分けて説明した。日本では古川竹二の考案した血液型による説明がはやっている。

しかし、それらはいずれも、気質の分類をしているだけであって、原因に基づく学問的裏付けは乏しい。なぜB型はB型のような言動をするのか、血液の何がそのような言動を引き起こすのかについての説明はない。

ところが幸い、学問的裏付けがあり、実際に役に立つ画期的な気質論が現われた。精神分析学者ユングの心理学的タイプ論（Psychologische Typologie）である。

ユングの気質論の概要

彼は2万人もの患者の内面を分析するうちに、気質には三つの要素があることに気がついた。

〈内部の心の世界〉に強い関心があるか、あるいは〈外部の物質の世界〉に強

い関心があるかによって、気質の特徴の大枠が決まる。

次に外部の世界であれ、内部の世界であれ、対象を捉える際に、〈対象の表面の特徴〉を捉えるか、あるいは〈対象の奥の本質〉（可能性の土台）を捉えるかによって気質の特徴が限定される。

第三に、さらに捉えた対象を選択する場合、論理的に考えて判断するか、あるいは自分の気持（フィーリング）で判断するかによって、気質の特徴がさらに限定される。

すなわち、意識が内界に向かう傾向の強い人（**内向型**）が存在する一方、外界に向かう傾向のほうが強い人（**外向型**）が存在する。そして、内界においても外界においても、ともかく対象を捉える場合、主にその表面的特徴を捉える傾向の強い人（**感覚型**）と、その奥の本質（可能性の土台）のほうを捉える傾向の強い人（**直観型**）が存在する。さらに、捉えた対象について判断する場合、論理的に判断する傾向の強い人（**思考型**）と、気持（feeling）で判断する傾向のほうが強い人（**気持型**）が存在する。

すなわち、気質の特徴は、**意識の方向**と、**対象の知覚の仕方**と、知覚した対象について判断する**判断の仕方**という三つの要素から成っており、その組み合わせによって気質の特徴が大体決まるとユングは考えた。

■ **このユングの気質論によって得られる多くのインサイト**

まずは、自分自身についての理解が深まる。自分の気質には、どういう傾向があるかが分かれば、どういうことに気をつけ、どのように現実に対処したらよいかが見えてくる。自分と気質の違う人にどう接したらよいかも分かってくる。そして、違った気質の人を受け入れることができるようになる。

また、家庭にあっては、夫婦の相互理解が深まる。子供との接し方も分かるようになる。学校にあっては、生活指導や進学指導が容易になる。組織にあっては気質に合った人事考課（管理職向き、総務向き、商品開発向き、営業向き等々）がある程度可能になる。

芸術作品を鑑賞するためにも作者の気質を知ることは大切である。作者の気質が表われているからである。モーツァルトとベートーベンの音楽には、内向気持型（feeling）と内向思考型（thinking）の違いが根底に感じられる。

歴史の理解も深まるだろう。歴史の立役者たちの気質が分かれば、どうして彼らがあのように行動したかが内側からある程度理解できる。信長については外向直観思考型を、秀吉については外向感覚思考型をお読みいただきたい。
　経済の理解にも役立つかもしれない。先進国の内向型諸国がその理想主義と集団性によって、一人当たりのGNPでは、今日、世界をリードしているからである。
　国際関係の理解も深まるだろう。例えば、内向型の理想主義と外向型の現実主義が、世界の文化と経済の発展のためには絶対に必要なことが分かるだろう。また、内向型の国と外向型の国の気質の違いが分かると、政治的・経済的国際問題がしばしば気質の違いから発生していることが分かり、適切な対応の仕方が分かるだろう。
　そして、特に今日の世界の風潮は、ユングも警告するように、外向型の価値観を優先している。しかし、彼のタイプ論によって**内向型の優れた特性**が確認されるであろう。

■ユングによれば気質は16のタイプに分けられる

　先に述べた気質の諸要素は、互いに次のような関係になっている。

意識の方向＋対象の捉え方（知覚機能）＋対象に対する対処の仕方（判断機能）
〈内向か、外向か〉＋〈感覚的か、直観的か〉＋〈思考的か、気持（feeling）的か〉

　ここから、まず次の八つのタイプに分けられる。

「内向感覚・思考型」「内向感覚・気持型」
「内向直観・思考型」「内向直観・気持型」
「外向感覚・思考型」「外向感覚・気持型」
「外向直観・思考型」「外向直観・気持型」

　しかし、ユングによれば、人によっては、知覚機能が判断機能よりも強く気質に影響する人もいれば、逆の人もいる。ユングは、**優れたほうの機能をその**

人の**主要機能**（優越機能）と呼び、**劣ったほうの機能を補助機能**（劣等機能）と呼んで区別した。

したがって、同じ気質要素を持っていても、どちらの気質が主要機能になるかによって、気質は異なってくる。例えば「外向感覚・思考型」（例えばイタリア人）は一般に明るいタイプとなり、「外向思考・感覚型」（例えばフランス人）は一般に重厚なタイプとなる。

意識の中には最も発達した機能と並んで（579d）、常に未発達の補助機能がもう一つ存在し、ある程度言動に影響を与え、補完的機能を果たしている。この第二の機能は主要機能とは本質的に異なってはいるが、対立することのない機能である。例えば「思考thinking」が主機能ならば、「直観機能」を補助機能として思索的な知性speculative Intellectの持ち主が生じる。また「感覚機能」を補助機能として実際的な知性の持ち主が生じるというわけである。詳しくは、573ページ〈023・(11)（579d）～（583a）〉を参照していただきたい。

したがって、ユングは、実際には次のように16のタイプに分けて考えている。

内向感覚・思考型	外向感覚・思考型
内向感覚・気持型	外向感覚・気持型
内向直観・思考型	外向直観・思考型
内向直観・気持型	外向直観・気持型
内向思考・感覚型	外向思考・感覚型
内向思考・直観型	外向思考・直観型
内向気持・感覚型	外向気持・感覚型
内向気持・直観型	外向気持・直観型

■**意識的領域と無意識的領域**

さらにユングは、これらの気質のそれぞれに、**表の部分と陰の部分**があることも発見した。普通、人は**意識的に行動する**が、それが極端になると、深層意識（無意識）がそれを元に引き戻そうと働きはじめる。すなわち**気質とは逆の言動を無意識的にさせる**ようになる。例えば、事業が面白くて、自分や家族の

幸せなどそっちのけで事業に没頭するようになると、軌道修正の動きが無意識に働くようになり、それが極端に過剰になり嵩（こう）じてくると、最後には精神疾患に陥り、ユング心理学の臨床面での治療を必要とするようになる。

　なお、本書では、フロイトやアドラーの心理学ではなく、ユング心理学を重視する。その理由は、ユングが指摘するように、フロイトとアドラーが方法論的に誤りをおかし、患者を危険に曝す可能性が高いからである。彼らは自分の意識に照らして患者を観察しているが、そうすることによって、判断が彼ら観察者にすっかり委ねられ、患者が彼らに心理的に全面的に依存せざるを得なくなるからである。
　しかし、ユングが言うように、実際には常に患者本人が自分の無意識的な心の動きではなく意識的な心の動きとして感じているものに基づいて判断がなされなければならない。患者個人の主観的意識の心理を描写することに土台をすえなければならない。詳しくは517ページ〈013・5〉を参照されたい。

本書におけるプレゼンテーションのポリシー

　本書は内向型と外向型国民の特徴を述べるが、**特に内向型国民の特徴を中心に述べる**。黒い物は背景が白いほど、鮮明に見えてくるからである。そればかりではない。内向型の優れた特性が理解できるからである。

　また、内向型国民と外向型国民の気質について述べる場合、欠点は述べない。気質自体は良くも悪くもないからである。**利己心を克服した人の気質が美点となり、同じ気質でも利己心に負けた人の気質が欠点となる**からである（後出第Ⅱ部第3章445ページ）。国民の場合も同じである。

　さらに本書では、その国の政治家のすることと、国民性とを区別する。政治家が国家にやらせることは、しばしば、民の心を反映していないからである。国民は善良なのに、国家の行動は政治家によって悪質なものになることがしばしばあるからだ。実際、多くの戦争が政治家の判断ミスや個人的欲望によって起こされ、多数の国民が、味方も敵も、その犠牲者となっている。

　また、本書で「その国の人には、しかじか、かような特徴がある」という場合、「皆が皆、例外なくそうだ」と言っているわけではない。「**そういうタイプの人が、この国では、人数的にか、影響力的に、多数派になっている**」ということである。

資料について

　ユングの資料として本書が基本的に依拠しているのは、ユングの**心理学的タイプ論の第10章**であるため、それを縮訳して巻末に入れた。本文中にしばしば引用されているが、目次（分析的目次）における整理番号は0から始まる。ページ数は原書のページ数で表示し、見つけやすいように、1ページをa・b・c・dの4段に分け、(475a)のように表示した。

　また、各国の資料については、項目のはじめに挙げられた資料のほかに、エンサイクロペディア・ブリタニカを広く参考にしている。

統計資料について

　本書の性質上、一般に気質の長期的傾向を示すものを選んでいる。そのような資料については、頻繁なアップデートはしていない。
　また、本書における資料としての文献の利用目的は、国民の一般的・文化的特徴を述べることではなく、ユングの示す16の気質要素（例えば外向性、思考性、感覚性等々）の表われ方を、過去から現在に至るまで述べることに置かれている。

現地調査について

　本書の資料は、1959～68年ヨーロッパ留学中に集めはじめ、西ヨーロッパ諸国についての現地調査は大半終了した。それ以外の国々、北欧、東欧、南米、中近東、中国、韓国などについては、2000～2002年に調査を行なった。その際には、事前に現地の日本大使館にお願いして、このような取材に適している現地の有識者と在留邦人の有識者を紹介していただいた。「彼らの知識は重要な情報を大量に含んでおり、その結晶となっている」と考えたからである。なお、フランスとアメリカは仕事のためしばしば訪れていた。
　しかし、内向型の日本に生まれた私は、外向型の国の生活を実際に体験しないで、内向型と外向型の相違に関して責任をもって語ることはできない。そのため1999年カナダに移住。17年間在住した。
　しかし、私の能力と資力の不足から、まだ多くの重要な国が抜け落ちている。また誤りもあるかもしれない。特にアフリカ諸国については手つかずで終わってしまった。ぜひ読者諸氏に調査・修正・補足していただければと思う。

出典の表示について

　出典は、スペースの許す限り、できるだけ提示した。それは、筆者個人の見解ではなく多くの人と共有した見解であることを知っていただくためである。

また、本書のすべての部分を正確に位置づけ、関連個所を、いつも、どこからでも、即時に参照できるよう、トピックの頭には整理番号をつけた。「分析的目次」に赤字で示した番号がそれである。例えば〈See：123・456・789〉という形式で表示してある。

英語について

　現代の日本語には英語が氾濫している。また義務教育でも英語が教えられている。そのために、多少の横文字はお許しいただければと思う。わずかではあるがその他の言語も、それを添えたほうが、文意が精密に分かりやすくなる場合には記しておいた。したがって、本書は横組みにした。

〈1〉第Ⅰ部

世界諸国の国民性

⟨11⟩ 第1章
感覚が主機能の場合

⟨111⟩
第1節　感覚・思考型

⟨111・1⟩
内向感覚・思考型

⟨111・11⟩
オーストリア人
内向②感覚④思考②
（強度を強いほうから⑤段階に分けた。以下同）

■**ユングの解説**：内向感覚型〈023・7〉562ページ、内向思考型〈023・2〉546ページ。

■**資料**
・Individualization and 'National' Character・Traditional and Modernity in Helmutkuzmics, University of Graz
・〈http://www.arts.ubc.ca/german/lps/papers/austrian.html〉
・Baptist Mid-Missions in "Austria"〈http://www.bmm.org/Fields/Austria.html〉

■Interviewees

在日オーストリア大使館の文化参事官（Cultural Attaché）：Wolf Dietrich HEIM and Christiana Hageneder（1997年10月20日）

■Human Contact

9年ほどスイスの国際学生寮で生活を共にしていた十数人のオーストリア人。ウィーンで過ごした夏休み。

■国土と歴史

国土8万3858平方キロ。人口850万8000人（2014年）。西暦紀元前400年頃ケルト人が住んでいたが、前200年頃から西暦5世紀まで、ローマ人の文化と混合。その後大挙して押し寄せてきたゲルマン人や東のマジャール人やスラブ人の血族的・文化的影響も混じって今日の民族の土台ができた。現在の国としての土台は西暦976年確立。1278年から1918年までハプスブルク家の統治。

■一般的印象

フレンドリーでチャーミング。おとなしく、穏やか。礼儀正しく、控え目。優しさを持っている人が多い。優柔不断なところがあり、とても相手に気を使い、頼まれると断われない。ヨーロッパでは、スイス人とともに日本人に近い印象を受けた。照れ方も日本人によく似ている。

〈111・1〉
内向感覚・思考型

　エモーションを溢れさせるし、親切だが、相手に一歩譲ったような形でそれをする。また、ストイックに受動的にものごとを我慢するところもあり、しばしば無理してでも楽しそうに見せようとするところがある。自分の言いたいことを口に出しにくく、間接的にものを言う。だからしばしば**本音**と、言っていることが違って二面性がある。寡黙な人が尊敬される。小さいときから礼儀正しく、控え目に、親切に人に接し、不満を表に出さないよう躾けられる。

オーストリア人は自分自身のことはあまりさらけ出さない。人との付き合いにおいても一般にその範囲は広くはなく、仕事以外に付き合う本当の友人は、一般には、生涯に2、3人ぐらいしかいない。ものごとの見方は一般に消極的でネガティブ。他人に対して用心深い。現代絵画においても内面の深層意識を覗かせるイメージのものが少なくない。

しかし、ドイツ人やスイス人やロシア人や日本人と比べるとオープンだ。細かいことについては、彼らほどにはこだわらない。完全主義なところも、それほど強くはない、リラックスしている。規則を守る点でも彼らほど厳しくはない。ドイツ人や日本人のようには働かない。管理者や銀行や大手の会社の役職者は別として、みな時間でさっさと引き上げる。「今日できなくても、明日があるさ」と、急がず慌てずあまり頑張らない。自分の好きなことを好きな方法でやりたいと思っている。夏には5週間たっぷり休みを楽しむ。

内向型の特徴である「和」の傾向もかなりある。丁寧で、人を喜ばそうとする。議論をするときには事を荒立てないように一般論的に話し、自分の考えはしっかり持っていても、遠慮してコミットした返事はしたがらない。

外国文化の同化力（アシミレーション）もある〈See：223・2〉。外向型社会（特に中国やフランス）に見られるような外国語排除の傾向はない。

ハプスブルク家がロシアの王朝と親しかったために、スラブ語の影響が強く感じられる。またマリア・テレジアの時代にはフランス語が公用語だったこともあり、今もフランス語の単語が意外と多い。

しかし、世界各国の人々の性格を、ビジネスマンへのアンケートを通して研究した**オランダの学者Geert Hofstede（ヘールト・ホフステード）の研究資料を見ると、オーストリア人は世界で最も内向型の国民**となっている。Hofstedeは内向型という言葉は一切使わないし、それとの関係には気がついていないようだが、内向型の特徴であるところの権力者（上司）と被支配者（部下）の間の<u>力の距離Power Distance Index（PDI）</u>が世界39カ国のうちで、最も短い国となっているからである。

〔注：Hofstede, "Cultural Consequences" p.77, International Differences in Work‒Related Values Abridged Edition, Sage Pubications Newbury Park, London, 1980, New Delhi. なお本書で引用する際には略してHCCとした〕

このことについて、Hofstedeは次のように述べている。
「PDIの値に、まったく予想外の低い数値が出たのは、オーストリアとそれに次いでイスラエル人であった。両者の間には文化的つながりがあるからだろう。ナチスがオーストリアを支配するまでは、イスラエル人がオーストリアの知識階級の中核（key role）を成していたからだ……。そしてイスラエル人のPDIの値が低いことは、キブツ（kibbutz）のようなシステム（平等の精神を重んじ、共同生活を営み、労働に従事する生活共同体で、平等の精神は内向型の特徴〈See：223・34〉）をつくりだした社会だから、直観的に理解できる。
　オーストリアのPDIの値の低さも驚きだが、さらにオーストリアのUAI（Uncertainty Avoidance Index。冒険を回避する傾向で、これも内向型の特徴〈See：222・5〉）の高いことを考え合わせれば、ますます確信が深まる。さらに、オーストリアの平等性を重視する倫理観は、マジョリティが社会主義的であることにおいても表われている」(HCC, p.102)

　しかし、オーストリア人に関する限り、Hofstede の言うことは筆者の調査とは多少ずれがある。それは彼の調査が単に世界各国に展開するHermès社の社員を対象になされており〈See：223・40〉、気質論に必要な広範囲な資料に基づいていないからではないかと思われる。しかし、彼の研究は、全般的には画期的なものであり、非常に参考になる〈See：223・402〉。

〈111・111・1〉
主機能の内向的感覚がもたらす特徴

　芸術、特に音楽の感覚がよい。「ウィーンで戦後最初に復興されたものは何か知ってるかい？　シュタット・オパー（国立劇場）さ！」と友人は胸を張った。北部のドイツ人よりも、気質的に明るい。明るい南ドイツのバイエルン地方と接しているからだろう。
　なお、一般的にいって、日本人にはヨーロッパのこの地方から生まれた音楽が一番肌合いが良いようだ。パリの木の十字架少年合唱団より、ウィーン少年合唱団のほうが日本では断然人気があった。またフランスのフォークソングよりもオーストリアの歌曲のほうが日本人には合うようだ。

オーストリア人はドイツ人よりもチャーミングで、かつポエティックでリリカルである。生活を楽しむ点でもこちらが一歩先。昔、音楽家や詩人たちがよくやっていたように、喫茶店で楽しく談笑するのが庶民の楽しみ。コーヒーは楽しみ、祝うために飲む。ドイツ人もコーヒーは飲むが、眠気を覚ましたり、体を温めるための飲み物くらいにしか考えていない人が多い。ところで、なぜかオーストリア人は昼食に甘いもの（Kaiserschmarrn）が好きだ。

何かというとすぐ詩を吟じるし、合唱を始める。一人で歌うと調子外れな友人たちも、合唱するとちゃんとハーモニーするから不思議だった。

絵画的表現は音楽ほどではないが、手工芸品は豊か。音楽の伝統を守り発展させるのに一生懸命で、若い世代の創造力はあるが、モーツァルトのシャドーが大きすぎて、心理的に負担になっているようだ。現代のイタリアの芸術家にとってルネサンスの巨匠たちの圧力が常に負担になっているのと似ている。

日本人を納得させるには「みんなやっている」と言えばいいし、アメリカ人には「プラクチカルだ」と言えばいい。ドイツ人には「これは人間としての義務だ」と言えばよいが、オーストリア人には「素晴らしい、美しい」と言えばよいかもしれない。

〈111・111・2〉
補助機能の内向的思考がもたらす特徴〈See：023・(11)「主要機能と補助機能」参照、573ページ〉

まず、ユングの「内向思考型」の解説を読んでいただきたい（549c〜554b、〈See：023・2〉546ページ）。そこに書いてあることが、オーストリア人の気質の理解をさらに深める。

ドイツ人ほどではないが、思考性もかなりある。他人と違った意見を持っていても互いに尊重する。オーストリア人がコーヒーショップ（Kaffeehaus）に集まって議論するのはよく知られている。しかし、日本ほどのコンセンサス作りはない。他人をあまり真似ない。ブランド志向はないわけではないが、見かけよりもクオリティと値段で買う。大型ブランドは逆に敬遠されるようだ。内向感覚・気持型の日本人と違って、「そんないいことばかりあるはずがない」

と思っている。

　フォーマルで、未だに相手の肩書きを挨拶や手紙に丁寧に書くし、挨拶の儀礼もきちんとしなければならない。だから、アメリカ人や英国人にあげる名刺には個人の名前だけのものを用意し、自国人やドイツ人やスイス人に渡す名詞には、肩書きをたくさん書いたものを用意している。ただし、相手を喜ばすために、時には相手のタイトルにはよけいなタイトルまでつけてしまう。

〈111・112〉
地域差

　西部地域はドイツ的。ウィーンを含め東部はスラブとハンガリー的雰囲気が強い。国全体を対象にした愛国心よりも郷土愛のほうがずっと強い。例えばチロル地方がそうだ。アルプスは美しく、素晴らしい。しかし、チロルの人々にとっては、それ以上のものである。これが彼らの郷土愛のシンボルとなっているからである。オーストリア人であるより前に自分たちはチロル人であると呼ばれることを誇りに思い、その分、ウィーンを持ち上げようとはしない。

■**国歌**（国歌は国民が価値とするものの結晶的表現となっている）
　　Land of mountains, land by the stream,
　　Land of fields, land of cathedrals,
　　Land of hammers, with a promising future,
　　Home to great daughters and sons,
　　A nation highly blessed with beauty,
　　Much-praised Austria,
　　Much-praised Austria !

〈111・2〉
外向感覚・思考型

〈111・21〉
イタリア人
外向④感覚④思考型③

■**ユングの解説**：外向感覚型〈013・7〉520ページ、外向思考型〈013・2〉499ページ。

■**資料**

・L. Luigi Barzini "*The Italians*" by Atheneum Publishers, New York, 1964.［邦訳『イタリア人』ルイジ・バルジーニ著、室伏哲郎／室伏尚子訳、弘文堂、1965年］
・『イタリア人の発想』千種堅著、徳間書店、1979年。
・『イタリア人』山崎功著、講談社、1979年。
・『不思議の国 イタリア』堀新助著、サイマル出版会、1985年。

■**Interviewees**

　ある著名なイタリア人。丸紅の石原幸継（産業機械部・産業システム課長）。ほか日本のビジネスマンたち。

■**Human Contact**

　留学中に生活を共にしていた十数人のイタリア人。彼らからもいろいろ聞いた。夏休みにイタリア各地を見聞。

■**国土と歴史**

　国土30万1323平方キロ（日本の約0.8倍）。人口6114万2000人（2014年）。今は昔のローマ帝国のラテン人の血は、様々な民族の混入のために薄められ、多くの地域に分かれてしまった。イタリアにおいて一国の意識が再度まとまって

きたのは、ようやく、19世紀中頃（1861年）。しかし相変わらず国家よりも郷土に対する愛着や忠誠心のほうが強い。国を思う心は20％、郷里を思う心は80％という具合であり、互いに対抗意識をつのらせている。ミラノを中心とする北部と、ナポリのある南部地方では、体型も考え方も違う（北は長身で青眼の人が多く、南は短身で茶眼か黒眼の人が多い）。ゆえに、全体としての気質の特徴を特定するのは難しい。外向感覚性は特に南部に感じられる。

〈111・211〉
外向型の特徴

■明るい、ユーモアがある
　人なつっこい。小さな事は気にしない。職場の人間関係についてもあまり気にしない。親切、楽天的、享楽的。まさにドルチェ・ヴィータ（甘い生活）だ。食べ物や遊びについての話題が豊富。くそ真面目に働くことはない。昔も今もポンペイの壁画のようだ。祭り好き。美食家。昼寝。ともかくまずは、自分の生活のゆとりが第一。午後1時から4時まで店は休む。休暇をとるのが目的で働いているという感じがする。仮病の欠勤も結構あると聞く。人生を楽しむのが生き甲斐。夏休みの前だと、皆、夏休みをどう楽しむかの話で持ちきりとなり、そわそわしている。冒険好き。今もマルコ・ポーロだ。なかには大丈夫かと心配になる危険な国にも、平気でバカンスに行く人がいる。
　やぼったいのが大嫌い。外出にはきれいに着飾って行く。外は汚いが家の中は綺麗。現在タルクイニアに残っている地下の墳墓から発掘された壺絵や壁画からは、大昔も美しく着飾り、大いに食べ、おしゃべりが好きだったことがうかがわれる。
　家族を一番大事にしている。だから、家族のためなら欠勤しても同情される。

■個人主義
　強い個人主義とそれを拡大した家族的個人主義、すなわち大家族主義の国である。それ以外の他人はすべて信用できない。社会はホッブスの「万人の万人に対する戦い」の場と思っている。当然、生活水準の格差は大きく、それがな

かなか変わらない。貧しい人が多い一方、桁外れの金持ちが存在する。

　個人主義で自分を軸に好き勝手に動くため、当然、規則はあまり守らない。互いに少々勝手に規則を破って迷惑かけても、怒らない。納税意識も低い。できるだけごまかそうとする。人口40万人の町で12万人が障害者年金を受け取っているということも耳にした。ある医者は一回の診療に3万円（2002年の円に大ざっぱに換算して）も取るのに、年間の申告所得は5万円という具合だとか。逆に、何かあって癪に障ると「政府の泥棒め！」と叫ぶ。

　ナポリは世界最大の革手袋の産地だが、手袋製造業者として登録されているのはほとんどない。世界のスキー靴の90％を生産している北イタリアのモンテベルーノの町には、スキー製造工場は一つもないことになっている。イタリア経済はいつも危機的といわれながら、隠れた底力がある。それはアングラ経済がしっかりしているからである。

　こうした状況の底には、政府は常に国民のことは考えてはくれず、政治家たちは政治を私利私欲の道具にしているという長年の不信感がある。自分たちの生活は自分たちで守っていくしかないという考えから、大家族の団結で自分たちを守っている。

　フランスよりもひどい車の運転。信号よりも互いの呼吸に合わせる。見ていても、よくもまあ事故が起きないものだと思う。ただ、無茶というのではない。極端に臨機応変なのだ。

■Principle of Transgression

　ルールをあまり守らないことと関連してイタリア人を理解する上で大切なノーションが「Transgression」である。これは「breaking law」とは違う。「限界を乗り越えて前進する」という意味である。そもそも法というものは、どれも一般化であって、当該ケースの80％ぐらいには妥当するが、あとの20％は現実とのずれがある。それで現実的なイタリア人は法の限界を乗り越えて前進するというわけだ。歩行者信号が赤でも車が来ていなければ渡る。これは彼らのリアリズムと自己の主体的判断。外向型は内向型と比べると、一般に法を守らないが、こういうところからきていると理解すべきかもしれない。だから倫理的観念の欠如とは必ずしも言えない。

当然、時間はルーズ。役所のスローは有名。これは官僚主義の結果もあるかもしれない。イタリア人も大いに非難している。

　泥棒の多い国。イタリア人に言わせると、多くは外国人だという。しかし泥棒もちゃんと神様のご加護を受けており、聖クリスピーノと聖クリスピニャーノのお二方の守護聖人様がいらっしゃる！

〈111・211・1〉
主機能の外向的感覚がもたらす特徴

■現実的で要領がいい
　要領よく、変わり身が早い。欧州の戦争の時も、関ヶ原の小早川みたいに、容易に寝返った。最初ドイツの形勢が有利と見るや、ドイツと手を組み、悪くなると、連合国のほうに寝返った。現実に合わせて臨機応変に対処する政治姿勢である。マキャヴェリズムの国。イタリアの共産党もまさにそれ。早くからソ連の支配下に入らぬ独自の現実路線を行くユーロ・コミュニズムを打ち出し、王制政府に参加したり、キリスト教民主党と手を組んだり、臨機応変。

　道理や原則より、実際の個々の場合の現実的判断が先行。「まあ、いいや。なるようになるさ」と現実に妥協。現実がよければ、それを変えようとしないところから独特の保守主義が出ている。そのためか、心配しなくてもイタリア社会はいつも何となくおさまるところにおさまっている。

　中華思想では負けない。「ドイツ人は、まずいもの食べて、こつこつ働くばかりの田舎者。我々はこんなにも歴史的遺跡を持っている。芸術性もある。フランスも田舎だ。ローマこそ世界の中心、文化の発祥地。キリスト教の総本山だ」と胸を張る。

■意識が多様なものに分散する
　意識が多様な対象に分散する（parachronism）外向感覚型のゆえか、イタリアの特徴は「バラバラ」とか「バラエティ」という言葉で総括できる。まとまりがない。無秩序、無統制の社会。関心が多岐にわたる人たち。一人一人がバラエティに富み、個性豊か。だが人々の間にはまとまりがない。政策、すな

わち政治方針に道筋をつけようとすると、閣内不一致で倒れてしまう。したがって思いきった改革がなかなかできない。

　大企業になると、まとまらずに、外国企業との競争に苦戦する。だから中小企業が国を支えている。ほとんどがファミリー企業で、強い家族愛で結束しているから頑張れる。

　その最近（2010年）のモデルの一つが、繊維業で目覚しい発展を遂げつつあるトスカーナ州のPrato（プラート）市。そこには5、6人規模の専門会社が数多く存在し、それぞれの独自性を鋭く追求している。それを製品の性質に応じて企業が利用する。企業は必要な素材は、高品質のものでも、すべて容易に揃うため、この町を利用する。こうして町全体が世界市場に大きく躍り出ている。ここでは「専門会社の独自性を世界のニーズに直接結びつけるシステム」ができあがっている。

　政治は多様な党の連立ばかり。内閣の平均寿命は10カ月。政情不安定に見えるが、でもキリスト教民主党の中道がいつも軸ということでは、安定している。カエサルの独裁も2年。共和制ローマでは執政官の任期は1年。西暦3世紀頃のローマ皇帝は、50年間に26人も交替した。今に始まったことではない。

　また、あらためて言うまでもなく、ルネサンスの国、デザインファッションの国。感覚的な美の芸術的表現に優れ、バリエーション豊かな明るい色や形の美意識がある。微妙な色の違いが分かり、微妙に使い分け、見事な作品を多産する。

　機械をつくるときも、機能を新たに加えるときも、日本なら全体の形がコブだらけになるのに、イタリア人は全体の最終的な「見てくれ」を美しくすることも忘れない。常に全体としてよいデザインになっている。イタリア人のこの色彩やデザイン感覚の良さは、外向感覚の鋭さからきているようだ。似たような印象は、同じ外向感覚の気質要素をもつフランス人からも受ける。交通標識まで美しいデザインにしている。

　また、イタリア人は既成概念にとらわれず、自分で考えるから、デザインの面でも、他人の発想にとらわれず、他人を真似ることもなく、流行も流行のためには追わない。

　このほか、このタイプの分散的傾向の表われの一つとして、集中する気質を

持つ日本のように、東京に一極集中するような現象はない。各地方都市がかなり独立性をもち、直接世界に発信している。

〈111・211・2〉
補助機能の外向的思考がもたらす特徴

　イタリア人は、フィーリングよりも思考の影響のほうが強いが、それにもかかわらず最後の詰めは理論ではいかない。現実主義が支配する。それゆえ、イタリア人は論理的に判断してはいるが、最後まで固執はしない。浪花節的なところもある。最後に「たのむよ」と言うと、聞いてくれることもある。ビジネス交渉でも、双方から要求を出し合って、真ん中で妥協することができる。この点はドイツ人にはあまりなく、規則が第一で「赤信号で渡っている歩行者は、はねたってかまわぬ」くらいの気持がある。
　イタリア人は、政治問題でも、社会問題でも、文化論でも、キーワードを抽出し、それをめぐって展開する。曖昧なことは言わない。しっかり知識を持っている範囲で話す。しかし、新聞は、事実の報道よりも、記者の意見発表の場のようだ。「言いたいことを書きまくっているという感じ。そして長たらしく感じる」と識者が言っていた。
　ローマ法にも思考型の一端がうかがえるが、現在の法律もしっかりしている。犯人はなかなか捕まらないが、捕まえたら、処罰は法どおりに厳正にする。「昼間は理論的に行動し、夜は感覚的に行動する」とよく揶揄されるが、食べ物やサッカーや遊びについても大真面目に議論している。どうやって人生をエンジョイするかの話題が豊富。冬になればスキーなどの話題でいっぱい。遊びやバカンスはきちんと計画する。資料をたくさん取り寄せて研究している。「仕事も、これくらい真面目にしてくれればよいのだが」とある日本人ビジネスマンが言っていた。

〈111・212〉
その他

■南北の違い

多くの国でも見られることだが、南部の人のほうが陽気だ。北のミラノ（年の4分の3は曇り）はそれほどではない。そして南はローマの伝統を傘に着て北を馬鹿にする。「今は落ちぶれているが、俺たちのほうが偉いのだぞ」と。フィレンツェあたりが両者の境界線のようだ。

ヨーロッパの経済はロンドンとミラノを結んだ軸を中心に栄えてきたため、南部は経済的には主流から取り残された感じがする。この点ではシチリアも同じである。南や南東などからの外部の影響に曝されていた。そして南部は農村地帯だから、新しい政治理念も社会改革も嫌う。保守的でキリスト教信仰も強い。地中海南岸諸国の経済が発展すれば、その中心としてイタリア南部も大いに発展するに違いないのだが。今は所得でも何でも北部より3割がたは少ない。

サルディニアは離れた島。人口が少ない。スペインのカタロニア語とラテン語の混合の言語を使っている。ここは自然が手付かずで美しい。

北イタリアの人は一般によく働く、ミラノになるとドイツ人に近い感じがある。外向は外向でも、南部ほどではなく、思考のほうが南より強いからかもしれない。北西部のピエモンテの人はドイツ人みたいに頑固なところがある。しかし、内向型とまではいかない。

北の中小企業のレベルは高い。ユニークな機械を開発する。人の意見をよく聞いて、よい機械をつくる。自分の職と専門性にプライドを持っている。その道のオーソリティだと自認している。専門高校を出ただけでも、高度な知識と技術を身につけている。各自が専門領域に分かれていて、互いの領域を侵さない。だから間に合わせにはやってくれない。自分の分野ではきちんとすべきことはする。

■日本のビジネスマンの話では

管理職はよく働く。集中力も日本の一倍半という感じだ。普通は仕事の時間が終わると、さっさと帰るが、ちゃんとした理由があれば、残業もする。しか

し、日本と違うのは、「仕事後のプライベートな活動や楽しみこそ大切だ」とう姿勢が基底にある。仕事を集中してこなそうとするのは、それが目的のようだ。

　最近は改善されてきてはいるが、納期が遅れることがよくある。約束を守らないわけではないが、マネジャーは一生懸命でも、部下がついていけない。「精いっぱいやったんだから、しようがないじゃないか」という姿勢がある。「何が何でも」という日本式はない。しかし、現実に合わせた融通が利く。抜け道がある。仕事でも「どうしてもだめだ」と言われても、最後に必ずうまい落としどころを出してくる。やはり現実的なのだ。

　額面ではイタリアのサラリーは低いが、物価も安く、実質的な可処分所得は平均的な日本よりも多い。別荘を持っている人も多く、日本人があまり持っていないと聞いてびっくりしている。町には小さな車がたくさん走るが、実際には郊外や別荘に行くのにちゃんと立派なベンツを持っているという具合である。

　しかし、北は自分たちの税金で南をまかなっていると思っている。だから分離独立の動きが絶えない。

〈111・213〉
イタリア国民性に対する歴史の影響

　ある著名なイタリア知識人から聞いたことだが、示唆に富み、鋭い観察なので記載する。

　イタリアの社会を捉えるには「バラバラになった（disconcerted）」がキーワード。様々なかたちで現われる。イタリアは、スペインやフランス人のようには、一つのnationとしてまとまることができなかった。

■欧州の中央にあるためか、周辺諸国の欲望と争奪のため分断されつづけた
　ローマ帝国以降は、分断されつづけたばかりか、侵略者に対抗するには力が足りなかったため、生き延びるには日和見的にならざるを得なかった。こうしたことから、イタリア人はプラグマティックなアダプテーションが上手になった。そして、「避けられないものは受け入れよ」という格言が生まれた。

第Ⅰ部　世界諸国の国民性

■**教会の存在によって国のリーダーが育たなかった**
　昔から教会はイタリア社会を支配しようとする傾向があり、法王はイタリアに自分と対抗する為政者が出ることを懸念していた。一つにはそのために、イタリアには国をまとめる政治家が十分育たなかった。また、教会は現世の価値を軽視したため、現世を改良することにはあまり積極的ではなかった。こうしたファクターが社会的・政治的側面での建設的努力を妨げることになった。

■**為政者がほとんど常に人民のことよりも、自分の私利私欲と安全を優先させたことも不信をつのらせた**
　侵略者のみならず、自分たちの政治家までがしばしば自己中心的で民衆を大切にしなかった。そのため、政府への根深い不信が払拭されず、国が一体となれなかった。
　国家統一の理念として古代ローマの息子となることもできなかった。ムッソリーニはそれを夢見たのだが、古代ローマは全ヨーロッパが引き継いでしまった。むしろローマのデカダンスの影だけが残った感じだ。

■**第二次世界大戦が終わっていないことから来る心理的病巣**
　日本は、終戦の日は明確で、次の日から、皆心を一つにして新しい国造りに精を出すことができた。しかしイタリアではこの区切りがなかった。1943年9月8日に連合国に降伏したのは一握りの政治家（国王とバドリオ政権）の保身のアクションに過ぎなかった。例えて言えば、大阪あたりで日本が東西にドイツ軍とアメリカ軍に分断され、福岡にいた天皇が全国民に日本は連合国に降伏したから連合国側につけと命令しながら、相変わらず西日本が東日本を砲撃しつづけていたというような構図である。誰が敵なのかも分からなかった。戦時中のイタリア人の原則は「自分に鉄砲を撃ってくる者に鉄砲を撃て」ということだった。
　肺炎にかかったなら、治った後は爽やかになり元気が出る。しかし、風邪をいつまでもずるずるこじらすと、逆に苦しい。治りの爽やかさがない。だからイタリア人は新たな気持で国の再建に取り組むことができなかった。これが今日のtrauma（トラウマ）の原因の一つである。

実際、第二次世界大戦の終わりには、国民はおいてきぼりにされてしまった。イタリアの政治にはいつもこれがあった。国民のためよりも、政治家の個人の利益が優先してきた。だからイタリアの政治不信、政治家に対するcynicism（冷笑的態度）は、特に厳しい。

■過去の遺産との絶えざる戦い

イタリア文化を理解するにはnon-conformism（非妥協性）が、キーワードとなる。自由と主体性を追求する精神である。様々な政治的・文化的**伝統の重荷に対しての自己主張と反発（Rebellion）**だ。イタリア人は、真似は嫌いだ。だから過去を真似ることを極力避ける。しかし過去の遺産があまりにも優れていただけに、それを超える戦いには厳しいものがある。

過去のローマの栄光は一方では誇りに思ってはいても、それが心理的に大きな重荷となっている。「それ以上にならなければならない」というプレッシャーが絶えず付きまとってくるからだ。

フィレンツェに行ってみられよ、イタリア人がなぜアーティスティックにならざるを得ないかが分かるだろう。自分たちはギリシア、ラテン、ルネサンスの芸術やカルチャーの、単なる継承者ではない。それを超える自分を表現したい。まさに、ミケランジェロ、ラファエロ、ダビンチ等、多くの巨匠との闘いである。この闘いは食文化の中においてすら行なわれ、今日の豊かなイタリア料理となって表われている。このように、血みどろの闘いの中からイタリアの独創的なクリエイションが生まれているのである。しかし、その結果は悪いことばかりではない。経済的にはプラスになって、今日世界でもかなりの経済力を持つ国になってきた。

だから、イタリアは〈cultural identity〉は摑んだが、〈national identity〉はいまだに摑めていないのである。

■国歌

Italian Brothers,
Italy has arisen,
Has put her head on the helmet of Scipio.

Where is Victory ?
Created by God
The slave of Rome.
She crowns you with Glory
Let us unite, we are ready to die.

〈111・22〉
ギリシア人
〈111・221〉
I 古代ギリシア人
内向③思考④感覚④

■**ユングの解説**：内向思考型〈023・2〉546ページ、内向感覚型〈023・7〉562ページ。

　ギリシア人については、古代ギリシア人と、現代ギリシア人を分けて論じる。集団気質が違うからである。
　私は古代ギリシアの文化に表われる集団気質は、主要機能が内向思考だったと捉えている。アテネのデモクラシーに、**内向型の融合化の傾向とともに、強い合理的思考を感じる**からであり、文化に影響力の強い当時の思想家の大半が内向型的思考を展開していたからである。そして、補助機能は直観ではなく感覚機能だった。ギリシアの古代芸術には優れた感覚的美意識があるからだ。

〈111・221・1〉
■古代ギリシアのデモクラシーに見られる内向思考性

　アテネの町は、西暦紀元前1000年にはすでに存在していた。前5世紀頃には、将来、西洋文明の土台を築くことになる重要な都市になっていた。スパルタのように被征服者を奴隷にするようなことはなく、周辺のアッティカ（Attica）

第 1 章　感覚が主機能の場合

の諸都市をSynoikismosの理念（同じ民族に包み込もうとする理念、すなわち内向型の理念）によって包み込んでいたからである。

　BC（紀元前）594年、当時のギリシアの政治母体だったAreopagusから新しい憲法を制定する権限（mandate）を与えられたソロン（Solon）（c. BC 638～BC 558）〔c.はラテン語のcirca「その頃」の意〕は、次々と大きな改革に乗り出した。経済改革では、債務者を奴隷にすることを禁じ、大地主を解体するとともに、商業の自由化を推進して裕福な市民社会への道を開いた。

　政治改革においては、政治指導層として経済力と戦闘能力に優れた四つの「種族 tribes（phyle）」を定め、一般市民に初めて議会〔注：ギリシア語ではエクレシア（ἐκκλησία）。ラテン語ではecclesia。General Assembly の意で、後に教会を意味するようになった〕において、投票する権利を与えた。これは後にアテネのデモクラシーとして開花していくことになる。ソロンの後、BC 541年、政権を委ねられたソロンの従兄弟ペイシストラートス（Peisistratus）は、ソロンの政策を踏襲したため、アテネはしだいに裕福になり、文化は発展し、他の都市国家もそれに倣うようになった。

　ペイシストラートスの息子たちに代わってBC 510年、権力の座に就いたクレイステネス（Cleisthenes）は、先の四つの「種族」を10に増やし、それを官僚機構として充実を図るとともに、国民議会をすべての市民に開き、司法制度の整備も図った。公職の多くは籤引で決められたが、軍の司令官（strategoi）は選挙で選ばれた。彼はまた、500名から成る評議会をつくり、国の行政の仕事を委ねた。30歳を超えた男子市民にはそのメンバーに選ばれる資格が与えられ、選ばれれば、そこで1年間働くことが認められた。ただし、生涯に2期以上務めることはできなかった。

　この評議会の仕事は、役人たちの資格を審査し、予算の配分をし、船の建造を計画し、公の建造物を造り、国有地の地代を徴収し、没収した資産を競売に付し、騎馬隊の馬の検査を行ない、外国の使節をもてなす等々、多岐にわたっていた。

　彼は、このようなシステムによって市民は直接政治に参画することができるため、あえてこのシステムを破壊する「モラルを乱す輩」は出てこないだろうと踏んでいた。実際、このシステムは思いのほか安定し、170年の長きにわた

って、BC 333年、マケドニアのフィリップ2世に敗れるまで続いたのである。

　このような都市国家の政治・社会的形態を、クレイステネスは「demokratia」と呼んだ〔注：「人民」を意味する「$δημος$」、「支配する」を意味する「$κρατεω$」〕。こうしてアテネのデモクラシーは、前6世紀から2世紀にわたって、アテネのポリス（都市国家）の国々と周辺のアッティカ（Attica）地方に発達し、後の世界のデモクラシーのモデルとなったのである。

〈111・221・2〉
古代文明の創始期に共通して観える画期的な発想の転換

　興味深いことに、今述べた政治理念は、ペルシア文明の幕を開けたアケメネス帝国の政治理念に極めて類似していた〈See：131・120・2〉。それまで、普通に行なわれていた「征服者が被征服者を奴隷にする政治理念ではなく、征服者と被征服者が一体となって国造りに励む」理念だったからである。

　また、古代エジプト文明の政治理念にも通じるものがあった。すなわち、**民を大切に扱い、ファラオも民も一丸となってピラミッド構築に従事し、皆で天に帰る理念で一致していたからである**〈See：112・231・1〉。

　このように、古代文明の創始に当たっては、それまでなかった画期的な発想の転換のインパクトが必要だった。これは、外向型社会の個人主義ではできなかった。内向型社会の集団主義が必要だった。権力者と被支配者の間の力の距離（Power Distance：PDI）が短く〈See：223・401〉、協調性、平等性、勤勉性、一丸となって頑張ることが必要だったからである〈See：223・35〉。

　しかし残念なことに、前5世紀になると、ペルシアやスパルタとの引き続いた戦乱によってアテネの活力はしだいに衰え、アテネの直接的デモクラシーは、前404年、ついに終焉するに至った。

〈111・221・3〉
古代ギリシアの思想家たちに見られる内向思考性

　ギリシアには、紀元前6世紀頃から、自然を、神話ではなく合理的に説明す

る思想家たちが現われた。ターレスThales（前585年頃）は、万有の原理は「水」であるとした。アナクシマンドロス（前570年頃）は、万有の原理は質的にも量的にも「限定なきもの」と主張した。アナクシ・メネス（前546年頃）は「空気」であるとした。ただし、これらは、我々が考える意味での「物質」ではなく、それ自身のうちに永遠の生命と活力を宿した「神的なもの」を意味していた。

　さらに、ヘラクレイトス（前540年頃〜前480年頃）は、世界には根底において支配する「理法」（ロゴス）が存在し、世界は相対立するもの、特に生と死の対立する緊張によって成り立ち、その対立と緊張がそのまま調和と安定をもたらすと考えた。

　そしてピタゴラス（前530年頃）学派は、魂の清めによって神のもとに帰る宗教生活をおくり、プラトンをはじめ、後代のギリシアの思想家に大きな影響を及ぼした。

　前5世紀前半には、アテネに3人の偉大な悲劇詩人Aeschylus（アイスキュロス、前525〜前456）、Sophocles（ソポクレス、前496〜前406）、Euripides（エウリピデス、前480〜前406）が現われ、人間の生き方に鋭いメスを入れた。「**ギリシア悲劇**」である。これは**心を癒すという重要な意味と社会的役割を担って**いた。母親殺し、父親殺し、近親相姦など、人間の犯しうる最悪の過ちを扱っていたが、観客は醜い自分自身を悲劇の主人公に投影し、自分も同じような醜さが心の隅にあることにあらためて気づかされ、主人公とともに、深い悔悟の念に溢れて神に謝った。悲劇の筋を通して、罪の償いと人間性回復の道へと導かれていたのである。

　古代ギリシア人にとって病気は、単に身体の不調から来るものばかりではなかった。心の「ありかた」からも起きるものであった。だから、心を癒すことは極めて重要だと思われていた。現代にも、この思想は存在する。例えばスイスの著名な精神医学者Paul Tournier（1898〜1986）の「人格医学」の思想である〔注：『生きる意味』ポール・トゥルニエ来日講演集、山口實訳、一麦出版社、2007年〕。

　だから、ヒポクラテスの療養施設においては、心身両面からの治療の一環としてギリシア悲劇を観せたのである。そして、この心を癒すギリシア悲劇の演劇形式が、そのまま、ギリシア正教のミサの典礼に取り入れられ、今日に至っ

ている。

　ソクラテス（前470頃～前399）も、人間にとって「徳」とはそもそも何であるかを基本的に問い直し、それは魂・精神の卓越性にほかならないと強調した。「真の知者は神だけであり、人間は善・美の事柄を何一つ確実に知ってはいない。世の中の知者と呼ばれる人々は〈知らないのに知っていると思い込んでいる人たち〉だ。自分の無知の事実をありのまま自覚しなければならない。無知の自覚こそ、知の追求の出発点であり、立脚点である」と教えた。

　ソクラテスの強い影響を受けた同時代の人々のうち、特にプラトン（前428/7～前348/7）がいた。彼は、ソクラテスの生き方と死に方を見て深く感動し、哲人政治家の育成のため、アテネ郊外に学園アカデメイアを創設した。そしてソクラテスを対話の主人公に仕立てて数多くの「対話集」を書き、自分の思想の普及に努めた。

　さらにプラトンは、「存在の本質」を追究し、彼の有名な「イデア論」に到達した。「この生成の世界に存在するすべてのものは、世界を超えるイデア界に存在するところの様々な**イデアs**にかたどられて造られたものである」と主張した。以上のように、**古代ギリシアの思想家たちの大半は、内向的思考の持ち主であった**〈See：023・1「内向思考」（545a～549b）、023・2「内向思考型」（549c～554b））〉。

　しかし、プラトンのアカデメイアで20年間を過ごしたアリストテレス（前384～前322）は違っていた。外向型の哲学者であった。彼は師のイデア論には従わず、哲学とは、万物の第一原因、すなわち、究極的原因を探究する営みであると理解した。その営みの中で彼は有名な「四原因論」を展開する。ものには四つの原因が必要だ。「材料という原因」（**素材原因material cause**）、「目的という原因」（**目的原因final cause**）、材料を目的に合わせて構成する原因」（**形相原因formal cause**）、それら三者を一つのものとして有らしめる（実在させる）「能動原因」（**能動原因efficient cause**、例えばそれらを造る人間）である。そして、世界の究極の能動原因を探究するのが哲学であると考えた〔注：『生命のメタフィジックス』山口實著、CCCメディアハウス、465ページ付録一「考えを整理し説明するのに便利なアリストテレスの枠組み」参照〕。

　そして彼は、〈地上とその上にある天体の運動を含めて、すべての「活動」

を有らしめる第一原因自身〉は、**自らのうちにすべての活力を有する**「**不動の動者Motor immobilis**」であるとし、それを神と呼んだ。そして神は一切の素材的要素を持たない「純粋の形相原因」であり、「万物の目的原因」であり、「万物の能動原因」であると結論づけた。

　彼は、今日でも世界一般に使われている多くの哲学用語を導入したが、自然学、政治学、詩学、論理学など様々な分野に業績を残し、「万学の祖」と呼ばれ、計り知れない影響を後世に及ぼした。

　アリストテレスの死後、ヘレニズム時代（紀元1世紀まで）に入ると、ギリシアの哲学は自然学からしだいに分化し、哲学そのものは、主として個人の生き方、処世の仕方の教えと見られるようになった。

　最後に、プラトンやアリストテレスをはじめ、ギリシアの哲学者たちが、音楽を魂の癒しと人格の形成のために非常に重視していたことにも留意したい〔注：『ブリタニカ国際大百科事典』（以下、BIEと表記）限定版、第13巻pp.634～638。「哲学」「哲学史」「古代哲学」〕。

　以上のように、**古代ギリシア人の気質の形成に強い影響力を及ぼした大半の人たちは、内向思考型だった**。そしてその傾向は、少なくともビザンチン時代までは存在していたと思われる。ビザンチンの人たちが西のラテン世界の人たちを批判する際、内向型が外向型を批判する時と同じことを言っていたからである。すなわち、「彼らは我々とは違い、物質的であり、精神的深みがなく、攻撃的だ」と。

〈111・222〉
Ⅱ　現代のギリシア人
外向③感覚④思考③

■**ユングの解説**：外向感覚型〈013・7〉520ページ、外向思考型〈013・2〉499ページ。

第Ⅰ部　世界諸国の国民性

■資料

・『ギリシャ人のまっかなホント』（注：マクミラン ランゲージハウスが出版したシリーズで、感覚性ついてこれほど、見事に、面白く、天才的といえるようなタッチで書かれた本はなかった。ただし、落語一歩手前というような本だから、そのまま事実と言えないことははっきり分かるが、背後に動くこの気質の心理的特徴は見事に描写されている）

・調査旅行：2001年10月30日〜11月4日。

■Interviewees

・Dr. Christos, N. Athens The Omnibus Planning Institute, Director of Delphi Research Center.
・Dr. Kanellopoulos, President of the College of South-Eastern Europe.
・Dr. Donald Duncan Gordon, sociologist, American University of Athens.
・Ms. Maria Argyraki（宮沢賢治等作品の翻訳者）
・Dr. Maios Begzos, Associate Professor Comparative Philosophy and Religion, Theological Department, University of Athens.
・Dr. Nicholas Moscholios lawyer Investment and Tax Consultant.
・Dio Kaguelari（Drama Specialist）
・金久保英雄、三井物産ギリシア支店長。
・在ギリシア日本大使館・総領事館参事官・元木令子、岡和夫。
・アテネ大学日本語教授・太田タマ

■国土と人口

13万平方キロ（日本の約3分の1）、人口約1132万人（2011年）、アテネの人口約300万人。

⟨111・222・1⟩
古代アテネの衰退以降から現代までのギリシアの歴史

　古来、世界の文明の発展にこれほど大きな影響を及ぼした民族はほとんどい

ない。そのため、今も多くの人たちは、ギリシア人を尊敬と親しみの眼差しで見ている。しかし、その歴史は、多くの異民族や異国の侵入によって文字どおりかき乱された。この間、国民気質も現代のような外向感覚・思考型へと変わっていった。苦難に満ちた歴史だった。

　それを太田タマ教授は次のような表現で語られた。

「私はギリシア人の歴史を涙なくしては読めない。『こんなことされたの？こんな状態だったの？』と。世界最高の洗練された文化を誇っていたコンスタンチノープルは、第四次十字軍によって史上稀にみる残虐な破壊を受けた。その後250年間ビザンチン世界は、ラテンの弾圧と搾取の下に苦しみ、オスマントルコによっても400年もの間苦しめられた。

　そのうえ、ギリシア文化の再生であるルネサンスの恩恵にも与(あずか)ることを阻まれ、3000年の昔から海洋民族だったにもかかわらず、大航海時代の一翼を担うこともできず、啓蒙思想の最初の民族なのに、啓蒙運動や産業革命をはじめとする歴史的事件にことごとく乗り遅れ、必死に戦ってやっと1822独立を勝ち取ったものの、依然西欧列強に事実上の占領下に置かれ、ようやく独立らしい独立を獲得したのが第二次世界大戦後。しかもその間、1922年には小アジア西海岸のイオニア地方をトルコに奪われ、3000年も昔から持っていた身体の半分をもぎ取られてしまった。こうしたことが大きな心の傷にならないはずがない」と。

■現代ギリシア人の心の傷

　総領事館参事官・元木令子氏は、
「どうしてこの国の人たちは、もっと明るい、パーッと開いた曲を歌わないのか。日本の演歌のような短調の曲が歌われるのか不思議です。昔から歌われている曲は、ぜんぜん明るくない。カンツォーネのような感じではなくて、メロディーを聴いているだけで、しんみりとした気持になる。そして、その旋律の中にアラブっぽい旋律も混じっている。色調についても、ここの人たちはカラフルな色は好まない。一般に暗い。町を見ていると白のほかには、黒やネズミ色や茶色などのほうが多く見かける。パーティに行くようなときには、金や銀の装飾で満艦飾となるけれども」と。

劇作家Dio Kaguelari（ディオ・カゲラーリ）氏によれば、
「ギリシア人はとても楽しくしている間でも、無意識的に〈無常〉を感じている。いつかは死ぬことを意識の底で感じている。しかし、一方では、悲しいとき、死を前にするようなときでさえ、何か小さな希望を感じる。この明るさと闇の両方がギリシア人には存在する。同じことはスペイン人にも感じる」と。

金久保氏も、
「ギリシアの歌には、歴史の苦しい思い出のためか、トラゴージアのように物悲しいものが少なくない。戦争に関係した歌とか、昔の独立戦争の際の歌とか。テーマはそういうのが多い。明るい歌も多く、ブズーキ（ギリシア音楽で、中心となるギターのような弦楽器）の生演奏を聴かせる店の大半は、話し声も聞こえないほどだが、しかし、タベルナでは、音量も絞って空気は紫煙と感傷で重く沈んでいるところが少なくない。

レベティカは、恋や、監獄、麻薬、人生の悲しみ、自分の死などを歌ったはみ出し者たちの歌で、醒めた目で自分や社会を見つめている。古いレベティカには人生の根底に潜む悲しみや喪失感を歌ったものが多い。たいていの歌には教訓や人生哲学が織り込まれている。だから、ギリシア人は日常会話によく歌詞を引用する。

心の絶望的な叫びのような曲もある。現代ギリシアを代表するといわれるカザンジージス（ギリシア人の悲しい心を歌った最も現代で愛され、ギリシア人の心を代表する歌手と言われ、2001年に72歳で亡くなった）の歌では、『僕の人生は好きでもないタバコを吸っているのとおんなじだ。僕の人生も好きでもないけど生きている』と歌う。

出稼ぎで外国に行く息子を歌う母の歌『私のヤーナキム、私のヤーナキム、あなたが泣いた涙をぬぐったハンカチを七つの川で洗ったけれど、綺麗にならないの』というのがある。恨みというか、そういうものがこもっている。母子間の愛情がいっぱいのギリシア人にはたまらない。歌いながら泣く。みなで歌って心を晴らすためか、大きなサッカー場のようなスタジアムに集まって一斉に歌うこともある。何キロも先まで聞こえてくる。

感心するのは、若い人たちの多くが演歌のような昔からの暗いギリシアの音

楽に執着していることである。彼らは、自分自身では経験していないし、意識していないが、先祖代々外国から受けた悲哀を意識の底に感じているのかもしれない」

　外向感覚型の気質要素（主機能であれ、補助機能であれ）を持つ民族では、為政者から過酷な弾圧を受けたり、外国から残虐な仕打ちを受けつづけた場合に、そのしこりがいつまでも、心の底に残りつづける傾向があるようだ。私が最初にこの心理を見つけたのは、朝鮮民族における「恨」の観念においてであった〈See：131・223、248ページ〉。
　しかし、外向感覚型の最も特徴的な美点であるところの持ち前の「明るさ」をもって、最後のところは、それらを乗り越えてきた。
　太田教授によれば、
「ギリシアにはカラギオージスという人間の影絵芝居がある。教育もなく一見阿呆に見える人間だが、非常にずるがしこい。権力者の目を盗みながら、おいしいものも、かわいい女の子も手に入れて、人の見ていないところでいい思いをいっぱいするが、そういうのが、子供の影絵として昔から存在する。なぜこんなものを子供に見せるのかと思ったが、これがしたたかに生きてきたギリシア人たちのアイドルなのだ。時代がどんなに変わっても、それに呑み込まれないで、自分たちの生き方を貫いている。楽しみをつくり出していく、明るいものを失わない」

〈111・222・2〉
外向型の特徴

　外向型の個人主義こそ現代のギリシア人の一番の特徴となっている（『ギリシャ人のまっかなホント』p.12）。在ギリシア日本大使館の参事官・元木令子氏の子育ての話が参考になる。
「まず、『みんなに勝てる強い子供になれ』ということになると思います。私も娘がここの社会に住むのであれば、強い子供になってほしい。この社会では、従順であるとか、謙虚であるとか、おとなしいということでは、まったく人生

は前に進まないと思う。いつも日陰に置かれてしまう。じっとしていると、当然得られるものすら得られない社会だと私は見ている（まさにこれが外向型社会の基本的特色の一つであると筆者も考えている）。しかし、私がもしも日本で子供を育てているなら、女の子にそういうことは決して望まなかったと思う」（interviewed in Athens, 2001年11月1日）

〈111・222・21〉
主機能の外向的感覚がもたらす特徴

■現実的で物事をよく見ている
　世の中の動きに敏感である。現実が優先し、ルールに縛られない。交通規則も厳格には守らない。秩序感覚に乏しく、列をつくって待つ意識があまりない。割り込みはよくある。行きあたりばったりなところも見られる。約束もあまりあてにならない。ただし、家族づきあいをしていると、きちんとする。

■変わり身が早い
　変わり身が早い。喧嘩しても後はけろりとしている。ストレスがない。日本のビジネスマンが言っていた。子供の誕生日のお祝いをあげると、とても感謝するが、すぐそのあと労働争議に入ると、罵声を浴びせかけてくる。ところが、それが終わると子供と妻を連れてお礼に来るといった具合である。何かがあるとくるくる変わるところがある。

■人助けには積極的、その面白い実例
　太田タマ教授が語ってくださった。ぜひ読んでいただきたい〈See：221・11、318ページ〉。

■バラバラ
　外向感覚型はまた、意識の対象が多様に広がるせいか、「ばらばら」という感じが社会生活のいたるところに感じられる。だから、ビジネスでも一人ではよく仕事ができても、チームではうまくできない。組織を動かすのは不得手。

権力のヒエラルキアができない。言うなれば、社長と平社員の会社である。政治機構も十分機能していない感じである。また、このタイプは**今の瞬間**に生きるタイプだから、計画的に仕事をするのは得意ではない。長期展望など、あまりつくらない。

■素晴らしい芸術的美意識

芸術的美意識はとても強い。格好よさを特に気にする。やぼったいのはまったく受け付けない。男の子にも良い服装をさせ、頭を鍛え、才能を磨かせ、金持ちに育てようとする。料理も華やかで豊か。家族は着飾って外食するのが楽しみ。経済力が低い人たちでも服装は、わりにみな立派。住居もきれいにしている。しかし、イタリア人よりは、はるかに地味。北イタリアに似ている。特にテサロニケは北イタリア的だ。

絵画には独特の色彩感覚がある。しかし音楽は先に述べたように、外国から蹂躙されつづけたせいか、物悲しいものが少なくない。ポルトガルのファドに近い。しかし、文化活動で成果が一番目立っているのは文学の領域においてである。

■生活を楽しむ

外向感覚型は、また生活を楽しむことが大好き。地道な努力は嫌いだ。現代のギリシア人も、楽しく儲けようとする。2011年末に始まったEU財政危機は、当初EUが持っていた潤沢な資金に眼をつけた一部の金融機関が、ギリシアに過度な融資話をもちかけ、ギリシアが放漫に使ってしまったところから始まった。

一般に外向感覚型の社会は、あまり勤勉ではない。ギリシア人も、理想は、早くリタイヤして年金をもらい、議論して楽しみたい。明日のことなど心配しない。贅沢、美味しいもの、ロマンスが好き。といって享楽的ではない。

■緊密な家族の絆

ギリシア社会に顕著なことは、家族の絆が極めて強いことである。拡大された大家族の絆も強く、こうした家族に対する奉仕と相互の助け合いが重要な義

務とされている。第二次世界大戦後の急速な都市化にあっても、このことは変わらなかった。家族や知人と賑やかに飲食するのを何よりの楽しみにしている。家庭の用事で休暇をとらなければならないと、容易に認めてもらえる。

　子供には温かい。絶え間ない対話で愛育する。社会全体で子供を大事にするところが感じられる。知人の話だが、子供たちが賭けをして、バスに追いつく競走をやっていた。子供たちが走ってくるのに気付いた運転手が涙をためて「こんなに小さい子たちにバスを追っかけさせることはできない。この子たちはただで乗せてあげる」と言ってバスを停め、小さな子供たちが来るのを待っていたという。こうした温かい雰囲気がギリシア社会には存在する。

　大半のビジネスは小さな家族経営。海運業界でも同じ。同族でしっかりと固めている。そのためか、しばしば結婚は、家族の間に経済的結びつきをつくるのが目的。そして社会はコネと相互恩恵で動いている。

■**グリーク・ホスピタリティ**

　外向感覚型は、ギリシアでは特にホスピタリティとなって表われる。「グリーク・ホスピタリティ」と言われるほどだ。初対面でも、とても温かく受け入れてくれる。旅行でも泊まるところがないと、初めての人でも「泊まっていきなさい」と言って、ただで泊めてくれることもある。農村に行っても、すぐに見知らぬ旅人にトマトをたくさんちぎってくれるというような具合である。実際、親しくなるとたいていのことは受け入れてくれる。だからまた、こちらもできるだけ協力しなければならない。

　相手の話を大きな関心と同情をもってよく聞くことが期待され、断わると人間関係が切れてしまう。ところが、親切にすると、何かと遠慮なくこちらに期待してきて、ずうずうしく感じることさえある。また、一人よがりの善意のところもあり、こちらの気持に合わせるよりも、自分で勝手に親切をきめこんでくるところがある。

■**凶悪犯が極めて少ない国**

　この国のもう一つの顕著な羨ましい特徴は、暴力が少なく、凶悪犯が極端に少ないことである。時たま殺人事件が起きると、国中で大々的に報じられる。

⟨111・222・22⟩
補助機能の外向的思考がもたらす特徴

議論好き。働かずに終日議論をエンジョイしたい。しばしばまるで喧嘩をしているかのように議論している。男性はよくコーヒーショップにたむろして、商売の話を論じ政治批判に花を咲かす。小さな村にも違った政党支持者がそれぞれ集まる専用のコーヒーショップがある。

日本人ビジネスマンに言わせると、現実的利益に非常に聡く、商売はしたたかで手ごわい。よく商品にクレームをつけてくるし、交渉ではどこまでも食い下がってくる。こちらはたまらなくなってくることがある。

■**国歌**（外向型の戦闘性が感じられる）
I shall always recognize you
by the dreadful sword you hold
as the earth, with searching vision
you survey, with spirit bold.

From the Greeks of old whose dying
brought to life and spirit free
now with ancient valor rising,
let us hail you, oh Liberty !

⟨112⟩
第2節　感覚・気持型

⟨112・1⟩
内向感覚・気持型

〈112・11〉
日本人
内向④感覚④気持④

■**ユングの解説**：内向感覚型〈023・7〉562ページ、内向気持型〈023・4〉553ページ。

■**資料**
・BIE、第3版、第14巻「日本」pp.129〜479。
・"*The Chrysanthemum and the Sword：Patterns of Japanese Culture*", by Ruth Benedict, Houghton Mifflin 1946.〔邦訳『菊と刀』ルース・ベネディクト著、角田安正訳、光文社〕
・Åke Daun, "The Japanese of the North—The Swedes of Asia？" *Ethnologia Scandinavica*, A Journal For Nordic Ethnology 1986.
・『日本人とユダヤ人』イザヤ・ベンダサン著、山本書店、1971年。
・『「甘え」の構造』『続「甘え」の構造』土居建郎著、弘文堂、1971年初版。

■**国土と人口**
　国土37万7835平方キロ。人口1億2713万人（2014年）。気質論の立場からは日本人構成のルーツとして特に関心が持たれるのは、中国の東北部（旧満州）の地方である。また、南方では、北ベトナム、カンボジア、タイ。そしてインドネシアのジャワ島人。日本人に最も近い印象を受けるからである。古代日本語にはインドネシア語派の「鼻音置き換え」「鼻音増加」のなごりが見られると言われている（BIE、第3版、第14巻「日本人」p.331中段）。

　ユングによれば、外向型の特性も内向型の特性も、**主機能が感覚型の人**において、最もよく表出する。そして内向型民族の中で主機能が感覚型なのは、私の知る限りでは、唯一、内向感覚・気持型の日本人しかいない。他はすべて内向思考型。そして、思考は感覚を抑制するから、世界で内向性の特徴を最もよく表出するのは、日本人ということになってしまった。

したがって、本書では日本人を内向型の典型として引き合いに出さざるを得なかった。日本人の内向型の特徴は、本書の第Ⅱ部全体で詳しく述べているため、特に特徴的なこと以外、詳しくはそちらを参照していただきたい。

〈112・111〉
日本人の内向気持Feeling型について

　日本人は、内向型という点では、北欧やドイツ語圏諸国、北ベトナムやインドネシア人によく似ている。ただし、論理的な思考が苦手であり、その点ではそれらの内向型諸国民とは著しく異なっている。
　外国の文化を取り入れる際には、日本人は論理的要素を排除し、フィーリングの要素で色づける。例えば、仏教や儒教も、後述するように、論理性に重きを置かない日本的仏教や日本的儒教に変質させながら取り入れている。
　このことは、日本人が論理的思考ができないということではない。気質論が問題にするのは、**日常生活の具体的場面における気質**であって、その人が理論の世界において思考が弱いということではない。フィーリング型であっても合理的・理論的分析は自由にできる。だから、日常の日々の生活の分野ではなく、研究や開発の分野では自由に展開できる。
　そのよい例が、ノーベル賞を受賞した山中伸弥教授である。「自分が日本人だったからできたのです。アメリカ人ならできなかったはず。彼らは、合理的に考えて絶対できるはずがないと思うことには手を出さないからです。私はともかく『何かあるのでは』と、とことん追求しつづけたために、思わぬ発見に出合ったのです」と述べている〈See：221・221〉。
　だからと言って、日常生活の具体的場面において非合理な生活を送っているというわけでもない。ユング自身、気持型を、思考型同様、合理的タイプに分類しているが（*Typen*：561a、557ページ）、それは、気持型の合理性が、生命の記憶、元型の世界の記憶、すなわち本能の記憶に根差しており、本能の行動は、動物も人間も、極めて合理的だからである。だから、気持型が、よく「**理屈はどうあれ、ここは、こうすべきだと感じる（feel）**」と言うことがあるが、その場合、普通「理にかなっている」のである。

⟨112・112⟩
外国人の目に映る日本人の印象

　私が接したドイツ人の識者の多くが、日本人に似ていると言うと不快感を示していたが、それは日本人が思考型でないからではないかと思う。
　スウェーデン人の気質の研究で著名なストックホルム大学のÅke Daun教授は、日本人を「Japanese of the North」と呼んで、スウェーデン人との「内向型」における類似性を強調しているが、日本人が論理的思考に弱いことについては、おおよそ次のように指摘している。
「岸本は、『日本人は論理的思考を展開することは、いつの時代も得意ではなかった』と書いている（1981：111）。また、ノーベル賞を受賞した物理学者・湯川秀樹も、『日本人のメンタリティは多くの場合、抽象的思考には適していなかった。日本人は単に感覚的事象にしか興味を示さなかった』と書いている（1981：56）。そしてインド哲学者の中村元は、日本文化についての著作の中の『合理性のない傾向』という章において『日本語は抽象名詞を造るための十分に確立された方法を持っていなかった』と述べている。
　確かに、日本人とスウェーデン人の間には類似性があるが、この類似性には限界がある。スウェーデン人は、決断を下す際、エモーションに左右されず、論理的に判断を下すが、日本人にはそれができない。
　スウェーデンに住んでいる日本人も、自分たちがスウェーデン社会に溶け込めないのは、いわゆる日本独特の『非合理性』とでも言うべきものがスウェーデンには存在しないからだと言っている。スウェーデンでは、感じたり、考えたりすることに対して常に合理的な理由を示すことが要求されるからである。
　日本の著名な科学者が折に触れて言うことは、**日本人は論理的に考えることができないし、考えようとしない**ということである。民族学者の石田英一郎も『日本人は、対象を分別しカテゴリーに分けようとするヨーロッパ式論理的前提を重んじない。日本人の思考形態においては、善と悪とか、自己と他者とか、人間と自然とか、生と死など、概念を組み立てる分別やカテゴリー化は存在しない。その結果、論理学や修辞学は日本では発達しなかった』と言っている。ただし，それは普通言われる意味での非論理的 "illogical" ということではない」

〔注："Japanese of the North" Åke Daun, A Journal for Nordic Ethnology 1986, pp.12～13 (Daun File C)〕

　事実、日本人は、キチンと論議して解決することはなかなかできない。議論を続けると、「これ以上議論をすると喧嘩になるから、やめよう」ということになる。ドイツ人やスウェーデン人やスイス人は、議論は議論として楽しむところがあるが、feeling型の日本人にとっては、普段の付き合いの中で長時間議論を戦わすことは、喧嘩をすることと同じなのである。
　フランスなどで幅広い読者を集めるのは、思想・哲学の筋が一本通った小説だが、日本では、情緒や人情や機微な心の動きなどを描写した小説のほうが人気がある。だから、フィクションのほうがノンフィクションよりも好まれる。

〈112・113〉
日本人が思考の弱さをカバーする方法

■皆がやっていることを真似る
　「みんながやっている」これが、宣伝する時の殺し文句となっている。若者向けには「人気タレントの○○ちゃんが使っているから、あなたもどうぞ」となる。政治経験のまったくない有名スポーツ選手ですら国会議員に選ばれることがある。

■伝統を参考にする
　日本人は、「以前はどうやっていたか。先人たちはどうやっていたか」ということを参考にして物事を判断しようとする。もちろん、これも大切なことである。伝統的にやってきたことはそれなりに成功したからこそ続いてきたからだ。しかし、会社などでは、アイディアを出すと、まず決まって訊かれることは、「他社はどうしているか」ということである。

■権威に頼る
　自分の思考に自信がもてないためか、権威者の意見をすぐに持ち出す傾向が

ある。学生や一部の知識人の言うことを聞いていると、自分の見解ではなく、偉い先生の名前や本の引用が頻繁に出てくる。自分の理論の鋭さで勝負するよりも、著名な学者の名前や説を並べることで自説を権威づけようとしている。だから、日本の社会では、「何を言ったか」ではなく「誰が言ったか」が問題であって、どんなに素晴らしい意見であっても、多くの場合、肩書きの程度でしか認めてもらえない。

〈112・114〉
日本人の考え方の根本的な特徴としての無私性

　内向型は単独を嫌い、集団の一員となることを好む〈See：223〉。そこから日本人の考え方の根本的な特徴を「無私性」と捉えることができる。日本人は、「まずロゴスありき」ではなく、「まず人間関係ありき」からスタートする。個人がまず存在し、個人と個人との間に人間関係が形成されるという考え方ではなく、人間関係が、人が自分自身を見出す場として、先に存在している。さらにこの人間関係においては、行為の普遍的な客観的規範に従うよりも、**感性的な融合としての和の実現**が求められている。そして、その和は、何よりも信条における**無私性**によって実現されるものと考えられている。

　この**無私性**を日本人は「清き明き心」ととらえ、中世の日本人は「正直」ととらえた。また近世日本人は「誠」ととらえた。宇宙の究極的なものを限定的にとらえなかった日本人には、倫理についても、これを普遍的な規範としてはとらえなかった。

　それに対して世界の主要な思想は、それぞれの仕方で客観的規範を問題にしてきた。ユダヤ教の律法、ギリシア人のロゴス、インド人の法(ダルマ)、中国人の道など、みなそうだった。なかでもインド人の法(ダルマ)と中国人の「道」の影響は、日本人の物の考え方に多大の影響を及ぼしたが、**日本人は、それらから客観的規範を抜き取って日本流に解釈してからしか受け入れなかった。**

　だから、日本では、インドのダルマは、小乗仏教に見られるような客観的規範を抜き取って受け入れた。大陸から**道**という普遍的規範を意味する観念が移植されても、倫理の根本を心情的にとらえる日本人の姿勢は、基本的には変わ

らなかった。たとえば、「正直」は大陸の思想の影響のもとに形成されたものであるが、無私になるとき、おのずから正直になると考えた。「誠」も客観的規範に対する無私性ではなく、**他者に対する無私性**を意味した〔注：BIE、第3版6刷、第14巻「日本の思想」p.374下段～〕。

〈112・115〉
日本人は儒教をどのように日本流に解釈したか

　日本人は儒教を外向型の儒教から内向型の儒教にしてから受け入れた〔注：BIE、限定版第9巻、pp.385～398〕。
　内向型民族は、外国の良いものを喜んで取り入れるが、自分を失わずにそれを自分なりに修正して取り入れようとする〈See：223・2「アシミレーション」〉。日本人は、儒教に対してもそれを行なった。
　儒教は二千余年にわたって、中国の思想と文化において主導的立場を保持してきた。一つは「大学」によって代表されるように、社会的・政治的な傾向を特色とするもの。もう一つは「中庸」によって代表されるように、宗教的・形而上学的な傾向を特色とするものである。後者は、喜怒哀楽の感情の調和によって自己を完全に実現することであり、それを得れば、天地は正しく位し、万物は育ち展開するとした。
　儒教はその後、保守化し、それとともに活力を失ったが、儒教のもつ合理主義（中国人は古代も現代も合理性を重んじる強い思考型の民族）、道徳主義、社会的・政治的改革志向は、決してその力を弱めることはなかった。19世紀において、中国では、これらの特質はかえって強化されたほどであった〔注：BIE、限定版第9巻、p.391中段〕。

■5世紀以降
　しかし、日本の宮廷貴族は、儒教を天皇のもとにおける国家統一の政治理念として受け入れ、仁政の理想をそこから学びとったが、有徳者為君説の孕む禅譲放伐の思想は、天皇の心構えとしてのみ受け止め、革命思想として受け取ることはしなかった。

仏教も導入されたが、仏教は内典、儒教は外典(げてん)として受け入れた。信仰を内面的信条として受け入れるときには仏教を、外的・公的行為として表現するときには儒教を使った〔注：BIE、限定版、第9巻、p.393上段中〕。

■新儒教の到来後

しかし、新儒教（宋学）が日本に渡来すると、儒教は内面的なものの理解に向けられ、外面的な礼に代わって、内面的な心の持ち方としての仁義が中心の概念となった。まさに内向型日本人ならではの解釈だった。その結果、「出（脱）世間の教」としての仏教は否定され、人倫の教えとして儒教の真理性が叫ばれるようになった〔注：BIE、限定版、第9巻、p.393中段右〕。

儒教が日本人の精神に与えた影響で何よりも基本的なものは、〈人間がこの現実社会において『よってもって生きるべき倫理』の存在を強く自覚させたこと〉である。その自覚から出発した近世日本の儒教は、また倫理に生きることの厳しさを教えた。例えば林羅山（1583〜1657）は、**内心に巣くう欲望との闘い**を説いた。彼は、「敬」を武士社会に広め、武士を君子たらしめるとともに、戦国以来武士の求めていた**死の覚悟に徹して得られる「強み」**を「敬」によって基礎付けようとした。「威儀を正し、**内面の敵に勝ってこそ、他人に勝つことができるようになる**。欲念を許さず至誠に生き、死にうろたえぬ覚悟を確立しなければならぬ」とした。本当の「強み」はこのような内面の力から生まれると説いたのである〔注：BIE、限定版、第9巻、p.395上段左〕。

■幕末の志士

伊藤仁斎（1627〜1705）らによって思想界の表面に押し出された「誠」を重視する傾向は、幕末において頂点に達した。しかし、志士たちの至誠は「心に思うことを、いかなる事態にも貫き実現し抜くこと、外を内に一致せしめること」を求めた。至誠に生きる覚悟を求めた。「**心の底から行なえ**」（内向型の特徴）というところに強調点が置かれた〔注：BIE、限定版、第9巻、p.396上左〜中右〕。

日本では剣に対する伝統的な尊敬の念が、儒教の倫理思想と結合して「武士道」を形成したが、これは中国ではまったく見られないことだった。中国では、君子とは剣を持った人間ではなく、あくまで徳を有する人間、すなわち**剣士**で

はなく、教養ある紳士だったのである。

■農工商の指導者・支配者としての武士

　武士は元来戦闘員であったが、時代の変化と儒教の理解を介して農工商三民の指導者・支配者の意識を持つようになった。そして、支配者が支配者らしくあるべき心構えを教えるものとして理解された有徳者為君説が、武士の心構えとして要求されるようになった。

　武士の生き方として儒教を取り上げた最も代表的な人物山鹿素行も、同様の考えを示し、人倫を乱す輩（やから）を罰することも武士の任務とした。「武士は道を天下に実現するべき天職を持つ、ゆえに、自ら道に生きなければならぬ」と教えた〔注：BIE、限定版、第9巻、p.397上段中～〕。武士が君主に仕えるのも、君主を通して道を天下に実現するためであった。だから素行は不徳の主君らは「すみやかに去れ」と言った〔注：BIE、限定版、第9巻、p.397中段中〕。

　しかし、一般の武士も一個の人倫の指導者であるという自覚は、幕末の変革期になると、上下定分の秩序を突き破る改革のエネルギーとして現われた。こうして、封建社会の教学であった儒教は、幕末には、封建社会を切り崩す思想的よりどころとなったのである〔注：BIE、限定版、第9巻、p.397下段右〕。

■町人の自覚を築いた儒教

　庶民、特に町人の経済的台頭につれて、武士との人間的平等の自覚が高まり、庶民もまた武士と等しく自覚的に聖人の道に従うべきことが庶民自らによって主張されるようになった。儒教は為政者の道としてではなく、はっきりと人間一般の道として理解されるようになった〔注：BIE、限定版、第9巻、p.397下段中〕。この点において特に注目される思想家、石田梅岩（1685～1744）は、「天子より庶民にいたるまで、一に是皆身を修むるをもって本とす。身を修むるに何ぞ士農工商のかわりあらん」と主張した。彼は君臣民の三階級の区別を否定して庶民をあえて臣にまで引き上げ、武士と同列に置いた。士農工商は人間尊卑の区別ではなく、職分の区別に過ぎないとしたのである〔注：BIE、限定版、第9巻、p.397下段左〕。

　さらに、彼は町人の卑しさの根拠とされていた営利事業に道徳的な理念を付

け加えた。「まことの商人は、先も立ち、我も立つことを思うなり」「宜しきとは其座（売り手と買い手）双方ともに宜しきをいう」と主張する〔注：BIE、限定版、第9巻、p.398上段右端〕。

　このように、ヨーロッパの市民社会の意識の向上と時を同じくして、日本にアシミレートされた儒教は、近代日本の市民社会の意識の成長に、大きな役割を果たしてきたのである。

■**国歌**（日本の国歌は、内向型のイギリスの国歌にきわめて類似している。〈See：132・112〉264ページ）
　　君が代は
　　千代に八千代に
　　さざれ石の
　　巌となりて
　　苔のむすまで

〈112・2〉
外向感覚・気持型

〈112・21〉
アルゼンチン人
外向④感覚④気持③

■**ユングの解説**：外向感覚型〈013・7〉520ページ、外向気持型〈013・4〉512ページ。

■**資料**
・『アルゼンチン観戦武官の記録：日本海海戦』マヌエル・ドメック・ガルシア著、津島勝二訳、社団法人・日本アルゼンチン協会発行、1998年。
・『日本アルゼンチン交流史：はるかな友と100年』日本アルゼンチン協会、

1998年。
・調査旅行：2001年4月26日〜29日。

■Interviewees
・公使Mr. Minister Miguel Velloso, Embassy of the Argentine Republic, Tokyo.
・Miguel Eduardo Gomez Aguire：同文化部参事。
・Clarisa Lifsic de Estol：Managing Director Dolphing Fund Management, Presidente de Banco Hipotecario. S. A de Argentina.
・高木一臣：ブエノスアイレス日本語新聞『La Plata Hochi』編集長。
・野村秀治：日本アルゼンチン協会専務理事。
・河崎勲：Dann Com Japan 代表取締役、元NHK報道局長、三井物産常務。
・小林晋一郎：(株)BOT International東銀リサーチ・インターナショナル研究理事。
・佐久川昌範：アルゼンチン国立銀行日本代表部。
・中野恵正：元三井物産常務。
・菊池寛士：元外務官僚、日立空調機代理店社長、KMKコンサルティング特別顧問、駐亜大使顧問、Maloú夫人はブエノスアイレスのTV政治番組キャスター。
・田口奉童(ともみ)：東京三菱銀行海外企画部中南米室参事。

■国土と人口
　国土279万1810平方キロ（日本の約7.3倍）。人口4235万2000人（2014年推定）。白人約80％（内、イタリア系約36％、スペイン系約29％、その他英・独・仏系）、アラブ系約15％、ほか。最近（2014年）はしだいに変わってきているが、多くのアルゼンチン人はアルゼンチンを母国とする帰属意識が比較的薄く、ヨーロッパの母国をいまだに本当の母国として感じ、アルゼンチンには植民地として出張してきているような感覚があった。

■民族構成

　当初、移民政策はヨーロッパからの移民を優先させ、アジア人は入れなかった。スペイン人を一番多く受け入れたが、イタリア人の貧困層も多く、その後、ドイツやフランスからもやってきた。アフリカ人もかなりいたが、プランテーションのためではなく、家庭の女中や下男の仕事のためだった。アルゼンチンではアメリカの南北戦争よりずっと以前、1813年にはすでに奴隷制が禁止されていた。解放するほうが人間関係がスムーズになったからだと言われている。

　現在（2001年）米国に次いでイスラエル人が最も多い国はアルゼンチンだが（2001年で100万人以上）、迫害を逃れてきた人たちである。ヨーロッパのイスラエル系貴族が広大な土地を購入し、ロシアのイスラエル人に分け与えた。後にナチに追われたイスラエル人も大挙して逃げてきた。彼らの影響力は、経済の分野よりも、政治、学問、著述といった分野で大きかった。イスラエル人は世界で最も強い内向型民族の一つであるため、外向型世界では一番誤解されるが〈See：132・12〉、影響力を増している。

　同じく内向型のドイツ人は、人口比から見る限り、それほど多くはないが、影響力は大きい。ドイチェ銀行はアルゼンチンでは存在感が目立つ。

　政治的に強い影響力を持っているのは、スペイン系、イタリア系、イスラエル系、それとアラブ系である。アラブ系は、オスマン帝国の迫害を逃れてきた人たち。

　アルゼンチン人はアラブ系を見るとTurkishと呼び（当初トルコの旅券で来たため）、東洋系を見たらChino、イギリス系はGringos（当初Greenの軍服を着ていたため）、アメリカ系はジャンキーと呼ぶが、軽蔑意識はなく、普通の呼び方になっている。

〈112・210〉
歴史

　北米と南米の植民地開拓の目的は、大きく異なっていた。北米には信仰の自由を求めて母国を逃れ、新天地を墳墓の地と定めて開拓と生産に従事する開拓者が来たのに対し、南米には、コンキスタドーレス（征服者）と呼ばれる一攫

千金を夢見る冒険者が、黄金と富の収奪を夢見てやってきた。北米では、自分の住む場所と運命を共にする愛国心が芽生えたのに対し、南米では、富の収奪心が強かった。

そして、南米では、たしかに近代政治の形態は生まれたが、被支配者から富を奪う構造は、今日でも一部の政治家の腐敗や賄賂となって残っている。

アルゼンチンの場合、こうした政治家を排除しようと、軍が政権に介入したことは20世紀になって少なくとも6回はあった。しかし今日、軍が腐敗した政府を浄化できると思う人は軍の中にも外にもほとんどいない。1976年に始まった軍政が、7年間にわたって人権弾圧を行なったこと、そしてフォークランド戦争に敗れたことなどが主な原因であった。

コンキスタドーレスに続いて植民地に来た無数の良識ある移住者たちが政治に参加し、腐敗を排除できるようになるまでには長い年月がかかった。最近に至ってアルゼンチンでは、中産階級の人々が立ち上がり、腐敗した政治家を排除する動きが出てきた。その一つの例として、2001年12月、大統領になったペロン党のロドリゲス・サア大統領が、以前に汚職の疑いでブエノスアイレス市長の座を追われたカルロス・グロッソを官房長官に任命したのに対し、市民が「カセロラッソ」（鍋、釜を叩いてする抗議）で激しく反対し、即時辞任させることに成功するとともに（同年12月22日）、12月30日には、就任したばかりのサア（Saá）大統領自身も追い出すことに成功した。今まで右翼からも左翼からも、「革命勢力」とはなり得ないと見られていた中産階級が、堪忍袋の緒が切れたものとして注目されている（日本アルゼンチン協会会報38号・2003年10月25日）。

■近年の情勢

ラテンアメリカの中で最も進んだ国と言われてきたアルゼンチンは、近年（2001年）、最悪の経済的危機に見舞われている。人口3600万人のうち53％が「貧乏人」に分類され、失業率は23％を超え、地方の州や地方経済は破産状態にある。ブエノスアイレスも含めた大都市の周辺には貧民窟が出現し、今までは他人事だった経済不況に見舞われている。そのため、最も魅力ある移民受け入れ国と言われたアルゼンチンから、人々はスペインへ、イタリアへ、アメリカ

へと逃げ始めた。

　しかし、これはアルゼンチン社会が変わったからではない。アルゼンチンが、かつてGDPで世界２位を誇っていたのは、豊かな畜産業に恵まれ、世界に大量の肉を輸出し、それによって様々な産業が発達していたからだった。しかし、今日このマーケットが変化したのである。

⟨112・211⟩
外向型の特徴

　アルゼンチン社会の基本には、スペイン人とイタリア人の明るいオープンで温かい気質がある。全体的にはスペイン人よりは多少明るさが少ない感じだが。

■強い現実主義
　アルゼンチン人は現実主義者であり、したがって現実に妥協する。内向型のような理想主義者idealistではない。だから完璧主義を嫌う。約束は現実の状況しだいでは守らない。法や規則もあまり守らない。常に現実が優先する。悪気のない<u>小さな誤魔化しVivo</u>（後述）もよく見かける。

■強い個人主義
　個人主義の傾向が強い。共同作戦は苦手。全体の利益のために協力する気持はない。政治家も、国家の善よりも、ともすれば私腹を肥やそうとする。あまりにも個人主義なのでヤクザも育たない。権利はみなよく主張する。思いつくまま大げさに自己宣伝をする。「うまくいっている集団は軍隊と教会だけだ」と自分たちでも笑っている。

　相手に対しては要求の強い社会。「だから何かを注文するときには、品物にけちをつけ、強気に言うとよい。すると、良いものを出してくる」と、あるアルゼンチン人の案内書にも書いてあった。

■相手がいつも悪い
　普通の社交儀礼では、もちろん丁寧で、融和的だが、現実に利害関係が絡む

第1章　感覚が主機能の場合

場合には、こちらが謝ったが最後、「お前自身で認めたじゃないか」となる。だから「私は悪くない。こうだったんだ」と言わなければならない。ある日系人が言っていた、「私はそういう返事ができるようになるまでには長いことかかった」と。

■頑張れない
　漫画チックな例だが、着任したばかりの日系商社マンがアルゼンチン人の同僚から言われた。「お前一人で仕事しているんじゃないんだよ。みんな流れ作業になっているんだ。少しは周りの人のことも考えて働けよ。もう少しのんびりやれよ。お前の次の連中は仕事が山のように溜まって、息も絶え絶えなんだ。お前の横にいる奴は、舌を出してハアハア言ってるぞ。可哀そうじゃないか！」

■仕事に表われる外向性
　長年アルゼンチンとブラジルで経験を積んだ日本人ビジネスマンによれば、「アルゼンチン人は、トップが命じたことはきちんとする。しかし、それ以上はしない。指示には従う。日本人はプロジェクトを始める時には、計画をよく練ってから進めていくが、アルゼンチン人は、まず派手に大臣を招いてパーティを開き、宣伝するところから始めようとする。また自分個人の優秀さを訴えることを第一にし、自分一人でやって、点数を稼ごうとする意図が見え隠れする。
　やるべきことはやるが、仕事の喜びは感じようとはしない。あと４行付け加えれば手紙が出せるという時でさえ、時間が来ればやめてしまう。時間内でやるべきことはやるが、『終えてしまおう』とは思わない」

〈112・211・1〉
主機能の外向的感覚がもたらす特徴

　アルゼンチン人は、何かを感じると、それに引きずられて、そのまま行動してしまうところがある。典型的な外向感覚型の特徴である。
　スポーツや政治・経済問題では侃々諤々の議論をする。熱狂して冷めやすい

のも外向感覚型の特徴。この気質には物事をあっけなく放り出すところもある。フォークランドの熱狂もあっけなく終わった。

■感覚的楽しみが大好き

外向感覚型だから、もちろん遊び好き。バケーション第一の国である。少し冗談半分に言えば、クーデタの日もそれで決まるほど。バケーションの金策には結婚指輪も売るくらい。国が戦争していようと、国民が一致協力して節約するところまでには至らない。

美味しいものが大好き。中南米人の中で、アルゼンチン人が一番外食を好むと言われている。レストランや喫茶店はコミュニティの一部になっており、値段も安いから、外にある自分たちのダイニングルームみたいなもの。3種のクロワッサン（medialunas）とコーヒーからなる朝食は、古い南欧の習慣。夜9時以降の夕食は、スペインの習慣。豊富なパスタはイタリアの食習慣。グリル（parilla）で焼いた焼肉は何よりも好物だが、食べる量では一人当たり世界第2、米国人の2倍だとか。ただし、泥酔は男の威厳に反することとして嫌われる。

■見栄っ張り、格好よい

外向感覚型にたがわず、見栄っ張りのところがあり、格好よさが大切。如才なく社交的。それゆえ、選挙のとき政治家は公約を掲げるが、アルゼンチンの選挙民は公約で選ぶのではなく、カリスマチックな魅力に投票する傾向がうかがえる。ブエノスアイレスの市長選挙でも、俳優のように美しい男性が大量票を集めてしまった。これでは政治がうまくいくはずがないと識者は嘆いていた。

■法や規則はあまり守らない

規則はあってもないようなもの。「職務中は外出するな」と壁に貼ってあっても、何時間も無断で外出しても何も言われない。朝、仕事にやってきても、よく30分くらいマテ茶を飲んでいる。輸入禁止の品でも、店にはいっぱい。

ところが、アルゼンチンでお会いした方々が「ちょっと困った」という顔をして、「アルゼンチン人の欠点はVIVOなんです」とおっしゃる。「チャッカリ」

ということらしい。行列に割り込んだり、ワイロをちょっぴりせびったり、要領よく少々ずる賢く立ち回る。それでいて憎めない。これはイタリア的で、「他人を誤魔化す智慧 Intelligence pour tromper les autres」だとMaloú夫人は言っていた。

　Policeも賄賂をせびることがある。「お前の交通違反の罰金は100ペソだ。どうだ。罰金を見逃すから50ペソくれないか。そうすればお前は50ペソ儲かるぞ？」「いやダメだ。俺はこれから飯を食わなきゃならんから、25ペソに負けてくれ」「いやそれじゃ少なすぎる」。すったもんだやったあげく、「じゃあ、35ペソくれ」というようなところで落ち着く。「そういうコツをだんだん覚えると、結構それでいけるんですよ」とある日系人が言っていた。

■頑張らない、のんびりしている
　アルゼンチン人はよく、「針金1本あれば何でもできる」というが、今必要なことがあれば、何でも簡単に間に合わせることができると思っている。それに「よその国の人たちが、次々と新しいものを発明し、便利なものをつくってくれるんだ。それで十分ではないか。何も、我々があくせくしないでも」という観念がある。

　また、「アルゼンチン人は、欲しいものは何でも与えられて、スポイルされた子供みたいだ。この30年間、私はアルゼンチン人について書かれた本や歴史書などをたくさん読んで調べたが、何が原因でこんなことになったのか、未だによく分からない」とアルゼンチンの識者が言っていた。

■理想とする人間像
　理想的人間像は伝説的人物のカウボーイ「ガウチョ」。同国の19世紀絵画では最大のモチーフ。伝統的アルゼンチン音楽の主流もガウチョのフォークソング。ダンスもガウチョのフォークダンス。18世紀の頃、酒飲みで放浪者のメスティーゾ〔注：南米のスペイン系白人と先住民族との混血児〕の彼が、町から追われ広大な原野で野生の馬とcriollo cattle〔注：スペインの牛と南米の牛との混血牛〕を追いまくっていた姿が、アルゼンチン人にとってはたまらない。厳しい環境の中で孤独に耐え、独り苦難に立ち向かう勇気と、大地を愛する心に、理想的な

人間像を感じるからだ〔注：... as set out in the national epic poem El gaucho Martín Fierro (1872) by José Hernández and in Ricardo Güiraldes's fictional classic Don Segundo Sombra (1926).〕。

　ガウチョは侠客とは違う。人を傷つけたり、縄張り争いしたり、人に迷惑かけたりはしない。またアメリカのカウボーイとも違う。ギターを持って牧場から牧場へと渡り歩き、牧場主から食べさせてもらうが、大きな特徴は「利」によって動かないことである。「この人のためと思ったら、自分が損をしてでもやる」。だから「一肌脱いでくれる人」のことをガウチョと呼ぶ。だから、誰かに何か特別に頼みたいことがある場合には、「ガウチャーダでやってくれないか」と頼む。「そこまで俺を信じてくれるのか」ということで相手は発奮し燃える。男として、ガウチョの精神に反することが知れ渡ると村八分にされる。

　ガウチョとまではいかなくとも、男同士の間では、Amigoがそれに近い意味をもっており、命をかけても守る絶対の親友のことをいう。日本の親友以上の意味がある。それに対して普通の友人は「知人（Cognoscido）」という。

　南米のMachismo（a need for ostentatious manliness 男らしさを見せたい気持）は、Hofstedeの調査〈See：223・40、（HCC, p.199）〉によれば、メキシコ、ベネズエラ、コロンビアが一番、アルゼンチンとブラジルが中間、チリとペルーが最下位。

　男らしさと関連して、スペインのアロガンシア（威圧的誇り）は、「自分の価値を意識するあまり他人にそれを知らせようとする心理からきている」と言われるが、アルゼンチン人のアロガンシアはそれではない。40歳以下の人は別だが（2001年）、「自分たちはヨーロッパ人だ」という誇りから来ている（Maloú）。

■少々チャランポランでないと成功しない

　くそ真面目で完璧主義な人は、この国では成功しない。少々オッチョコチョイのところがあるほうが成功する。シレーラというイタリア系のオートバイ会社がJICA（国際協力機構）に日本の技術者を大量に入れたいと言ってきたことがあった。JICAは喜んで、最初試しに二人の社員を送ったが、一人はイタリア人的なところがあり、成功した。しかしもう一人は無口で、結局ノイローゼになり、この計画は頓挫した。

「国立大出の真面目なタイプは成功しない。私大で、ろくすっぽ勉強しないでギターでもやったような連中のほうが伸びる。今の大統領は人格者だが真面目すぎてだめだ。何をやっても裏目に出て成功しない。弁解ばかりするから、『何だ！』ということになる。前の大統領は中学生のとき不良少年だったが、人の意表を突くような返事ができるため、うまくマネージができた。不真面目だから成功するというわけではないが、弾力性と融通性を持っている人が成功する」と日系の知人が言っていた。

■優れた芸術感覚
　外向感覚性は芸術に優れる気質要素だが、アルゼンチン人は芸術性が極めて高い。映画、舞踊、絵画、彫刻、建築などに非常に優れたセンスを持っている人が少なくない。かつてはヨーロッパ、特にフランスを意識したものが多かったが、今では独自の特徴を存分に発揮している。

■家族愛が強い
　週末には家族がどこかで一緒に食べる伝統が染み込んでいる。そこで食べるのがアサードAsado（バーベキュー）とイタリアのパスタ。ドイツ系も、ロシア系も、日系も、アラブ系も、イスラエル系も関係なく、アルゼンチン人をくっつける糊のようなもの。
　また、家族の絆の強さもただごとではない。娘を嫁にやるなら洗濯屋でも何でもいい、ともかくアルゼンチンに定職を持っていればよい。外交官でも、「外国に帰っちゃうような奴には娘はやれん」となる。
　アルゼンチンの良家の子女はフランスかスイスに留学させ、子息はイギリスに送る。イタリアに勉強に行くと言うと、「そんなところで何するの？」となるが、「フランス、イギリス」と聞くと「それは結構だ」ということになる。
　結婚しない限り、子供は家に残る。30歳になっても。古いイタリアの伝統らしい。家族愛が強すぎて、ネポティズム（縁者びいき）は普通のこと。交際するには家族や友人の話題を豊富に用意しておくとよい。

〈112・211・2〉
補助機能の外向的気持feelingがもたらす特徴

　ユングによれば、外向気持型は皆の気持に自分の気持を合わせようとするところがある（509c）。だから人に好かれる。もしそういう人たちから成る社会が存在するとすれば、その社会は住みやすいだろう。これが外向気持型の社会なのである。外向型は、相手が競争相手でない限り、親しみやすい。だから、アルゼンチンは住みやすい。

■差別のない国、一番住みやすい国
「正直に答えてください。アルゼンチンで、差別を受けたと感じたことがありますか？」並み居る人はアルゼンチンに在勤したベテランのアルゼンチン通。帰ってきた返事はすべて「No」。「では欧米で差別を受けたことがありますか？」ほとんどの人から「Yes」。40年来諸外国との交流を続けてきた日本アルゼンチン協会専務理事の質問に対する答えだった。
　アルゼンチンには何か特別な魅力があるらしい。人間関係が優しい。生活しやすい。文化的イベントも多い。だからだろう、アルゼンチンに生活した外国の外交官や経済人の多くが退職後、アルゼンチンに住みついている。
　しかし、Feelingタイプは合理的思考が苦手であることも事実。Maloú夫人も言っていた、「アルゼンチン人はemotionalだ。『世界で一番』というと喜ぶが、二番になると『もうだめだ（On est le meilleur ou on est pire. On n'est jamais normal.）』と言う。ベストでなければ最悪だというのでは、normalというところで自分を捉えていない。ロジカルではない。交通規則なども、信号を守る理由、ベルトを締める理由を考えれば、もうちょっとはよく守るはずなのに！」と。

〈112・212〉
気質以外の特徴

■哀愁を帯びた音楽：タンゴ

アルゼンチン人には哀愁tristeなところがある。アルゼンチンが世界の音楽に貢献した最高の傑作はタンゴだろう。ダンス音楽でありながら、同時に独特な哀愁を帯びて心に響くタンゴは、世界を風靡した。19世紀末頃ブエノスアイレスの港で、かつて貧困に苦しんだイタリア人労働者の中から生まれたという。そこから絞り出された哀愁が響くのであろう。日本の演歌で流される涙は、男に振られて涙する女性の涙が多いが、タンゴの歌詞は、男が女に振られて涙するというのが圧倒的。〈人生は厳しい。せめて愛において慰めを得たいのに、それすらも振られて涙する〉のである。しかし、都会を離れた地方の音楽には、むしろハッピーなものが多い。
　レストランなどではブラジル人が入ってくると、急に賑やかで騒がしくなるが、アルゼンチン人とブラジル人の違いは哀愁を含むタンゴと元気なサンバの違いのようだと言う人もいる。

■**かかりつけの精神科医がいることについて**
　特にブエノスアイレスの中流・上流クラスにおいては、多くの人がかかりつけの精神科医 Psychiatreを持っていると言われている。Psychiatreを持っていることは、一つのstatus symbolにもなっている。弁護士を抱えているような気持らしい。大っぴらに話す人もいる。相談相手として、トランキライザーの役目を果たしているのかもしれない。しかし、このように隠さず大っぴらに話せること自体、むしろ健全な印と言えるかもしれない。

■**アルゼンチン女性の理解のために**
　「アルゼンチン人の女性の多くは美しいが、これは幸運な混血のもたらしたもの（Beau mélange du sang）だろう。芸術家も多い、タレントもたくさんいる。自由であり、社会的通念からは解放されている。『ただし、<u>しっかりしたところが今一つ（pas si solide）</u>』と言う人もいる」（Maloú）。
　この国には男性が女性を褒める言葉に、「あなたの目は星の輝きのようだ」という言葉があるが、こういうことを言うのが紳士の条件。これはフィーリングが高まらないと出てこない。そして「何々のように美しい」の「何々」という隠喩Metaphorを上手に言えるのが上に立つ人の条件、人をリードする人の

条件と言われている。立派な大学を出ていても、それができない人は不利になる。

　日本人の友人が言っていた。ガールフレンドとデートを決めて、胸をワクワクさせながら待っていた。ところが彼女は長時間待たせたあげく、やっとやってきた。謝ると思いきや「ここまで来るまでに３人の男性から声をかけられた」と言う。ますます頭にきた。「でも、それを断わってあなたに会いに来たのよ」というわけだ。それでアルゼンチン男性のようになろうと勉強したが、相変わらず「あなたはものすごく冷たい」と言う。「日本人だからよく知らないし、感情の表現の仕方も知らないんだ」と言うと、「それなら、あたしが教えてあげる」と、チリの国民的詩人でノーベル文学賞受賞者パブロ・ネルーダの詩（『イル・ポスティーノ』の映画に出た）を教わった。政治や経済も大切だが、こちらが上手になることのほうがもっと大切だという風潮がアルゼンチンにはある。

　実際、時間に遅れて女性の価値を高める儀式すら存在する。田舎の結婚式だ。新郎新婦が最初に結婚式場に到着して式が始まるまで、少なくとも２時間は待たされる。会衆もそれを知っているから、その間、皆でオルガンや声楽を聴いて楽しんで待っている。

　だから、こうした社会の雰囲気が分かると、女性が「ツン」としているほうが価値のある魅力的な女性と感じるようになってくる。このような「裏」が分からないと、アルゼンチンの女性を誤解することになりかねない。

〈112・213〉
地域的特徴

　地方の田舎に行くと、人々はまったく悪に染まっていない感じ。北部はインディオの子孫が多く、田舎のほうの人は特に純朴で、穢れていない。ホスピタリティは誰に対しても大変なもの。そしてのんびりしている。

　またドイツ系は北に多い。ドイツ人は森のあるところを好む。ドイツ人の集まるところには森が多い。内向型の気質的要因を感じる。偶然ではない。ドイツには森の奥の廃墟をモチーフにした庭園があちこちにある。

　南部には白人が多く入植し、イギリス人が多い。内向型のためか、孤独に耐

え得る人らしく、寂しい遠隔の地で畜産に励んでいる。

〈112・214〉
なぜアルゼンチン人は日本人にそれほど好意的なのか

　日本人の移民たちが、アルゼンチン社会に積極的に溶け込み、内向型の持ち前の謙虚・正直・勤勉・感謝の気持によって人々の心をとらえたことも理由の一つだったと言われている。

■アルゼンチンが日本海海戦のときに日本を救ったことも両国の絆を深めた
　日露戦争当時、世界のほとんどの国の人たちは、日本のような小さな国の存在すら知らなかった。日本を理解していた国は、南米ではアルゼンチンぐらいしかなかった。当時イギリスに次いでGDPが世界第2のアルゼンチンが日本人に敬意の念Admirationを抱いていたのは意外だった。なぜそうなったのか。
　その頃、アルゼンチンとチリの関係が悪化し、アルゼンチンは2隻の装甲巡洋艦（後の「日進」と「春日」）をイタリアの造船所に発注した。しかし、両国の関係が改善したため、軍艦はいらなくなった。すると、極東地域への進出を目論んでいたロシアが「その2隻をぜひ」と懇望したが、アルゼンチンはそれを拒否。アルゼンチン人にガウチョの精神が働いたからである。「日本人移民はアルゼンチンのためにひたすら貢献してくれている。それに、こんな小さな国が大国に潰されるのは見るに忍びない、何とか助けねば」と、安い価格で日本に譲ってくれたのである。
　こうして手に入れた巡洋艦「日進」と「春日」は、当時としては世界最新鋭の軍艦で着弾距離は17キロメートル。戦艦「三笠」は10キロメートル。ロシア艦隊の軍艦は7～8キロメートル。だから、「日進」と「春日」は他の軍艦と比べて仰角を低くできるため、命中率も抜群。それに下瀬火薬の威力が加わっていたから破壊力も大きかった。
　軍艦の引き渡しは、後日、日本海海戦のとき観戦武官として「日進」に乗艦し、精細にこの海戦の経緯を祖国に送ったドメック・ガルシア大佐だった（後に大将になり、海軍兵学校校長から海軍大臣になった）。彼の日本海海戦の報

告はアルゼンチン国民を驚かせたが、特に大佐自身のエピソードには驚いた。

彼はもともと軍艦の砲術長だった。そして「日進」の建造にも彼が設計から参加していた可能性が高い。ところが、海戦のさなか、彼が乗っていた「日進」で、敵の砲弾が砲台付近で炸裂、砲術長が吹っ飛んだ。とっさにガルシアは砲台に飛び込み、照準器を握って反撃に出た。「日進」の砲台の扱いでは彼の右に出る者は日本にはいなかった。その彼が放った弾丸は次々と正確に命中したに違いない。このままでは自分も死ぬと感じて必死だったのだろう。観戦武官として国際法上できないなどと考える余裕もなかった。しかも「日進の脇腹にはロシアの30cm砲の砲弾がめり込んでいた。もしもそれが炸裂していたならば、日本海海戦の行方はどうなっていたか分からなかった。アメリカの南北戦争の際、北軍と南軍の主力艦の一騎打ちとなったとき、北軍が舷側に受けた弾丸が不発弾だった。もしも破裂していたならば南軍の勝利だっただろうと言われているが、それと同じ状況だった」と、ガルシアは書いている。

後年、日本アルゼンチン協会の野村秀治理事長が、大佐のお孫さんにアルゼンチンで会ったとき、「明治天皇からこのようなものをいただいた」と言って見せてもらった贈り物があった。立派な木箱に入った見事な金の絵巻で、野村氏がその写真を撮って宮内庁に見せに行ったところ、庁の幹部はギフトの素晴らしさに驚き、「今ではとてもこんなことはできません」と言われたそうである。これは海軍の重鎮山本権兵衛や東郷平八郎が集まって相談し、**天皇からのガルシア大佐への直々の個人的贈り物**（国際法上、公的に感謝することができなかったため）としてお願いしたものだった。

■日本語紙『ラプラタ報知』の編集主幹、高木一臣氏の体験

筆者は2001年の4月末に、アルゼンチンに調査旅行に行く前に、野村理事長から宿題をいただいた。「なぜ、アルゼンチン人が昔から、日本人に好意を寄せてくれるのか、よくお調べになってください。大変参考になりますから」と。

そして、お会いしたのが、高木一臣氏だった。アルゼンチン人気質についてお話をうかがいたいとお願いしたところ、次のような興味深い話を聞かせてくださった。

アルゼンチンの一流新聞『ラ・ナシオン』の論説にこんなジョークが出てい

た。

「アルゼンチンでは二重国籍が許される。それで、あるドイツ人移民がドイツとアルゼンチンの国籍を持っていた。ところが、彼は生前行状があまり芳しくなかったため、残念ながら地獄に落ちた。

さて、彼が地獄に行くと、それぞれの国の地獄があった。まずアルゼンチン地獄のところに行くと、そこには亡者がものすごい列をなしている。『これはたまらん、それならガラガラのドイツ地獄に行こう』と、ドイツ地獄に行くと、そこは閑散としていて、鬼が入口で大あくびして鼻提灯を出している。入ろうとしたが、念のため、ドイツ地獄とはどんなところか、鬼に尋ねてみた。『ここはな。朝6時に起床だ。するとまずコーヒーの代わりに、オシッコを飲まされる。8時になると定刻にきちっと鬼が来て、刺のいっぱい付いた棒で11時までお前を打つ。それから昼食となるが、ウンチを食べさせられる。それから午後1時から夕方6時まで、別の鬼が来て、数万ボルトの電流の流れる電線でお前を打つ。そしてまたウンチの夕食だ。それから、夜8時に就寝となるが、針のベッドで寝るんだ』『ヒィヤー！ そいつはたまらん。行列は長くてもアルゼンチン地獄に行ってみよう』ということになった。

アルゼンチン地獄に来ると、彼は長い行列の先のほうにこっそり割り込んだ。さっそく鬼に話を聞くと『ここもドイツ地獄と同じだ』と言う。『でも何で、こんなに長い行列があるんですかい？』と訊くと鬼が言った。『ウン、ここはな、ちょいとだけ違うんじゃ。朝6時にオシッコが出されるが、ちょいと鬼に袖の下をつかませると、本物のコーヒーが出る。8時に鞭打ちが始まるが、ここの鬼はずぼらでな。時間には遅れてくるし、しょっちゅうスッポカス。その上、鞭も長年替えないから、刺も丸くなって、今じゃ、打たれるといいマッサージになるんじゃ。昼食はもちろんウンチだが、ここでもちょいとつかませると、本物のビフテキが出る。そして、午後の鬼もずぼらでしょっちゅう無断欠勤する。鞭も古くなって、電流などとうの昔に流れなくなっとる。夕食も握らせれば、美味い魚だ。針のベッドは長年替えずに古くなって、針はみな磨耗してしまって痛くない』

『ウワー！ そんな良いとこなら、ここに入ろう』と言って入ってしまった。

そう、これがアルゼンチン人の愛すべき性質なのだ」

■**そして高木氏は、ご自分の体験も一緒に語ってくださった**

アルゼンチンは資源や気候や広さでは、世界でも最も恵まれた国の一つで、経済大国となるための条件はすべて整っているが、先に述べたVIVOがアキレス腱になっている。

ところが、この国の人たちの目に映った日本人移民は、その逆で、正直で働き者だ。そこから「日本人を見習え、そうすれば、この国はきっと良い国になる」ということになった。実際、あるとき上院議会で「なぜ日本は経済大国になったのか」と題して討論がなされたが、「それは日本人が住んでいるからだ」と締めくくられた。そして、日本人の正直さと真面目さと勤勉さは、いまや半分アルゼンチン人の神話になっている。

■**拾ったものはポケットへ**

自分はあるとき5000ペソを拾った。平均月収が500ペソの頃である。すぐにポリスのところに行って、「警察署に届けるにはどこに行けばよいか」と尋ねると、「そんなことしたって、絶対に持ち主には戻りはせんよ。みな、署員のポケットに収まるだけだ。君が拾ったんだろう？ 君のものさ」「そうはいかん。私の物ではないから取れん」「いい方法がある。教えてやろうか」「オオそう、それだ！」「半分っこしよう」「ばか！ 何で俺がお前にやらなければならないんだ。拾ったのは俺だぞ！」「お前が知らずに警察に持っていっていたら、警察官の懐に入るところを、お前の懐に入るように方法を教えてやったじゃないか。教授代だ」「俺が拾ったんだから、全部俺のものだ！」「お前は優等生だな。ずいぶん早くアルゼンチン人になったなあ！」と最後には褒められてしまった。

■**日本人が立派だからこそ、ワイロを取ってやるんだ**

また、私は時々スピード違反で捕まったが、ポリスは手帳を出して書き込むふりをして「罰金は高いぞ、高いぞ」と言う。ワイロをくれるのを待っているのである。あいにくお金を持っていなかったから、「今日は罰金をつけといてくれ」と言うと、「自分は毎日この時間にここに立っているから、ついでのと

きにでも、持ってきてくれればいい」と言う。「でも私が、とんずらしたらどうなる？」「いや、お前は日本人だろう？　日本人は絶対に嘘をつかぬ立派な国民なんだ」

　そう言われると日本人の名誉にかけてもドロンするわけにはいかない。2、3日して持っていくと、「そうなんだ。俺が信じたとおり、日本人は正直なんだ」と言う。「しかし、日本人の美徳をエサにワイロを取るとはけしからんじゃないか」と言うと、「日本人が立派だからこそ、こうして罰金より安い金で助けてやっているんじゃないか。これがヨーロッパ人だったら絶対に容赦せんぞ。ばっちり罰金を取ってやる！」

■盗んでまで返済するとは見上げたものだ
　しかし、日本人だって泥棒する者がいた。ある日本人がその親友から借金したが、返済を迫られても返せない。しかし、親友同士だったので、ちょいちょい遊びに行っていた。ある日、机の上に札束が放置されていたので、彼はそこから借金分だけ抜き取って、翌日友人に返済した。盗まれた額と返済された額とが同じだったからすぐにバレてしまい、警察に訴えられたというわけだ。

　領事館から頼まれて、警察に事実確認に行ったが、「もう釈放した」と言う。そしてお褒めの言葉までいただいた。「日本人はやはり偉い。たいしたものだ。泥棒してまで金を返そうとする責任感は見上げたものだ！　アルゼンチン人にはそんなの一人もおらんよ。もしも、彼のようなチャンスに恵まれたら、金は一部でなく全部盗んだ上に、借金は相変わらず返さなかっただろうさ」「でも、泥棒は泥棒したんだろう？　なのになぜ釈放したんだ？」「盗んだ金は返したじゃないか。だから泥棒しなかった。ただ借金がまだ返っていなかっただけだ。しかし、それは当事者同士の問題であって警察の関与することではないからな」

■売春婦から絶賛された日本人
　昔からの日本人移民には花屋さんが多かったが、ブエノスに来るときには、なかにはちょっと遊んでいく人がいた。ある時、彼はお金がなかったので、なじみの女に「今日は金がないからまたにする」と言うと、「いいのよ。お金なんか次に来るときで。今日は遊んでおいき」と言う。

彼は数日後に花束を添えてお金を持っていった。女は後で人に語っていたそうである。「日本人は世界に冠たる国民だ。こんな人種はほかにはいない。もしも、こんなことをヨーロッパ人にしてやったら、二度とあたしの前には現われないよ。ところが日本人はあたしに花束まで添えてくれた。一番嬉しかったのはあたしを商品としてではなく、人間として認めてくれていることだった。こんな立派な国民はどこにあるか」と。政治家の外交上の美辞麗句とは違い、この商売女の言葉には絶対の重みがある。

■偉大な先輩たち

これだけの信用を築いた先輩移民たちの涙ぐましい努力には頭が下がる。最初から日本人の名誉にかけても、良き市民になろうとしたのである。洗濯屋が増えたのも、最初の人たちが、お金がポケットに入っていれば必ず持ち主に返し、ボタンが外れていればそれをきちんと付け、ほころびは修繕し、忘れ物はちゃんととっておいた。これはVIVOのカルチャーではあり得ないことだった。それで一躍評判になり、日本人の洗濯屋に注文が殺到し、洗濯屋が急増したというわけである。

入植するときも、アルゼンチン人の領域を脅かさないよう気を配り、見捨てられていた土地を開墾し、農業の中心地として発展させた。エスコバール（ブエノスアイレスの郊外約50キロメートル）が花生産の中心地となったのもそれだった。金がたまっても、それをそっくり自分の懐に入れようとはしなかった。「アルゼンチンのおかげで、今日あるのだからその感謝の印に」と、道路の建設や学校の建設など、地域の振興事業のために進んで寄付をした。だから日本人様々となった。他のアジアのある国々の人たちのように、アルゼンチンをアメリカに行くための足台に利用したり、金をつぎ込んで現地の商売に殴りこみをかけたりするようなことはしなかった。

■日出る国の生徒よ

私は移住した当時貧しかったから、スペイン語を教える学校に行けず、無料の夜間小学校に通った。そこにはヨーロッパからの大人の移民もたくさんいた。歴史の先生は、いつも前回の授業のおさらいのため、生徒の一人を前に呼んで

第1章 感覚が主機能の場合

質問したが、ある日私が呼ばれた。ところが私の名前を呼ばずに「日出る国の生徒よ、前に出なさい」と言うのである。私は「先生、そんな呼び方はやめてください。日本は戦争に負けたんです。太陽は落ちたんです」と言うと、「君は間違っている。日本が『日出る国』と言われるのはなぜか。それは、アジアの国の中で最初に西洋文明を取り入れ、5大強国の仲間入りをするとともに、〈東洋文明と西洋文明というまったく異質の二つの文明を統合し、世界文明をつくりあげる能力〉を持っていることを示した唯一の国だからだ。戦争に強いことなどたいしたことではない。二つの対立する文明を統合することこそ、たいしたことなのだ。それは日本人にしかできない。だから君は胸を張って『俺は日出る国の生徒だ』と言え」と言うんです。泣きましたよ、本当に。偉い先生がいるもんだと思いました。こんな先生は日本にもいないと思った。

■さすが日本の労働者

　算数の時間には小学2年生の算数だから、私にはわけなかった。ところがヨーロッパから来た大人の移民の人たちは、そうはいかなかった。だから、私は天才だということになってしまった。日本で大学を出たと言うと小学校に入れてもらえないと思ったため、『しがない労働者』ということにしていたからである。

　すると、ある日、国語の時間に「時計」という題で作文を書かされた。あまり幼稚なことも書けないので、「我々は永久に静止している空間の中に生きている。その中で無限の前進運動をしているのが時間である。その時間を計るのが時計である」と書いてしまった。

　ところがこれを見た先生が「いったい君は日本で何をしていたのか」「しがない労働者です」「ちゃんと訊くけど、日本の労働者の教育水準は君のような水準なのか？」「とんでもない。私なぞは下の下でございます」と日本人の謙譲さが出てしまった。

　すると先生はパーンとテーブルを叩いて「今分かった！　我々にとって小さな国に過ぎない日本が、巨大なアメリカを相手に宣戦布告したときには、なんと無茶なことをする国だろうと思った。負けて当然だったが、長期にわたって手こずらせたのは驚きだった。どこからその力が出てきたのか今日まで疑問だ

った。しかし、日本の労働者の教育水準がこれほどだとすれば、そりゃもっともだ！」と。

■**素晴らしいアルゼンチン人たち**
　しかし、アルゼンチン人がみなVIVOだということではない。大半は人を騙すような人たちではなく、素晴らしい個人がたくさんいる。たとえ一部の人に騙されてもアルゼンチンの悪口を言う気にはなれない。それは、素晴らしい人が多いからだ。ペロン大統領も、日本人会に来て、昔、陸軍幼年学校で柔道を習った日本人の老先生に駆け寄って終始そばで労（ねぎら）っていた。若くて名もないファンだった自分を、わざわざ家に連れて行ってご馳走してくれたタンゴ『カミニート』の作曲者ホワン・デルリョ・ヒルベルトの温かい飾らない人柄も、「日本人に会うときには敬意を表するため必ず正装して会うのだ」と言って、死ぬ1カ月前の病床から起きて会ってくれたタンゴのマエストロ、フランシスコ・カナーロも、みなアルゼンチンへの愛を深めてくれた人たちだった。

■**国歌**（自由を特に強調した明るい歌）
　Mortals! Hear the sacred cry,
　Freedom! Freedom! Freedom!
　Hear the noise of broken chains.
　So noble Equality enthroned.
　The United Province of the South
　Have now displayed their worthy throne.
　And the free peoples of the world reply.
　We salute the great people of Argentine!
　May the laurels be eternal!
　That we knew how to win.
　Let us live crowned with glory.
　Or swear to die gloriously.

〈112・22〉
ブラジル人
外向⑤感覚⑤気持③

■**ユングの解説**：外向感覚型〈013・7〉520ページ、外向気持型〈013・4〉512ページ。

■**資料**

〈http://www.brazilinfo.com/links/search-engines-en.htm〉

■**Interviewees**
・在日ブラジル大使 Mr. Enturini（1998年4月20日、面接）
・小林晋一郎：（株）BOT International東銀リサーチ・インターナショナル研究理事
・田口奉童(ともみ)：東京三菱銀行・海外企画部・中南米室参事
・青木勲神父：Communidade Marianista, Rua Santa, Bauru, San Paulo, Professors of Universidade do Sagrado Coraçào, Bauru, S.P.
・Janat Marques 1999. Nurse interviewed 2000.12.14.
・Dr. Maria Silvia Pessoa（ユング専攻、Hofstedeの設問をブラジル人に適用、2003年2月5日）
・Mr. Assahi Kawaguti engenheiro civil-econimista.
・Junji Nakazawa President Mezzani Massas Alimenticias Ltda.

■**国土**

　国名：Brazil、ポルトガル語ではBrasil、密生していたパウ・ブラジル蘇芳(スオウ)に由来。面積851万1965平方キロ、世界第5位（日本の約23倍）。人口2億203万3000人（2014年）。気候は普通考えられているのとは違い、気温は極端に高いわけではなく、アマゾン流域における平均気温は25.6～26.1度の間にあり、最暖月と最寒月の差は、2.2度。リオデジャネイロの年平均気温は26度、最寒月は20.8度。東北部を除いてブラジルの大部分では、適度の雨が降る。年間降

水量は1000ミリ〜1500ミリ。雨は夏に降り、冬は乾燥している。

■人種構成

ブラジルは蒙古人種系のインディオ、アフリカ系黒人、ポルトガル人の3人種から構成されていたが、19世紀後半から20世紀前半にかけては、主に、イタリア、スペイン、ドイツ、その他の中央ヨーロッパ諸国、および中東諸国から多数の移民がやってきた。その数450万人、ブラジル人の言う「漂白作用」が行なわれた。1950年の国勢調査によれば、人口の62％が白人（ポルトガル人が主で、他はドイツ、イタリア、ポーランド）、26％がインディオとその混血、11％が黒人、その他となっていた。日本人は1908年コーヒー栽培のため初めて渡来し、約20万人がサンパウロ州、パラナ州、マット・グロッソ州とアマゾン流域に定着している。2010年頃日系人は、混血も含めると約150万。

国としては1822年に独立。ブラジル人としての民族意識が高い。

■資源

地下資源は豊富。森林も豊か。

■気候

大きな国だから一概には言えないが、広い地域で暑くもなく、寒くもなく、Tシャツと半ズボンとサンダルがあれば、どこでも生活できると、インタビューした知識人が言っていた。

■一般的印象

面接した方々からうかがったところでは、おおらか。底抜けに明るい。くよくよしない。陽気ではしゃぐ、サンバの音楽のよう。フレンドリー。一人でいる時間は少なく、いつも誰かと一緒に楽しみたい。体を使って感情を表現する。ジェスチアも大きく、挨拶も派手。貧しい人は貧しいなりに、喜びと楽しみを見つけて明るく生きるすべを心得ている。こんなに悩み事がなくて本当によいのかと心配になるほどだと、日系の知人は言っていた。しかし、民衆の心の底には奴隷時代の悲しさが感じられることがある〈See：131・223「恨(ハン)の観念」〉。

〈112・221〉
外向型の特徴

■PDIの指標から見ても

　国際気質学者Geert Hofstedeの指標PDI（Power Distance Index：権力者〔上司〕と被支配者〔部下〕の間の心理的距離）に照らしてみると〈See：223・40〉、ブラジル社会は極めてPDIが大きく、本書の気質論の視点から見ると、強度の外向型社会となっている。Hofstedeは世界の39カ国をPDIの高いほうからランク付けしているが、トップはフィリピン人、そのあと順にメキシコ、ベネズエラ、インド、シンガポール、ブラジルとなっている。

■所得格差の大きさから見ても

　外向型社会は所得格差が大きいが、ブラジルは特に大きい。「国民の所得層最上位10％の所得と最下位10％の所得」を比べると、所得層最上位10％の所得は、最下位10％の55倍で、世界のトップとなっていた。ブラジルに続いて、コロンビアが50倍、南アフリカ共和国が45倍。それに対して内向型のドイツは7倍、日本は8倍と、ほとんど最下位になっている。
〔注：資料──世銀WDI 2012年9月5日〈www2.ttn.ne.jp/honkawa/4650htm〉〕
　土地の配分も不平等、富の再配分も不十分で、少数の人だけが富んでおり、広大な土地を占有している。そして、できるだけ安い賃金で人を使おうとする。
　特に現在、ブラジルは世界のグローバリゼーションに参加しようと焦るあまり、ますます経済的発展に重点が置かれ、貧富の格差が拡大しつつある。現代の差別は、まさに人種の差別ではなく、貧困に対する差別となってきた。そして、底辺の貧困層の貧しさは極限に達している。

■個人主義の社会

　外向型は何事も区別して考えるが、他人と自分をはっきりと区別するから個人主義となる。他人は他人、私は私。みな自分に与えられた仕事しかしない。よけいなことはしない。日本人神父が教会を建てる時、少しでも役に立とうと、建築現場で仕事を手伝ったが、皆が仕事をしなくなった。「あなたが手伝うか

らだ」と言われた。

インディオの社会は、もともとは集団主義の内向型社会〈See：223〉で、皆で協力して社会を築く人たちだった。しかし今は、多民族との混血のためか、歴史の影響のためか、ともかく、強度に個人主義な社会となっている。

〈112・221・1〉
主機能の外向的感覚がもたらす特徴

■**明るく温かい**
明るさについては「一般的印象」で述べたとおりである。「ピアーダ」と呼ばれる小話が好きで、会議もこれで和む。色彩感覚も明るく、コントラストが鮮やか。挨拶も派手。ジェスチアも大きい。

■**自由を好む**
ブラジル人は自由を最も大事にする。型にはめられるのを嫌う。ヨーロッパに行っても、ブラジルのようなおおらかな自由はないと思っている。だから、「外国へ行ったら、自由がないから気を付けろ」とよく言われるそうだ。外国人は自分たちほど気持を表わさず、閉鎖的だと感じている。「タボーン」(いいよ、気にしない、よしよし)の国。

ゆえに、遵法精神はあまりない。交通規則もあまり守らない。規律disciplineは少ない。

■**のんびりしていて大ざっぱ**
ブラジル人は、一般に仕事をするには時間がかかり、適当に中途半端で終わったり、間に合わせ程度にすることがよくある。始めたことをやり遂げるのが難しい。細かいところまで完全にはやらない。

会合の時間には遅れる。先を心配して計画をきちんと立てる内向型〈221：3〉とは違い、準備は不十分、効率も悪い。しかし核心は外さない。そして、最後には曲がりなりにも何とか目標を達成している。南米諸国のうちでは、良い意味では、フレクシビリティーが一番ある。直線的ではないが、迂回して目的に

至る。頼むと便宜を図ってくれるところもある。しかし、「チョコット」狡(ずる)いことをする傾向もある。アルゼンチン人のVIVOのように〈See：112・211・1の「法や規則はあまり守らない」〉。

■**おしゃれ**
　着物は綺麗なものを着ようとする。スーパーに行くときも綺麗にして行く。カジュアルな北米とは大分違う。ファッションにも敏感。スタイリッシュで色彩感覚も優れている。

■**遊び好き**
　遊びが人生の生き甲斐。働くのは、生きるために仕方がないから働く。人生は短い。できるだけ楽しんで過ごしたい。明日のことは思い煩(わずら)わない。頭の中では、家庭が第一。サッカーの国。国際試合では国中で熱狂、オフィス機能も停止、街路は空(から)、1点入るたびに大音響！

■**家族愛と大家族的団結**
　どこの外向感覚型社会においても見られる特徴であるが、ブラジル社会の特徴は、親戚を含めた大家族の結束にある。為政者は自分たちを十分護ってくれないから自分たちで自衛するしかないという考えが根底にある。祝日や、事あるごとに集まり、パーティをする。家族で助け合うので、遠く離れては住みたくない。若い人も経済的に独立するまでは普通は家を離れない。そして老人は尊敬されている。

〈112・221・2〉
補助機能の外向的気持feelingがもたらす特徴

　このタイプの特徴は、ユングが言うように（509b～510b）、周囲の雰囲気によって影響され**本気**で皆と同じ気持になってしまうところにある。だから人に好かれる。ポルトガル人にもその傾向がある〈See：142・212〉。先住民の中によく溶け込み、あとから来た移民たちも受け入れて溶け込ませた。だから、

ユネスコが、ブラジルを民族融合の模範として世界に紹介しており、ブラジル人もそれを誇りにしている。

ブラジル人の持っている二つの気質要素、外向的感覚Sensingと外向的気持Feelingは、ともに外向的思考Thinking（論理的思考）を抑圧する。ただし、思考が気持の召使いになってくれるなら、大いに理屈をこねる。それだからかもしれない、一般に弁解は上手だし、気持に合ったことなら、弁舌は達者である。言い訳の名人だと言う人もいる（私の手から皿が勝手に落ちたんだ！）。

テレビは、真面目な政治批判をするものは少なく、泣いたり笑ったりする番組が多い。

■人を喜ばせようとする

内向型が仲間外れにされないために「No」と言えないのとは違い、このタイプの人は、人を悲しませるのを嫌うから、「No」と言いたいときでも「Yes」という傾向がある。しかし実際には「Yes」と言ったことを実行するとは限らない。「いつやるか」と訊くと、例えば「今度の月曜日にやる」と言う。しかし、手間がかかることなら来ない。

しかし、このタイプの多くの人は親切で温かく、配慮がある。ドアを開ければ受け入れてくれるという感じである。2、3回会ったら、家に招いてくれる。接待のためたくさん時間を使う。しかし、外向型にありがちなアグレッシブなところはない。

ヨーロッパと比べると、ブラジル人のほうがもっとemotionalであり、表現に富みexpressive、sentimental、nostalgic である。久しぶりの友人に会うと、涙ぐんで喜ぶ。

アルゼンチン人と比べると、ブラジル人のほうが外向性も感覚性も強い。一般に声も明るく大きい。アルゼンチンの知人によると、ブラジル人がレストランに入ってくると急に騒がしくなる。「我々とブラジル人の違いは、哀愁を帯びたタンゴとサンバの違いのようだ」と。

アルゼンチン人は、好まない仕事だと、半日かけて説得してもやってくれない。スペイン人もだめだ。メキシコ人も同じ。金や地位で動かさないとやらない。けれども、「ブラジル人は肩を叩いて『頼む』と言うと、『よっしゃ！』と

言ってやってくれるところがある。必要なら5時過ぎてもやってくれる」と日本人ビジネスマンが言っていた。

　また、別の日系人が言っていた。「アルゼンチンでは女性が強い。ブラジルでは知らなくとも、こちらが微笑めば、微笑み返してくれるが、アルゼンチンでは睨み返される。ブラジルでは女性はわりに控え目。ブラジルでは結婚した男性が間違いを犯しても、元の鞘に収まることが可能だが、アルゼンチンではまず無理。

　文化的多様性はブラジルのほうがある。アルゼンチンはもっと画一的だ。

〈112・222〉
植民地時代のブラジルの歴史

　以下を読む前に、まず、ポルトガルの「大航海時代の幕開け」をお読みいただきたい〈See：142・213〉。

　ポルトガル国王マヌエル1世（1469～1521）は、バスコ・ダ・ガマに命じて、東洋との貿易のため、喜望峰ルートの開拓を命じた。彼は1497年7月8日リスボンを出航。翌年には、航路をほぼ確認した。そこで国王は、ペドロ・アルバレス・カブラルの艦隊をインド洋に派遣した。ところが、カブラルは、ギニア湾の無風地帯を避けるため西方に舵を切ったものの進み過ぎ、図らずもブラジルを発見した（1500年4月22日）。

　そこで王は1501年5月、Amerigo Vespucci（アメリゴ・ヴェスプッチ）をブラジルに向かわせ、ブラジルの開拓を始めた。しかし、その後四半世紀の間、ポルトガルは、もっぱら東洋での交易拠点の建設に没頭し、ブラジルは手薄になっていた。この隙に乗じてフランスはじめ、他のヨーロッパの国から海賊まがいの侵入者が侵入。高価なBrazil Woodを大量に採りつづけ、インドから帰国途中のポルトガルの交易船までも襲撃していた。

　そればかりか、これらの征服者（コンキスタドーレス）たちによる大きな惨劇も起こっていた。当時この地には約100万のインディオが単純な農作業を行なって暮らしていたが、海岸地方のインディオの多くは、ヨーロッパ人から移された疫病、特に梅毒で死亡し、抵抗した者は殺害され、多くは奥地に逃げ込

んだ。そため、人口は激減した。

　ようやくポルトガル王ジョアン3世（1502～57）が、ブラジルに再度関心を向け、正式な行政組織を構築し始めたのは、ブラジル発見後、約30年も経ってからの1532年のことであった。その当時でもポルトガル人の人口は、5000人にも満たなかったから、初期のインディオの激減には、ポルトガル人の関与はほとんどなかったものと推定される。むしろその後に来たポルトガル人は、インディオと積極的に通婚し、多くの子孫を残した。これがマメルコと呼ばれ、植民地時代には重要な人的要素となった。

　1530年代になって構築が始まった行政組織は、15の地域から成っていた。海岸150マイルごとに区切られ、奥行きは無制限とされていた。国王はこれらを廷臣たちに、世襲的統治権と徴税権とともに与えた。しかし大半の地域は成功しなかった。また、フランスの海賊に対しても非力であった。

　そこで王は、直接統治に踏み切り、総督府を設け、初代総督にインドでの総督経験者Tomé de Sousa（トメ・デ・ソウザ）を任命、数名のイエズス会神父も同行させた。こうして宣教師による活動も始まった。しかし、宣教師たちの活動に対しては、サン・パウロの頑強な植民者（Paulistasと呼ばれていた）が激しく反対した。彼らはインディオを奴隷にしてプランテーションで働かせようとしていたからである。そのため、改宗したインディオたちは、保護地Aldeias（村）で生活していた。

　宣教師とパウリスタの間にはさらに溝が深まり、ついに両者はポルトガル国王に裁決を求めた。その結果、イエズス会士が部分的な勝利を収め、Aldeiasの存続を確実にし、Paulistasには、正当な戦闘で捕らえた先住民に限って奴隷にすることが許された。

　このように、インディオの労働力の獲得には制約があるため、1600年頃からアフリカの黒人奴隷の導入が始まり、その数は1800年頃には、アメリカの約3倍にものぼっていた。ポルトガル人は、他のヨーロッパ系移民とは異なり、黒人に対しても偏見を持たずに結婚した。その結果、その子孫はムラットと呼ばれ、マメルコとともに、ブラジル人口の大きな部分を占めるに至った。

〔注：主な資料『Encyclopedia Britannica』1962 Edition, Vol.4, pp.55～56〕

第1章 感覚が主機能の場合

■フランス人とオランダ人によるブラジル侵略

　ポルトガル人がブラジルを王権の下で統一するや、フランスはブラジルに侵攻し、リオデジャネイロを占拠した。しかし、植民地政策のノウハウを知らず、好機を逸したため、ポルトガル軍に港を閉鎖され、やむなくブラジルから撤退した。

　オランダもポルトガルがスペインに占領されていた間（1580～1640）に、ブラジル獲得に乗り出し、Bahia1（バイアル）を占領（1624～25）。1630年にはオランダ西インド会社の船団がPernambuco（ペルナムブコ、ブラジル北部の砂糖キビ産地の中心地）を占領した。しかし、プランテーションの所有者たちの激しい抵抗にあって、ついに1654年ブラジルから撤退した。

■ブラジルの拡大と統一

　その後、ブラジルは拡大の時代を迎えたが、その中心になって事を進めたのは、インディオを奴隷に使うことを主張してきたPaulistasたちであった。彼らは、邪魔になる宣教師たちのミッション基地を次々と攻撃しはじめた。ここに至って、ポルトガル国王ジョゼ1世の宰相ポンバール侯は、インディオに法律上白人と平等の地位を与えて征服者たちの欲望を封じるとともに、返す刀でイエズス会士をブラジルから追放して争いを封じた。

■インディオやアフリカ系黒人に対する宗教的圧迫

　インディオたちは、白人の渡来以前は平和に生活していた。狩猟をしても、皆でそれを分かち合い、独占しなかった。子供はみな「自分たちの子供」と言って大切にしていた。そして彼らの社会では、一人の苦しみは皆の苦しみと捉えて、平和に生きていた。

　また、芸術的にも優れたものを持っていた。革細工、木工細工、布細工など、単純な構造だが、作者の魂が入っていた。また、素朴な農業を営む中で、彼らは、ありとあらゆる物の中に神から与えられた命がみなぎっていると感じていた。木を伐れば木が泣くだろう。川をせき止めれば川が泣くだろう、とやさしく気遣って生きていた。生きとし生けるものの持っている生命のリズムは、彼らの神が定めたリズムとして大切にされ、すべての恵みは皆で分かち合い、必

要以上のものは求めなかった。そして明日は神にまかせて心配しなかった。

これは空しい偶像崇拝ではなかった。この心情は、〈人類が生を与えられて以来何十万年もの間もちつづけてきた神に対する真心溢れる心情〉だった〈See：212・6〉。生命の親である「根源的生命」から見れば、親子の間の本当の語らいであった。まことの信仰であった。幼い子が親について持っている知識は、たとえ幼稚でも、幼児にとっては本当の知識である。愛情表現も、たとえ幼稚でも本当の愛情であった。「子供の時には、子供のように。大人になれば、大人のように」理解し、愛してきたのである。

しかし、西洋人が侵入してきた時彼らは苦しめられた。「お前たちの神は本当の神ではない。偽りの神だ。我々の神こそ本当の神だ。だからそれを捨てろ」と言われたからである。

黒人たちも、苦しんだ。彼らは祖先からの信仰を持っていた。信仰のしきたりを守りたかった。ポルトガル人たちは彼らの反発を恐れ、彼らの祭りを認可した。

彼らの祭りは、昔から伝えられてきた「信仰の源に帰る儀式」であった。そこでの打楽器の一打ち一打ちは、一歩一歩歴史をさかのぼり、信仰の原点に回帰する歩みであった。一歩一歩「四股を踏む」ような踊りは、彼らのエデンの園に戻り、一切の動物たちや人間たちとの〈ハーモニーに生きる原初の世界〉を再体験しようとするものであった。こうして彼らは仮死状態になるほど踊りまくった。現世で死に、本来の命を吹き返し、実生活に戻ろうとしたのである。本来の生命の原点に返る神聖な「復活祭儀」だったのだ。時々激しくなるのは、白人抑圧者との戦いを表わすためであった。動物や鬼の仮面を付けるのは白人抑圧者を表わすためであった。

しかし、白人たちは、それを黒人たちのガス抜きとして利用したばかりか、白人の単なる世俗的享楽の機会（カーニバル）にしてしまったのである。

ブラジルの宣教師たちが、インディオや黒人の聖なる宗教儀式について自分たちの誤った判断に気が付いたのはごく最近のことであった。ブラジルに長年働いてきた日本人神父が言っていた。「だから我々は、教団の組織や信仰の表現形式を表面的にそのまま押しつけるのではなく、信仰の本当のサブスタンスを伝えなければならならなかった」と。

新教皇フランシスコ（2013年3月13日就任）の信条もここにあるようだ。彼は教皇就任の2週間後の28日に、最後の晩餐のときキリストが12人の弟子たちの足を洗ったことを記念する伝統行事「洗足式」を行なったが、それを、教会ではなく、ローマのカサル・デル・マルモ少年矯正院で行なった。その時、教皇が足を洗った12人の収容者のうちには、女性が二人、イスラム教徒が一人いた。前例のないことだった。

〈112・223〉
ブラジル社会の問題

■国家意識、ブラジル国民としてのアイデンティティの問題
　バウルの大学で若手教授諸氏とのグループ・インタビューを開いていただいたが、ユング心理学を専攻していた教授から、2000年に開かれたユング心理学のコングレスでのテーマが、「ブラジルのアイデンティティ」であったことを知らされた。そして「目下一つの民族として団結するための共通の理念を模索し、〈それぞれの民族が持っている優れた特徴を、ブラジル全体の共通善のために生かすにはどうしたらよいか〉を研究している」とのことだった。
　確かにそれができれば、自分のルーツとその文化を積極的に肯定し、受け入れることができるようになるだろう。そして、異なる民族が互いの価値を認め合い、受け入れることができるようになれば、ブラジル全体が一つにまとまるだろう〈See：31「気質と成熟」〉。
　これには国全体を一つの豪華客船のイメージで捉えるとよいかもしれない。そこには国家に必要な基本的な機能と働き手collaboratorsが濃縮されているからである。船長の下に船員が、国民に奉仕する官僚のように船客に奉仕し、衣食住、医療をはじめ、娯楽も含めて社会に必要な基本的活動を動かしている。どの部分をとっても不必要なものは存在しない。だから、そこでは皆が皆の存在を肯定し受け入れている。

■このように各民族の優れた特徴を活かさなければならない
　残念ながら私にはブラジルのそれぞれの民族の優れた特徴についての知識が

ない。わずかばかりInterviewees諸氏からうかがったことをもとに、その方法の初歩的な思考実験を許していただけるなら、次のように考える。

アフリカ系の人たちには大きな優れた特徴がある。状況へのアダプテーションが速く、クリエイティビティがあり、特に切羽つまった状況に置かれると、<u>突発的にimprovisatorially</u>思わぬ良い発想が出てくる。そして統率力もある。

イタリア系の人たちは明るさを存分に発揮し、優れた芸術感覚を活かしてブラジル社会を元気づけることができるかもしれない。

内向思考型のドイツ系の人々は、合理的思考に優れているから、社会に秩序を固める分野、特に政府や企業のマネージメントなどで、大きくブラジル社会に貢献することができるかもしれない。

内向フィーリング型の日系人は、勤勉性〈See：223・353・2〉と完璧主義〈See：221・423〉と、〈人の気持を大切にする〉特徴を生かして、貢献できるかもしれない。日系の企業家が言っていた。「私は社員の気持を大事にするよう努めている。彼らに親切にすれば、彼らも会社に対する忠誠心を持ってくる。すでに50年間やってきたが、ストライキは一度も起きたことはなかった。他の会社に逃げる人もほとんどいない。皆、永く勤めてくれている」と。

その他の民族の人たちもたくさんの優れた伝統を持っているはずである。それらを生かして「豪華客船ブラジル号」の船客に尽くしてもらえるのではないだろうか。

■**国歌**（自由を謳歌したい明るい心、しかし外向型らしく）

 The peaceful banks of the Ipiranga
 Heard the resounding cry of an heroic people.
 And the dazzling rays of the sun of Liberty
 Bathed our country in their brilliant light.

 If with strong arm we have succeeded
 In winning a pledge of equality.
 In thy bosom, O Liberty,
 Our hearts will defy death itself !

O adored Fatherland,
Cherished and revered,
All hail！ All Hail！

〈112・23〉
エジプト人

■国土
99万7739平方キロ（日本の約2.6倍）、人口約8370万人（2012年）。カイロとアレキサンドリアに人口の半数近くが集中している。宗教人口的には、約9割がイスラム教徒。残りがコプト人を主体とするキリスト教徒。ナイル河口の三角州から上流に沿って主に農業が営まれているが、上流地方の人たちは多少性格を異にするため、ここではデルタ地方の人たちを主に対象とする。

■気候
基本的には冬（11〜3月）と夏（5〜9月）の2季節で、短い中間気候がある。冬は涼しく1月はアレキサンドリアで摂氏9〜18度、アスワンで9〜23度。夏は6月、日中平均最高気温はカイロでの33度からアスワンでの41度と暑い。晴天に恵まれるが、冬も夏も極端な気温の変化や厳しい寒さ暑さが続くことも稀ではない。

■ナイル川の影響
エジプトの歴史も文化も性格的特徴も、理解するにはナイルを基盤にしなければならない。現存する国と民族の中で、エジプトのように歴史的資料を、BC3000年以上もさかのぼることができる民族はほとんどない。すでにその頃、一つの国家意識が出来上がっていたことは驚くべきことである。ナイルのもたらす豊かな農産物のために王朝ができ、ピラミッドが可能となり、幾何学的知識をはじめ、多くの知識が発達した。

一方、この豊かな地域は周辺諸民族から狙われ、2000年以上にもわたって外

国勢力から陰に陽に支配されたのも、ナイルの豊穣な土壌があったからである。実際、あの目も覚めるような美しい緑の色は、私が行った世界のどの国にも見たことはなかった。フルーツの味も格別だった。

　だからエジプトの歴史を見ると、ちょうど今のアラブ諸国が石油を外交のテコとするように、農産物をテコに、常に多大の影響力を中東やヨーロッパに及ぼしてきた構図が見えてくる。北アフリカ沿岸を伝って西部へ、北西に向かってヨーロッパへ、北東に向かってレバノンへ、ナイルをさかのぼってアフリカ内陸部へ、そして南東に向かってインド洋や極東へ向かう交通路の要衝としても大きな存在であった。

■古代エジプト人と現代エジプト人

　古代エジプト人と現代エジプト人とでは、長い歴史の間に気質的人口構成が大きく変化してきている。古代エジプトにおいては、**内向型で主要機能が思考**であり、補助機能が**感覚**である人々がマジョリティだったのに対し、現代のエジプト人では**外向型**で、主要機能が**感覚**、補助機能が思考の人がマジョリティになったように思われる。

　エジプト社会のもう一つの大きな特徴は、現代の政治・経済の屋台骨を支えている人々の中に、古代エジプト人の末裔、すなわちコプト人（コプトとは「エジプト」のアラビア語表記Kubtに由来する）たちが、数多く活動しているということである。この構造は、時代によって紆余曲折はあるものの、**歴代の為政者が、コプト人を政治・経済の中核に置くことによって、古代エジプト人の力を生かしつづけてきた**ところから生じた結果だと思われる。

　ゆえに、本項ではまず、古代エジプト人の気質を調べ、次に古代エジプト人の末裔コプト人がどのようにして現代まで生き延びてきたかを考察し、最後に、現代のエジプト人を見てみたい。

〈112・231〉
古代エジプト人
内向③思考④感覚③

■**ユングの解説**：内向思考型〈023・2〉546ページ、内向感覚型〈023・7〉562ページ。

■**資料**
・『古代エジプト人』L・コットレル著、酒井傳六訳、法政大学出版、1991年。〔本書の科学的資料の多くはこの本から引用した（**引用の場合「A」とする**）。なお、このコットレルの日本語訳 p.225には、日本で出版されたエジプト関係参考文献の包括的なリストがある〕
・『エジプト人はどこにいるか』奴田原睦明著、第三書館、1985年。〔**引用の場合「B」とする**〕
・『Encyclopedia Britannica』
・大英博物館資料（NHKスペシャル「知られざる大英博物館　古代エジプト、民が支えた3000年の繁栄」TV-Japan、2012年8月6日午後7時 put on air カナダ西部時間。

〈112・231・1〉
内向型の特徴

　古代エジプト社会が内向型社会であったことは、HofstedeのいうPDI：Power Distance Index（権力の距離）が意外と小さかったことからも、ある程度推測できる〈See：223・40〉。すなわち、**ファラオには民の幸せを第一に考える姿勢が基本的にあった**。
　例えば、大英博物館にあるパピルスや骨片の最近の分析の結果、**民はファラオの奴隷ではなかった**ことが明らかになってきた。**庶民の生活水準は当時としては決して低いものではなかった**。庶民のミイラのCT Scanにおいても、野菜と肉をバランスよく食べていた形跡が残っているし、人骨のコラーゲンの成分

にもその形跡が残っている。

ピラミッドの現場で働いていた労働者は奴隷ではなく、現代企業の労働者のような扱いを受けていた。現場監督に「二日酔いしたので今日は休ませていただきます」と書いた欠席届がパピルスの中に見つかっている。ラムセス3世のように、給与の未払いのゆえにストライキを起こした労働者の訴えを、素直に受け入れた記録も残っている。ファラオに民を愛するよう諭すパピルスもあった。

また、古代エジプト社会には、内向型の特徴であるところの「集団行動」が顕著だった〈See：223〉。ピラミッドの建設を通して、ファラオを先頭にすべての民が一丸となって来世に入る目的を確実にしようと奮闘していたからである。組織のトップから末端に至るまで、長期にわたって一つとなって働くことは（戦争のような場合は別として）、個人主義的な外向型社会ではできないからだ。

〈112・231・11〉
主機能の内向的思考がもたらした特徴

古代エジプト人は極めて強い思考型であった。しかも、細部にわたって完璧性を求める内向的思考型であった。

■**ピラミッドや神殿建設に見られる「完璧性を求める内向思考性」**

ギザの大ピラミッドは第4王朝のファラオ、クフ王の墳墓として前2540年頃に20年以上の歳月をかけて建築されたが、巨石は互いに**驚異的な精度**をもって接合されていた。例えば、大ピラミッド北側の石材の東側接合部の平均の間隙は5ミリである。それゆえ、石の断面の、垂直線からの平均のズレは、表面を190センチ上がったところで、わずか2.5ミリしかない。**細部まで完璧性を志向する内向的思考が強く感じられる**（A：pp.161〜162）〈See：221・42〉。

そして数多く建築された神殿も、それに劣らず精密な建築技術によって造られていた。外向型社会では内向型社会に比べて人々は大ざっぱなため、現代でも、このような完璧性を貫くのは難しい。私が調査した〈外向感覚性を気質要

素にもつ国〉の幾つかでは、現代においても、町中にある階段の石のステップの高さがまちまちだったり、引き戸がキチンと閉まらないところがあちこちあった。

それに加えて、大花崗岩の切り出しから建設までの巨大な労働力の組織化と管理は、手段の豊富な現代ですら容易ではないのだから、当時としては非常に高度な思考が必要だったに違いない。

エジプトのピラミッドにほとんど匹敵するようなピラミッドが中米のマヤ文明にも存在しているが、そこでは、大蛇の姿をしたマヤの神の影絵が、1年の暦の特定の日にピラミッドの石垣に現われる仕組みまで造られていた。今日でもその日には数千人の見物客が集まってくる。そのほか、王の御前試合が行なわれた石の競技場も見たが、説明によると、音響学的に驚異的な工夫が施されていた。そこにも古代エジプト人のように、強い内向思考型が感じられた。マヤの神殿の建設に関わったインディオは内向型だったのではないかと思われる。

行政機構から推測される強い思考性

■徴兵制度の発達

ヨーロッパでは200年の歴史しかない徴兵制度が、BC3000年頃のエジプトにはすでに存在していた。特定の年齢になると、地区の軍司令官の下で一定期間訓練を受け、その後は、必要に応じて召集される予備役のシステムまで備えていた。

■書記官職

古代エジプトでは、合理的かつ機能的な官僚機構がつくられ、高度かつ緻密な会計業務や記録業務も行なわれていた。第1王朝の頃から文字がしだいに発達するとともに、書記官（セッシュ）の職が大きな役割を果たすようになった。これは古代エジプトにおいて、ひときわ目立つ特徴である。行政や軍事の記録を後世に伝えて、国民意識の一貫したつながりを確保し、国家のアイデンティティを確保する重要な役割を担っていた。大英博物館のパピルスの中には、「これは200年前の文書からコピーした」と書かれたパピルスもあった。2、3の

有力者が子孫のために書き残した教訓の集大成も残存している。

さらにセッシュは、行政の事務方と教育方もを仕切っていたようだ。文字はすでにBC3200年頃には発達し、粘土版に書いていたが、第1王朝中期にパピルスが出現するや、彼らの重要性は飛躍的に増大した。セッシュの試験に合格することは、中国の科挙の試験に合格するようなものだった（A：p.104）。書記の技術を学んだ学生たちのノートも残っているが、学生が黒インクで書いた文章を、赤インクで先生が修正している。

この「書記制度」の発達は「物書き」も出現させ、文学も発達させた。エジプトは、おそらく文学を生んだ世界最初の民族だった。物語や詩が発達し、多くの妖精物語、魔術的な冒険物語が残っている。最も初期のものの一つとして面白いのは、BC1500年頃書かれた『ケオプス王と魔法師たち』の物語である（A：p.38）。

そしてエジプトの古代の文字が、パレスチナ、フェニキア、ギリシア、ローマを経由してヨーロッパのアルファベットに繋がっていることはよく知られている（A：p.126）。

学問の知識の発達に見られる強い思考性

■数学的知識

古代エジプト人は、実際に出合うかなりの数学的な問題を処理することができた（A：p.129）。二つの未知数を含む問題も解くこともできた。等差級数と等比級数についても初歩的な観念をもっていた。

通貨はなかったが、物々交換での商取引において、価格の基準となるものはあった。「ウテン」と呼ばれる螺旋状にした銅で、「牛の皮4点は、8ウテンの値打ちがある。鎧をつくる皮1点は5ウテンの価値を持つ」というような形で使われていた（A：p.181）。

■幾何学的知識

長方形、円、円錐形などの、基本的な特性もよく知っていた。「リント・数学パピルス」というパピルスがあるが（A：p.160）、円の面積も当時としては

かなり正確に求める方法を見つけている。円の直径からその直径の9分の1を差し引いた長さを求め、次にその長さを一辺とする正方形の面積を求める。それが円の面積とほぼ等しくなるのである。これでいくとπは古代エジプトの場合3.14ではなく3.16となる。多少のずれはあるものの、直径1メートルの円に当てはめて計算すると、本来のπでは7853平方センチメートルとなるのに対し、古代エジプトのπでは、7900平方センチメートルとなる。当時の実用的視点から見れば、十分だったに違いない。

■**医学的知識**

　新王国（BC1500年）初期のもので「エドウィン・スミス・外科パピルス」と呼ばれるパピルスがあるが、それには、頭部の手術を含め48の症例が収められている。頭蓋負傷から下部背骨に至るまで秩序よく整理されており、それぞれの例の前文には、簡単な診断法の説明もある。後文には、他の詳しい診断法や、治療法も書かれている。解説や注解や難しい表現の解説もあるから、教科書の一つだったに違いない。まさに残存する世界最古の外科医学の文献である。

　そのほか、腫瘍、膀胱、肛門、直腸等の病気の治療法が書いてある「チェスター・ビーティー・パピルス」や250の症例や処方が書かれている「ハースト・パピルス」などもある（A：p.172s）。人間と動物のミイラをつくっていたから、人間と動物の内臓の比較から、解剖学上のよい観察の機会を得ていた。実際、人体の内臓器官を示す種々の聖刻文字の記号が、哺乳動物の器官の画で示されている（ウォーレン・R・ドーソン『エジプトの遺産』より〔A：p.173〕）。古代エジプト語にあった解剖学的用語は、現在分かっているものだけでも200を下らない。これら古代エジプトの処方は、ギリシア、ローマ、あるいはアラブの医学教科書を通じてヨーロッパに伝わった（A：p.175）。

　歯科の処置もしていた。「ピラミッド時代のある墓の中から発見された頭蓋骨に、第一臼歯の根の脳腫から排膿するために、上手な手術をした痕跡が発見された」（ソビ・ベイ博士。A：p.177に引用）

　眼科の専門医、腸の専門医、肛門の専門医、体液の専門医もいた。医学パピルスには、肺、肝臓、胃、膀胱、頭蓋と頭皮の病気、婦人科の病気などに対する処方も残っている（A：p.177）。

彼らの処方した薬の中には実際に治療効果があり、現代医学で用いられているものもある。植物では、アカシア、アニス、大麦、桂、ヒマシ油、ニガヨモギ、コエンドロ、イノンド、ケシ、サフラン。無機物では、ミョウバン、硫黄、赤オーカー、炭酸ナトリウム、重炭酸塩、砒素、硝酸カリウムなどなど。

〈112・231・12〉
補助機能の感覚がもたらす特徴

■料理
　感覚型は美食を好む。宴会では、当然、かなりご馳走を食べていたらしい。遺跡の壁画やパピルスなど、様々な資料から推定される。第19王朝の王が旅行中に食べたものを記録した銘文には、パンは10種類。ケーキは５種類（A：p.55）。よく出てくるものは、鶏、鶩鳥、牛肉、豚肉を煮たり、ローストにしたもの。

■酒
　ビールと葡萄酒は古代エジプト人の好物。ビールは庶民に、葡萄酒は裕福な階層にたしなまれていた（A：p.54）。酔っ払うことも、日常普通だったようで（A：p.55）、墓壁には酔いつぶれた女性のいくつかの絵がある。嘔吐してグデングデンになった女性の絵もある。一人の女性は次のように言ったと記されている。「よくお聞き。私は酔いつぶれるまで飲みたいの。私のお腹は藁に似ているの！」（A：p.214）

■愛情の豊かな表現
　古代でも、ダンディなイタリア男性が歌いそうな歌がたくさん歌われていた。「もし私が彼女に接吻できるなら、私はビールがなくても幸せだ！」「ああ、私が、彼女の侍女であったなら！　彼女のうるわしい足に触れることができるだろうに！」「ああ、私が彼女の指についている指輪だったなら……」という具合である（A：p.68・69・92・93・94）。

〈112・231・2〉
古代エジプト人の倫理観

　パピルスには「たとえ、500回、人に親切をほどこし、相手の人に、その中の1回だけしか分かってもらえなくとも、親切は行なう価値があるものだ」というのもあった。

■孝養の大切さ
　古代エジプト人の生活の最も魅力的な部分は、彼らの愛情こまやかな家庭生活にあった（A：p.78）。「子供よ、母には、恩を倍にして返せ。2倍の孝養を尽くせ。母はお前をどんなに大事に世話したか分からないのだから」。賢人エネイの教訓の一つはこう述べている「汝のために母がしてくれたことを忘れてはならない。母は全力をもって汝を産み、育てたのだ。汝、もし母を忘れることがあれば、母は汝を責め、手を神に向かって差し伸べるだろう。そして神はその訴えを聞くだろう……。母は汝が学校へ上がり、勉強に励んでいたとき、パンとビールを先生のもとに毎日届けていたのだ」（A：pp.78～79）。

■夫婦愛の大切さ
　賢者プタハホテプは、次のような忠告を与えている。「汝が知名の士であり、自ら家を持つならば、家にて妻を愛せ。妻の腹を満たし、妻の身をビロードにて飾れ。香油は妻の手足の薬なり。妻が生きている限り、妻の心を楽しませよ」（A：pp.78～79）。「若いうちに結婚せよ。子供が友となってくれるし、十分時間をかけて人生の経験を子供たちに伝えることができる。よその家では女性を見るな。心を乱す。妻を世話し、香料や油を与え、彼女の体を世話しなければならない。裏切るな」
　オランダのライデンには3000年前に亡くなった妻にしたためた夫の手紙のパピルスが残っているが、心を打つものがある。彼は病気になったが、祈禱師が彼に、それは彼が亡き妻を存命中にないがしろにしたための罰だから、彼女に手紙で謝らなければならないと言われて、したためたものである。
「私はいったいどんな悪いことをあなたにしたというのでしょうか。私が若い

ときに、あなたは私の妻となりました。それから私はあなたとともに生きました。私はあらゆる種類の勤務を命ぜられましたが、私はいつもあなたを連れて行きました。私はあなたを見捨てたことはなく、あなたの心に悲しみを与えたこともありません。私が戦車隊とともにファラオの歩兵隊を指揮していたとき、彼らがあなたの前にひれ伏すようにあなたを招きました。そして、彼らはあらゆる種類の佳品を贈り物としてあなたに捧げました。あなたが病に襲われたとき、私は首席医務官のもとに連れていきました。彼はあなたのために医療を施し、あなたのためにできることはすべていたしました。ファラオの南への旅に随行しなければならなかったとき、私の思いはあなたとともにありました。私はこの8カ月の間、飲食も忘れてあなたを看病しました。メンフィスへ帰ってきたとき、私はファラオに嘆願し、あなたのもとに帰りました。そして、我が家の全員とともに、あなたのために、深く涙したのです！」

■正義が重んじられた

　古代エジプト人の中には、ごまかしを嫌い、正しいことのためには死ぬことも恐れない人たちがいた。エジプトの神は正義の神だったからである。魂の審判者としてのオシリスの思想が支配的となったのは、中王国の時代だったが（A：p.15）、死後、厳しい審判があり、現世で犯した悪業に対しては地獄の罰が科せられると信じられていた。そのために、審判のときに申し開きをする言葉まで、墳墓に刻まれるほどだった。

■政治理念

　レクミレという大臣は自分の理想を墓壁に次のように刻ませていた。「自分は正義を公平に与え、二人の訴訟人が満足するように留意し、貧しい者と豊かな者とを同等に裁き、いかなる請願者も涙することのないよう努めてきた」（A：p.148）
「大臣は私利や役得を考えてはならない。一般大衆を奴隷にしてはならない」
「行政官が事件を聞くときには、必ず公開とせよ。彼が行なうことすべてについて、すべての人が知ることができるように報道せよ。もしも彼が何事かを人目に隠して行なうならば、彼は罰せられなければならない。彼が権威を再び回

復することは許されない」と書かれたパピルスもあった（A：p.205）。
　ファラオも上級官吏もみな、不正を神から裁かれるが、あるパピルスには次のように書かれていた。「政治家は死後神に対し次のように自己弁明をしなければならない。『私は貧者も富者も、分け隔てなく裁きました。私は激怒した人々の激情から弱者を救いました。私は、弱者に嘆き悲しむことをやめさせ、復讐することを許しました。私は夫を失った妻たちを守りました。私は息子と相続人を父の椅子につけました。私は老人を助け、彼に杖を与え、老人に深く感謝されました』」（A：p.208）
　実際、各国の国会議事堂の壁に書いておきたいくらいである。

〈112・232〉
古代エジプトと現代エジプトを結ぶコプト人

■身体の特徴
　現代のコプト人は外見的にも古代エジプト人そっくりである。自分たちの間でしか結婚しなかったために、いわば、**古代エジプト人の純粋培養**ができていた。その結果、『エンサイクロペディア・ブリタニカ』も言うように、古代エジプト人の最も純粋な標本purest representatives of the ancient Egyptiansとなり（『Encyclopedia Britannica』1962年版「Copts」)、目鼻立ちまで、ファラオ時代のエジプト人そっくりになってしまった（後頭部が長い）。

■現代の主な職業
　彼らの得意とする仕事は、特にビジネス、各種事務職、金融業、行政職等々である。ある種の手工芸品の制作もしている。政治の世界でよく知られている人物は、例えば、イギリスからスエズ運河を奪い返したガリBoutros Ghali Pasha（1846〜1910）。その孫で、アフリカ出身者としては初めて国連事務総長となったガリBoutros Boutros-Ghali（1922〜2016）、その曾孫で2003年大臣となったガリYoussef Boutros Ghali（1952〜）貿易相等々。

しかし2300年の歴史の中でコプト人はどのようにして生き残ってこれたのか

　ほとんどいつの時代の為政者も、イスラムの為政者も含めて、古代エジプト人の優秀さのゆえに、彼らを経済や政治の要職に就かせてきた。ちょうど、古代のペルシア文明を2000年以上も下支えしてきた「アーリア（イラン）人」のように〈See：131・12、177ページ〉、コプト人も、ほとんど常に為政者から政府の要職に使われてきたのである。

　エジプトは、西暦紀元前332年の秋、アレクサンドロス大王によって征服されたが、爾来、2300年間、ナセル大佐が1952年7月に実質的な独立をイギリスから勝ち取るまで、様々な国や民族に侵入され、支配されてきた。

　大王没後は、大王の意思を継いだ部下のプトレマイオスが支配し、その王朝はクレオパトラ7世が紀元前30年ローマに敗れて自殺するまで続いた。この間約270年間、多くのギリシア人がエジプトに流入するとともに、ギリシアとエジプトの巨大な富と優秀な人材が、文化的にも経済的にも未曾有の繁栄をエジプトにもたらした。

　その間、古代エジプト文化も守られた。アレクサンドロス大王は、被征服地の文化に寛容だったペルシア文明のアケメネス帝国を範として〈See：131・120・2〉、エジプトの文化を尊重し、これに繊細な配慮を示したが、その政策がプトレマイオス王朝にも受け継がれたからである。こうして、アレクサンドリアはギリシア文化の中心となった。

■ローマ時代

　クレオパトラの死後、ローマの州となったエジプトは、帝国で最も富める州となり、特に食糧供給地として重要な地位を占めるようになった。こうして、パックス・ロマーナ（ローマの平和）のもとで、エジプトは未曾有の繁栄を享受し、大量の穀物がアレクサンドリアとローマを養うためにナイルを下った。この間人口も急激に増加。プトレマイオス王朝後半には300万から400万だったエジプトの人口は、ローマ時代末にはその倍の750万から800万に達していた。ギリシア本土やその周辺の島々をはじめ、小アジアやパレスチナ方面からも多

数の移民が流入した。

■ビザンチン時代のエジプト（330〜642年）

　ローマは広大になり、東と西を担当する複数の皇帝が生まれたが、西の皇帝コンスタンチヌス（在位306〜337年）は、東の皇帝リキニウスからその支配権を奪い（324年）、首都を、ボスポラス海峡北岸のビザンチウムに移し、コンスタンチノープルと名称を改めた（330年）。ビザンチン帝国とは、この東に都を移したローマ帝国のことである。

　しかし、彼はもう一つ歴史上大きな変化をもたらす決定を下した。キリスト教の解禁と国教化である。キリスト教は迫害を受けた反動もあって、たちまち広がり強大な力を擁するに至った。

　やがて教会は俗事に深く関与するようになり、政治的発言力も強めた。特に、地域に分割され統治されていたエジプトでは、唯一、教会だけが全国の機能的な統一機構となったため、アレクサンドリアの総主教は俗権においても、エジプトの総督以上の力を持つに至り、実質的にはエジプトのファラオとなった。

　そのため、少なからず危機意識を抱いたコンスタンチノープルの皇帝側は、教会を抑え込もうと、教会の対抗勢力の梃子入れを図るとともに、ついには武力弾圧に乗り出し、エジプトの教会と真っ向から対立するに至った。

　すると意外なことが起こった。古代エジプト人の末裔コプト人たちが、大挙してキリスト教会に加わったことである。原因は二つあった。コプト人がエジプトのギリシアからの独立を熱望していたこと。それと同時に、動物信仰も含めた古来のエジプトの宗教にも飽き足らなかったことである。そうした彼らの目の前に、皇帝側と真正面から対決したキリスト教会が現われたのだ。コプト人にとっては、二つの悲願を同時に達成するためのまたとないチャンスと映った。

　これに対して皇帝側は、キリスト教の最高決定機関であった「公会議」（451年のカルケドンの公会議）を招集し、そこでエジプトのキリスト教会を異端として断罪した。しかし、エジプトの教会は、異端と呼ばれても頑として動じなかった。教会のこの強い態度の背後には、マケドニアに支配されて以来1000年の間、耐えに耐えてきた古代エジプト人、純粋なエジプト人たちの断固たる自

己主張があった。正しく「古代エジプト人」が、歴史の表舞台に再登場したのだ。

皇帝側はアレクサンドリアの総主教の座に自分たちの息のかかった総主教をおき、コプト教会を迫害した。なかでも最後の総主教Cyrus（キュロス）は極めて陰湿な迫害を加え、642年9月29日イスラムが侵攻してきたときには、イスラム軍にエジプトを売り渡した。

ところが、皇帝側の予期に反して、イスラム軍は寛容だった。コプト教会をそのまま認容し、コプト人の能力を認めて、キリスト教徒であるにもかかわらず国家の要職に起用したのである。

■イスラムによる征服からマムルーク朝まで（624～1250年）

イスラム教になってからエジプトへの外国人の流入は、さらに活発になっていった。アラブ・ムスリムの人口を増やすため、アラブの部族民tribesmenの移入がなされたからである。イスラムの征服はエジプトを根城に、アフリカ西部にも展開し、それに参加したアラブ人の一部もナイル渓谷に定住するようになった。その後もイスラム系部族民の入植は増加、ついには政治的混乱を招くような事態になってきた。特に8世紀にはイスラムの分離主義組織Kharijite（ハワーリジュ派）の反乱が頻発し、9世紀には、イラクからカリフ Ma'mun（マームーン）自身が来て直接鎮圧に乗り出す事態となった。しかし、そのとき、同時にコプト人も弾圧された（829～830年）。その結果、コプトの数は減少し、イスラム教徒の伸張に拍車をかけることになった。

■マムルーク王朝（1250～1517年）

マムルークとは「奴隷身分の騎兵」の意であるが、西暦後、最初に王朝を設立したのがこの身分の人たちだった。

マムルークの初期にも多くのアラブ部族民が兵士として移入され、混血はさらに進んだ。こうして、エジプトのアラブ化は、マムルークの時代にほぼ完了した。言語はアラビア語になり、イスラム教以外の人もアラビア語を使うようになった。ペルシア文明がアラビア語を使うようになったのと同じような現象が起きていたのである〈See：131・120・6〉。

マムルーク政権はキリスト教に対しても寛容だった。そして常にコプトやイスラエル人を行政機構に起用し、時には最高位も与えていた。驚くべきことには、十字軍がエジプトに侵攻したときですら、その方針を変えなかったことである。おそらく、コプト教会がラテン教会と一線を画していたからだろう。

しかし、コプトに対する反感は、マムルークの支配層よりは、むしろ一般大衆の側にあった。それはコプト人が政府の要職を占め、裕福になっていることに民衆が不満を感じていたからだ。そのためデモが繰り返され、コプト人を攻撃し、コプト人もこれに応戦して社会不安が高まった。その結果、ついに政府はコプト人を政府機関から外し、すべての教会を閉鎖した（1301年）。このときからイスラム教への改宗者が増加し、その結果イスラム教徒とコプト教徒の割合が今日に見られるような9対1ほどになったと言われている。

■Ottomansオスマントルコ（1517〜1798年）

オスマンとマムルークとの間では、以前からシリア北部のTurkoman（トルクメン）地域をめぐって争いが絶えなかったが、オスマンはシリア北部に終結していたエジプト軍を撃破。エジプトに侵入した（1516〜17年）。オスマン支配の間、エジプトの富は搾取され、経済は傾き、文化も同様に衰えた。しかし、オスマンは、以前のすべてのイスラム政権同様、再びコプトを官僚組織に起用した。

マムルークは再び政府機関や軍に浸透するようになり、17世紀には、事実上、エジプトのエリート集団となるとともに、18世紀の初めにはエジプトの政治を支配するまでに至った。危機感をつのらせたイスタンブールは鎮圧軍を送ったが、反対にマムルークに撃破された（1786年）。しかし、2年後、エジプトはナポレオンによって侵略されることになるのである。

■フランスによる占領からイギリスによる占領まで（1798〜1882年）

1798年ナポレオンがエジプトに侵入したのは、イギリスをその東洋の植民地から切り離すためであった。そのため、イギリスとオスマンはただちにエジプトに出兵し、フランスは1805年に撤退したが、オスマンで戦功を立てたアルバニア軍の総司令官がオスマンのエジプト総督位を奪い、その後継者が事実上の

独立をしAli王朝を設立、エジプトを支配した。

　しかし、Ali王朝の奢侈贅沢、スエズ運河関連の多額の出費、オスマンに支払う多額の年貢等によりエジプトの経済は崩壊。政局は混乱した。イギリスとフランスは利権を守ろうと軍を派遣。英軍はついに独自にエジプトを制圧。エジプト世論と国際世論の激しい反発にもかかわらず、イギリスは居座った。その中でコプト人のブトロス・ガリ（Boutros Ghali Pasha、1846〜1910）が、1908年首相に就任、積極的にイギリスと対決、イギリスの求めていたスエズ運河使用協定延長に関する法案を議会において否決することに成功した。しかし、彼はその3日後イスラム過激派によって暗殺された。

　その後、執拗にエジプトをコントロールしようとするイギリスとの戦いが様々な形で続いたが、1952年7月、Gamal Abdel Nasser（ガマール・アブドゥル・ナーセル）大佐率いるFree Officers（自由将校団）が政権を掌握。1956年ついにスエズ運河の国有化を宣言。イギリスの支配から完全にエジプトを解放することに成功した。

〈112・233〉
現代エジプト人
外向④感覚④気持型③

■**ユングの解説**：外向感覚型〈013・7〉520ページ、外向気持型〈013・4〉512ページ。

■**調査旅行**：2001年10月20〜25日。

■**参考資料**
・"*Understanding Arabs*" by Margaret Kleffner (Oman) Nydell, Intercultural Press Inc. USA 3rd Edition 2002.
・『アラブ人の気質と性格』サニア・ハマディ著、笠原佳雄訳、サイマル出版会、1974年。

・『エジプト人』ミカ・ヴァルタリ著、飯島淳秀訳、角川書店、1989年。
・〈http://touregypt.net/Epeople.htm〉
・〈http://egyptmonth.com/mag06012000/mag6.htm〉Egyptian View-Point.

■Interviewees
・Counsellor AMR M. K. Helmy, Deputy Chief of Mission, Embassy of the Arab Republic of Egypt in Japan, 1997年12月17日。同じくCultural Attaché, Dr. Mohamed Bahasa Eldin Zaghloul.
・Dr. Isam R. Hamza, Associate Professor of Cairo University, and the head of Japanese Department.
・Dr. Ali Shushan, Psychiatrist.
・Prof. Adel Sadek, Psychologist.
・Prof. Ahmed Okasha, President of World Psychiatric Association, Director of WHO Collaborating Center for Training and Research Institute of Psychiatry, Ain Shams University – Cairo（through correspondence）.
・Usama R. Hamuza: Tokyo Broadcasting System Inc. Producer in Cairo.
・Hassan El-Koussi, General Manager of Cairo Liaison Office, Sumitomo Corporation.
・住友商事カイロ事務所長・角 行弘。
・遠藤 直・国際交流基金カイロ事務所長と、同事務所の金子耕司。

　現代のエジプト人は、自分自身を意識するとき、まず第一にエジプト人、第二にムスリム、第三にアラブ人、第四には家柄を意識するが、長年にわたるギリシア系移民のほか、アラブ人を主とするアラビア半島北部からの大量の移民増加の結果、気質的人口構成は大きく変化し、**外向型**で、主要機能が**感覚**、補助機能が**気持**feelingという型になった。

■一般的印象
　Ahmed Okasha教授によれば、現代のエジプト人は外向的で、エモーションの表現が豊か。顔や手のジェスチアいっぱいで話す。安らいで、のんびりした

ところがあり、融通がよく利き要領がいい。親切で、いろいろな国の人と交わるのが好きだ。ただし、辛抱強く一つのことに集中しつづけるとか、長期計画を立てるのは苦手である（筆者への私信2001月11月24日）。あるエジプトの識者も言っていた。「エジプト人は悠長で、几帳面ではなく、適当なところで満足してしまう。ナイル川のようだ。ゆっくり流れ、一見、どちらが上流か下流かわからない」

〈112・233・1〉
主機能の外向的感覚がもたらす特徴

■明るくオープン・楽天的、ジョーク好き

　外向型、特に外向感覚型の国の人はウィットに富み、ジョークが好きだが、現代エジプト人もその例に漏れない。誰かに会うと、まず第一に訊くのは「何か新しいジョークはないか」という。苦しみや失敗に追いつめられても、ジョークで笑い飛ばすところがある。

　イスラエルとの戦争に負けたときも、それを題材にしたジョークがたくさんできた。例えば、「男がバスに乗ろうとしたが、バスは走りつづけた。彼はバスを追っかけて3カ所目の停留所でやっと乗った。すると運転手は半額のチケット（兵隊は半額だった）を渡しながら彼に言った。『そんなに速く長く走れるのは、逃げ足の速いエジプト兵しかおらんからな』」

　特に政治はジョークの対象になる。風刺のために「ヌクタ」という一種の川柳もある。政治家はジョークの対象となるのをむしろ喜んでいるようだ。ジョークの対象にされないことは、むしろ何か悪い問題がある場合が多いからである。実際、政治や社会の出来事や民衆の気持を知る上で、ジョークは案外よいヒントになる。

■エジプト人は関西人に似ている？

　関西出身の日本人の印象は面白い。「エジプト人は関西人にとてもよく似ていると言われますが、そう思います。皆明るい。真面目に真っ当な意見を言う人は好かれない。何かしら笑いをともなわないと安心しない。何か話していな

第1章　感覚が主機能の場合

いといられない。エジプト方言を聞いていると関西弁に聞こえるんです。『How are you』に相当する方言に、『イザイヤクizzayyak』という言葉がありますが、これは『近頃どうしてんねん』という感じになって聞こえてくる。明るい人が多くて、商売になるとがめつくって、友達になると人懐っこくて話好き。笑うのが好きでとなると、まるっきり関西人ですよね」

　カイロ大の日本学科のハムザ教授も、「エジプト人は雰囲気的に大阪人みたいだ。おしゃべりが好きで、笑いが好きで、駄洒落が好きで、ハチャメチャなことが好きだ」と言っておられた。

■感覚的満足が第一

　きわめてグルメ。料理でも、ちょっと独自の趣向をこらす。同じようなものでも、毎回スパイスを変えたり、様々な工夫をこらす。だから、イタリア、フランス、ギリシア、トルコ等々、外向感覚型の気質要素を持つ国の料理と同様、エジプトの料理は美味い。

　また、派手でカッコイイ人が好きだ。自分自身もおしゃれである。タクシーのドライバーでも、汗だらけのシャツに自分の個性を出そうとする。農民は野良仕事の後、きれいな着物に着替えて散歩に出る。色調はいつも明るく原色が多く、特に女性のドレスは色彩が華やか。

■親切

　みなを楽しませ、幸せにすることが、多くのエジプト人がいつも一番やりたいことである。目の前に困っている人を見ると、すぐ助けに行く。弁当を食べている労働者や会社の警備員が、傍を通る人に「どうだ、一緒に食べないか」と誘ってくれる。口先だけではなく、本気で言っている。だから、ちょっとつまんであげると、喜ぶ。まったくの人の良さからであり、見返りも何も期待していない。初めて会った人に対しても、遠くから来ていて、泊まるところがないと、自分の家に泊めて面倒を見るような親切心がある。外国人に対しては特にホスピタリティがあり、家でのお茶や食事にも誘ってくれる。他国に見られる人種差別はエジプトにはあまり感じられない。

■自由が第一

　自由に今日一日が楽しめればそれでよい。その日その日で駆け引きし、勝った負けたで終わる。その時々を楽しんで、過去や未来は気にしない。

　だから自由を束縛する政府に対する不信が根強い。エジプト人は伝統的にAnti-governmentである。法は一般に守るが、うまくかい潜れるものならかい潜る。

　ある日本人ビジネスマンが言っていた。「エジプトの人には、既成観念がなく、単にその時々のやりたいことを、社会のルールや相手の迷惑など、おかまいなしにやってしまうところがある。知的所有権の問題でも、国は国際法の取り決めを批准しているが、何でも商品のアイディアは取られてしまう感じがする。訴えても、ちょっと変えてはまた出てくる。こちらが思いもよらぬ発想で、既成観念の外で、飛び回りますよ。びっくりします！」

■分散的・バラバラ思考

　エジプト人には強いリーダーが必要。それがないとバラバラになってしまう。外部からdiscipline を押し付けて統制する人がいないとうまくいかない。

　また、意識も分散する。エジプト社会に長年深く溶け込んできたある日本人が言っていた。「大切な議論をしているにもかかわらず、友達から電話がかかってくると、パーッとそちらに一生懸命になってしまう。かと思うと急に『お茶飲まない？』となって話は吹っ飛んでしまう。そして『あいつがこう言っていた』とか全然違う話に、バンバンと飛んでいく。非常に怒っている時でも、そのうちニコニコしていろんな話を始め、そのまま全然別の話になって時間がなくなり『じゃあね』と言って帰っていく、熱しやすく冷めやすい」

■大家族主義とセーフティネット

　外向感覚型社会では、一般に政府の政策は信用されず、遠い親族も含めた大家族がセーフティネットとなっている。エジプトでもそうだ。男性は自分の家族にすごく心を遣う。兄弟や姉妹が教育を終わるまで自分が犠牲になり、いつの間にか年取ってしまった独身者もいる。そして年長者を大事にする。力ある親戚が、力のない親族をサポートするという責任感は今日も残っている。嫁に

行っても、自分の里の家族との絆が強く、知人が言っていたが、「『それでいったい結婚しているの？』と思わず口にしたくなる。『今日は親の家に泊まってくるからね』と言ってよく出かけてしまう。ほとんどその両親の家に入り浸りというようなことがよくある。大きな家族がバラバラに住んでいるという感じがする」と。

■離婚をしても相手との関係を断絶することはない

　エジプト人がよく言う言葉に「私は人を嫌わない」というのがある。関係を切ることはとても嫌がる。喧嘩して「うちには出入りするな」と言っても、電話がかかってくれば話をする。離婚をしていても子供のお祝いがあると、父親はその家に行ってやる。母親が子供をその父親のところに送っていって預けるとか、父親が旧妻の家に行って子供と話し、その晩はそこに泊まっていくなどということはよくやっている。その日はそこから仕事に行くこともある。

■ビジネスも大家族主義

　エジプト人は親切だというが、仕事の面では全然別だ。相手はこちらを身内と認めてくれなければ、ドアを開けてくれない。こちらが「あんたに騙されてもいい。あんたは、私の身内なんだ」という姿勢で相手の中に飛び込むと、初めて真剣な交渉に応じてもらえる。それを知らずに、西洋的な計算高い姿勢でのぞむと、扉を閉められてしまう。

　いったん身内だと感じてもらえると、その組織の中で決定権を持っている人に通じるボタンを押してくれる。また、組織の外にいる有力者に血縁や地縁や学縁関係などのチャンネルを通して結んでくれる。こうした関係ができると、２年かかってもできないことでも、１日でできることがある。ビジネスではないが、カイロ大学のある日本人留学生は、半年かかって得られなかった学生証を、ある教授と親しくなったおかげで１日で手に入れることができた。逆にエジプト人の学生が、親しくしていた日本人教授が及第点をくれなかったことに対して激怒していたという話も耳にした。

〈112・233・2〉
補助機能の外向的気持feelingがもたらす特徴

　ユングによれば、外向気持型は皆の気持に自分の気持を合わせようとする。だからこのタイプの人は皆に好かれる（509c）。内向型は、単独では生きられないため「和」の社会をつくろうとするが、外向型は、外に明るく開いているため、相手が競争相手でない限り、「仲の良い社会」をつくろうとする。
　ただし、エジプトの識者が言っていた。子宮の紐帯と家族の名誉に関わることには物凄く敏感である。それ以外は何でも笑い流せる。

〈112・234〉
現代エジプト社会に活躍する古代エジプト人の末裔

　コプト人だけが、現代エジプト社会に生きる古代エジプト人ではない。古代エジプト人の血を引いた人たちが、現代もかなりの数、依然エジプト社会で活躍している。実際、現代エジプト人を見ていると、古代エジプト人がたくさん活躍しているのが見えてくる。

■**Work Ethic勤労倫理の面で**
　外向感覚型は一般に勤勉性が問題となるが、エジプトの日本企業マンが言っていた。「エジプトには、日本式に残業や夜勤などもいとわず働く人が少なくない。若い人はそれに対して金をもらうが、マネジャークラスになると、それはない。夜中まで働くことも稀ではない。なんら指示がなくとも、会社の成績を上げようと腐心する。これは我が社だけではない。サラリーよりもValue of Workが励みとなっている。もちろんサラリーを無視してのことではないが。町を見ていてもかなりせわしなく働いている。労働意欲を感じる。すぐサボるというようなことはあまりない。今もピラミッドを建設した労働者たちの末裔が働いているのではないかと思う」と。

第1章　感覚が主機能の場合

■外国にも広く活躍

　かつてはエジプト人の技師が多数トルコに迎えられ、トルコの発展に貢献した。100年前には、ほとんどの技師はエジプト人だった。イスタンブールのハギア・ソフィア大聖堂を修理したのもエジプト人だった。サウジアラビアでは、医者や教員や科学者の多くはエジプトのパスポートを持っている。イギリスやアメリカに行くとエジプト人はしばしばベストの働きをする。アラブの世界の映画やテレビ番組や出版物の90％はエジプトでつくられている。現代の歌手や文学者も、アラブの世界では、エジプト人が大半を占めている。やはり、古代エジプト人の血を受け継いでいる人がたくさん活躍しているのかもしれない。

■国歌（現代人こそ外向型だが、古代から内向型の和精神に溢れていたこの国の誇りが感じられる）

　My homeland, my homeland, my hallowed land,
　Only to you, is my due hearty love at command,
　Mother of the great ancient land,
　My sacred with and holy demand,
　All should love. awe and cherish thee,
　Gracious is thy Nile to humanity,
　No evil hand can harm or do you wrong,
　So long as your free sons are strong,

〈112・24〉
ハンガリー人
外向②感覚③気持型②

■**ユングの解説**：外向感覚型〈013・7〉520ページ、外向気持型〈013・4〉512ページ。

■**調査旅行**：2001年6月24〜27日。

■資料
・『ドナウ通信』No.40、ハンガリー日本人会発行、1999年。
・「ハンガリーの精神分析の歴史と現在」Márta Fülöp（フュレップ）、古井博明訳、『精神分析研究』Vol.44、No.1、2000年。
・『異星人伝説——20世紀を創ったハンガリー人』マルクス・ジョルジュ著、盛田常夫編訳、日本評論社、2001年。
・Dalma Boszormenyi and Harold Delaney, "A Hurting Hungary", *East-West Church & Ministry Report*, 1（Spring 1993）, pp.6-7.

■Interviewees
・Professor Márta Fülöp（フュレップ）, Institute Psychology Hungarian Academy of Sciences.
・Professor Ferenc Erös（フェレンツ・エーレス）, Institute Psychology Hungarian Academy of Sciences.
・Ferenc Kósa（フェレンツ・コーシャ）、ハンガリー・日本友好協会会長、国会議員。
・Gergely Csoma（ゲルゲリー・チョーマ）、彫刻家。
・Dr. 佐藤紀子、Senior Lecturer of the Institute of Oriental Communication & Future.
・盛田常夫、Training Tateyama Laboratory Hungary Ltd. General Manager。
・吉岡直道、三井物産ブダペスト支店長。
・サーライ美度里、Japan Coop 代表、ハンガリー日本語学校校長。
・在日ハンガリー大使館の方々。

■**国土**：9万3030平方キロメートル（日本の約3分の1）。人口986万人（2014年IMF推計）。近隣諸国に300万人、ほかに離れた国に移住した人が200万人。

■**ハンガリー人とは**
マジャール人の子孫。彼らは痩せ型で、髪は茶色、頬骨が高い。一言でハンガリー人といっても、現在のハンガリー人は、カルパート盆地で多数の民族と

混じり合った民族である。

　今日でも祖父はルーマニア系、叔母はオーストリア系というように近い親族に近隣の国の人が入っている例は少なくない。しかし、マジョリティはマジャール人で、言語も文化もハンガリーである。言語はフィンランド人と同じウラル系のウグリック語族に属し、国民の90％が使っている。本書では、ハンガリー人というとき、**ハンガリー人がハンガリー人と称している人たち**を対象とする。

〈112・240〉
歴史

　ハンガリー人の性格を知る上で、歴史の理解が非常に重要。西暦5世紀頃ユーラシア・ステップ地帯（モスクワの東1800キロを中心にしたあたり）からユーラシアの民族が西方に向けて大移動を始め、その中心的存在となったのがウグリック系の遊牧民マジャールMagyars人であった。その間トルコ系の民族と交わり、民族的にも習慣や言語的にもトルコの影響を色濃く残すことになった。彼らはカルパート盆地が戦略的にも農耕・牧畜にも適地であることを知って、周到な計画のもとに三方面から一度に攻め入り、この地を支配下に治めた。

　その後彼らの部族連合が国家となる第一歩を踏み出したのは9世紀末、首領アールパードのときで、10世紀前半には機動力とアジア的戦略に長けたマジャール人は、ヨーロッパ中を震撼させるほどの力を持つに至った。しかし、彼らは東方ビザンツやアジア的宗教観念から離脱し、西欧型キリスト教を受け入れ、中央ヨーロッパの一国家ハンガリーとして、東の端ではあるけれども、キリスト教的西欧文化の一端を担うことになった。

　しかし東方からは、いくつもの民族集団から襲われ、西からは豊かな金属資源や農業資源を標的にした勢力に襲われ、国境線は頻繁に変えられた。その間、十字軍には通過を許したが、参戦は拒みつづけ、ローマ法王のバルカン異端者弾圧の要求も拒否しつづけた。しかし、王権はしだいに衰退。1222年、台頭してきた大中貴族の圧力によって、ハンガリーのマグナカルタである黄金憲章が発布され、王政は存続したが、実質的には共和制になった。しかし、1241年、

蒙古襲来。蒙古軍は本国からの政変の知らせで撤退したが、ハンガリーではその時すでに人口の半数が殺されていた。

　その後、王朝はヨーロッパの王朝との通婚により、その影響を受けるようになったが、15世紀後半にはマーチャーシュ王のもとに、黄金時代を迎え、ルネサンス文化を受け入れただけでなく、それを創造し発信する役割も担った。しかし、1526年、侵攻してきたオスマントルコ軍に大敗、国土は三つに分割され、北西部はその後400年間ハプスブルク家の統治下に置かれ、トランシルヴァニア公国を含む他の二つの地域は、その後150年近くもオスマントルコに支配された。

　1686年ヨーロッパ・キリスト教連合軍がオスマントルコ軍を排除するや、今度は全土がハプスブルク家の支配下に置かれ、ハンガリーの貴族たちの勢力は絶対君主制のもとに著しく減退した。ハプスブルク家に対して反乱を繰り返したものの、その都度、残酷に鎮圧された。18世紀中葉のマリア・テレジア（在位1740～80年）の時代には状況は好転したが、息子のヨーゼフ２世（在位1765～90年）がハンガリーのドイツ化に執念を燃やしたため、ハンガリー文化は弾圧された。

　市民社会の発展が芽生えたのは、ようやく19世紀中頃、「ハンガリー改革期」になってからのことであった。ハンガリー学術アカデミーが創設され、ドナウ川に、あの壮麗な鎖の橋が架けられたのもこの頃であった。

　当時ヨーロッパに起こっていた革命の波はハンガリーにも及び、ハンガリー独立革命（1848～49年）が勃発。攻防戦はカルパート盆地全体を巻き込んだが、ロシア皇帝の大規模な軍事介入によって鎮圧され、指導者たちは処刑された。オーストリアとの和議が成立したのはようやく1867年。その結果オーストリア・ハンガリー二重帝国が誕生。ハンガリーには一時明るい時代が訪れたものの、1914年夏、セルビア民族主義者による帝国の皇太子の暗殺は、すでに計画されていた戦争に口実を与えて第一次世界大戦へと発展した。

　こうしてハンガリーは14世紀以来、一度の例外を除いて、絶えず外国勢力に支配され、分割され、領土と民族が一致できずに苦悩しつづけてきたのである。

　ハンガリー人の国民性については、私は最初判断に迷った。ハンガリーの国民性と文化からは、ハンガリアン舞曲（楽しさ）とハンガリアン狂想曲（悲し

さ）の対立するエモーションが伝わってくるからである。しかし、ハンガリーの苦難の歴史を知ったとき、その理由が分かった。

国際気質学者Hofstedeが言っている。
「多くの国が大国に吸収され消滅する中で、なぜ一部の小国が独立を全うすることができたのか。確かに軍事的幸運もあったかもしれないが、独立しようとする不屈の精神こそ、不可欠な要因だった」（HCC, p.97）

■**一般的印象**

全体的に、ホスピタリティに富み、親切。人を喜ばすことが好きで、友人が多く、喜怒哀楽の表現が大きい。直截的、直線的なところがある。しかし、その一方で、用心深くよけいなことは言わないし、やらない。思ったことをずっとこらえるところがある。「長いものには巻かれろ」式の妥協性と協調性も感じられる。激しい喧嘩はあまり見られない。コンフロンテーション（面と向かってぶつかり合うこと）を嫌う。外敵から絶えず痛めつけられてきたからだと思われる。

〈112・241〉
外向型の特徴

■**意識は外界に開いている**

ハンガリー人の意識は基本的に外界に広がっていく。概して明るくオープンであり、また、そうあることを重要な価値とすることにおいて、ラテン系民族ほどではないが、外向型の特徴が表われている。

外向型は内省することは、あまり気質的には合わないが、ハンガリー人もそうだ。自己批判を一般に嫌う。内向型のように謝ることはしない。

■**分別・多様化、競争、対抗を好む**

物事を明確に区別するのを好み、曖昧を嫌う。個人主義が強い。他人の見解には容易に同調しない。内部にしっかりとした自分を持っている。意見はイエスかノーかをはっきり言う。

金儲けになる場合は別だが、他人を真似ることはない。内向型のように、皆と同じようにしたほうがいいという意識は美学としても徳としても持っていない（吉岡）。

外向型社会は所得格差が大きいが、ハンガリーもそうだ。貧困が国中で問題になっているときでも、裕福な人々は市の郊外に豪華な大邸宅を構えている。

内向型に特徴的な集団活動は不得手であり、チームプレイは苦手。しかし、優れた世界的人物が多数輩出している。

■大自然には溶け込まないが大自然を楽しむ

大自然とのふれあいの特徴は、内向型のように自然に溶け込むタイプではなく、文明の利器を持ち込んで自然を外から楽しむタイプである。ブダペスト周辺にも美しい湖や山があり、そこに遊びに行く。

しかし、農村文化の色濃く残る国だけに、都市の人たちも、土に親しみ、野菜や植物を育てるのが好きだ。少しでも庭ができると、必ず果物の木を植える。そして木に話しかけ、子守り歌を歌ってあげる。週末は小さな別荘で野菜を育てるのが人々の楽しみ。それができない家では、家の中を緑で溢れさせる。オフィスも緑でいっぱいだ。

〈112・241・1〉
主機能の外向的感覚がもたらす特徴

このタイプは五感がきわめて敏感。感覚的楽しみが生き甲斐。遊び好きで人生は楽しむものと考えている。

外向感覚型だから、とてもグルメだ。また日本人から見ると「ずぼら」で「どんぶり勘定」といったところがある。ユーモアのセンスもあり、ちょっぴりごまかすチャッカリしたところがある。あまりフォーマルではなくカジュアルだ。多才な人が多く、好奇心は旺盛。

■グルメ

美味い料理は最大の関心事。世界の四大料理は、フランス料理、イタリア料

理、中華料理、そしてハンガリー料理だと言われるが、ハンガリー料理は美味い。数えきれない種類の料理があり、スパイシーで肉がたくさん。外国料理の美味しいものはみな取り入れる。ブダペストでは、江戸前寿司にも負けない美味い寿司が食べられるのには驚いた。ネタは北欧から空輸で直輸入するという。ハンガリー人はとても味にこだわるから、他の多くの国とは違い、野菜は昔からの野生味のある本当の味を保つ。美味しいレストランは食通の間ですぐ知られ、場末の小さな店でもいそいそと出かけて行く。

またハンガリーを上空から見ていると、豊かな農地と森林が広がっているのが見える。ハンガリーは食べ物には困らない。国民が腹一杯食べても、小麦にしろ、トウモロコシにしろ、まだ50％は余るという。

人間らしい感覚も楽しむ。老いも若きもお芝居が好き。音楽会が大好きだ。ブダペストは名古屋くらいの大きさの町だが、オーケストラが20以上もある。

■色彩について

刺繍などの民芸品や民族衣装の色調は、しばしばハッとさせられるように明るく鮮やか。日本では「とても」と思われるような感じ。赤、緑、黄色、など韓国の色彩や中央アジアの草原の人たちの色彩に似ている。特に赤が好きだ。花が重要なモチーフ、民謡でも花がよく出てくる。アールヌボーでも花のモチーフが多く、花の色にそれぞれの意味がある。衣装だけでなく、テーブルクロス、クッションや天井画や着物なども含めて色は明るい。

■親切

農村社会の伝統も手伝って、旅行者には親切。ハンガリー人の親切に助けられた話を在留日本人からたくさん聞かされた。人情の厚さがある。「親切な日本人というのは知人や友人に親切ということである。親切なハンガリー人というのは、誰にでも親切な人のことをいう」と鋭い観察をしていたのは佐藤紀子教授（『ドナウ通信』No.40、ハンガリー日本人会発行、1999年、p.28）。ただし知人の場合、相手も同じように世話してくれるものだと思って、際限なく要求が増えてくるところがある。外向感覚型の国の親切には、ほとんどこの傾向がある。

心が温かいから1860年代から1890年にかけてロシアのガリツィアにおいて多くのイスラエル人が虐殺されると、彼らを積極的に受け入れた。80万人くらいと言われている。

■もてなし好き

ハンガリー人は根明で、ホスピタリティに富む。家に招待されたら、普通は、グラスは最後の一滴まで飲まなければならない。料理も最後の一皿まで食べないと失礼と思われてしまう。昔から、一見の客もちゃんともてなす。以前と比べて、都市の無関心社会の影響で下火になっているが、農村や山地の素朴な昔のハンガリー人のホスピタリティは、まさに凄まじいもの。旅行者をタダで泊め、大盤振る舞いするのを喜びとしていた。

■あまり頑張らない

外向感覚型のタイプは、生来働くことは好きではない。しかし、自営業、農業、職人など金儲けと損失が直接絡む場合はよく働く。また、学問的好奇心が満足される場合や楽しい仕事ならとてもよく働く。

しかしそうでないところでは、生来安逸が好きだし、個人主義が優先して、職場の仕事が遅れても気にかけない。特にお役所は、人を待たせても悠長だ。そこでは時間はゆっくりと流れていく。約束が取りつけてあっても待たされる。事務手続きも何度も足を運ばなければ完了しない。ちょっとした贈り物の潤滑油が必要。

■興味が分散する・移り気

関心が多岐にわたり、同時にたくさんのことをいっぺんにしてしまおうとするのがこの気質。一人がいろんなことをやる。平和のときには政権はまとまらないし、長くは続かない。1989年の体制転換から3回の総選挙があったが、3回とも政権政党は代わっている。ソ連に対して一丸となって戦った人たちなのに、89年以降は分裂してしまった。政党の数も多い。同じ気質要素を持つポーランドでも同じことが起きていた。

だからだろう、分散傾向の社会をまとめて動かすのは、トップダウンのリー

ダーである。

〈112・243〉
補助機能の外向的気持feelingがもたらす特徴

　外向気持型は、社交的。皆を取り持ち、人を喜ばすことが好きで、友人が多く、客観的な雰囲気に自分をよく合わせる。情熱性は民族舞踊にも出ている。アイリッシュダンスやスペインのフラメンコに類するものもある。「世界に知られれば、ハンガリーの民族舞踊とか民謡は人気が出ると思う。情熱的だから」とブダペストの著名なアーチストが言っていた。

　しかし、日常生活で実際に行動する場合の判断では、論理的に熟考してからではない。「短絡的思考というか、エモーショナルで衝動的にやってしまうところがある。直接ぶつかって『当たって砕けろ』式なところがある」とハンガリーの著名な社会心理学者が言っていた。1956年のハンガリー動乱のときがよい例だ。頭で考えれば無茶は承知の上で、強大なソ連軍に対して子供や学生も含め市民が素手で立ち向かってしまった。どうやって生き残ろうかと考えないで、やるべきことはソ連と戦うことだと思ったら、一直線に進んでいく。同じ気質要素を持つポーランドのワルシャワ蜂起（1944年6月22日）の場合によく似ている。

　しかし、ユングの言うように、実際に行動する場合の判断ではなく、研究開発や学問や意見を述べるような次元では、様相はまったく違う。ロジカルで論理性が強い。

〈112・244〉
気質以外の事柄

■天才の輩出
　フェルミ・ラボのレオン・レーダーマンが語っている。「20世紀初めに数多くの科学者と数学者を輩出したことで、少しのことでは騒がない連中も、ブダペストこそ異星人が地球支配のために定住の地として選んだ土地だと信じるよ

うになった」(Leon Lederman, "The God Particle", Boston, 1993, 月刊『ハンガリー・ジャーナル』2001年6月号に掲載)

　実際、外国に流出した人も含めて人口比でみると、ノーベル賞受賞者の数は世界一（日本の人口に比例させると120人）。オリンピックの金メダル数も世界一（アメリカの人口に比例させると2200個）。

■伝統文化の影響

　ハンガリーの文化は、どの部分をとっても、アジアに源を持つ民謡の心とキリスト教の心とが縦糸と横糸になって編みあがっている。民族舞踊、民謡、民芸はもとより、高度な芸術作品に至るまでこの二重性がある。バルトークとか、コダーイをオープンな気持で聴くと、そうした二重性が伝わってくる。

■アジアに源を持つ民謡の心

　映画監督として、また政治家として、1989年10月に起こったハンガリー民主化革命で重要な役割を果たしたコーシャ氏（女優、糸見偲氏の夫君）が語ってくださった。

「私は田舎の出だが、母や祖父母が言葉を教えてくれたとき、言葉を民謡と一緒に教えてくれた。だから毎晩、歌ってくれるのを楽しみに待っていた。こうしてすでに小学校に上がる頃には数百の民謡を知っていた。

　ハンガリー人は事あるごとに民謡を歌う。何か大きな行事があるとき、子供の誕生、結婚式のとき。また、恋愛しているときにはその人のところに行って歌う。悲しいことがあるとまた民謡を歌う。歌われている内容は、愛を歌うものや楽しいのもあるが、悲しいテーマのもののほうが俄然多い。失恋、離別など人生の痛みをはじめ、『外国の侵略者よ、もう帰っておくれ、これ以上私たちを苦しめないでないでおくれ』というものがたくさんある〈See：131・223「恨の観念」〉。民謡は聴く人の心を癒す。ハンガリー人の魂を知るには民謡が一番近道かもしれない。

　民謡はみな農村的だ。民謡はもともと5音階だから、日本の民謡ともよく似ており、演歌みたいな悲しさがある。

　20世紀初めにバルトークをはじめ多くの文化人や学者が民謡の収集に努め、

約10万もの民謡を発見した。これは世界でも例がない。なぜこんなにたくさんの民謡が残り、人々の心に染み込んでいるのか。一つにはマジャール人がヨーロッパにおいて唯一のアジア人として孤立し、打ち続く戦乱の中で民族のアイデンティティを保存し、後世に伝えようとした結果ではないかと思う」
　そしてコーシャ氏は極めて示唆に富むことを教えてくださった。
「私は龍安寺の石庭を見たときに強い衝撃を受けた。『まさにハンガリーの民謡を石で表現している』と感じたからである。龍安寺の石庭では五つの石が世界のすべてを表わそうとしている。すなわち Intensiveだ。同じことを祖母や母が教えてくれた民謡にも感じていた。一方、フランスのゴシック教会を見るとまったく違ったことを感じる。そこでは何万もの部分を加えて世界のすべてを表わそうとしている。すなわちExtensiveだ。そしてハンガリー人はこの両方に共感を感じる感受性を持っている。私自身、龍安寺も好きだし、ゴシック建築も好きだ」

■誰かを殺すか、誰かに殺されるか、一つを選ばなければならなくなった時には
　コーシャ氏はまた語ってくれた。
「私の父は脱走兵だった。何度も憲兵が家宅捜索に来た。私はまだ子供で、父がどうしてこういう状況にあるのか理解できなかった。すると父はある時私を呼んで話してくれた。『お前が誰かを殺すか、誰かに殺されるか、二つに一つを選ばなければならなくなった時には、誰かに殺されるほうを選ぶように。人を殺すのは悪い人になることだ。人に殺されるのは清い心のまま死ねることだ。正しさを貫くことだ。お父さんは今見つかればすぐ殺される。しかし、殺されるほうを選んでいるのだ。わかるかい？』と。こうして母や祖父母からはアジアの心を教えられ、父からはキリスト教の心を教えられた」

■生きる意味をよく考えこむのもハンガリー人
　また、コーシャ氏は言葉を継いだ。
「生きる意味をよく考えこむこともハンガリー人の特徴だ。第二次世界大戦のときにシベリアに抑留されたあるハンガリー人捕虜の話がそのよい例だ。私が

その目撃者から直接聴き、映画化したのだが、ある日、ソ連の監視が『今日は特に寒いから仕事はこれでやめにして宿舎に帰れ』と命じた。すると一人の捕虜が、『せっかく苗を持ってきたのだから、植えてから帰りたい。自分は父からいつも、やり始めたことは最後までやり通せと教えられた。それは人間としての生きるべき道だと自分は考える』と言った。

すると監視は『お前は馬鹿だな。この3年間毎年ジャガイモを植えているが、一度も収穫したことはなかったじゃないか。この仕事はジャガイモをつくるためにやらせているんじゃないんだ。ただお前たちに奴隷の屈辱を感じさせるためだったんだ』と言った。すると捕虜の顔色が変わった。やにわに監視に襲いかかり、殺してしまった。もちろん彼自身も別の監視から射殺された。寒さ、飢餓など抑留生活のあらゆる困難に耐えられた彼だったが、生きる意味を踏みにじられたことには耐えられなかったのだ。これが典型的なハンガリー人の態度・ビヘイビアである。このような価値観、正義感がハンガリー人の心にはある。生きる意味が見えないと生きていけない」

■ハンガリー人のトラウマ

コーシャ氏は続けた。
「近代になって特にハンガリー人の気力を奪ったのが、第一次世界大戦後のトリアノン条約であった。二重帝国の中でハンガリーは戦争に終始反対していたにもかかわらず、なぜか国際社会はハンガリーに最大の罰を与え、国土の3分の2を奪い取ってしまった。そして第二次世界大戦後は、列強はハンガリーを共産圏に渡してしまった。その結果、スターリニズムの恐慌政治に耐えかねた民衆が、子供も含めて素手でソ連戦車に立ち向かった。800人が処刑され、20万人が亡命した。

それにもかかわらず、西側の大国は、ただ声援を送るだけで何の手助けもしてくれなかった。私たちは西欧が好きだ。だから、蒙古襲来でも、トルコの侵略でも盾になってあげたではないか。東の防波堤となってキリスト教を守ってきたではないか。他にもたくさんのことを西側のためにやってあげたではないか、それなのに、西側は少しも認めてはくれなかった。

その間、共産政権によって一種の心理的テロが行なわれ、『ハンガリー人は

攻撃的で、ファシスト的で、悲観的で、自殺願望があり、酒乱で未来志向に乏しく内向的な劣等民族だ』と、繰り返し教えられ、洗脳された。1989年以降も隠然として残る旧勢力の圧力によってハンガリー人の民族性と文化の研究は未だに抑圧されている。

　そして今でも、周辺の国の中に取り残された何百万人の同胞がその国の厳しい同化政策の下にハンガリー人の文化とアイデンティティを奪われようとしている。ますます暗い気持になっている」

　それが、どれほど辛いことかは、コーシャ氏が私に次のような思わぬ言葉で垣間見させてくれた。
「北海道も九州も本州の半分も韓国と中国の領土となり、東海地方だけが日本として残ったとしたら、あなたはどう感じると思いますか？　そして、それら奪われた地域では同化政策によって、日本人をやめるように強制され、日本語と日本文化が禁止され、京都では韓国語を話さなければならなくなったとしたら、あなたはどんな思いになるだろうか」と。

　私は強烈なショックを受けた。経験のない我々日本人にはとうてい理解できるものではない。と同時に、私の心にはもう一つの衝撃波が走った。日本が占領した朝鮮半島の人々や、満州を含む中国大陸の人々に与えた苦しみがどんなに恐ろしいものであったか、あらためて知ったからである。そういう人々に対して日本人は本当に心から謝罪しなければならないと痛感した。それについては後述〈See：223・363・2〉を、ぜひ参照していただきたい。

■国歌

　神よ、悦びと幸をもて
　マジャール人を祝福したまえ
　神よ、われ敵と戦うとき
　御守護(めぐみ)の手を延べさせたまえ
　すでに年久しく不幸に見舞われているこの民に
　喜びの日を与えたまえ
　もはや過去と未来の償いを果たしたこの民を

〈12〉第2章

直観が主機能の場合

〈121〉
第1節　直観・思考型

〈121・1〉
内向直観・思考型

〈121・11〉
ロシア人
内向③直観③思考型③

■**ユングの解説**：内向直観型〈023・9〉569ページ、内向思考型〈023・2〉546ページ。

■**調査旅行**：モスクワ、2001年6月17〜20日。

■**資料**
・『もっと知りたいロシア』木村汎編、弘文堂、1995年。
・『新・ロシア人』〈上・下〉ヘドリック・スミス著、飯田健一監訳、日本放送出版協会、1991年。
・『ロシアの美的世界』木村浩著、岩波書店、1992年。
・『文化のエコロジー』D・リハチョーフ著、長縄光男訳、群像社、1988年。
・『現代ロシア人の意識構造』五十嵐徳子著、大阪大学出版会、1999年。

・『日本人とロシア人ここが大違い』寺谷弘壬著、ネスコ（発売：文藝春秋）、1990年。

■Interviewees
・Dr. Georgy, A. Arbatov, Institute of USA and Canada Russian Academy of Sciences.
・Alexander G. Dugin, Russian geopolitician, ロシア国家院（下院）議長顧問。
・山口CIS総代表、ロシア丸紅Corporation支店長（ロシア滞在歴20年超）。
・高玉正明、丸紅Corporation、1997年10月8日。
・遠藤紀子、Tokyo Theatres Co. Inc. Saison Group、モスクワ支局長、2001年6月19日。

■Internet
・〈http://www.goehner.com/russinfo.htm〉Research by Duane Goehner and Yale Richmond; summarized by Duane Goehner.

■私信
・北海道大学スラブ研究センター・望月哲男教授

■国土
　1994年に成立したロシア連邦は、1707万5400平方キロメートル（日本の約45倍）。人口1億4350万人（日本の約1.2倍。2013年推定）。1992年以降、自然増加率がマイナス成長となった。
　広大な国土に、独自の特色を持った地域が散在し、人口の4分の3が都市に住んでいる。約130の民族から成るが、ロシア人が81.5％。その他、100万人以上いる民族は、タタール人（1234〜1453年までロシアを支配）、ウクライナ人、チュヴァシ人、バシキール人、白系ロシア人。
　本書ではロシア人に焦点を当てる。ただし、本項では「ロシア人」とはロシア語を母語としている人と規定する。
　桁外れの資源大国。各種の鉱物資源。金は世界の8％を産出。石油、石炭、

天然ガスは世界の埋蔵量の3分の1、アメリカの10倍と言われている。

　ロシア人を理解するには、まず彼らの気質である内向直観型についてのユングの説明を読む必要がある〈See：023・9〉。ユングは言う。

「内向直観型の人は、心の底にある豊かな元型の世界のほうに関心が向かう〈See：221・0〉。たとえ認識のインパクトを外的客体から受けるにせよ、〈外的客体によって**無意識の内部に触発されたイメージ**〉に向かっていく（571b）。
　例えば、ある人が心因性の眩暈（めまい）に罹ったとする。内向感覚型だったならば、この神経刺激伝達の特異な状態にとどまって、それ以上のことは何もしない。しかし、内向直観型の場合には、外部からのインパクトを受けるや、ただちにその背後に目を注ぎ、そこに生じる内的イメージを捉える。すなわち眩暈の症状とともに、眩暈そのものを引き起こしたイメージである。例えば、心臓を矢で射抜かれてよろめく一人の男のイメージを見ている。このイメージは内的直観型の人を捉え、内的直観はそこに留まり、そのあらゆる細部を調べ尽くそうとする。どのようにそれが展開するか、そして最後にどのように消えていくかを、生気溢れる共鳴・共感をもって見届け（571d）ようとするのである。
　たしかに、こうしたイメージを眺めることは、あまり日常生活には直接役立たないかもしれない（573a）。しかし、無意識のこうした様々なイメージには、<u>先祖代々受け継いできた心理的機能の沈殿・堆積物が含まれている</u>。すなわち、何百万回となく繰り返され、積み上げられ、圧縮されてついに一定のタイプにまで凝縮した**生き物たちの経験**そのものが含まれている（573c）。すなわち元型なのだ。そしてこれらの元型の中に、太古からこの地球上にあったすべての経験が姿を現わす。その経験が頻繁だったものほど、また強烈intensivだったものほど、元型の中にはっきりと現われる。
　だから、内向的直観は、内的プロセスの知覚を通して、あらゆる出来事を捉えるための極めて重要なデータを提供してくれる。それどころか、新しい可能性だけでなく、未来に実際に起こり得ることすらも、ある程度はっきりとした形で予見することができるのである。預言者の予見も、それが元型と関連して

いることから理解できる。諸元型があらゆる経験可能な出来事の〈流れの法則〉を提示しているからである（574a）。

　こうした特性をもった内向的直観は、それが首座を占めると、独特のタイプの人間をつくり出す。一方には、『神秘的で夢見るタイプ』と『予見するタイプ』。他方には、『空想するタイプ』と『芸術するタイプ』である（574b）。この後者の二つが、内向直観型に普通によく見られるタイプである。

　この後者二つのタイプは、直観が深まると、当然、しばしば手の届く範囲の現実から極端に乖離するようになり、周囲の人にとっては極めて謎めいた人になってしまう。芸術家の場合には、彼の芸術は極端に異様なものとなり、別世界のもののように見える。芸術家でない場合には、しばしば、埋もれた天才、ぶらぶらしている大物、馬鹿と天才が紙一重といったような人物となる（574d）。

　一方、前者二つのタイプ、すなわち『神秘的で夢見るタイプ』と『予見するタイプ』の場合には、直観が深まると、『いま自分が見ている内的ヴィジョンは自分にとって意味があるのではないか。何か自分に求められていることがあるのではないか』と自問するようになる（575b）。彼の頭は、自分に迫ってくるヴィジョンの意味とそこから起こり得る**倫理的結果**のことでいっぱいになる（575c）。

　しかし、彼はこの重い課題の中で、頼れるものはヴィジョンしか持たない。その結果、倫理的な活動の試みは一面的になってしまう。出来事において感知する内面的で永遠的な意味には適（かな）っているが、目の前にある現実のレアリティには必ずしも適っていない」

■以上のような理由から、内向直観型のロシア人の気質は捉えにくい

　ロシア人の気質について語ると、すぐ出てくるのが「ロシア人は分からない。信じるしかない」という19世紀のロシアの詩人チュッチェフFedor Tyutchevの言葉である。ドストエーフスキーも同じことを言っている。「もしこの世に他国の人にとっていかなる国にもまして理解しがたい国があるとすれば、それはロシアである。西欧がロシア人の真実、精神、性格、傾向を理解するのは不可能に近い」（『ロシアの美的世界』木村浩著、pp.30〜31）

第Ⅰ部　世界諸国の国民性

■**一般的印象**

　ロシア人は人間としては、とても愛されている国民である。多少ぶっきらぼうなところもあるが、温かく、情に厚く親切。客好きでホスピタリティがあり、鷹揚(おうよう)。心の広い人が多い。思ったことをそのまま素直に話す。強情なところがある反面、温順である。そして、〈心の底に感じる人間としての本来のあるべき姿〉（元型）に従って生きようとする無邪気とも言えるひたむきな誠実さが、多くの人に感じられる。

　人間関係を気にする。一人でいるのを嫌う。皆と一緒にはしゃぎたい。開けっぴろげなところがある一方、内省的なところもある。楽天的なところがある一方、宿命論的諦めもある。人生や哲学的な問題をよく議論する。芸術の才があり、想像力が豊か。神秘的なものに関心が強い。極端なところがあり、しばしば限界を踏み越えてしまう。

　ロシア人自身は、自分たちは、寛大、フランク、向こう見ず、実際的ではない、愛すべきで心が広いと言っている。

〈121・111〉
内向型の特徴

■**内省的**

　ドストエーフスキーは「空論家たちの二つの陣営」という論文の中で書いている。「我が民族は、自らの欠陥を仮借なく暴き出し、おのが病弊を白日のもとにさらけ出し、自分自身を容赦なく鞭打つことをもあえて辞さない。彼らは時として、真理や真実への燃えるような愛の名において、自分自身に対して不当であることすらある」（『文化のエコロジー』p.125）

■**主観的体験を表現する語彙が豊か**

　ロシア語を外国語に訳す専門家たちによれば、ロシア語は極めて表現力に富んだ美しい言語。微妙な心の襞(ひだ)を伝える語彙が豊富。心情を表わす言葉について、西欧言語では一つしかないものでも、ロシア語ではいくつも微妙にニュアンスを変えて存在する。

ロシア語の音と抑揚と響きの絶妙な美しさは無視できない。だからロシアの作家は、自分の文章を声に出して読んで聴かせるのを常とした（『ロシアの美的世界』p.159）。

■以心伝心的コミュニケーション
　言語によるコミュニケーションだけでは間に合わない。「以心伝心」で互いに分かり合う。また、外向型と違い、内向型はわずかなサインで相手の心が読める。エリツィン大統領は、初めての訪日記者会見の際「日本とロシアとは『以心伝心』で互いに理解し合えるはずだ」とわざわざ日本語を使って言っていた。外交辞令的なものはあったと割引しても、それなりの根拠がなければここまでは言えなかったであろう〈See：221・131〉。

■自己主張が少ない
　五十嵐の調査では自己主張を抑えるというのが被験者の40％、自己主張を積極的にするのは36％という結果が出ている（『現代ロシア人の意識構造』p.128～130）。
　ロシア人は、自分が相手に勝っているようには見せない。ロシアの著名なTV解説者がCNNのインタビューで言っていた。「アメリカ人は『いかがですか』と訊かれると、自分の弱点を見せまいとして『ファイン』と答える。ロシア人はどんなに嬉しく、物事がうまくいっていても、相手に気遣って肩をすぼめるか、『まあね』『まずまずです（ノルマリーナ）』と手短に言う」〈See：223・322・12の「ロシア人」〉。当然、アメリカ人のアグレッシブなところや、殺人映画的なものは、ロシア人は嫌いである。
　そして言葉には内向型に特徴的な「受動的な表現」が多い。ロシア人は基本的には受身だ。

■感傷的
　ロシアの民衆の音楽には比較的に短調が多い。ドイツ語圏の音楽とともに、ロシア音楽が日本人には親しみやすく、日本の演歌がロシア人に好まれるのも、そのためかもしれない。演歌をロシア語に訳して出したら大変な人気だった。

ロシアの歌には演歌のように「涙」もよく出てくる。ロシア人は心の中に染み込んでくるタンゴが好きだ。ロシアにはロマンスというジャンルがあるが、19世紀終わり頃出てきた『黒い瞳』は代表的なもの。

■精神的価値が優先される

内向型において特徴的なように、心と精神がロシア人においては優先する〈See：221・4〉。昔から精神主義が強く、近世では、19世紀後半の観念論的哲学、内向型のロマン主義思想などをベースに形成されている。20世紀に入るとますます観念論、神秘主義、宗教思想が深まっていった（ベルジャーエフ、P・フロレンスキー）（『もっと知りたいロシア』p.75）。

現在は一見、多様な思想が乱立しているように見えるが、全体の流れは依然精神文化の流れとなっており、西欧の外向型の特徴である自由競争好みの資本主義は、「野蛮な資本主義」として敬遠され、西欧文化は退廃的と見られている。

■区別を嫌う、物事を一つのものとして捉える傾向

外向型は分別を好むが、内向型は分別を嫌う。物事を一つのものとして捉えようとする傾向があるからである。東西の文化の架け橋を試みているAlexander G. Dugin博士が言っておられた。

「ロシアの哲学者の考え方は、全体包含思考（Ganzheitlich）である。物事を部分に分けて捉えるのではなく、全体を一つとして捉えようとする。これはロシアのカルチャーの前提となっているものである。だから、ロシア人は、苦しみも喜びも区別しないで受け入れる。混沌としている人生と世界を、混沌とした不条理なものとしてそのまま受け入れる。

このことは、言語において回避的evasiveな表現を好むことにも表われている。日本人と話していると、いつも『はい、はい』と肯定的な頷きが返ってくる。『いいえ』と言うのは稀である。フランス人はその逆。ところがロシア人は『はい』とも『いいえ』とも言わない。『ヌー』と言う。これは『はい』でも、『いいえ』でもなく、『多分そうかも。よく分からないが』というような頷きである。

このように、すべてにおいて限界がはっきりしないindefiniteのがロシア人である。『ロシア人は限度を超えてしまうところがある』とよく言われるが、

それもそこから来ているのかもしれない。地表はどこまでも限界がない。時間にも限界がない。神も、魂も、限界がない。『人間とは、今生きているロシア人のようなもの』と漠然と捉えている。『こういうのが人間だ』『ロシア人とはこういうものだ』という明確に区別されたモデルはない。これは何事においても明確に輪郭をつける西洋の外向型の国々のメンタリティーとはまったく逆。だからロシア人は『値段は正確にいくらですか』と問われることすら嫌う。すべて『おおよそ』ということで考えている。

　ロシア語には、漠然とした抽象的な表現、さしたる意味のない言葉（formule qui signifie rien）が多い。だから、当然他人と自分を峻別する個人主義はロシアには育たない。自己主張もしない」

■**集団コンセンサス社会**
　ロシアには、集団合議的社会が、何世紀も昔から存在していた〈See：223・2〉。西暦867年にはすでに数多くの公国に民衆議会（ベーチェ）が存在していた（『もっと知りたいロシア』p.100）。議会といっても素朴な町や村の集会というものであるが、そこでは自由人である戸主が集まり、議決は秘密投票でなく全会一致でなされた。ただし、一度そこで決ったことには絶対に従うことが求められた。

■**集団の権威を尊重する。そして内向直観型であるため自分で判断するのが苦手**
　永年モスクワに在住し、成功しているセゾングループの社長遠藤紀子氏によれば、
「若いロシア人も含めてロシア人は、権限がある人が命令した場合、何の疑問もなく、絶対に服従してその通りにするところがある。たとえ気持は反対でも、それを言わずにやる。デモクラシー的に話し合い、仕事を理解させてから進めようとしてもうまくいかない。『これをこうやりなさい』と決めつけて命令すると、うまくいく。
　この国ではアイディアは下から上にはあがらない。上から指令が下るだけ。私は自分では望まなくても、いつのまにか会社で絶対の権威者にされてしまっ

た。これでは若い人たちが自分を超えて成長することができないのではないかと心配になる」と。

　Dugin博士も言っておられた。「ロシア人は判断するのが嫌いで、判断するときには、いつも二つの判断が内心で行なわれる。『どうしてもこれを判断しなければいけないのかどうか。判断しなければならないなら、どう判断したらよいのか』と。だから、自分で判断しないで、人の指示に従おうとするのである」と。

　それだからかもしれない、昔からロシアの知識人たちは「自分たちは奴隷根性にとらわれている」と嘆いていたし、劇作家チェーホフも「自分の魂から奴隷根性を追い払いたい」と口癖のように言っていたのである（『ロシア人のまっかなホント』p.2）。

　あるロシア人も言っていた。「日本人は『行け』と言われたら、さっと行くが、ロシア人もそうだ。従順に言われることだけを実行するのが一番自分たちの性に合っている」と。

　だからロシア人が〈体制に順応しやすい人たちである〉ことは昔から指摘されていた（五十嵐、p.134）。そしてロシア人の目には、日本人はロシア人のようにCollectivist（集団主義者）と映っている。

■それにもかかわらず、政治権力に対する反感は根強い

　ロシア人は、いつの時代も横暴な政治権力に搾取され、苛められ、権力者を信用しなくなった。実際、1995年の調査では議会を信頼する人はわずか4％、政府が6％、大統領が8％。にもかかわらず、社会を一つにまとめてくれる権力は欲しい。だからだろう、軍や警察・司法機関や保安機関（旧KGB）を信頼する人が46％となっている（『もっと知りたいロシア』p.277s）。

■集団社会の中では心の繋がりを大切にする

　内向型を理解するキーワードは「一つになる」ということであるが、ロシア人も心の繋がり、人間関係を人一倍大事にする〈See：223・334〉。

　遠藤紀子氏も言っておられた。「ロシア人は、周囲に理解され、受け入れられたいと思っている。サウナにグループで入るようなことが好きであり、ドン

チャン騒ぎが好きである。そこでは自分をさらけ出すことができるからだ。仕事もグループで、デートもグループで、リクリエーションもしばしば職場の同僚とグループでする。スポーツは個人競技よりもチーム競技のほうが好きだ。しかし、こういうロシア人に一旦心が通じると、本気の付き合いになる。真剣に話さなければならない。政治の話も、人生や哲学の話も、近所の人の噂話も」

　ヘドリック・スミスはロシア人との長年の付き合いを述懐して言っている。「表面的に社交家ぶるよりも、長年にわたって続くような深い親交を好む。信頼のおける仲間の中では多大な自己犠牲も厭わない。相手からも同じものを期待する。個人レベルの付き合いには実に熱心なのだ。しかし、そのおかげで生活は非常に心豊かになる反面、複雑にもなる。また、ロシア人は個人の権利やフェアプレイの精神よりも、**個人レベルでの忠誠心に基づいた味方意識に感動しやすい**」(『新・ロシア人』〈上〉ヘドリック・スミス著、p.320)

■ロシアでは、心の繋がりがビジネスに成功する道

　遠藤氏は「ロシアでビジネスに成功するには、プライベートな世界で信頼されるしかない。彼らのハートに入るしかない。一緒にキャンプするとかいうようなコンタクトが必要なのです。こうした個人の交流が、文化交流のときにすら根本的に必要になる。モスクワで成功している日本人はこれができる人たちです。私たちが仮にも成功しているとすれば、それはロシア人の心まで考えてやっているからだと思う。彼らも私たちが分かるから、心を許してくれる。日本から来る偉い方々は、誰もそうしたことを我々に聞きに来られない。尋ねようともされない。それは論文にはならないからだと思う。確かに、ロシアのシステムはあちこち綻びている。大ざっぱなところがある。正確ではない。完璧ではない。しかし、それなりに動いているのです。

　しかし、日本から来た人たちはロシアの良さがわからない。彼らに日本と同じ完全主義を期待して、『ロシアはだめだ、だめだ』と言うだけである。ロシア人が誤解されてかわいそう」と言っておられた。

〈121・111・1〉
主機能の内向的直観がもたらす特徴

　先に「内向直観型についてのユングの説明」で述べたとおりである。生命の源から、枝分かれしながら今の我々一人一人まで途切れることなく流れてきた**生命の流れ**が我々の中には存在する。その流れの中で、**生命は経験の中から「生きるために最も大事な経験」の記憶を蓄え、蓄積し、純化し、結晶（元型）にして我々一人一人のところまで持って来てくれている**。これが集合無意識の内容である。これが動物の本能の基盤であり、さらに人間になってからの記憶は、人間の本能の基盤となっている（540a）。すべての人はそれを持っているが、**特に内向直観型がそれを敏感にキャッチするのである**。

　そこには「真実の人間のあるべき姿」の元型もある〈See：221・011〉。だから、遠藤氏も言うように「ロシア人には、**どうにもならない純粋な単純さが、ポロッポロッと出てくる人がいるんです。話していてこちらが人間として恥ずかしくなるような人たちがいます**」と。〈この無意識的にポロッポロッと出てくるところ〉がまさに元型の現われ方なのである。

■**聖なる愚者の元型**

　ユングは元型の一つに「老賢人」という元型を挙げており、我々が神を描くとき、しばしば白髪の老賢人のイメージで描くが、ロシア人の言う「聖なる愚者」もそういう元型の一つと思われる。聖なる愚者と言われる人たちは「富、名誉、地位、快楽」などに背を向けて、真の叡智を追求する人であった。A. Dugin博士も言っておられた「この世の尺度から見ると愚かに見える人、いわゆるFol-en-Christ（キリストにおいて愚かとなった人）なのだ」と。彼ら行者たちはロシア全土を歩き、野の動物や鳥たちと会話を交わし、自分たちを笑いものにしながら、大切な人間の生き方を民衆に教えていた。物質文明の愚かさを超えた高い次元の叡智に生きる人たちだった。

　「ロシアの民衆がこうした愚者を愛するのは、彼らが愚かだからではなく、賢いからです。彼らが最高の知恵によって賢いからです。醜い『せむしの』子馬を可愛がり、子鳩をいじめず、若木を傷めず、そのうえ、自分の物を他人に与

え、自分を産んでくれた両親を敬う。そんな愚者を愛するのです」(『文化のエコロジー』D・リハチョーフ著、p.43)

　中世のロシアでは彼らは特に金持ちや権力者の愚かしさを暴く存在であった。だから彼らの地位は貴族や王と並んでいた。「彼らは王座の階段に座っていたものです。王は王杖を持ち、愚者は鞭を持って座り、民衆の人気を博していました」(『文化のエコロジー』D・リハチョーフ著、p.38)

　クレムリン宮殿の前にあるあの可愛いおどけた教会、瘋癲(ふうてん)の行者聖ワシリーに捧げられた教会を思い出していただきたい。私も中に入って驚いた。大勢で祈るはずの教会なのに、一緒に祈ろうにも、その場所がほとんどないのである。まったく実用的ではない。祭礼を行なう客観的機能などはまったく考えられてはいない。ただそこにあるのは、形といい、色彩といい、おばあちゃんが孫に造ってくれた玩具のような建物だ。幼子のような気持にならなければ天国には入れないと聖書にあるが、瘋癲の愚者ワシリーの心の奥に輝いていた幼児のような純粋な心を味わうための教会だったのである。

　ロシアでは、このほか、温かさをはじめ、説明のつかない美しい心にしばしば驚かされると言われるが、こうした元型のヒラメキかもしれない。

　車がトラブッテいると、すぐに他の車が寄ってきて助けてくれる。子供が冬に寒い格好をしていると、見知らぬお婆さんから「温かくしてあげなきゃだめよ」と、ひょういと注意される。道に迷うと、しばしば目的地までついていってくれる。相手の気持を喜ばすために、できないことまで約束してしまう人もいる。親切が度を過ぎて、最後に残ったお金まで人に与えてしまう人がいる。他人の問題を我がことのように心配してしまう人がいる。

　筆者の中学時代の先生は、若い頃、ウラジオストックからシベリア鉄道で1週間かけてモスクワに行ったことがあったが、言葉が話せないため、駅に降りて買い物もできない。それを見ていた乗客たちが「あの日本人学生はお金がないんだ。可哀そう」ということになって、列車中をカンパしてくれた。先生は感激していた。

■しかし、内向直観型は現実のハンドリングに弱い

　しかし、内向直観型は、ユングも言うように、無意識の元型の世界のイメー

ジに心がとらわれているため、現実への注意力に欠けるところがある。その結果、現実のハンドリングが不得手になる（574d）。ロシア人もそうだ。「ロシア人は、19世紀のロシア人作家イワン・ゴンチャロフが書いた小説の主人公、怠け者のオブローモフのようだ。ロシア人自身、オブローモフをロシア人の典型と見ている」とヘドリック・スミスは言っている（『新・ロシア人』〈上〉p.324）。

このタイプの人は多くの困難に出合う。苦労症で、現状の困難から脱出したいと望んでいるにもかかわらず、うまくできない。悩み、落胆、諦めに陥りやすい。「日に何度かふさぎこんで、溜め息をつき、誤解されたのを悲しむところがないとロシア人とは言えない」とすら言われている〔注：Alain Bosquet, Radioscopie, Entretien par Jacques Chancel, Paris, 1970〕。

ユングも「彼らは宿命的に、他の人々よりももっと多くの困難に遭遇し、内界の陶酔から目覚めさせられる。まさに大きな困難があってこそ、初めてこのタイプの人たちの口から人間らしい言葉が絞り出されるのである」と言っている（578b）。

だから、五十嵐の意識調査でも、忍耐強さ（被験者の66％）、助け合いの精神に優れている（25％）という結果が出たのであろう。

■ロシアは西欧から最も誤解される国である

ユングも言うように、内向型は特に外向型から誤解される（Typen, 562b）、その上、手に触れるものしか認めようとしない強い外向型の現代世界の風潮は、内向型の原理とは真っ向から対立するからだ（562c）。しかもそれだけではない。**内向直観型**は、生来の伝達能力の不足のゆえに、特に誤解される。国家の場合もそうなのだ。**だからロシアは西欧社会からは最も誤解される国**となっている。『ニューズウィーク』誌でも「昔からソ連政府はそのおどろおどろした不可解さで有名で、そのために西側からは信頼されなかった」と論評されていた（1986年12月14日号）。

ドストエーフスキーも「ヨーロッパ人は今なおロシアを理解せず、何もかも反対に解釈している。そのくせ彼らは、とっくの昔にロシア人を理解したと勘違いしている」と嘆いている（『ロシアの美的世界』木村浩著、pp.30〜31）。

しかし、ユングは言う。
「外向型や合理型の人たちから見ると、こうしたタイプの人たちは人間の中ではまったく役に立たない部類に属するが、**より高い視点から見るならば、このような人こそ、豊かで活気に満ちた世界が、そして生命の喜びが溢れんばかりに満ちた世界が、内界には存在するという事実の生き証人なのだ。**このタイプの人たちは、その時々の精神の流行に振り回されない人々にとっては、教えられることの多いタイプなのである」(578b)

■ロシアのメシアニズムについて
　そこで、実際モスクワで、元政治局員アルバトフ博士にお会いして「ロシア国民にとって現在最も必要なことは、新しいメシアニズムを指し示す思想と、それを実現しようとする人物ではないでしょうか」とうかがってみた。博士の返事は考えさせられるものがあった。
「メシアニズムやゴールはもうこりごりだ。問題はあまりにもコストが高くつくことである。自分たちの必要なことすらなおざりにするようになるからだ。ロシアのメシアニズムは、悲惨な民衆の苦しみゆえに生じたのではないか？　世界を救い地上にパラダイスをもたらすということで、慰めようとしているのではないか？　そういう人が増えれば、苦しみは凌げるし、ストライキもデモもなくなるというわけだ。確かにあなたの言うように、今もメシアニズムの観念はロシアには存在する。ロシア正教会がまさにそれだ。『我々だけが正統なのだから、我々こそが世界を救うのだ』と言っている」

〈121・111・2〉
補助機能の内向的思考がもたらす特徴

■哲学的インサイトが深い
　日常会話でも、すぐに人生や哲学的話になり、侃侃諤諤(かんかんがくがく)の議論になる。一緒に話しながら歩いていると、哲学的な閃きを感じてか、突然立ち止まり、夢中になって話し始めるようなこともある。小説の中でさえ登場人物の口を借りたり、著者自身の筆で、哲学を長々と論じることはしょっちゅう。ある詩人は言

第Ⅰ部　世界諸国の国民性

っている「私たちは昼夜徹してでも、ありとあらゆる問題、人間にとっての永遠の哲学的な問題について語り合うことがあります。これこそロシア人流の思考なのです」（詩人アンドレイ・ボズネセンスキーの言葉、『新・ロシア人』〈上〉p.322）。

だから、ロシア人は、読書が好きだ。しかし狭く、深く読む。少ない数だが重要な本を熟読している。古典的なイギリスの児童文学もよく読まれている。シェイクスピアは高校を修了するまでに読んでおくべきものとされている。

そしてロシア人の口は休むことを知らない。考えが次から次へと心に浮かんでくるからだ。その点、内向思考型のドイツ人と似ている。

文学の世界でも、登場人物や作者が小説とは思えない哲学的テーマを論ずるなど、深い内面的思想性に溢れている（『もっと知りたいロシア』p.283）。

■**国歌**（ここにはアグレシビティは感じられない）
　ロシア、聖なる　我らが祖国
　ロシア、愛しい　我らが国
　強力なる意志、大いなる栄光
　永久に　祖国の富とならん！
　称えよ　自由なる　我らが祖国
　結ばれし　永久の絆
　我らが祖先より　伝えられる智慧（ちえ）（元型にもとづく叡智かも）
　称えよ　ロシアの誇りを！

〈121・2〉
外向直観・思考型

〈121・21〉
中国人
外向④直観③思考④

■**ユングの解説**：外向直観型〈013・9〉526ページ、外向思考型〈013・2〉499ページ。

■**調査旅行**：Beijing（北京）、2001年3月16〜20日。

■**資料**
・"*The Asian Mind Game*" Chin-Ning Chu著（Rawson Associates, 1991）
・"*Chinese Characteristics*" Arthur Henderson Smith, Nabu Public Domain Reprint, published before 1923 in U.S.A.（米国で最初に出版された中国人論）
・『中国人とつきあう方法』信太謙三著、時事通信社、1995年。
・『もっと知りたい中国』野村浩一／高橋満／辻康吾編、弘文堂、1991年。
・『中国人の考え方』陣内宜男著、産報、1971年。
・『中国人の思想構造』邱永漢著、中央公論新社、1997年。

■**Interviewees**
・Professor Li Liao: Tsinghua University（introduced by Professor Taotao Chen of the same University）
・曽慶玉（Zen Qing Yu), Beijing BID Consulting Co. Ltd. Manager
・大倉鎮信：東工KOSEN株式会社北京所長。
・任凭（Ren Ping）：東工KOSEN株式会社、社員：川原氏。
・中野恵正：元三井物産常務、US Steal顧問。

■国土

957万2900平方キロメートル（日本の約25倍）、人口12億4298万人（1998年推計）。昔から多くの民族の混血から成るが、中国本土でも、東南アジアやアメリカでも、自分たちは中国人だという一つの民族意識が強まっている。中国人にとっては、中国人とは「黄色人種であって、黄河から出てきた黄帝の子孫」ということになっている。東夷、荊呉（けいご）、百越などを中心に、東胡、粛慎、匈奴、蒙古、蔵族などの諸種族へと拡大した複合民族。モンゴリア系で、漢民族といった。黄色人種を中国人の基礎的条件の一つに据えている〔注：『中国人』呉主恵著、中華民国留日華僑聯合総会、1968年、pp.20〜21〕。

〈121・211〉
中国文明の黎明期

■古代中国の思想には内向的傾向が目立つ

古代中国には、心を重んじ、人を思いやり、大切にし、自分を無にする内向的精神が根底にあった。

孔子の哲学の中心をなすものは、仁（ヒュウマニズム）の実践だった。孔子は人類を一つの大きな家族と見なし、自己の良心に忠実である「忠」と、他人を自分自身のように愛し思いやる「恕」が、人の歩むべき道、基本的道理であると説いた（BIE、限定版、第17巻、p.223上段）。そして彼は、この理念に立脚して国家を考え、政治を考えた。

孟子は、「人は誰でも幼児が井戸に落ちそうになると、慌てて助けようとする。このことからも分かるように、人間の精神は基本的に**善に傾き（性善説）**〈See：内向型は性善説に立脚〉、人を憐れみ、人を敬い、羞じを憎み、是非（よしあし）の心を持っている。その実践こそ人の道である」と説いた（BIE、限定版、第19巻、p.362中段）。

老子は、「剛強を避け、柔弱につき、尊大を戒め、謙遜を重んじ、**私なきをもって、よく私を成す**」と説いた（BIE、限定版、第20巻、p.542下段）。

こうした思想は、アグレッシブな外向型の思想ではなく、内向型の思想であり、融和の思想〈See：222・33〉である。

第2章　直観が主機能の場合

　古代中国文明の初期の時代に現われたこのような人間に対する温かい内向思考型の視線は、中国だけではない。古代エジプト文明〈See：112・231〉にも、古代ギリシア文明〈See：111・221〉にも、そして、古代ペルシア文明〈See：131・120・2〉にも共通して見られる。

　その後、近代まで、中国で展開された歴史はあまりにも大きく、素描することは難しい。初めて中国の人々の性格を欧米諸国に紹介したのはアメリカの社会学者、宣教師Arthur Henderson Smith（1845〜1932）の"Chinese Characteristics"（1894）であるが、次のように述べている。

「中国人は、民族としては地上のいかなる民族よりもはるかに強大な人間集団である。文献的には、世界のいかなる民族よりも古代に遡ることのできる民族であり、一貫して国民性nationalityを保持しつづけ、最初に出現した土地から一度も追い出されたことがなかった。しかも遠い昔からほとんど変わっていない。

　この膨大な数えきれない人間の集団は、中国大陸の山河に有史以来今日まで、どのような手段によって支配されてきたのか。また、いかにして民族の衰退と死滅の普遍的法則を、唯一中国だけが免れることができたのだろうか。

　この疑問と取り組んできた研究者たちが異口同音に唱えていることは、他の民族が依存してきたのが**物理的力**（physical force）だったのに対し、中国人が依存してきたのは、**倫理的力**（moral forces）であった。いかなる歴史学者も、鋭い観察力をもった旅行者も、人間の本姓を熟知している限り、中国の倫理（morality）が、古代から中国民衆の上に及ぼしてきた驚くべき道徳的抑止力に、深い畏敬の念を抱かずにはおられまい」（Henderson, "Chinese Characteristics" p.287）

「中国では古くから皇帝は天によって、自分の政治の良し悪しに関して直接個人的責任を問われることになっていた。自分よりも民を大切にすることが重視され、**政治家は有能かつ有徳でなければならず、政治は仁徳に基づいて行なわれなければならなかった**。人間相互の五つの関係についての包括的な教え、すなわち『自分が嫌なことは人に対してもしてはならない』という教えがそれである。これは、聳える高山の頂のように、ひときわ目立った思想であり、すべての観察者の注目を集めてきたものである。

そして中国人に関して言わなければならないことは、特に儒教のシステムの倫理的素晴らしさである。それを真実の光の中で示すことによってのみ、中国人の正しい理解に至ることができる」(Henderson, "*Chinese Characteristics*" pp.288～289)

〈121・212〉
現代の中国

しかし、現代の中国人は、中国文明をつくった民族よりも、民族をとらえる範囲が格段に広いため同一にはできない。そこには文明を築いた民族よりもはるかに多くの民族が混合している。これほど広い範囲の人々を一つの民族気質でまとめることは難しい。しかし、今日のように指導的権力者の影響によって中国国民が、自分たちを一つの民族集団と強く意識して世界と関わろうとするようになると、集団としての気質が表われてくる。このような場合、国全体に最も大きい政治的・文化的影響を与えるマジョリティの気質的特徴がその国民の特徴となる。それをユングのタイプ論の視点からとらえると、現代の中国の集団気質は、外向直観・思考型となる。

〈121・212・1〉
外向型の特徴

■**明るいCheerful**

ヘンダーソンは言う。
「中国人は改善できない場合は我慢するが、裕福にも、貧困にも、対応できる。最も重要なのは、**どちらの状況においても満足することを知っている**ということである。中国人の明るさCheerfulnessは民族的特徴であり、満足を知ることと深く結ばれている。いつもできるだけ幸せに振る舞おうとする……。着るものも食べるものも満足に持たなくとも平常心を失わないのには、我々も驚いている。
中国人の明るさは、その社交性にある。彼らの主な楽しみは互いに談笑する

ことにあるが、それが彼らの苦しみを和らげる大きな助けとなっている。また、彼らは貧しい中にも植木や花を飾ることを忘れない。『私たちは、物はあまり持たないが、持っているものは最大限に楽しんでいる』と言っている」(Henderson, "Chinese Characteristics" p.167〜168)。
「おそらく病気の時が、彼らの生来の明るさが、いかに彼らにとって救いになっているかを知ることができる。彼らは、物事を、極力楽観的に見ようとする。ともかく、そうしようと努める。自分の病状についても、他の人の病状についてもだ。衰弱していても、極度に苦しい場合でもそうである。実際そういうケースを我々はたくさん見てきた」(Henderson, "Chinese Characteristics" p.169)

■**個人主義**
　外向型は主に物質世界に目を向けているため、物質の特徴に従って、どこまでも区分し分別して物事を理解しようとする。そして、他人と自分を区別し、単独で生きようとするから、外向型は必然的に個人主義になる。ただし、これは利己主義とは同じではない〈See：211・2〉。自分の個性を生かすことである。そして、可能ならばトップになりたい。ただし、他人はしばしば競争相手だから、中国人はまず人を疑うことMutual suspicion（Henderson, "Chinese Characteristics" p.242）から始める。
　喧嘩する中で相手が信用できることを感知すると、友人となる。それだからかもしれない。田中首相が日中国交正常化のため、中国を訪問した際（1972年）、毛沢東から言われた。「周恩来との喧嘩はすみましたか？　人は喧嘩してから仲良くなるものですよ」と。

■**アグレッシブに立ち向かう**〈See：222・34〉
　外向型は一般にアグレッシブであるが、外向型の国の国歌は、時には激しい戦いの歌となる。外向直観・気持型のアメリカの国歌も、外向思考・感覚型のフランスの国歌も、中国の国歌もそうである。
「起て！　奴隷となることを望まぬ人々よ！　我らが血肉で築こう新たな長城を！　中華民族に最大の危機迫る。一人ひとりが最後の雄叫びを挙げる時がき

た！　起て！　起て！　起て！　諸人心を一つにして、敵の砲火の中を突き進め！　突き進め！　進め！　進め！　進め！」と〔注：田漢作詩／聶耳作曲、1935年。もとは中国の映画『風雲児女』のテーマ曲。1949年9月27日、中国人民政治協商会議が、中華人民共和国の国歌とし、1982年12月4日、全国人民代表大会において正式の国歌として承認された〕。

現代中国の男性の理想像は、警戒を怠らず、周囲に睨みを利かす毅然とした人物なのである。

■**交渉術のしたたかさ**

相手の弱点をできるだけ利用しようとする。契約書も少しでもミスがあるとそこを突っ込んでくる。相手をできるだけ誤解して有利になろうとする。相手を善人と考えて交渉するのではなく、性悪説の上に立って交渉する。中国人は、誤解を利用する本能に恵まれた人たちである。中国との外交交渉の歴史は、中国人が意図的に誤解している事柄を解消しようとする努力の歴史であった。

> The talent for Misunderstanding. All Chinese are gifted with an instinct for taking advantage of misunderstanding. (Henderson, "*Chinese Characteristics*" p.61)

さらに、プラクティカルな思考型の結果かもしれないが、中国春秋戦国時代の思想家・孫武の作とされる古今東西最高の兵法書などを参考に、巧みに戦略を組み立てる。子供の時から日常のすべての問題に対処する兵法を学ぶ。だから、ナポレオンも孫子の『兵法』から戦術を学んだ（1785年）。

■**謝らない**

外向型社会では、ほとんどどの国でも、謝まったら最後、こちらが悪いことにされてしまう。日本のように「ごめんなさい」が普通の挨拶になっている内向型社会とは180度逆なのだ。中国でも同じである。「約束を守らなかった時の言い訳には、唖然とすることがある。自分が悪いのに、相手が最後には謝らなければならないくらい言い訳をする」と日本人ビジネスマンが言っていた。

第2章　直観が主機能の場合

■**権威にはいやいやながら従う（上に政策あれば、下に対策あり）、法に対する姿勢**

　外向型は、可能ならば単独でトップになりたい、利益を独占したいという欲求を持っている。だから、政府は敵である。自分の利益を税金で巻き上げる存在に見えるからである。「権力者は我々庶民の富を召し上げる強制力を持っている。そしていったん召し上げると、それを自分の私物として贅沢三昧に使う」と人々は昔から思っている〔注：『中国人の思想構造』邱永漢著、中央公論新社、1997年、p.186〕。

　したがって、上からの命令は、できるだけ回避しようとする。イタチゴッコだ。どうやったら抜け道があるかを考える。まさに典型的な中国式現実主義がここにある。「中国の法律は網の目はこんなに大きいんだ」と誇らしげに言った中国人がいた。1920年に南京中央政府が上海の中国人役人に、外人租界から転出するように命じたことがあったが、大半の役人が自分の家に曖昧な社名の看板を掲げ、平気で住みつづけた。

　表面では「ハイ」と答えながら、実際にはそのとおりにはしない。自分の考えを変えようとはしない。自分の思いどおりにする。だから「上に政策あれば、下に対策あり」となる。これをヘンダーソンは「Flexible Inflexibility」と呼んでいる（Henderson, "*Chinese Characteristics*" pp.77～80）。

　さりとて、政府に対しては正面切って反対しない。政府は厳しいからだ。悪人もそのお陰で、「十倍」悪くならずにすんでいる。
「『右向け右！』と言われると、中国の農民は目玉だけを動かす。それとは逆に、内向型のロシアの農民は目玉すら動かさず、体全体で右を向く」と、面白い表現をした人がいた。

■**公徳心に乏しい**

　外向型社会においては、内向型社会のようには、公徳心は一般にあまり感じられない。「公」は「私」の反対だからである。外向型は一般に自分の家の中は奇麗にする（人に見てもらいたいからでもあるが）、自分の利益とは関係ない外の道路は汚しても平気なところがある。また、管理が悪ければ公の資材はしばしば盗まれる（**Absence of Public Spirit**：Henderson, "*Chinese*

Characteristics" p.111)。

■ **中国社会では、「親・自分・子供を一体と捉えた存在」が社会的な「個人」**

　父親は子供に責任があり、子供は父を擁護する責任があり、老人は家の宝として大切にする。同じ世代のたくさんのCousins（いとこ）も「兄弟、姉妹」と呼ばれている。そしてこの連帯性の上に中国人の責任性がしばしば問われる。

　　　All numerous "cousins" of the same generation are termed "Brothers"
　　　… It is this solidarity which forms the substratum upon which rests
　　　Chinese responsibility.（Henderson, "*Chinese Characteristics*" p.228）

「こうした中国の相互責任性の考え方と実践が、中国の過去の社会制度Institutions がいつまでも存続する原因の一つと言われており、これが中国社会の一人ひとりのメンバーを鉄の足枷のように縛りつけていた」（Henderson, Ibid. p.235）

■ **部族主義・大家族主義**

　外向型にとっては、政府は基本的に敵に見えるから、国に頼る気持にはなれない。さりとて、人間である。単独では不安だ。そこで頼れる者は血の繋がった自分の親族しかいない。だから、近代化とともに、社会保障システムが発達しても、意識の底では自分の部族・大家族が依然実質的な社会保障機関となっている。この傾向が中国においても見られる。それに準じて地縁、学縁の結束も固い。これが、中国の人々を結びつけている絆である。

■ **現実的**

　状況の変化に合わせてすぐ対応をあらためる。「実事求是」というわけで、まず事実に基づいて判断しようとする。社会主義体制を標榜していても、役に立つなら資本経済の手法も取り入れる。「白い猫だろうが、黒い猫だろうがネズミを取るのが良い猫だ」という鄧小平の言葉がまさにそれである。

　状況に応じて容易に態度が変わる。その点まことにドライである。中国政府の経済政策は、現実の変化に合わせてしばしば変更される。ビジネスの社会も同じだ。例えば、外国人の目には次のように映る。恩を感謝するかと思うと無

視した行動に出る。条件のよい他社にさっさと鞍替えする。大歓迎するかと思えば、すぐ冷たくなる。君子の顔と平気で罵り喧嘩する顔。友好第一の顔と利益第一の顔。ともかく、現実に合わせて、自在に変わるところがある。金の威力を一番よく知っているのが中国人なら、金を手に入れるためなら、なりふり構わないのも中国人である〔注：『中国人の思想構造』邱永漢著、p.201〕。

■ **しかし弱者には温かい**

外向型社会の人は、一般に自分より弱い人たちには温かい。中国においても昔から困っている人を助ける精神Benevolenceがある。よくsoup-kitchens が設けられ、支援されている。「人々はそれにとてもよく協力する。大きな寄付も稀ではない」(Henderson, "*Chinese Characteristics*" pp.187〜188)

ただし、こちらが強いところを見せるや、俄然対抗意識むき出しにナスティーnasty になってくる。これはアメリカ社会でも同じだ。外向型に共通する傾向のようだ。

■ **内向型の日本人ビジネスマンから見た中国人の印象**

外向型の特性は、内向型の目から見るとさらに明確になる。日本人のビジネスマンが言っていた。中国人のほうが日本人より、はるかにしたたかだ。雑草のごとく生きてゆく。凄くたくましい。他人は信用しない、何度倒れても立ちあがり、自分一人で生きていかなければならないという信念は強烈なもの。そして「金持ちの金は自分たちの金だ。持っている者が持たない者に与えるのが当たり前」と考えている。人間の心理をよく心得ており、どうすれば相手を説得できるかを日本人以上によく知っている。

■ **中国人の扱い方**

その人の才能を認めてあげること。自分の才能を認めてくれる上司には、真剣に働いてくれる。中国人には権力の委譲Delegation of Powerが一番良い。日本の会社でよく見られるような部下に対する罵倒は絶対に禁物。苛めた者からは何を報復されるか分からない。
「自分の仕事は自分の仕事としてやれ、最終の責任は所長の俺がとる。ただし、

報告はキチンとせよ。残業代は出す」と言うと、よく働く。辞めてもらう時には「君の、しかじかのようなところが、我が社には合わないと思う。君にもここにいるのは不幸だと思う」と、はっきり理詰めで説明する。それが合理的で、納得できるものであれば彼らは、普通は納得する。

中国は成果主義。米国式にやらないとだめだ。今中国で成功している会社は、米国式にやっている会社である。

■ビジネスにおける厳しい戦い

中国のビジネスマンは、ストレートに相手を徹底的にやりこめようとする。中国人にはよく騙される。めちゃくちゃに値切ってくる。契約書を勝手に反故にする。契約書はあまりにも軽い。こちらが将来のマーケットを開くため、今は赤字覚悟で受注しても、いつまでも安く買いたたかれ、赤字から脱出させてはくれない。

交渉の場では、「一人の中国人は龍。一人の日本人はブタ。3人の中国人はブタ。3人の日本人は龍」となる〔注：台湾の評論家の柏楊の言。『もっと知りたい中国』野村浩一／高橋満／辻康吾編、弘文堂、1991年、p.99。一部筆者がedit〕。

■優秀な政治家

日本の政治家と比べると、問題にならないほど中国の政治家のほうが優れている。それから見ると、日本の政治家は、官僚と財界が裏で操っている操り人形のようだ。中国の政治家は、そんな裏の支えなどまったく持たず、広大な中国で、権力闘争を勝ち抜いてきた一騎当千の政治家だ。筋金入りの物凄く優秀な人物だ。

〈121・212・2〉
主機能の外向的直観がもたらす特徴

ユングによれば、外向直観型は物事の本質を捉え、**それが持つ可能性に強い関心を寄せ、最も大きな可能性をそこに捉えようとするため**、アイディアマンや発明家の気質である〈See：013・8（527a）〉。中国人にもそれがある。

第2章　直観が主機能の場合

■発明に溢れた歴史

　漢字からして素晴らしい発明だった。象形文字（川・山）、指事文字（上・下・一・二）、会意文字（鳴・婦）、形声文字（梅・松）などの組み合わせによって、無限に表現が可能な文字を発明した。

　医学においても、鍼、灸、漢方薬、養生術なども、あらゆる可能性を実験し追求している。宋代には羅針盤、火薬、コークスによる製鉄技術、陶器などをはじめ、世界の主要な発明の多くが中国で生まれた。

　西洋のルネサンスと時を同じくした中国のルネサンスの明代の終わり頃には、西欧に先んじて産業技術百科『天工開物』（1637年）や農業技術百科『農政全書』（1639）などの百科事典が出版されていた。

　中華料理では、度肝を抜かれるようなものまで美味しく食べる方法を見つける。料理の種類も技術も世界で最も豊富な国の一つになっている。フランス人に言わせると、「中国料理はフランス料理に近い。親近感を覚える。ソースも様々あるし、肉もよく料理されていて美味しい」

　しかし、中国は、中華思想に災いされて、長年、外国に学ぶことを潔しとしなかった。そのために、近代技術に乗り遅れ、現在それを取り戻そうと、外国技術の取り込みに全力を挙げている。多くの技術研究団を外国企業に送り込み、外国企業に中国のプロジェクトを発注する際にも、その技術を自分のものとすることを忘れない。

　例えば長江（揚子江）中流部の国家最大プロジェクト「三峡ダム」（黒部ダムの約60倍の発電量で、上海を中心とする華東地区に供給する）の発電設備の発注に当たっては、26基の水力タービンのうち14台しか外国企業には発注せず、中国の発電機メーカーへの技術提供を義務づけた。まず海外の高度な技術のノウハウをつかみ、残りの12基は自分たちの手で生産することを狙っていた（『日本経済新聞』1997年8月15日付）。

■中国は世界の発明実験場

　中国は常に壮大な発明と実験の国であり、政治においても、社会主義の実験場となった。しかし、毛沢東は「中国の社会主義の特徴は、永久に新たな革命を繰り返していくことにある」と言った。まさに外向直観型〈See：013・9〉。

第Ⅰ部　世界諸国の国民性

■今日の中国の熱狂

　ユングによれば、外向直観型は可能性に熱中する。今中国人も新しい資本主義の可能性に熱狂している。ユングの言葉を借りれば、あたかも今まさに人生の決定的曲がり角にさしかかったかのごとく、今後もそれ以上のことを感じたりすることなどあり得ないというような気持で（*Typen*, p.528c. 527ページ）熱狂している。だから将来世界最大の経済大国になる可能性は十分ある。

　しかし、それがやがて完熟期に入ると、外向直観型は、そのままでは窒息しそうに感じるようになり、新たな可能性を模索しはじめる。中国も、もしかすると、そのように変わっていくかもしれない。たとえ巨大な資本主義国家となったとしても、そこに長くは留まらないかもしれない。ガルブレイスやレスター・サローが言っていたが、これからは資本主義的自由経済と社会主義的管理・計画経済とを総合した新しい経済が生まれるかもしれない。

　ナポレオンは「中国は眠らせておけ、起こすと怖いぞ」と言ったが、今中国は新しい可能性に目覚めたところである。これから怖くなるだろう。12億5000万の中国人が一斉に動き出したら世界はどういうことになるだろう。

〈121・212・3〉
補助機能の外向的思考がもたらす特徴

　中国人の思考はフランス人のように理論を重視する合理的思考ではなく、極めて具体的な事象の上で進める経験論的思考である。しかし、具体的事象だけでは、考えは個々別々に分かれ、瞬間的であるところから、知解が成り立たない。そこに一本筋を通す〈一貫した根拠・原理〉を示す必要がある。だからそうした原理をとことん突き詰めようと、古来、模索が続けられてきた。老子の精真の信、孔子の一貫道、道教の精一などもそれである〔注：『中国人の思考基底』小林信明著、大修館書店蔵版〕。

　だからまた、中国社会では、世界のどの国よりも、知識階級が、考えと行動のリーダーになる傾向がある〔注：In no country is the educated class more really a leader of thought and action than in China (Henderson, "*Chinese Characteristics*", p.163)〕。

　中国社会では知的エリート（科挙の成功者）が一番上にいる。毛沢東の労働

者賛美の政策もこの伝統を覆すまでには至らなかった。

だから中国人は子供の教育には熱心だ。そのためか、多くの親が子供の成績に熱心のあまり不満足で、時には折檻を加えることもよくあると聞く。

現在フランスに存在するGrands Ecolesのシステムも、実は、中国の科挙のシステムを採り入れたものだった。これによって権力の梯子(はしご)を頭脳でのぼっていくエリート養成コースがフランスに出現したわけである。

■巧みな原則論の利用

原則論を巧みに使うことにも外向思考的な気質要素がうかがえる。交渉となると原則の確認をしたがる。「友好第一」「平等互恵」「相互不可侵」「内政不干渉」というが、同時に強度な現実主義者だから自分の都合のいいようにそれを解釈して使う。原則を盾に相手を攻め、不利となると原則論で逃げる。「互恵平等」といって契約を変更してくるし、こちらの強い要求に対しては「友好第一でなければ」と言って譲らない。

こうした場合、中国人は自分の言うことに、いくら矛盾があっても、全然それを気にしない。矛盾したことでも、その場その場で自分の言いたいことを強く主張する。ヘンダーソンもその点を指摘していた（Henderson, "Chinese Characteristics", p.295）。

〈121・212・4〉
気質以外の問題

■中国人の宗教観

中国社会は無神論的・唯物論的社会ではない。「天が自分たちの主宰者である」という観念が昔から存在する。いわゆる超時間と超空間の生活意識を持っている。中国には「五福完人」という言葉がある。五福とは、「名・利・財・子・寿」のことであり、それをすべて得ることで人は完成する。大半の人はそれを得ようと苦闘しながら地上から消えていくが、この五福の追求を来世まで続けようとする理想を中国人は持っている。

「天」「天意」という表現が多く、パーソナルな神ではなく漠然とした神観念で、

それによって何でも起こり得るし、また、天意なくしては何も起こらない。霊廟には仏と老子が仲良く一緒にまつられているところもある（Henderson, "Chinese Characteristics", p.296）。

しかし、儒教の高邁な教えにもかかわらず、道教にあるような小鬼や悪魔に怯えるところもある。文明人の中でも中国人ほど、迷信を信じやすい人たちはいないとしばしば指摘されている（Henderson, "Chinese Characteristics", p.296）。しかし、孔子は偶像教を軽視しており、「神々を崇敬しても、距離を置くように（reverence the gods, but to keep at a distance from them）」とアドヴァイスしている（Henderson, "Chinese Characteristics", p.299）。

宗教が必要なことは最近の中国政府も認めている。宗教関連の施設の復元にも資金援助をするようになった。しかし、その重要性を認識しているからこそ、宗教が独走して国家の方針を乱さぬよう、その取締りも厳しい。

■**中国と日本の関係を改善するために**

中国人には、日本に侵略されたことは、ヨーロッパの大国に侵略されたこと以上に面子を失ったという思いがある。だから中国のマスコミの報道は日本についてはことに厳しい。その上、第二次世界大戦で及ぼした計り知れない不幸がある。それに対する日本の謝罪が、気質の違いから、謝罪を受ける側が理解できる形で示されていないことにも大きな原因がある。中国人は思考型だから、思考型のドイツのように、〈合理的思考に基づいた一貫した筋の通るかたち〉で謝罪の意を示さなければならない。

しかし、日本人は内向**気持**型だから、**気持**feelingでそれを示そうとする。通じるはずがない。その点については、「マッカーサーと昭和天皇、靖国神社問題」のところで詳しく述べているので、ぜひ参照していただきたい〈See：222・332〉および〈See：223・363・2〉。

〈122〉
第2節　直観・気持型

〈122・1〉
※（内向直観・気持型）

〈122・2〉
外向直観・気持型

〈122・21〉
アメリカ人
外向④直観③気持①

■**ユングの解説**：外向直観型〈013・9〉526ページ、外向気持型〈013・4〉512ページ。

■**国土**
952万9063平方キロメートル（日本の25倍）。人口2億5823万3000人（1993年）。多民族が流入し混合しているにもかかわらず、アメリカ国民という誇りで一致し、全体として一つの集団気質が形成されている。

近世まで、紆余曲折はあったものの2000年以上にわたって世界文明の中心部分をリードしてきたのはアーリア（イラン）であるが〈See：131・12〉、今日最も発展し、世界をリードしてきたのはアメリカである。そして、多くの読者もすでにアメリカについてはよくご存じなので、ここであえて詳しく説明するまでもあるまい。

しかし、一つだけできそうなことがある。それは黒いものがハッキリ見えるのは白い背景の上に置く時である。そして白い背景とは、ここでは、内向型社会のことである。それによって、アメリカ社会の独自の長所とその限界がより鮮明に見えると思われる。

そもそも人は現実の半分しか見ていない。外を見れば内は見えない。だから、外向型と内向型の違いは、相互に否定し合うためにあるのではなく、**現実のすべてを把握できるよう相互に補うためにある**と私は考える。国際気質論の著名な学者、Geert Hofstede〈See：223・40〉も概略次のように述べている。

「自分の文化の特徴と価値を真に理解するためには、今まで自分が絶対的な価値観と思っていたものが、実はそうではなかったとことに気がつくことが必要である。自分の考えが文化的な偏見であることを悟ると、もはや自己満足に浸っていることができなくなるからである。たとえ厳しいリスクはともなっても、もはや自己満足に浸っていることはできなくなるからである」（HCC, pp.254〜255）

〈122・211〉
外向型の特徴に関して

「すべての人はオープンでなければならない」。だがそう思うのはアメリカ人だからである。「すべての人は寡黙でなければならない」。だがそう思うのはスウェーデン人だからである。

他の外向型民族と同じように、アメリカ人には、一般に意識の深さはあまり感じられない。明るく、社交性があり、オープンである。「**オープンな人**」と「**善良で有徳の人**」とは、アメリカ社会では、実際には同義語となっており、絶対的価値となっている。そして閉鎖的な態度は倫理的、心理的欠陥の表われと見られる。

中世ヨーロッパの魔女裁判も、外向型の人たちが、内向型女性が閉鎖的で寡黙なため、うす気味悪く感じ、彼女たちは悪い女であり「悪魔と結託して今回の災難を起こしたに違いない」と誤解したために起こった〈See：511〉。スイスの国際学生寮で、私たち日本人のグループも似たような経験をした。スペイン人のグループから囲まれて「お前たち日本人はいったい何を企んでいるのか」と詰め寄られたことがあった。

しかし、北欧やドイツ語圏や日本など、内向型諸国では、寡黙な人が尊敬される。スウェーデンの諺（ことわざ）には「語るは銀、無言は金」、スイスの格言でも「雄

弁は銀、沈黙は金」と言われ、日本でも、「言わぬは言うに勝る」と言われている。日常の親しい人との会話は別として、真剣な人間関係においては、言葉よりも態度が重んじられる。内向型はお互いにわずかな仕草で相手の気持がすぐ理解できるからである〈See：221・13〉。だから、外向型であることが、唯一絶対の価値ではない。

　アメリカ社会は、個人主義であり、一人のトップが決断を下すトップダウンの社会となっており、必要な場合には迅速に処断する。これは素晴らしいことである。しかし、内向型社会は、集団主義の社会であり、コンセンサスを重視するため、緊急な場合には決断が遅れる。しかし、一度コンセンサスが形成されるや、皆で積極的に協力するため、しばしば外向型社会よりも成果が上がる。

　このような相違が存在するために、両者の間には誤解が生じやすい。例えば、2009年トヨタは、車のブレーキの欠陥が原因で事故になったとアメリカのユーザーから訴えられた。しかし、事態に対処するトヨタの遅れがアメリカ人の目には、〈悪意ある意図的な隠蔽工作〉と映った。トヨタでは、内向型の日本企業によく見られるように、事態の把握と内部のコンセンサスをつくるために手間取っていたのだが。しかし、下院の政府改革委員会のアイサ議員の提唱に基づき、トヨタの隠蔽体質を徹底的に追及すべく、豊田章男社長を招いて公聴会が開かれる（2010年2月24日）という事態にまで発展した。しかし、米運輸省高速道路交通安全局（National Highway Trafic Safety Administration：NHTSA）が、トヨタ車の電子制御装置には何の欠陥もなく、訴えられた急発進事故のほとんどが運転手のミスだったと公式に発表したのは、1年後の2011年2月8日のことであった。その間のトヨタの損害は甚大なものとなった。

　しかし、大山鳴動鼠一匹という不名誉な結果に終わった当局が、それを自ら公式に認めたことは、さすがはアメリカだった。

アメリカの心理学者は、シャイを精神疾患と捉え、コミュニケーションの一番大きな問題の一つとして捉えている。そのためアメリカでは過去半世紀以上、今日（1984年）に至るまで、シャイを治療するため、多くの研究がなされてきた。そして、不幸なことに、内向型の人たちも、その影響を受け、自分を社会の不適格者と思いこみ、現在も肩身の狭い思いをしている。

しかし、実際には、内向型の人たちはアメリカ社会においても役立っている。自己を主張し他人を蹴落とす社会にあっても、内向型の人たちは、内向型の気質のゆえに、**仕事を真面目に果たし、勤勉に働き、他人を思いやり、物事をできるだけ正確かつ完璧に行なおうと努力している**。ともすれば大ざっぱな仕事をする外向型の人たちの中にあって、こうした内向型の美点はアメリカ社会にとっても大きなプラスとなっているはずである。ただし、内向型は自己主張が弱く、賃上げを強く要求することができない。それをよいことに、賃金が安く抑えられているケースがままあるようだ。筆者が見た数人のケースだから一般化は控えたいが、内向型のおとなしい主人を持つ日本人妻たちが、それを敏感に感じ、極めてimpatientになっていた。極論すれば、**内向型の人たちが現代のアメリカ社会の奴隷となっている**と言えるかもしれない。

しかし、最近（2012年）、アメリカでは内向型の価値を再認識させるnon-fiction book "*Quiet: The Power of Introverts in a World That Can't Stop Talking*"（寡黙：しゃべることが止められない世界における内向型の力）という本がベストセラーになった。こうした事態にアメリカ社会が気がつきはじめたからではないか〔注：Susan Horowitz Cain（born 1968）, an American writer who argues that modern Western culture misunderstands and undervalues the traits and capabilities of introverted people〕。

■ **アメリカ人は客観的データを重んじる。しかし、主観的データも重要である**

言うまでもなく、アメリカは、客観の世界を重視する。それは素晴らしいことである。しかし、主観の世界も重視する社会が存在することも知らなければならない。例えば、iPS細胞の発見でノーベル生理学・医学賞を受賞した山中伸弥京大教授の例〈See：221・221〉。

『ニューズウィーク』〈日本版〉を立ち上げるため, ニューズウィーク本社を訪れた日本側交渉団の例〈See：221・222〉。

■ **アメリカのマネージメントは、内向型の国に通じるとは限らない**

アメリカのビジネス・マネージメントは確かに優れている。それは外向型社会だからである。しかし、内向型社会には別の形のマネージメントが存在する。

第2章 直観が主機能の場合

Hofstedeが次のような例を挙げている。
「アメリカの有名な経営コンサルティング会社が、スカンディナヴィアの大企業XYZ社のdecision-makingのプロセスを診断するよう依頼されたことがあった。診断の結果、コンサルティング会社は、XYZ社の悪いところは、他の優れた企業のやり方と比べて、"intuitive"で"consensus-based"であるところにあると指摘した。他の優れた企業とは、もちろんアメリカの企業であって、アメリカの教科書どおりの提言だった。

しかし、アドヴァイスはスカンディナヴィアの会社には役立たなかった。直観的にやるほうが良い場合もあるからである。また、何かを実行に移すには多くの人々の参加が必要だが、多少時間はかかっても、コンセンサスをつくるプロセスのほうが、プラスに作用する社会があるのである。コンサルタント会社が見落とした本質的な問題は、**デシジョンが効果を挙げるのは、その人々の価値観に合っている場合に限られる**ということだった。このコンサルティング会社の人たちの問題は、まさに、自分たちが文化的偏見を持っているということに気がついていなかったところにあった。

もちろんスカンディナヴィアの会社が、改善を必要としないと言っているのではない。経営コンサルタントの経験から学ぶべきところはあるはずだ。しかし、それは互いの文化の相違を認め合う中で初めて可能になるのであって、無視することによってではない。XYZのマネジャーの一人が言ったように、『彼らはアメリカの色メガネで自分たちを見ていただけであり、我々がアメリカ式に活動していないということを発見したに過ぎなかった』」(HCC, p.261)

■アメリカは個人主義社会で成功している。内向型社会は集団主義社会で成功している

外向型は物事を分別し区別して考える。とりわけ重要な区別は、自分を他人からしっかりと区別することである。その結果、外向型社会は、個人主義的社会となる〈See：211・2〉。当然、自己主張が強い。意見や好みをはっきり言わなければならない。違った意見を持っていないと評価されない。インディペンデントで、チャレンジ精神があり、アグレッシブであることがアメリカ人の理想とされる。家庭教育の理念もそこに置かれている。**他の人と同じような人**

間に育てるのではなく、他の人と違う人間に育てることにある。

音楽家に譬(たと)えれば、バイオリンのソリストに育てることである。しかし、世界にはオーケストラの一員となるのを喜ぶ音楽家も存在する。自分を主張せず、全員と一つに溶け合って美しい一つの曲を奏でようとする人たちである。言うなれば、これが内向型社会の人たちなのである。だからアメリカ社会の人は、内向型の人たちの存在価値を、自分たちソリストの存在価値と同様、認めなければならない。精神病患者と考えてはならないのである。

このような視点に立つとき、自分たちの個人主義社会だけが、唯一絶対の価値ある社会と考えることは正しくない。世界には集団主義の社会も必要なのだ。集団主義Collectivismは、別の言葉で言えば、全体主義Totalitarianismであり、平等主義であり、経済的デモクラシーの社会である。先の大戦で、不幸にして独裁者や唯物論者や軍国主義者が、内向型の集団主義の持つ結束力を悪用したため、個人主義社会の人々からは、絶対悪として嫌われるようになった。しかし、内向型社会は、独裁者の社会でも、唯物論者の社会でも、軍国主義者の社会でもない〈See：513〉。基本的には「和」を重んじ、一丸となって事に当たる社会なのである。競争や戦争やアグレシビティを嫌う社会なのである。

■**アメリカは不平等の社会であり、経済的にはデモクラシーの社会ではない**

所得格差の国際比較は様々な要因が絡んでいるため、容易ではないが、こうした要因を勘案しながらまとめた研究論文がある。この論文によれば、OECD諸国の間では、一般家庭の可処分所得の不平等にはかなりの開きがあるが、米国においてはこの不平等は世界最大となっており、北欧諸国やドイツやスイス（内向型諸国）においては少ない〈See：223・342〉。

〈122・212〉
外向直観型の特徴に関して

ユングによれば、外向直観型は、芽生えつつあるものや、将来性があるものに優れた臭覚を持っている（528b、527ページ）。彼は、常に新しい可能性を探しているため、発明能力に優れている。だからアメリカはエジソンの国であ

る。また、人の能力を引き出す社会であり、可能性に満ちた社会である。
　また、外向直観型の人ほど仲間に勇気を与え、ヴィジョンを吹き込むのに適した気質の持ち主はいない。だから世界におけるアメリカの使命の一つは、人々に夢と希望を与える国になることと思われる。

〈13〉 第3章

思考が主機能の場合

〈131〉
第1節　思考・感覚型

〈131・1〉
内向思考・感覚型

〈131・11〉
チリ人
内向①思考①感覚①

■ユングの解説：内向思考型〈023・2〉546ページ、内向感覚型〈023・7〉562ページ。

■現地調査：2001年4月29日〜5月1日。

■**Interviewees**
・Jeff A. Peet, Attaché Cultural & Press Affairs, Embassy of Chile in Japan interviewed Oct. 26, 1998.
・Luis Diaz, journalist, 上智大教員, Interviewed in 上智大学, 1998, Nov. 10.
・Sra Gabriela Paiva Hantke（知的プロパティの女性弁護士）, Paiva & Cia.
・高橋智、在チリ日本大使館領事部
・堤孝幸、チリ大洋漁業支店長

・鈴木一正、JICA（日本国際協力機構）チリ支局長
・小野耕一、日智商工会議所事務局長

■**資料**
・"El Carácter Chileno" Hernán Godoy.
・〈http://www.paradigms.net/family/private/gary/thoughts2/chilean.html〉
・バスク人〈http://www.iversonsoftware.com/anthropology/basques.htm〉
・同上〈http://students.washington.edu/~buber/Blas/Writings/h1_human.html〉
・同上〈http://www.buber.net〉

■**国土と歴史**
　75万6626平方キロメートル（日本の約2倍）、人口1762万人（2013年）。縦に細長い国。北はペルーとの間の砂漠、東はアンデス山脈に遮られた陸の孤島。中央部では気候はマイルドだが、南部は厳しい。日本のように大地震も50年周期ぐらいで襲ってくる。
　1536年頃、スペインによる侵略が開始された当時、原住民50万人はインカ帝国を築いていた優秀な人たちで、侵入してきたスペイン人に激しく抵抗。100年足らずのうちに人口は3分の1に激減した。
　現在国民の多くはスペイン人と先住民との混血（メスティーソ）で、白人の大半はバスク地方のスペイン人。ほかにドイツ、イタリア、フランスをはじめ、東ヨーロッパなどからの移民がいる。ボリビアやペルーでは先住民系は70％と多いが、ここでは人口の約5％。
　バスク人は質素で、堅実な人たち（司馬遼太郎が特に敬意を払っていた）。その強靭な忍耐力、勤勉性、中庸性、独立精神をもってこの国の形成過程、国民性格形成の段階で重要な役割を果たしてきた。現在も政財界にその影響力は大きい。
　ドイツ人の移民が南部に多い。チリの軍隊はドイツ式に訓練されている。チリ国民は、肌の色は関係なく自分たちは同じ一つの民族だという意識で結束し、社会的、民族的、文化的、一体性を確立している。

全体的に表われる気質的特徴はバランスのとれた〈両極の中央付近〉に位置している。本項の「チリ人」の標題のすぐ下にある5段階の気質要素はどれも①となっている。

■経済

大企業は比較的少ない。中小企業が多い。大きな鉱物資源は、チリ硝石と銅。主にこれで外貨を稼いできた。しかし、アルゼンチンのような豊かな農産物には恵まれていない。チリ人は、努力しなければ生きられない国だと自分たちで言っている。

〈131・111〉
|内向型の特徴

他の南米人と比べるとシャイ。人前で何かをするのを恥ずかしがる。ストレートに言わずに、婉曲に知らせる。本音と建前がある。内省的な面もあり、多くの人が最近「禅」に興味を示しており、チベット仏教への関心も高い。自分の中でよく考えるところがあり、義理や人情に篤い。

チリにはcophihueという花があるが、原生林で大木の陰にひっそりと咲く筒状の花。それをチリ人は国花として愛でている。チリ人の心情が感じられる花だからだと聞く。

普段は低姿勢Low profile。パーソナルな関係を大切にする。相手のバックグラウンド（貴族の名称、職業、学位など）を特に気にし、一般に人は属するグループによって評価される。少数派グループの習慣や伝統には寛容。

■対決姿勢（コンフロンテーション）を避ける

外向型によく見られる対決姿勢はない。面と向かって文句を言わない。内心同意していなくても、表面では、同意しているかのように振る舞う。波風を立てないよう根回しを上手に行ない、交渉ごとでは、対立摩擦をできるだけ避けようとする。また、政治においてもスペインから独立（1818年）してから1973年頃まで、多くの政変はあったものの、南米では最も平等でデモクラチックな

国だった。1985年には、国民のコンセンサスを謳(うた)ったAcuerdo Nacional (national accord)「大和の国になること」があらゆるセクターの代表によって調印された。

政治でも企業でも、多難な問題を抱えつつも、できるだけコンセンサスの上に事を進めようとしている。外向型社会では、貧富の格差が大きいが、チリでは中流が主体で、貧富の差をできるだけ抑えるよう社会が動いている。そのため社会の雰囲気は同質的である。また、内向型の国は個人の生産性は一般に高いが〈See：223・52〉、チリも現在（2001年）、南米では経済状態が最も良い国となっている。

■遵法精神

交通規則はそれほど守るとは言えないが、法や権威に対しては比較的に従順。4月30日の納税最終日には税務署は期日中に提出しようとする人でごった返している。「警察官はしっかりしている。精神的にも生活態度でも立派だ」と日本人移民が言っていた。官僚は南米の他の多くの国のように、賄賂をとるようなことはしない。

■勤勉

南米の中では一番よく働く。真面目にコツコツ働くのがチリ人。残業は、こちらから命じなくても、状況をつかんで、やってくれる。もちろんペイはしなければならない。アルゼンチンは、土地は肥沃だし、気候はいい。資源も豊かだ。しかし、チリでは、鉱山は砂漠や高い山の上にある。気候は南部では寒くて厳しい。地震はあるし、干魃(かんばつ)もある。雨季もある。経済状態は、今は安定しているが、「これは我々の苦しい努力の成果である」と言っている。

しかし、愛社精神は、日本のようにはない。良い条件の会社に移るマネジャークラスの転職は少なくない。

■計画性

時間はよく守る。ぴたりと出社する。しかし、計画は楽観的に進めていく。他のラテン系の人だと、それが大風呂敷になるが、ここは大風呂敷までにはな

らない。日本人から見ていると、「もう少しシビアにしたほうがよい」と思うようなところがある。しかし、初めに我々がきちんと説明し、彼らが納得すれば、あとは任せておける。その意味では、パートナーとして、やりやすいと日系人は言っている。

　また、こちらに生まれた混血の日系人は、一般に優秀。計画に納得すると、それに突っ込んでいく。それは他のチリ人と比べても目立つ。日本人の血の良いところと、チリ人の血の良いところを兼ね備えているようだ。彼らが南北アメリカ各地から日系人を招いて国際会議を開いたことがあったが、準備も運営も完璧で、カナダやアメリカの日系人たちも驚いていた。どの国の参加者も「今年のサンチャゴ大会は素晴らしかった」と言って帰っていった。「彼らはチリ人になりきっているが、日本人の美点も失っていないことを強く感じた」と一世の人が言っていた。

■コンセンサス社会
　日常的にはそれほどでもないが、ひとたび集団で合意に達したことは、重視する。

■アバウト感覚
　日本人と比べると、大ざっぱだ。こちらに来ている日本人駐在員たちが言っていた。「こちらに来て一番ストレスがたまるのは、日本人の尺度でキチンとしたいのに、そうならないことだ。しかし、ここに10年くらい住んでいる今では、暮らしやすい。むしろ日本人のほうがとらわれ過ぎていると感じるようになった。日本では無駄な神経、労力、金が使われているように思う」

　チリ人は綺麗好き。サンチャゴの町もクリーンだ。特に地下鉄は清潔で、彼らもそれを誇りにしている。

■謝らない
　容易に謝るのは内向型の特徴であるが。チリ人は、こちらが「ごめんなさい」と言うと許してくれるが、なかなか謝ろうとはしない。それこそ現場を捕まえない限り、まず謝らない。内向型でも内向性が低いからだろう。

第3章　思考が主機能の場合

■**外国人にどう思われるかを気にする**
「外国人の見た日本」というような本が日本ではやるが、チリでもはやる。外国人の前で何か醜態を演じると、「外国人の前であんなことをして」と言われる。「日本におけるチリ人」というテレビ番組で、日本のような難しい社会でも、チリ人はうまく溶け込んでいると報道されていた。
　また、チリでは子供に小さい時から外国語を学ばせる。特に中産階級以上の人たちの間でその傾向がある。一つには、外国人を意識する傾向が強いからかもしれない。また日本と同じように、チリ人は世界の端で孤立していると感じ、世界に知られたいという望みが強いからかもしれない。

〈131・112〉
主機能の内向的思考がもたらす特徴

　ここでも思考型とフィーリング型の両極の中間にあるようだ。あえて分類すると思考型のようだ。チリ人は日本人よりもロジカルであるが、フィーリングとロジカルのどちらかと言われると、わずかにロジカルのほうに傾いている。文学も、日本のようなフィーリングの文学よりもフランスのような哲学的文学を好む傾向がある。
　議論は嫌いではなく、家でも政治論議が盛ん。チリにはドイツ人の影響が大きいが、ドイツ人ほど理屈っぽくはなく、アルゼンチン人のようにはっきりものを言うようなこともない。

〈131・113〉
補助機能の内向的感覚がもたらす特徴

　ここでも、感覚と直観の両方の要素が同じ程度に言動に影響しているようだ。独創性がいまいちだから、直観の要素は強くはないが、感覚のほうもそれほど強くはない。色彩は派手ではなく、地は黒が主。着物も一般に地味。
　外国のファッションについては敏感。ニューヨークやパリやイタリアなどのものがすぐに入ってくる。映画も日本よりは早くこちらで封切られる。流行を

追う傾向が強い。

　創造的文化の面では、関心はもっぱら文学のほう。特に詩に向いている。実際、詩人が二人もノーベル賞を受賞している。内向感覚型らしく、大自然の神秘が心の中に木霊(こだま)して詩的情感となって表われている。

　音楽は愛を歌うものが多いが、アルゼンチンやブラジルのようなトロピカルなリズムはあまりない。

　日本人が集まるとき話題になるチリ人の特徴としては、勤勉、地味、手先が器用なこと。古い物を大切にし、器用に修繕して使うことなどがある。田舎者で世間知らずのところもあるが、純粋なところがあり、日本人が忘れたような心を持っている。特に田舎のほうの人は、非常に純粋な目で物事を見ているので、こちらが反省させられると日系人が言っていた。

■チリの著名な研究者 Hernán Godoy（エルナン・ゴドイ）によるまとめ

　チリ人の気質の消極面と積極面は次のようなことになる。節度があり極端を嫌う。しかしそれは消極的になり、果敢に事に立ち向かうのを恐れ、自分の意思をあまり表わさないことにもなる。

　ストイックで、逆境でも耐える強さがある。しかしそれは宿命論的諦めにもなる。

　人間関係では温かい、特に外国人に対しては。しかしそれは行き過ぎるとへつらうことになる。

　内省的傾向があり、物事の問題をよくとらえる。しかしそれがネガティブな批判や悪口にもなる。

　外国の考えや文化を取り入れる受容性がある。しかしそれは、外国の真似をし、世界の文化の先端に追いつこうとの焦りにもなる。

　ユーモアや皮肉に長(た)けたところがある。しかしそれは、人に笑いものにされないかとびくびくすることにもなる。

　リアリスティックである。しかしそれは、現実に行き詰まって、ペシミストになることにもなる。

　賢明である。しかしそれは、大きな仕事や組織の力の前にたじろぐことになる。

第3章　思考が主機能の場合

〈131・114〉
その他

■チリ人から見た日本人との違い
　日本人より自己主張が強い。日本に来て一番困るのは、日本人が何を考えているのか分からないことである。
　チリ人は日本人ほどセンチメンタルではない。
　チリ人が実生活において行なう判断では、ロジカルな結論に従う。
　日本人のように職場が家族のようになることはない。会社に対する忠誠心はない。より高い給料のところにすぐ移る。重要なのは家族であり、何かというと親族が集まり食事を楽しむ。
　家庭では家族が一体となっている。父親の存在が非常に大きい。家族の核となっている。学校の保護者会にも父親がたくさん来ている。父親の客が来ると家族全員が挨拶に出てくる。家庭が第一。家庭サービスを重視する。
　家庭では女の子はすべて許されている。男の子は「男の子だから」と厳しく躾けられる。特に女性に優しくすることを教えられる。男の子がドアに先に入ろうとすると、「お母さんのほうが先でしょう？」と言われる。道を歩くときも「男の子は外側でしょう？」と言われる。お使いも男の子の仕事。「男の子なんだから、買ってきなさい」とか。その結果チリでは、一般に女性有利の社会となっている。
　家庭教育でもう一つ重視されるのが、人に対する挨拶である。子供でも電話でいきなり「だれだれちゃんいる？」というような子は躾けができていないと判断される。きちんと「ブエナス・タルデス」とまず挨拶しなければならない。
　イタリア人のように派手に喧嘩してケロリとするような争いはしないが、さりとて日本人のように一度喧嘩したが最後、関係が切れるようなこともない。
　日本人には以前話して知っているのに、後で会っても、知らん顔する人がいるが、これはチリ人には失礼ととられる。挨拶はチリ人にとっては大切。子供の躾けがよくできているかは客に対する挨拶の良さで見ている。
　イギリス人（内向型）にも似たところがあり、南アメリカのイギリスとも言われている。自分独自の世界に生きる傾向がある。他の南米の国と経済的・文

化的交流を本当に始めたのは近々（2001年）ここ50年来のことである。

■ **日本人についての評価**
　南米ではほぼ共通して見られることだが、好感をもたれている。第二次世界大戦の終わりにチリも日本に宣戦したが、大使館などの職員は収監されたものの、実際にはリゾートで厚遇されていた。

■ **国歌**（やはり内向性が感じられる）
　Chile, your sky is a pure blue,
　Pure breezes blow across you,
　And your field, embroidered with flowers,
　Is a happy copy of Eden.
　Majestic is the snow-covered mountain
　That was given to you by Lord a bastion,
　And the sea that tranquilly washes your shore
　Promises future splendor for you.
【コーラス】
　Gentle homeland, accept the vows
　Given, Chile, on your altars,
　That you be either the tomb of the free
　Or a refuge from oppression.
　(Lyrics: Eusebio Lillo, 1909 ; Music: Ramón Carnicer 1847 ; Adopted: 1941)

〈131・12〉
イラン（アーリア）人
内向③思考③感覚④

■**ユングの解説**：内向思考型〈023・2〉546ページ、内向感覚型〈023・7〉562ページ。

　本項では、「イラン人」の代わりに「アーリア人Aryan」と呼ぶことにする。「イラン」とは「アーリアン」の訛りだからである（本項の最後参照）。1935年に政府が正式国名を「ペルシア」から「イラン」に変えたのは、この国の祖先が紀元前2000年頃に、中央アジアのステップから来た「アーリア系民族だ」ということを強調するためであった（BIE、限定版、第2巻、p.316下段）。しかし、イラン人以外の人には「イラン」と言っても「アーリア人」であることは分からない。ゆえに本書では、固有名詞は別として、**誰でも分かる本来の名称「アーリア人」**で呼ぶことにする。

■**調査旅行**：Teheran（テヘラン）、2001年10月17～20日。

■**資料**
・BIE、限定版、第2巻「イラン史」、p.323～
・"Know Thine Enemy" by Edward Shirley, 1997, Farrar, Straus and Giroux, New York.

■**Interviewees**
・Dr. Ghlam-Ali Haddad Adel, President of Persian Language and Literature.
　テヘランでDr. G-A. Haddadが筆者のため開いてくださった集団インタビューで紹介していただいた「諸文明の対話国際センター（ICDAC）」の方々：
・Dr. Mahagerani, President of ICDAC.
・Dr. Kardan, Professor of psychology at Tehran University.
・Dr. Eslami Nodushan, Researcher in Iranian Literature and culture.

- Dr. Ali Jazayeri, Clinical Psychologist.
- Dr. Farboud Fadai, M. D. Psychiatrist.
- Dr. Reza Shaabani, Director, History Department at ICDAC.
- 中山耕三、NECテヘラン首席駐在員。
- イラン三菱商事の小島社長、前田氏、他の方々。
- 在日イラン大使館の方々。
- その他、カナダや日本で会ったアーリア人s、テヘランで会った日本人s。
- 〈http://www.iranianheritage.org/art.htm〉
- 〈http://www.cit.ics.saitama-u.ac.jp/hobbies/iran/art.html〉

■国土

164万3510平方キロメートル（日本の約4.4倍）、人口7910万人（2015年）。その他、少数民族として、トルコ、クルド、ロー、パルチ、アルメニア人。大半はシーア派のイスラム教徒。高出生率。アーリア人は元来北東から来た人たちで、現在、国の南西部にはアラブ人が多い。

■気候

大半は温暖な気候であるとともに、四季があり、暑さ寒さが厳しい。禿山、抜けるような青空、星の輝く夜空、散在する木々の下を流れる小川などで、想像を刺激する。自然は美しいが厳しさもあり、四季は規則的だが、雨は少ない。そこには安定と不安定が交差している。

■人口構成

この国では長い歴史の間に多くの民族が混じり混血しているが、いわゆるペルシア人と言われる人は現在全人口の45％を占めていると言われている。

■一般的印象

陽気、冗談好き。生活を楽しむ。とても親切。情緒が豊か。ロマンチック。非常にエモーショナル。それが良い方向に出ることもあれば、アシュラ的な感情で現われることもある。そうかと思うと繊細でウェットで情にもろい。感受

性が強い。センチメンタルなところもある。詩情に深く浸る。閉鎖的なところもある。控え目にも見える。複雑なところもあれば、無邪気なところもある。変わりやすく、今日はこうかと思えば、明日は別。いろいろな面で両極端が感じられる。

　適応性に富む。しかし、伝統にも固執する。家族・親戚の絆が強い。さほどHard-workerではないが、自分の利益となるとよく働く。極めて実利的。合理的に考える。個人主義的である反面、集団的なところもある。ビジネスでは、能動的かつ積極的に働きかける。社交性に優れ、駆け引き交渉力が抜群。それでいて義理人情に富んでいる。

　プライドが高く、面子(メンツ)を非常に重んじる。大義名分を尊重する。人の目を気にする。また、パーソナルな付き合いを求めてくる。心のつながりを重視し、人間関係に特に関心が向く。人の気持を配慮する。ストレートにものを言わない。尊敬言葉、謙譲言葉などでは、しばしば仰山に感じる。真の友人となると、とことん信頼し合う。人をよくもてなす。親切。だが、こちらが上位になると手強い。

　しばしば想像が豊かで、美的感覚が鋭く芸術家的。いつも「なぜか」と問い返す。物事を多角的に考える。バランス感覚が良い。しかし、他方では、その場その場のひらめきで動いているように見える。

■**アーリア人の複雑性**

　こうしてみると、アーリア人の性格は何が何だかよく分からない。著名な心理学者Dr. Kardanは、「この国の人は、精神的かと思えば現実的であり、内向的かと思えば外向的だ。何か全部を持っているようだ」と言っておられた。アーリア人を知る人はしばしば同じようなことを言っていた。

　しかし、アーリアの歴史を調べているうちに、ある程度その理由が分かってきた。ゆえにまずは、アーリアの歴史を少々詳しく見ることにする。

〈131・120〉
歴史的背景

〈131・120・1〉
アーリア人の出現

　アーリア人の中心舞台イラン高原は、大西洋と太平洋からほぼ等距離にあり、シルクロードと、南のアラビア海と北のウラル山脈地域を結ぶ交通路が交わっている。海運が発達する以前は、まさに世界諸文明の交差点であった。

　西暦紀元前2000年代、すでにイラン西部には、北東方面から来たアーリア人の民族集団の姿が見え隠れしていた。彼らは多数のサブグループに分かれていたが、やがて二つの大きな集団、メデス（Medes）人とペルシア人にまとまった。

　彼らは前9世紀中頃にはイラン高原を支配するに至り、特にメデス人の王国は、前609年、バビロンと結んでアッシリアを破り、今のトルコからイラン南西部を含む広大な地域を支配下に治めた。政治機構はメデスの王がサブグループの諸王国の王というかたちで支配した。この形態はその後のアーリア人の歴史において近代に至るまで続いた。アケメネス、パルティア、ササン、サファヴィなどの大王朝は、別々の国ではなかった。ちょうど、織田、豊臣、徳川と次々と天下をとり、常に同一の日本国をつくってきたのと類似していた。

〈131・120・2〉
アケメネス帝国 Achaemenid（BC558年〜BC331年）

　しかし、メデスの支配は長くは続かなかった。前550年、同じアーリア人の藩ペルシア王国のキュロス2世によって天下を奪われ、最初のペルシア人の帝国「アケメネス帝国」が誕生した。「アケメネス」の名称は、ペルシア王国の設立者の名に由来する。アケメネス帝国のキュロス2世は、自分の部族を20年ほどの間に、地中海からインダス川に及ぶ広大な帝国の中心的勢力にまで育て上げていたのである。

キュロス 2 世の偉業の主な要因は、もちろん優れた統率力とペルシア軍の強大な軍事力にあったが、従来例のなかったところの〈被征服国に対する寛大な政策〉にあった。政治の領域においても、文化の領域においても、ペルシアを押しつけることをしなかった。そのため、人々は、**キュロスを専制政治からの初めての解放者として歓迎した**（BIE、限定版、第 2 巻、p.325下段）。彼は、前539年バビロニアを制圧し（このときイスラエル人がバビロンの幽囚から解放された）、彼の息子たちの時代にはエジプトも手中に収めた。歴史家によれば、**キュロスがバビロンに入った時が現代式統治の幕開け**となった。

アケメネス帝国の版図は、西はリビア・エジプトから、北西はギリシア東北部・ブルガリア南部を含み、北はキルギスタンとウズベキスタン、東は今のパキスタンを含むインド国境付近までの広大な地域に広がった。当時インドや中国大陸において、一国でこれほど大きな地域を支配した国は存在しなかった。

そしてPax Achaemenes（アケメネスの和平）の中にあって、商業は発達し、新しいマーケットの開拓や資源の探索が進められた。その結果、貨幣経済も発達。銀行すら存在していた。

国王ダレイオス（BC522年～BC486年）は、法による支配を確立し、国全体を支配するペルシア法と地方を支配する自治法の 2 本立てで国政を取り仕切り、地方固有の文化を尊重した。だから、地方の特徴が生かされると同時に、全体がペルシアの特徴で彩られていた。

このように、風俗習慣、言語、信仰、法、経済システムを異にする多様な民族が一つの中央政府の下に、互いに利益を享受し、発展したことは、初めてのことであった。

こうしてアケメネスは、政治の面でも文化の面でも、その後の世界の発展に深い影響を及ぼした。もしも、ヘレニズムが単にエジプト、バビロニア、ギリシアの文明だけで築かれていたならば、あのような輝きを持つことはなかったであろう。

〈131・120・3〉
アレクサンドロス大王とセレウコス王朝時代（BC356年～BC63年）

　アケメネス帝国は、紀元前330年、天才的なアレクサンドロス大王の前に屈したが、大王は、自らペルシア帝国の正当な君主と名乗り、ペルシア諸王の服装や儀礼をそのまま踏襲した（BIE、限定版、第２巻、p.331上右）。彼の意識ではアケメネス帝国を滅ぼしたのではなく、引き継いだのである。
　大王には子供がなかったため、新帝国は地方軍司令官たちが分割統治するところとなり、アケメネスの領土はSeleucus 1 Nicator（セレウコス１世ニカトール）が支配することとなった。**セレウコス王朝Seleucidsは大王の政策を踏襲し、アケメネスの文化と政治機構をそのまま温存するとともに、アーリア人の諸藩（王国）を介して統治していた。つまり、アーリア人の社会はそのまま存続したのである。**しかし、セレウコスはイラン東部を重視したアレクサンドロスの鋭見を忘れた。その結果、しだいに東部のアーリア人諸王国の支持を失い、東部国境を脅かす遊牧民との戦いに国力を消耗し、衰退の一途をたどるに至った。

〈131・120・4〉
パルティア Parthia朝時代（BC247年～AD226年）

　それとともに台頭してきたのが、かつてアレクサンドロスを、騎馬戦と弓矢で手こずらせたアーリア人藩王国の一つ、パルティアであった。BC124年頃にはセレウコスから分離独立、イラン高原とチグリス・ユーフラテス川低地を制圧し、BC129年にはセレウコスを決定的に撃破、グレコ・マケドニアを崩壊させた。こうしてパルティアはローマとともに、その後３世紀の間、世界史に重要な役割を演じることとなった。
　パルティアは、内政面ではアケメネス帝国以来の組織と寛容政策を継承することによって人心を掌握した。最盛期には、西はアルメニアから東はアフガニスタンに至るまでを支配し、アケメネス再興の夢をほぼ実現した。経済面では、パルティアはアジアとグレコ・ロマンの世界の間の貿易路を支配したため、莫

大な財力を蓄積した。

〈131・120・5〉
ササン朝時代 Sassanid（226〜642年）

ローマはアレクサンドロスに倣おうと、パルティアに再三侵入を試みたが、ようやくAD200年、弱体化してきたパルティア深く侵入した。この頃、アケメネス帝国の揺籃の地、古都ファルス（Fars）はササン藩が管轄していたが、国家再興を目指していた藩主アルデシールが立ち上がり、AD224年パルティアを制覇し、アーリア民族の天下をとった。ササン朝ペルシアは、その後、西はアルメニアから東はインド西部を含む世界最大の大国となった。**名こそ異なれ、まさにアケメネス帝国の再興であった**。諸藩を治めたアルデシールは、自らを「アーリア人たちの王たちの王」と名乗った。その息子シャープール1世は、AD244年侵入してきたローマ軍を撃破、ローマ皇帝Gordian 3世の命を奪い、256年頃にはシリアで6万のローマ軍を粉砕。その後シリアのEdessa救出にやってきたローマ皇帝Valerian（253〜260年）とその軍の側近を捕虜としてペルシアに凱旋。国の主要な地域をササン家の親族にShah（王）の名を与えて封じた。**パルティア時代よりも統制のとれた軍によって中央集権を強化するとともに、政治機構のあらゆるレベルにおいて、厳密に画定された官僚機構を確立。効率的な統治を可能にした**。

美術工芸の面では、今日でもササン美術として、壮麗な建築物や王たちの巨像があまた遺跡となって残っている。**まさにアケメネスのルネサンスであった**。アケメネスでもパルティアでもそうだったが、アーリア人の美術にはミニアチャー芸術にも見られるように、**繊細な美が生かされている**。そこには「**内向感覚性**」が強く感じられる。

確かに、一時ギリシア語とギリシア文学が宮廷でもてはやされたこともあった。しかし、上流階級がギリシア文化を楽しんだのは表面的に過ぎなかった。セレウシアSeleuciaやスーサSusaなど、ギリシア人の多い都市でも、アーリア人はギリシアの思想に影響されることは少なかった。**アケメネス、パルティア、ササンにおいて文化の影響の流れは、常にアーリアンの側から西方に向かって**

いたからである。

　ササン朝は、224年の誕生から640年のアラブ人による支配まで、西では、ローマやビザンチン世界と戦い、東では、フン族との度重なる戦いの中に浮沈を繰り返しつつも、強大な国家として存続した。しかし、しだいにビザンチンとフン族との戦いに疲弊し、そこにつけ込んだアラブのイスラム教徒によって、ついに636年、ユーフラテスの運河アルカディシーヤ（Al-Qadisiyya）の戦いで敗れ、651年、ササン朝は崩壊した。

〈131・120・6〉
アラブ人とイスラム教による支配

　アラブ人の征服には破壊的なものもあったが、一般的には寛容で、被征服者の社会と文化を取り込むかたちで行なわれた。アーリア人には大きなスケールでの改宗圧力は加えなかったが、イスラム教徒には税金が免除されるなど、間接的な圧力はかなり功を奏した。こうしてイスラム教とアラブ的な習慣がアラブ人以外のペルシア人の間にも広まった。

　実際、当時アラブ人の支配圏が、異常な速さでアレクサンドロス大王の時代以上に拡大し、中国と接するまでに至ったのは、ササン朝の政治基盤とともに、こうしたイスラム教の伝播の影響が大きかった。大半がイスラム教徒になったのは9世紀で、9世紀末にはイスラム教神学の学者が排出、イスラム神学の基盤が築かれた。

　確かにペルシア文化にとっては、イスラムの支配による最初の2世紀は沈黙の時代となった。それまであれほど多かった詩人も沈黙した。しかし、今日のアーリア人にとっては、これはイスラム教の咀嚼とともに、後の発展の準備をしていた時代と解釈されている。

　すなわち、この間、後に文化的発展の土台となった新ペルシア語（Farsi）が、アラビア語の文字と語彙を取り入れることによって、**ペルシア語にはなかった便利な言語手段を手に入れるとともに、ペルシアの文学や哲学思想が、飛躍的に発展することを可能にしたのである**。こうして、生まれた新ペルシア語は中東や西アジアの広い範囲にわたって使われる国際語（リングア・フランカ）と

なった。
　しかし、アーリア人にとっての最大の問題は〈イスラムであるとともに、いかにしてアーリア人としてとどまるか〉というところにあった。アーリア人としてのアイデンティティを失うことはあくまで拒否しようとしたからである。その結果、1000年以上にわたって築き上げてきた文化的伝統や自由な精神とイスラム教の掟との狭間に、絶えず揺れ動くことになった。

〈131・120・7〉
第一のイスラム帝国、ウマイヤ朝 Umayyad（661〜750年）

　ササン朝を倒し最初に主導権を握ったのは、ダマスコを首都とするウマイヤ王朝であった。しかしウマイヤは、ササン朝の政治組織をそのまま尊重し、アーリア人の官僚を使い、ササンの行政文書をアラビア語に訳して参考にしていた。地方の支配も、多くはアーリア人の諸藩を介して行なっていた。

〈131・120・8〉
第二のイスラム帝国、アッバース朝 Abbasid Dynasty（750〜1258年）

　ウマイヤ王朝に対する社会の不満に乗じて、ムハマッドの叔父（アッバース）Abbas（653年死）の子孫だったメッカのクライシュ族が台頭。支配権を握り、アッバース朝をつくった。この王朝も、大半のサポートをアーリア人の改宗者から得ていたために、**政治機構と運営はササン朝ペルシアに則り、彼らに頼ってやっていた**。
　アッバース朝は、商業、生産業、芸術、学問の分野で高度な発達を遂げ、800年代の宮廷の豪華さは、同時代のヨーロッパのシャルル・マーニュのそれをはるかに凌ぐものがあったと言われている。だから、**宗教的遺産においては、アーリア人はアラブ人の影響を受けたが、文化的伝統と遺産においては逆であった**。

〈131・120・9〉
サーマン朝 Samanides（819〜999年）とガスナビ朝 Ghaznavids（977〜1186年）

　この王朝の時代の特徴として特に注目すべき点は、中世ヨーロッパの思想界に多大の影響を及ぼしたアヴィケンナAvicennaなどの学者や、新ペルシア語で記念碑的アーリアンの叙事詩シャーナーメShah-namehをものしたフェルドゥシーFerdowsiのような詩人を輩出していたことである。

〈131・120・(10)〉
ブワイフ朝 Buwayhids（932〜1261年）

　他方、西部では、北部アーリア人を中心としてブワイフ朝が台頭。今のイラクとイラン西部全域に勢力を拡大し、ササン朝のペルシア芸術をさらに発展させた。このように**10世紀には中近東の西も東もアーリア人の王国が文化の花を咲かせ、Aryan Renaissanceを実現していた。**

〈131・120・(11)〉
セルジュク・トルコ Seljuk Turk（1055〜1250年）のアッバース朝

　その頃、首領セルジュクに率いられてシルダリア川下流地域に侵入したイスラム軍団があった。セルジュク・トルコである。急速に勢力を拡大し、東はTransaxoniaから西はイランの大半、メソポタミア、シリア、パレスチナ、アナトリアに至る広大な地域を支配するに至った。
　彼らも、**人種や宗教の違いに寛容であるとともに、ペルシアの政治的、文化的伝統を尊重した。**全国にイスラムのカレッジをつくり、政治と宗教の指導者を一貫したカリキュラムのもとに教育した。有名なal-Ghazali（アルガザリ、1058〜1111年）はこのバグダッドのカレッジから生まれた。
　また、12世紀には「タリーカTariqah」と呼ばれる信心会が無数につくられ、18世紀の頃まで、イスラムの男子はほとんど皆何らかの形でTariqahに属して

いた。

⟨131・120・(12)⟩
モンゴル時代（1206〜1388年）

ジンギスカンは、Oxus Delta（アラル海南東部）のイスラム王国に、2度にわたって使節を送ったがいずれも殺されたため、報復に出た。1220年この地方の都市の住民をことごとく殺害した。しかしアーリア人を制圧したモンゴル人は、実際には、破壊に費やした以上のエネルギーをアーリア社会の再建に費やすことになる。

それまでアーリアに侵入した外来政権と同様、ペルシア語を公用語として採用し、アーリア人の官僚たちに行政を任せるようになった。学芸を奨励し、広大なモンゴル全土から、さらには中国からも学者や専門家を招いて文化の促進に努めた。

しかし、そこに、モンゴルをモデルに自分の大帝国をつくろうと野望に燃えた一人のトルコ人が現われた。チムール（1336〜1405年）である。しかし、彼は行く先々で多くの人々を殺戮し、アーリア人の歴史から見ても破壊者以外の何者でもなかった。

⟨131・120・(13)⟩
サファヴィ Safaviyān朝（1502〜1736年）

チムールの没後しばらくは、アーリア人の世界はトルコ部族の複数の王朝や、モンゴルやチムールの息のかかった多くの小国に支配されていた。しかし、思わぬところから復興が始まった。先に述べたスーフィの信心会「**タリーカ Tariqah**」が、多くの他の信心会とともに人心をつかみ、自分たちこそ最後のイマームの後裔であり代表者だと称し、シリア、コーカサス、トランサクソニアなど外国の支援を得て**サファヴィ朝**をつくりあげた。

サファヴィ最大の王、アッバース1世Shah 'Abbas 1（統治1588〜1629年）は、自らを宗教界の指導者としてではなく、政治の指導者と位置づけ、俗権と

宗教を区別し、巨大な官僚機構に国の基盤を据えた。**この政教分離の流れは、1978年のホメイニ師による革命まで続くことになる。**

　アッバース１世は政教分離の理念を、さらに形の上でも表わすべく、1597〜98年頃、首都をアーリア人の諸帝国の揺籃の地エスファハーンに移し、ペルシア文化の高揚に力を注いだ。その結果、エスファハーンは当時の世界では最も美しい都市の一つと称されるほどになり、数多くの宮殿、庭園、モスク、隊商宿、公衆浴場等が造られ、今日でもその遺跡が残っている。

　ここに至ってイスラム社会は世界を制覇する最大のチャンスを摑んだかに見えたが、17世紀後半、ヨーロッパ勢力にそれを奪われることになる。イスラム世界があまりにも広大になりすぎて統制がきかなくなったこと、また、ヨーロッパの台頭が急速かつ意外だったため、気がついたときには手遅れになっていたからである。

〈131・120・(14)〉
ガジャール朝 Qajar Dynasty (1794〜1925年) の出現とヨーロッパ勢力の侵入

　時に、ガジャールQajar族のアガー・モハマッドAgha Mohammad が挙兵して征服戦に乗り出し、アーリア人の領土を再統合することに成功した。
　しかし、彼はインドとの海路の通商ネットワークをイギリスに奪われ、イギリスは1800年頃からペルシアの銀をインドに持ち出すようになった。その結果、国家財政が傾き、甥のファト・アリー・シャーによって暗殺された。しかし、甥自身もまた、イギリスに利権を奪われ、ロシアとの２度の戦いに大敗し、コーカサス、ジョージア、アルメニア、北部アゼルバイジャンを失った。かくして**アーリアは、ヨーロッパ諸国の餌場となりかけたが**、1848年即位した優秀な彼の息子ナセル・ディーンNaser od-Din（統治1848〜96年）が王となるや、西洋の科学、技術、教育方法をアーリアに積極的に取り入れ、アーリアの近代化に大きく貢献するとともに、巧みにロシアとイギリスを操った。
　しかし、その後３代にわたって有能な王に恵まれず、アーリアは第一次世界大戦（1914〜18年）では、ロシア、イギリス、オスマントルコの軍隊に事実上

占領される羽目に陥った。

時に、ペルシア・コサック軍団の司令官レザー・ハーンReza Khanが1921年2月クーデタを起こし、1925年には国王となり、レザー・シャー・パフラヴィReza Shah Pahlaviと名乗った。

〈131・120・(15)〉
パフラヴィ Pahlavi王朝の出現（1925～79年）

Reza Shah（在位1925～41年）は、教育改革、法制改革を手がけ、宗教界の影響を弱め、近代国家の基盤を据えた。また、女性をヴェールから解放し、離婚法によって女性に不利だった法律を改正し、外国の干渉を排除した。**1933年イギリスの石油会社との不平等契約（1901年以来の）を改め、1938年にはイラン最初の鉄道を敷設した。**しかし、ソ連とイギリスの圧力を恐れたShahはドイツと手を結んだ結果、1941年、イギリスとソ連が侵入。国王は退位した。代わって即位した彼の息子**モハマッド・レザー・シャー・パフラヴィ Mohammad Reza Shah Pahlavi**は、ソ連の衛星国になりかけたアゼルバイジャン州（北部州）からソ連勢力を駆逐することに成功。1951年には議会が**石油産業を国有化**したため、欧米の石油市場から締め出されたが、この急場を救うべく石油買い付けに乗り込んだのが出光興産（日照丸事件）であった。

1961年Shahはようやく主導権を掌握、国民議会を解散。1962年には最初の土地改革に乗り出した。国民の自営農家の数は26％から78％に急増、農民も労働者も国政への発言の機会が与えられ、教育は宗教から分離された。所得も1960年の一人176ドルが1978年には2500ドルにもなっていた。GNPは毎年平均7.8％も伸びていた。石油収入がこれを可能にしたのである。これがいわゆる"White Revolution"と呼ばれるものであった。また、石油経済依存型から脱皮すべく各種の工業生産にも力を入れ、1957年には自動車の組立工場を創設、1970年代初めにはエジプトやユーゴスラビアに輸出するまでに至った。銅鉱山も開始、1972年には鉄工業も生産を開始した。

こうしてアーリアは、まさに技術先進国の仲間入りをする寸前に至った。しかし、女性の解放を含む急速な近代化と、シーア派教団の資産の減少をもたら

す農地改革等に不満をつのらせていたホメイニ師が革命を起こし、パフラヴィPahlavi王朝を一挙に壊滅させてしまった。

以上見てきたように、アーリア人は、2500年の長きにわたって、世界最大の文明の交差点において、中心的役割を果たしてきた。これは驚くべきことであった。

現代のアーリア人がもっている多面的な優れた性格も、そこから生まれたと思われる。世界最大の文明の交差点において、2000年以上も、揉まれ、鍛え上げられてきたからである。

アーリア人の国の未来はどうなるか

筆者は2001年にテヘランで見た光景が忘れられない。郊外から市内に入る途中において、建設半ばで放棄された巨大なビルの赤茶けた鉄骨があちこちに野ざらしになっているのを見て強いショックを受けた。ホメイニ革命によって崩壊したパフラヴィ政権の無惨な残骸を、目の当たりにしたからである。

私ごときが言う資格はまったくないが、もしも少しでも読者のご参考になるならば、私は次のように考える。

パフラヴィ国王の近代化政策の方向そのものは、間違いではなかった。近代化とイスラムは矛盾しないと思うからである。問題は、近代の**外向型社会の資本主義**が、その個人主義のため社会の不平等性の原因となり、金の亡者に付け込まれる危険が大きいというところにあった。だからそれを過度に恐れたホメイニ師の革命を招いたのである。

しかし、**資本主義には、内向型社会の資本主義も存在するのだ**。それはホメイニ師の恐れたような結果は発生させない。**社会の平等性を志向するからだ**。北欧諸国、ドイツ語圏諸国、イギリス、日本など世界の内向型諸国がそれを証明している。石油のような資源収入を別にすれば、国民一人当たりの所得においては、大半の内向型諸国が、世界のトップクラスに入っているからである〈See：223・52〉。

〈131・121〉
現代アーリア人の気質

〈131・121・1〉
内向型の特徴

■**閉鎖性に見る内向性の要素**〈See：222・1〉

　テヘランで会った精神科医が言っていた。「我々はオープンだとはいえ、西欧や米国人ほどではない。常に何かを内部にReserveするところがある（We keep something inside of us.）他の人はなかなかそこに入れない。私も精神科医としてそこに入り込むのに困難を感じている。一線を画するところがあるからだ」と。

■**理想主義に見る内向性の要素**

　理想主義は内向型の特徴だが〈See：221・4〉、President of Persian Language and LiteratureであるDr. Haddadによれば、「アーリア人は理念・理想に向かって進むタイプである。古来、大帝国の建設を目指したのもそれがあったからだろう。現代でもその精神は続いている。例えば、1998年ハタミ大統領が提唱した『文明間の対話』の理念は、翌年国連で取り上げられ、『**文明間の対話の年**』とされるとともに、対話による理想的世界秩序の確立を目指した」

■**集団主義的社会にみる内向性の要素**

　内向型社会は集団主義的社会であるが〈See：223〉、ユングを研究している心理学者も、筆者のためにDr. Haddad教授が開いてくださった討論会で言っていた。「アーリア人は他の人たちとCommunicateする自然のabilityを持っている。我々の社会はヨーロッパの社会のような個人主義の社会ではない。グループとして仕事するのが好きだし、実際にグループでやるとうまく行く」

■**豊かな詩の世界を持っている**

　内向型のドイツ人は、哲学者や思想家には優れた詩人が多いが、アーリア人

にも同じ傾向が見られる。Dr. Haddadは言う。

「我々の文化と文明について強調したいことは、詩が非常に重要な役割を担っているということである。詩は我々の生活に広く深く浸透している。農村の人々も詩的情緒に満ちている。確かに、**アーリア**には古来、合理的思考型の哲学者を数多く輩出しているが、彼らの大部分が同時に詩人なのだ。これが**アーリア人の『世界を見る目』**の大きな特徴となっている。

だから、オギュスト・コントやベーコンのようにドライな物質的見地から世界を見るような哲学者はアーリアには存在しない。世界を詩的な、ロマンチックな目で見ている。心の世界に集中している。それに反して、外界の自然現象を対象とした詩（ユングの言う外向型のナイーブな詩）は極めて少ない。私は現在、中学生用の詩の教科書を編纂しているが、自然を扱う詩が少ないのに驚いている。一方、愛の詩を探すと、いくらでも出てくる。

だから、ペルシア文学の伝統の中においても、先に述べた詩人Ferdowsi（フェルドゥシー）のShahnameh『シャーナーメ』のように、ギリシアの『オデュッセイア』やインドの『ラーマヤーナ』と並び称される大叙事詩が生まれたのである。古代ペルシアの生活、信仰、恐れ、人生観が分かる。この叙事詩は叡智を人の道として示し、その叡智は人間相互の温かい言動に基づくものとされる。そしてペルシア語そのものが、長い母音の繰り返しと、はっきりとした子音から成っており、叙事詩を聞いているような美しさがある」

■**テヘランで会った日本人ビジネスマン諸氏との共同インタビューでの体験談**
「だから、山口さん、今日お帰りになるときにタクシーのドライバーに『何でもいいから詩を一つ聞かせてくれ』と言ってごらんなさい。2、3詠んでくれると思いますよ。彼らは必ずそういうのを暗記しているんです。日本人に『何か詩を吟じてくださる？』といっても困惑するばかりでしょうが、彼らは恥ずかしがったりするけれども、調子に乗ってくるといくらでも詠んでくれます。これは小学校に入って最初に『シャーナーメ』という本を丸暗記させられて、その後さらにいろいろな詩を読まされているからです。国語の教育は詩を覚えることから始まって、詩をどうやって理解するかを叩き込まれているんじゃないかと思うんです。

第3章 思考が主機能の場合

　イラン人のタクシーのおじさんとか、庭掃除しているおじさんたちが来るんですけど、詩的な感受性の強い表現を普通にするんですよ。例えば春が来ると、『地面が暖かくなる』とか『木が目覚める』とかいうふうに言うんです、ヘルシア語で。ベドウィンにしろ、ここの遊牧民にしろ、地面と接して生きているからだろうと思うんですよね。だから『地面が暖かくなって春が来る』ということを感覚的に持っているんじゃないか。そういう表現は、日本人はできないじゃないですか。何か詩を書くときぐらいしか……。

　この間もここの庭を奇麗に掃いているおじさんが、『春は愛の季節だ』と言うわけ。僕なんか『春、愛、男と女、Make Love』とこうなっちゃう（皆笑）。それで、私は彼に『どうして？』と訊いたら、『ものが生まれるのが春だ』と言う。『いや、ものは生まれるからか、やっぱり、そうなんだ』と僕はすぐそっちのほうに行っちまうんですけど、彼の答えは意外や意外、『ものを生むのは人間じゃない。神しかいないんだ。人間も、花も、木にしても〈生む〉のは神なんだ。〈生む〉の主語は神なんだ。人間が何か木を創ったことがあるか？ 草を存在させたことがあるか？　鳥の子供をポコッと創り出したことがあるか？　何一つできないじゃないか。だから新しい命を生むのは全部主語が神なんだ。だから春の季節というのは、要するに神の季節ということなんだ』と言うんですよ。小学校ぐらいしか行っていないおじちゃんがですよ!?　全然違うなあ、俺と。勝てないなあ！　と思っちゃう（爆笑）。

　イラン人と話しているとそういう会話になるんです。それがべつに大学教授だとか、宗教家だったらそういう話もするかもしれないですけどね。そのへんのドライバーとか、１日１ドルか２ドルで庭を掃いているおじさんがそういう会話をするんです。だから、ベースが僕らとかなり違うという感じがしますね。

　文盲の人でも、詩はよく知ってます。例えばうちの掃除をやっているおばちゃんが、『ちょっと、詩を一つか二つ』と言うと、『やだなあ』と言いながら、ちゃんと好きな詩をいくつか聞かせてくれるんです。

　例えば車のギヴアウェイというのがあるじゃないですか。車を買ってくれそうな人にちょっとあげるお土産。こちらでは詩集をあげたりするんです！」

〈131・121・11〉
主機能の内向的思考がもたらす特徴

■**ペルシア文明の誕生と育成に見られる鋭い内向的思考**
　アケメネスのような大帝国を創り、文明を初めて発生させた知性には、鋭い内向的思考性を感じる。和の精神とともに、鋭い合理的思考力と計画力が必要だからだ。
　実際、古代エジプトにおいても〈See：112・231〉、古代ギリシアにおいても〈See：111・221〉そうだった。

■**内向思考型は、物事を、全体的に、論理的に、精神的に捉える**〈See：023・2〉
　Dr. Haddadは言う。
「私の70年の生活体験から、まず第一に言えることは、アーリア人には物事を総体的に（Wholistically）、一般的に、普遍的に捉える傾向があるということである。部分で見ない。人生全体を見る。人類全体を意識する。大自然全体を意識する。文学、哲学、宗教においても同じことが見られる。**これは有機体（生物体）のコンセプト**である〈See：211・12〉。まさにデカルト的な分別意識の逆である。精神の広さ、包括性がアーリア人の特徴なのだ。アーリア人はIdealistだ（観念論者と理想主義者の両方の意味で）。現代のアーリアン哲学もIdealismだ。物を味わったり、利用したりする場合でも、客観的で感覚に触れる部分だけを見ているのではなく、価値（道徳や目的）を問題にする。すなわち精神の問題を強く意識する。
　たくさんの形而上学者が現われたが、基本は、ドイツ哲学に類似した線を進んだ。内向的で合理的な哲学の伝統である。アルガザリもそれだった。アヴィケンナ（980～1037年）の哲学は、中世ヨーロッパの哲学と神学を揺さぶった。トマス・アクイナスの『神学大全』には頻繁に言及されている〈See：221・152・3〉。400年前のアーリア人の哲学者カールムロッサハドロフの〈存在と実存〉についての思想は、ハイデッガーより深いかもしれない」と。

〈131・121・12〉
補助機能の内向的感覚がもたらす特徴

　内向感覚型は、しばしば豊かな芸術性を持っている。根は芸術家である。想像が豊かで、想像の世界に生きるのが好きである。そしてロマンチックである。それは、詩などでも表現されるが、表現技術のある人なら彫刻や絵画や音楽などでも表現する。アーリアにもそれがある。
　Dr. Haddadによれば、
「ペルシア人の芸術の心は、特に昔のミニアチャー（細密画）に表われている。美の理想のエッセンスを取り出したアブストラクトなアートだ。豊富なイマジネーションがあり、細かいところへの関心と集中力と完全主義が目立つ。そして現実の奥にある不動のものを捉えて、現実の不安定性を超えようとする。また、そこから生まれる抽象的かつシンボリックなものを捉えようとする。
　ペルシア絨毯は、アーリア人にとって欠くことのできない生活必需品であると同時に、重要な財産であるが、多彩な紋様と色をほどこし、1本1本の糸を細かく織り込んでじっくり時間をかけてつくり上げる。ミニアチャーとともに、綿密さと執念を感じさせる。16世紀に素晴らしい花を咲かせたインドのムガール文化には、アーリアの芸術の影響が大きかった」

〈131・121・2〉
様々な形で表われるアーリア人の「民族性格」

　本書では人間の言動において〈最後にその人の表面に現われる特徴〉を「性格」と呼び、気質とは区別している〈See：32〉。「気質」は「性格」を決定する様々な因子の中で最も重要な因子であるが、あくまで因子の一つである。気質は変わらなくても、性格は変わる。だから、その人の自由意思の決断如何では、気質は同じでも悪人にもなれば善人にもなる。利己心に勝てない気質は欠点となり、利己心を克服した気質は同じ気質でも美点となる。教育によっても、苦しい経験によっても、温かく愛された経験によっても、気質（例えば内向型）は変わらなくても性格は変わってくる。

だから、世界の交差点で多くの経験を積み、物事を多角的に捉え、多様なものを調和させる優れたバランス感覚を獲得したアーリア人は、独特な「民族性格」を獲得した。以下、そのアーリア人の民族性格について述べる。

■**アーリア人には外交をやらせるとうまい**

アーリア人について最も経験のある日本人として紹介されたNECのテヘラン首席駐在員中山耕三氏によれば、
「八方美人外交をしながら、争い事を収めていくことにかけては、アーリア人がピカ一だ。だからハタミ大統領が国連事務総長になることが取り沙汰された（大統領をもう一期やるということで立ち消えになったが）。アーリア人は、国際的な会議の議長やリーダーシップを執らせると非常にうまい。今（2002年頃）ユネスコのパリ会議の議長はアーリア人がなっている。通信の世界でも、ITUとかアジアテレコム会議の議長をアーリア政府の次官級ぐらいの人物にやらせたところ、非常にうまくやった。彼は、大国だけでなく小国の意見を取り上げることも忘れなかった。

アーリア人を深く知る人たちは、『**バランス感覚の良さがアーリアの政治や文化の大きな特徴だ**』と言う。ニューヨーク貿易センタービルが破壊された事件（2001年9月11日）の直後、ハタミ大統領は、世界のどの国よりも早くアメリカ大統領に弔電を送ったが、この問題にはアメリカにも反省すべきことがあることも指摘していた。

タリバンやアルカイダやビンラディンを批判したときも、アーリア人は彼らを悪いとは決して言っていない。ただ、罪のない一般のアフガン人が巻き込まれて殺されることに懸念を表わしているのである。国際外交舞台でのアーリア人の発言を聞いていると、**強弱・緩急取り合わせた彼らのボールは、一貫してストライクゾーンを突いている**」

■**商売の交渉でも見事である**

中山氏は言う。
「アーリア人の交渉の原点は、伝統的バザールにある。そこには文明の交差点らしい情景がある。おそらくアケメネス帝国時代からも似たようなものだった

だろう。そんなところで2000年以上も鍛えられてきた人たちだ、一筋縄ではいかない。鍛えられ方が違う。お金に対する執着力が違う。普段の付き合いではとても親切にしてくれる人でも、ひとたび商売となるとまったく別人となる。まったく自分たちは歯が立たない」

■相手を「得した」と喜ばせておいて、実は自分も儲けているという見事な交渉ぶり

中山氏は言う。

「ビジネスに入って30年たつが、この国ではいつも損をさせられている。しかし、交渉で実際に負けたとしても、自分が負けたとは感じないようにさせられているのである。そして馬鹿みたいにハッピーに感じている。ここがアーリア人の交渉術の凄いところだ。実にネゴシエーションがうまい。だから私は、アーリア人商人を使って他国と商売したい。私はネゴのテクニックをたくさん彼らから学んだ。

例えばアメリカに対し、デモを組織して大声で『Down-with-America !』と叫び、物凄い反米感情があるかのごとくに見せるが、突然言わなくなる。するとアメリカは、それを彼らが譲歩した証拠と捉える。しかし、彼らにとっては大声で米国を皆で罵倒するのに金はかからない。黙るのにも金はかからない。そういうような譲歩なのだ。これを政治でも商売でも、ほかのどんな交渉においても使うのだ。

彼らは絶対損はしない。彼らの基本的考え方は、『損をしてまであなたは私に売るはずがない。だから、絶対に私はあなたには損をさせてはいない』ということになる。彼らにとって、信じることができるのは金と家族。こと商売となると、ペルシア商人に対抗し、利益を出していけるのは、アルメニア人、中国人、インド人、ユダヤ人ぐらいしかいないだろうと言われている。『ペルシア人とインド人と、華僑とスカンクを同じ袋の中に入れたら、一番最初に逃げ出したのはスカンクだった』という笑い話すらある。

アーリア人は『金は水が上から下に流れるように、上から下に流れるのが当たり前』と考えている。お金を持っている人が持っていない人に渡すというのは自然の流れで、下の方から言えば上が出すのが当たり前。一番上は神。『金

持ちの持っている金は彼らだけのものではない、神のものだ』と思っている。だから喜捨もよくする。坊さんの行なっている支援組織も多い。だから貧しい人も何とか帳尻が合っている」

■アーリアの政治を理解するには
中山氏は言う。
「この国の政治を理解するには、大統領と、シーア派のトップを区別する必要がある。大統領は政治マネージメントのトップである。また、人々によって選ばれた国民の代表である。だから、思慮深い発言をしている。
　一方、イスラム・シーア派のトップがいる。彼はアーリアのイスラムのリーダーのみならず、アフガニスタン、パレスチナ、レバノン、インド等々にも存在するシーア派の世界のトップである。イタリア首相の発言とローマ法王の発言があるようなものである」

〈131・121・3〉
イラン人は本当にアーリア人か

中山氏は言う。
「この国の人は、ドイツ人が好きだ、尊敬している。〈ドイツ人も、我々と同じアーリア人を祖先に持っている〉と信じているからである。中央アジアのアーリアベーチというところから発生し、その部族のいくつかがイラン高原・ペルシアに移住し、他はゲルマン民族のルーツとしてドイツやイギリスに至ったと信じている」
　しかし、このような考えは200年ほど前に流行し、それをナチスが利用した。だからこの考えは今日では嫌われ、「歴史的裏付けがない」という理由で無視されている。
　だが、筆者自身はそのような理由には賛成できない。歴史的裏付けがないのが当たり前だからだ。歴史的裏付けはせいぜい遡っても紀元前4000年ぐらいだろう。ところが、アーリア人の民族の分派は、それよりずっと以前のことだからである。

■アーリアの名称の由来と意味

　AryanとはNoblemanの意味で、アーリア人たちは自分たちをこう呼んだ。最初に国名として使ったのはササン王朝の建国（AD224年）のときだった。そこでは"Aryan"は"er-an"と発音された。"er"はNoblemanの意味で"an"は複数を意味する接尾語だった。それが今日訛(なま)って"Iranian"となったのである。

　　The word "aryia" was in the ancient Iranian language. It means nobleman and was not applied to the name of the country. But when the Sasanian monarchy（224AD）was established, it took this name changing to "er_an"..because "er" meant nobleman and "an" as plural suffix. From this time on it was applied to the name of the country. It means the "the Land of the Nobleman". For more information : Gherardo Gnoli, "The Idea of Iran".

　（テヘランのDr. Haddadの秘書Nahid Hejazi女史から筆者が受けたE-mail、2003年1月31日より）

■国歌（やはり内向型を感じさせる）

　Upwards on the horizon rises the Eastern Sun,
　The sight of the true Religion.
　Bahman-the brilliance of our Faith
　Your message, O Imam, of independence and freedom
　Is imprinted on our souls.
　O Martyrs！ The time of your cries of pain rings in our ears.
　Enduring, continuing, eternal,
　The Islamic Republic of Iran.

〈131・13〉
インドネシアのジャワ島人
内向④思考③感覚③

■**ユングの解説**：内向思考型〈023・2〉546ページ、内向感覚型〈023・7〉562ページ。

■**資料**
・『インドネシアのこころ』アリフィン・ベイ著、奥源造編訳、めこん、1975年。
・『インドネシア人の自画像』モフタル・ルビス著、粕谷俊樹／高取茂訳、勁草書房、1989年。

■**Interviewees**
・在日インドネシア大使館員
・東京吉祥寺カトリック教会のインドネシア人のノルベルト神父、アロー・ハイオン神父
・インドネシアに在住した日本人ビジネスマンたち

■**Internet**
・Javanese Mystical Movement〈www.xs4all.nl/~wichm/javmys1.html〉

■**国土**

東西5000キロ（地球の円周の8分の1）、南北1600キロに広がる1万3670の島から成る国。面積191万9571平方キロメートル（メキシコに近い）、人口2億4990万人（2010年）。特にカンボジアから来たマラヤ人（モンゴロイド系）、またネグリート、メラネシア、中国、インド、アラブ人をはじめ約300の異なる人種なら成り、近代ではオランダからの混血もある。言語も250種類と多様なため、一つの文化、一つの国民性の視点から本書で取り扱うには無理がある。そのため、本書では、全人口の約54％（1億3000万人）が集中するジャワ島（国土の6％）の人々を中心に考察することにする。正式名称は「インドネシア共

和国」。

■一般的印象

　長年ジャワに生活した日本人ビジネスマンによると、ジャワ人は、一般的には、性格は穏やかで人なつっこい。こちらが話しかけると、たいていの人は、ニコニコした穏やかな微笑みを返してくれる。オランダ人はかつてジャワの人たちを「世界で最もおとなしい人たち」と言っていた。

〈131・131〉
内向型の特徴

　日本人よりも内向性が強く、世界でも最も内向性の強い民族の一つである。権威によく従い、人との和、自然との和を大切にし、今日の物質的豊かさの中にあっても、神秘的な事柄に関心が深く、芸術的感性が豊か。そして生活の基盤に哲学を持っている。
　20世紀はじめ、オランダの作家Augusta de Wit（アウグスタ・デ・ウィット、1864～1939年）は、ジャワを「魔法をかけられた庭園、霧のなかに霞む現実の中に、絶えず詩的、伝説的、空想的観念が入り込んできている園（an enchanted garden and spoke of the constant intrusion of the poetic, the legendary, the fanciful into the mist of reality）」と呼んでいる。

■主観性

　深い精神主義が、政治・経済活動の中にも、日常生活の中にも、すべてに浸透している。人間も含めて万物が、根源的に一つの調和の中に結ばれているという信念があり、その視点から世界を見ている。己における調和、世界における調和（Memayu Hayuning Bawana）、宇宙における調和（Memayu Hayuning Jagad）を重視し、精神活動こそ真実で頼れるものという観念（Kejawenと彼らは言う）がジャワの人々の中には強い。そこには、神秘主義が根幹にある。
　他方、縁起、祟り、物の怪、迷信の類いに関する桎梏は現在もほとんど解け

ていない。日本でも「日」や「方角」などに縛られる人が少なくないが、この傾向はジャワ島の人たちにおいてはいっそう強い。土地と水に敬意を抱き、自然にさからわず、自然に溶け込んで、川と海と空と星と月と森と一つの気持になって暮らすことを重んじる。

■「和」の傾向
「和」がすべての社会行動の基盤にある。相手の立場になって考え、思いやりを持つことが重視される。ジャワでは、これは、社会的義務と見なされている。また、大声で話さないなど、細かいことにも、他人に迷惑をかけないように気を使うことが大切な嗜みとされる。

　ジャワ人は事を荒立てるのを好まず、大喧嘩する前に手控える。自分の怒りが爆発しそうになると、その場を離れる。相手を突き詰めない。何事も円満に解決しようとする。多様な価値観と絶えず妥協しながら、粘り強く融和を求める。しかしこれには「長いものには巻かれろ」という側面もある。「以心伝心」「阿吽の呼吸」が尊重される。しかし、眠れる火山のように、内部には火が燃えており、過度に攻撃されると、激しく爆発することがある。

■人間関係や人情に関心が深い
　人情が大切にされ、心のふれあいを特に重んじる。他人に対する温かい眼差しがある。自分の失敗や不運を他人のせいにしない。この国には、「柴又の寅さん」式の人情が生きている。だから寅さんの映画は大きな共感を呼んだ。ジャワの音楽には日本の演歌に似たものがあり、演歌の感情はジャワの人にもよく伝わる。

■受動的
　言語にも受動形がよく使われる。無理難題に積極的に立ち向かっていくよりも、自然に解決されていくのを静かに待つ。困難な問題は自然の法則（Purba Wasesa）にゆだねて、平常心（tentreming ati）を失わないように気をつけている。我々はすべて神（Gusti）の慈悲と力に包まれていると思っている。しかし、理性だけで問題に立ち向かうのが不安になる場合には、深層意識からの

第3章　思考が主機能の場合

イメージの湧き出しが豊かなためか、**自分たちに力と信念を与えてくれるような神話を自分自身のために創作する**（もしかすると、古代において人類の神話はこのようにして生まれたのかもしれない）。このような心の動きを「クバティナン」と呼んでいる。ジャワ島人のほとんどすべての人に見られる傾向で、理性的な人でも、この精神的な創作からは離れられない。強い望みを達成したい場合にも同じことをする。

■ **自己主張が少ない**

　言いたいことも7割ぐらいでやめておく。自分の本音を言わないから、日本人のように本音と建前の二重性が感じられる。さりげない顔をして腹の中を表に出さない。心の中で否定しながら、口では「ハイ」と言っている。しかし、自己を主張しないことと裏腹に、この社会では責任の所在があまりはっきりしない。

　白黒をはっきりつけた言い方を好まない。イエス・ノーをはっきり言わない。はっきり言う人は文化程度が低い証拠と見なされる。だから「キラキラ」（「おおよそ」の意）とよく言う。また臭いものには蓋をし、問題はしばしば玉虫色、灰色で曖昧にされる。

■ **コンセンサス社会**

　しばしば合議制をとる。「ムシャワラ」と言われるが、小さな村でも長老（おさ）がいて皆をコーディネートし、コンセンサスをつくっていく。

　コンセンサス社会の理念をインドネシアでは、「ゴトン・ロヨン」と言うが、スカルノ大統領の時代には「ゴトン・ロヨン議会」が出現した。それは、対決したり、大声で相手を黙らせたり、票決で相手に勝ったりするようなことはせず、和解や「心のふれあい」を求める議会を意味していた。個人主義は嫌われ、人は自分をまず共同体の一員と意識する。そのためか、実際インドネシアでは、個人の財産権はかなり制約されている。

　経済的には保護主義に傾く。スハルト大統領は1998年3月、IMFから保護主義の緩和を要求されたとき、それに反発して、インドネシアの経済は家族主義経済であって、欧米のような自由競争経済ではないと主張していた。

■ **集団主義社会（Our Communityの意識が強い）**

　グループで仕事するのが容易。自分の村や町のコミュニティとの一体感が強く、自分を個人として感じるよりも、集団の一員として感じるため、集団から離れて生きることには大きな困難をおぼえる。ホームシックも他の国の人以上にかかりやすい。

　知らない所に行くと根無し草のように感じて不安になる。「人間は誰も孤島ではない」というのがジャワの人たちの好きな言葉だ。

　集団の権威を尊重し掟を守る。上下関係の礼儀とエチケットをわきまえておくことが肝要。だから、権威者や上の人に対する言葉遣いには、日本語のように、その地位の高さに応じた複雑な表現形式があり、儀式のようになっている。世界でもその複雑さは稀である。

　しかし、利己的な権力者が権力を乱用し汚職が横行する素地もあり、新封建主義の台頭と言われて最近（2000年）問題になっている。

■ **シンクレティズム**

　これがインドネシアの文化の特徴。ジャワ人には相反する物事を容易に受け入れる同化力があり、他の宗教や習慣を極めて寛容に受け入れている。こうした生き方を彼らはクジャウェンと呼ぶが、日本人に似て、いろいろな宗教に入っても矛盾をあまり感じない。イスラム協力機構（OIC）に加盟しているとはいえ、世俗主義である。ただし、無神論だけは容認されていない。それを公言して人心を惑わす人物と判断されると、逮捕されることがある。

〈131・131・1〉
主機能の内向的思考がもたらす特徴

　原則についての論争が盛んなところに、ジャワ人の内向思考性がうかがえる。その点では北欧人に近い。日本人とは異なる。基本的に考え抜かれた哲学と理念が基盤にないと安心できない。

■生活哲学は、八つの原則に基づいている

　ナリモ（受容。運命を受け入れる）、サバル（忍耐。アグレッシブでない。感情を制する）、ワスポド（警戒。あまり己を開かない）、トトクロモ（礼儀作法。態度、表情、発言を自ら律する）、カプラジャン（威厳。恥にならないようにする）、アンダップ・アソル（簡素。目立たないようにする）、プラソジョ（謙遜。控え目）、そして哲学、道徳、教育、政治、経済すべてに「eling」という一種の深い宗教的平常心が脈打っている。ジャワ人の気質の特徴も大まかに言って、ここに集約されているようだ。

■国家哲学としての建国（1945年）の5原則

　パンチャシラ（Pancasila）というが、あらゆる機会に登場してきて、議論される。独立を宣言してから今日まで、終始取り組んできたのが、民族独立についての哲学だった。哲学のみが多様な人種や宗教や文化の混在するこの国におけるコンセンサスと団結の土台となると信じているからである。以下のとおりである。

1．唯一神への信仰（Ketuhanan Yang Maha Esa）
2．公正で文化的な人道主義（Kemanusiaan Yang Adil dan Beradab）
3．インドネシアの統一（Persatuan Indonesia）
4．合議制と代議制における英知に導かれた民主主義（Kerakyatan Yang Dipimpin oleh Hikmat Kebijaksanaan, Dalam Permusyawaratan / Perwakilan）
5．全インドネシア国民に対する社会的公平（Keadilan Sosial bagi seluruh Rakyat Indonesia）

〈131・131・2〉
補助機能の内向的感覚がもたらす特徴

　豊かな芸術感覚がある。内部から湧く豊かなイメージのために、際立った芸術感覚のある人が少なくない。彫刻、絵画、建築、織物、金銀細工など、多岐

の分野にわたって、様々な種類の変化や色彩に富んだ芸術性の高い作品がつくられている。音楽、舞踊などにも豊かな創造性を発揮している。ともかく様々な面でヴァラエティに富んでいる。

なかには自分たちは日本人にそっくりと思っている人たちがおり、「Japanesia」という万人規模の会まで存在する。「インドネシアだけど私は日本人」と言って楽しんでいる。（TV-Japan、2011年7月30日、6:30pm、カナダ西部時間）

⟨131・132⟩
その他の目立つ特徴：のんびりしていること

インドネシアに長年在住していた日本人が言っていた。
「インドネシア人には『今日できなければ、明日があるさ』というのんびりしたところがある。見たところストレスが少ない。せっかちではない。インドネシアで一番よく耳にする言葉が、『Tidak apa apa（ティダ・アパ・アパ）』。これは、『大丈夫だよ』という意味から『気にしないよ』『問題ないよ』というような意味で広く使われている」

確かに一見エフィシェントには見えないが、しかし、教えたことは時間がかかるものの、着実にこなし、高い習熟度を持っている。彼らがスローなのは、彼らによれば、用心しながら物事を進めるため、いきおいスローにならざるを得ないのだと言う。確かに、内向思考型のスウェーデン人も、自分たちについて同じことを言っている。

だから、彼らと接するには「焦るな。慌てるな。諦めるな。侮るな」ということが大切だと言われている。

彼らがのんびりしているのは、日本人が言っていたように、「常夏のインドネシアでは、あくせく働かなくとも食べ物には一年中不自由しないからでもある。バナナやココナッツは何もしなくても、そこらじゅうで実をつけている。加えて、暑い。どうしてもフル稼働のヤル気を維持することは難しい」

実際、せっかちの国際比較では、内向型の国の大半が世界で上位3分の1に集まっているのに、インドネシアは世界で最下位から2番目になっている

〈See：223・353・5の405ページの表〉。

■移民の問題

　日本は外国人労働者を導入しようとしているが、ジャワ島からの移民が日本には一番適していると私は見ている。また、企業進出先としてもジャワが、気質的には最も適していると思う。私が調べたところでは、内向型社会への内向型社会からの移民はうまくいくが、外向型社会から内向型社内への移民は、双方とも困難を感じる。スウェーデンでも、ドイツでも、スイスでもうまくいかないようだ。外向型社会同士では移民は気質的にはまったく問題ないが。

■国歌（やはり内向型の和の雰囲気がある）

　　Indonesia, my native land,
　　My place of birth
　　Where I stand guard
　　Over my mother land

　　Indonesia, my nationality
　　My people and my country
　　Let us all cry
　　For united Indonesia

　　Long live my land,
　　Long live my country,
　　My nation and all my people
　　Arouse their spirit,
　　Arouse their bodies
　　For Great Indonesia

〈131・14〉
フィンランド人
内向④思考④感覚②

■**ユングの解説**：内向思考型〈023・2〉546ページ、内向感覚型〈023・7〉562ページ。

■**資料**
・"European Dimensions of Finnish Culture: A Survey of International and European Orientation of Finnish Intellectuals", Ilkka Heiskanen, Ritva Mitchell & Pasi Saukkonen, University of Helsinki, Department of Political Science.
・『われら北欧人』W・ブラインホルスト著、矢野創／服部誠訳、東海大学出版会、1986年。
・〈http://www.valt.helsinki.fi/vol/projects/survey.htm#h5〉ほか、各種インターネット・データ。

■**Interviewees**
・百瀬宏、津田塾大学・広島市立大学名誉教授、国際関係史専攻（フィンランドの研究で大統領から白薔薇勲一等を授与された）
・橋本ライヤ、東海大学北欧文学非常勤講師

■**国土**
　33万8145平方キロメートル（日本の約0.9倍）。人口5439万人（2013年）。現在のサーミ人の祖先が紀元前7000年頃から住んでいたが、その後フィン・ウゴール語族のバルト・フィン人（ルーツはウラル山脈の東）がバルト海南岸から移住してきた。西側の経路をたどった二つの流れの一つ「本フィンランド人」は南に定着。もう一つのハメ人は中部に住みつき、その一部はさらに東に進み、東側の経路をたどった流れに合流して「カレリア」を形成した。人種的にはバルト人と北方ゲルマン人の要素が強く、文化的にはスウェーデンの影響が大き

い。愛国心と自立意識の強い国民。北欧では最も東欧に近い要素を持っている。

■歴史と自然環境

　厳しい自然環境と歴史が、この国の人々の性格の団結心、内省性、忍耐力などを強めたと思われる。

　12世紀中頃にスウェーデンによって全土が占領され、スウェーデンの力が弱まると、1809年からはロシアに支配された。第一次世界大戦末期のロシア革命を機に1917年独立したが、1939～40年の戦いでソ連に敗れ、そのとき失った土地を独ソ戦に乗じて回復したものの、ドイツが負けた1944年、再びソ連に和を乞い、国土の一部を割譲した。独立は維持し、冷戦時代には対ソ友好中立主義を掲げて生き延び、現在はEU加盟国となっている。

　また、自然環境では、比較的平坦な国土の大半は深い森林に覆われ、冬は10月の終わりにやってくるが、日照時間は南部でも6時間を割る。テレビのない時代には、夕方6時には床に就いたという。だから、フィンランド人には夏の人と冬の人の二つの顔がある。冬の人はあまり活発ではなく、言うなれば冬眠といったところだが、冬の夜長に農家の主婦たちが織物にいそしみ、それが文化的伝統になっている。クリスマスが近づくと「小クリスマス」といって、しきりにお茶（酒）の会を開いて暗い気持を吹き飛ばそうとする。

　春は5月1日のメーデーから始まる。この日は労働者の祝日よりもフィンランド人が冬眠から出てくるお祝いの日。だから、たとえ寒くても、夏の服を着て祝い、はしゃぐ。ヘルシンキ港岸壁の露天市では売娘がブラウス姿で売っている、という具合である。夏になるにつれて、それこそ24時間近く明るくなる。ついつい遅くまで遊んでしまう。南部では深夜に街路に出ると、夕映えが南に移動しながら朝ぼらけとなる。どこで睡眠をとってよいのか分からない。夜12時には寝て、朝はもう6時には起きている。夏は文化的な催し物も多く、楽しい。

　フィンランド人にとっては、明るさと暖かさは一体であり、寒さと暗さも一体になっており、日本に来ると寒くても明るい冬の昼間はなんとも違和感を感じる。

■一般的印象

控え目、受動的、さみしがりや、孤独、メランコリー、自信がない。なかなか最初は他人と打ち解けない。付き合って徐々に壁が取り払われると、とても仲がよくなる。スポーツ好き、読書好き、勤勉。雰囲気的にはスウェーデン、ロシア、イギリス人に近い。自分を売り込むのが下手。誠実。計算しない。

寡黙、しかし酒が入ると多弁。日本人では東北の人とよく馬が合う。厳しい環境にはぐくまれた助け合いの精神がある。粘り強い。あまり小さなことにはこだわらない。いろいろなスポーツが盛ん、ヨーロッパには珍しく野球までやる。

〈131・141〉
内向型の特徴

アグレッシブではないし、活発ではない。自分のほうから積極的に「やりましょう」と言って出て行くことはあまりない。フィンランド人に言わせると、Work ethicは、ドイツ人やスウェーデン人に似ているという。内向型民族の言語には受動的表現が多いが、フィンランド語にも、特別な形の受動態が多用されている。行為者ははっきりしているが、日本のように「させていただいています」というような表現がよく用いられる。

内向型は他国の文化に興味を持ち、良いものを取り入れるアシミレーションの傾向があるが〈See：223・2〉、フィンランド人もそうだ。

また、フィンランドは、このタイプの文化に特徴的な〈閉鎖された社会〉でもある。グループをつくる傾向が強く、外部の人をあまり入れない。外国人も難民もあまり入れたがらない。自分たちのアイデンティティを失うのではないかと恐れ、外国人が来ると犯罪や種々の問題を起こされたり、自分たちのものを奪われたりするのではないかと危惧している。

治安はよい。法は尊重する。ドイツ人ほどではないが、交通規則もよく守る。夜は黄色の信号だけで、各自の判断にまかせられる。

以心伝心的なコミュニケーションもある〈See：221・131〉。よく言われることは「目は言葉よりも多くを語る」ということである。全部言葉で言わない

と分からない外向型とは違う。「働くことは人として為すべきこと」という内向思考型特有の勤勉性の理念もある。

　職場は、自分に合ったところに変わっていくことに抵抗はない。残業も普通はしない。家庭第一、会社は第二。これは、日本人とは異なり思考型だからであろう。

　朝8時から午後4時まで仕事をし、5時か5時半頃から夕食をとり、その後は生涯学習や、政治活動や、手芸や体操などに行く。

■集団主義的傾向

　内向型だからグループ化する傾向があるが、思考型だから、自分個人の考えを持つことが尊重される。だから同じグループ化でも日本人のグループ化とは違う。だから政治やビジネスと友情とは一緒にしない。親しい友人が政治家になっても考えが違えば投票するとは限らない。自分個人の考えを政治に反映させる投票をとても大切に考える。だから常に投票率は高い。80％は普通である。

　社会がまとまって同じような行動や習慣を持つ傾向がある。例えば、窓には奇麗なカーテンを飾り、花を置くのは、ドイツ人やスイス人のように外からは強制しないが、無言の圧力となってくる。このようなことが、ほかにもいろいろある。フィンランドの社会は生活共同組合的な社会で、その中で個人が個性を生かしている。

　また、国全体のために一丸となるところがある。全体主義的な雰囲気がある。国民が一致協力して国を良くしようと努めるのが特徴的。個人はその中でよく我慢する。ただしこれは、内向型の影響は否めないものの、強国の狭間と、自然環境の厳しさの中に生き残るための方便でもあった。

　粘り強さにおいては、最後まで頑張る。これをフィンランド語で「〈Sisu〉を持っている」という。ロシアとも、負けると分かっていても戦うようなところがあった。貿易の3分の1を占めていたソ連経済の崩壊後、経済的に危機に瀕したことがあったが、全国民の一体となった努力で立て直した。

⟨131・142⟩
主機能の内向的思考がもたらす特徴

　思考型だからか、言ったことはそのまま。イエスとノーがはっきりしており、二重性がない。分からないときには、はっきり分からないと言う。だからフィーリング型の日本に来ると最初はとまどう。本当はノーなのにイエスのように聞こえることがよくあるからである。
　きちんと理屈と筋が通っていることが何事においても重視される。日本人のようにすぐに「ごめんなさい」とは言わない。はっきり謝る理由があるときだけ謝る。
　外向型がするような自我の主張は少ないが、自己の意見は主張する。小さい時から、その大切さが教育される。だから、他人の考えには簡単に影響されない。したがって一見頑固にも見える。
　また、日本人のように他人を真似ることはない。だから、流行も追わない。ブランド思考も軽蔑する。親も子供に「他人を真似るな。皆それぞれ独特でよい。着物も他人のものを羨むな」と教える。これは外向型の個人主義のためではなく、思考性が強いことから来る特徴である。
　そしてドイツ人のように義務感が強い。

⟨131・143⟩
補助機能の内向的感覚がもたらす特徴

　非常に清潔好き。家の中も周りも町も奇麗。家の中はいつ人に見られてもよいように整頓され、そして、くつろげるように奇麗にする。
　また、フィンランドの人は、自然の中に独り溶け込んで詩情に浸るのが好きだ。もちろん夏の間だけであるが、森を母の懐のように感じ、その中で落ち着き、本来の自分を取り戻す。まさに「森の人」である。都会の便利さを森の中に持ち込むようなことはしない。原始的生活に徹し、電気も使わず、薪を集めて調理し、木の実や山菜を集めて食べる。そして、森の香り、特に白樺の香りを楽しみ、独り森の中に溶け込んでそのささやきに耳を傾ける。

日本では虫の音を楽しむが、フィンランドにはバッタがわずかいるくらいだから、虫の音は聴けない。その代わり、小鳥のさえずりは大変なもの、小鳥のコンサートと呼んでいる。日本人のように月見も楽しむが、遠い昔の懐かしい気持に浸る。

　だから詩が好きだ。詩集も多い。日本の俳句や短歌も翻訳で読まれている。美の感覚は日本人に似ている。シンプルで素朴で派手でないものがより多く好まれる。

　舞踊などにも日本的な表現がある。だから、芸術は、ロシアや日本のものに関心がある。

■センチメンタル

　内向感覚型はセンチメンタルだが、フィンランド人も、日本の演歌に似た歌曲が好きだ。フィンランドの歌曲には涙が多く、悲しみが多く、愛する人は遠くにいる。その人を思いながら歌う。センチメンタルなタンゴも好む。よくそれで踊る。レストランにもそのためのフロアがある。日本に来るとフィンランド人は演歌に親しみを感じる。

　やはり直観は相対的に抑圧されているせいか、独創的発明はそれほど得意ではないようだ。しかし、必要があると思いがけないものを発明する。砕氷船やトンネルを掘る強力な掘削機（フィンランドの地下は土が硬く、岩が多いから）などはその一例。日本のトンネルもフィンランドの掘削機を使っている。

〈131・144〉
その他のことがら

■フィンランドの目に映った外国人

　デンマーク人は北欧では一番明るい。
　スウェーデン人のほうが自分たちよりもオープンだ。服装に凝る。
　ノルウェー人は山育ちの素朴な人に見えるが、自分たちよりもっとオープンで温かい。歴史的わだかまりもない。
　ロシア人は一般に温かい。自分たちよりももっとオープンのようだ。しかし、

性格的に粘り強さが足りない。困難から逃げようとする。堅実にこつこつ稼ぐことに弱い。

　ドイツ人は自分たちよりもずっとオープン。しっかりしている。だが、あまりしっかりしすぎて息苦しい。自分たちはもうちょっとルーズだ。ドイツ人は長く付き合うと親戚のようになってくる。

■フィンランドの驚異的な教育システム

　2000年からOECDが始めた3年に1度の国際学力比較調査「The OECD Programme for International Student Assessment (PISA)」において、フィンランドの生徒が著しい成績を示していたため、フィンランドの教育が一躍世界の注目を浴びるようになった。

　それに関してフィンランドの教育科学大臣クリスタ・キウル女史が2013年11月、日本記者クラブで次のように語っていた。

「フィンランドでは、1968年に、大きな政治的決断がなされました。天然資源もない小さな国なので、**人材こそが国の最大の宝であると捉える決定を下しました。国民にこそポテンシャルがある。ですからまず教育に投資することに決めたのです。**こうして、男女、家族の背景、財力の別なく、**万人に本人の希望する教育の機会を際限なく与える**という目標を掲げました。これが、フィンランドの教育理念の根幹となりました」

　その結果、フィンランドでは国家および自治体の予算の大きな部分が教育に当てられ、就学前教育から大学院まで無償となった。成人に対する生涯学習にも手厚いサポートがあり、学びたい意欲があれば、そのチャンスが与えられる。その結果、大学の教職課程には人気が高まり、教育学部には定員の5倍も受験生が殺到し（2013年）、教師の質はますます向上するとともに、人々から信頼され、尊敬を受けるようになった。

〔注：PISAの公式サイト〈www.oecd.org/pisa〉〕

■**国歌**（内向型の穏やかな喜びがある）
　Our land, or land, our fatherland,
　Sound loud, O name of worth !

No mount that meets the heaven's band.
No hidden vale, no wave-washed strand.
Is loved, as is our native North.
Our own forefathers' earth.

Thy blossom, in the bud laid low,
Yet ripened shall upspring.
See！ From our love once more shall grow
Thy light, they joy, thy hope, thy glow！
And clearer yet one day shall ring
The song our land shall sing.

〈131・15〉
ドイツ人
内向④思考④感覚②

■**ユングの解説**：内向思考型〈023・2〉546ページ、内向感覚型〈023・7〉562ページ。

■**Interviewees**
・Karl A. Koehler、在日ドイツ大使館・一等書記官
・同通訳・翻訳局局長Beate von der Osten女史
・Friedrich Müehlchen、博学な知人（引用ではFred）
・ほかに数人の知識人
・Human Contact：大学で学んだドイツ人教授4、5人。留学中に生活をともにした10人ほどのドイツ人

■**国土**
35万6978平方キロメートル（日本よりわずかに小さい）、人口8062万人（2013

年)。ゲルマン民族の起源は、考古学上の発見が乏しいことから漠然として未解決のままであるが、後期青銅器時代(紀元前1000〜前400年)には、南スウェーデン、ユトランド半島、およびエムス、オーデル両川とハルツ山脈との間の北ドイツ地方に居住していたと推定される。その一部は、紀元前1世紀に南スウェーデンから移動し、オーデル川とその東のパルサグ川に至るまでのバルト海南岸地方に定着した。ゲルマン人は、早くから当時西部ドイツに広く居住していたケルト人を圧迫して、南方および西方へと移動した。第二次世界大戦後1200万人が外地から引き上げてきた。出生率は死亡率を下回っている。

　ドイツ人の特徴については、第Ⅱ部において詳しく述べるので、ここでは目立った特徴にとどめる。
　なお、本項でドイツ人は内向型だと言っても、それは主に北ドイツの人々の特徴である。

〈131・151〉
内向型の特徴

■完璧主義、潔癖さ、綺麗好き
　世界でもドイツ人が一番清潔を気にする国民だと言われている。一番早く子供にトイレの躾をするのもドイツ人のようだ。
　デンマークの知人が言っていた。「ドイツ人に別荘を貸すと、貸したときより奇麗になっている。だから、デンマーク人は、ドイツ人に貸したがる」と。

■すべてきちんと整えるAlles in Ordnung
　労働争議でもできるだけ乱脈なストライキを回避し、むしろ経営に協力的である (Hofstede : HCC, p.216)。
　ドイツ人には、「何事もキチンと整理されていること (Ordnung : order)」について、一種の強迫観念に近いものすら感じることがある。善と悪、要と不要、公と私、真と偽、是と非、他人のものと自分のもの等々、一切は、それぞれの所に配置されていなければならない。「これこそ秩序 (Ordnung) だ」と

考えている。

■義務として当然為さねばならないことを強く意識する

　権威や法を尊重する。人間としての義務を果たそうとする。だから、ドイツ人を説得するには「人間として当にこう為すべきだ」と言えばよい。カントの「当為Sollen（must）」の世界なのである。それだからだろう。規則を守らない人には結構忠告する。筆者がドイツの交差点で車が来ていないのをよいことに信号を無視して渡りかけた時、向こう側で待っていた人たちから「来るな」と手で合図された。

■真面目

　友情とは一切を分かち合い、信頼と誠に支えられて心の底をすべて打ち明けるような人間関係と解されている。しかも相手の間違いや誤りを何ら互いに傷つくことなく指摘し話し合えるような関係でないと真の友情とは言えない。そして真の友人なくして人生のすべての状況を乗り切ることはできないと思っている。挨拶を交わすとき、普通は必ず相手の名前を添えて言い、相手の名前を覚えようと努力する。

　以上のようなドイツ人の内向型の特徴は、外向型のラテン系西欧諸国との関係において、時には摩擦の原因となることもある。ヨーロッパはユーロ圏という理想を掲げているが、決まりをきちんと守ることを求めるドイツと、そうでない外向型の国とが一体となって協力することは難しい。2015年7月のギリシアの債務問題において如実に表われた。

■日本人とドイツ人

　確かに日本人にはドイツ人のような思考型の特徴はないが、内向型の特徴においては、ドイツ人も日本人とよく似ている。
　ただしドイツ人は、日本人よりもオープンだ。男女の愛の表現も日本より表面に出る。学校の規則も日本より自由。しかし鉄道などは日本のほうが正確。均質性へのこだわりも日本ほどではない。

ドイツでは、個人でしっかり考えることが重視されるから、その意味での個性が大切にされる。日本では子供が生まれると、お父さん、お母さんとなり、夫婦の個性が失われがちだが、ドイツではそういうことはない。

⟨131・152⟩
主機能の内向的思考がもたらす特徴

「詩人と思想家（Dichter und Denker）」という成句があるが、ドイツ人は、文学に劣らず、哲学を愛する。ドイツ人は中途半端な（相対的な）考えでは満足できない。絶対確実な考えに至ろうとする。実際、多くの西洋の重要な理論はドイツ語文化圏の思想家（Kant, Hegel, Marx, Freud, Weber, Lewin等々）から生まれている。

テレビでもニュース番組やドキュメンタリーは、時間も長く、綿密な調査に基づいている。そこには、専門家による、バランスの取れた分析が詰め込まれている。「子供向け番組もよく考え抜かれ、ヨーロッパでも最上の部類に属する。しかし、娯楽番組となると得意ではない。輸入されたものが多い」

ドイツ人は、教育程度の高い国民だと自負している。よく言われるほど、物知りなのかは分からないが、知っている事柄については、実によく知っている人が少なくない。「教養（Bildung）」を称揚し、書物で得た情報や知識を交換するのはドイツ人にとっては、国民的文化生活に与（あずか）る一つの方法であり、誇るに値することなのだ。謙虚とは、知っていても言わずにいる慎み深さではなく、知らなければ知らないと素直に認めることにある。

イギリス人には、シェイクスピアやサミュエル・ジョンソンを楽しみのために読もうと考える人はあまりいない。だが平均的なドイツ人は違う。カントの『純粋理性批判』を読破したと言っても、驚かれはしないだろうし、ゲーテやシラーのみならず、シェイクスピアも、結構読んでいる（『ドイツ人のまっかなホント』p.19）。

確かにドイツ人は、よく大声で議論し、自分の主張を繰り広げるため、外国人からは「我が強い」と言われるが、それは外向型のように自我を主張するた

めではなく、**豊富な考えが頭の中に一杯なため、それを分かち合いたいから**である。

この点が内向思考型のドイツ人と、内向気持型の日本人との根本的な違いだと思う。だから、日本人は、日常生活でなかなか議論の結論が出ないと、よく「これ以上議論すると喧嘩になるからやめよう」ということになってしまう。

〈131・153〉
補助機能の内向的感覚がもたらす特徴

ドイツ人の感覚性は、多様性（Varietyの多さ）とスケールの大きさと、気持のよさ、心の温かさ（ゲミュートリッヒ）を愛でることにおいて表われるようだ。

■ヴァラエティ

ドイツの店には品数や種類が多い。だからドイツ人は、例えばアメリカに行くと、ヴァラエティが少ないことを意外に感じると言っている。日本人もニューヨークのデパートに行くと同じことを感じる。

■スケールの大きさ

気質的な原因はよく分からないが、ドイツ文化は、大体において、スケールが壮大である。文化や芸術では、量が価値となっているようだ。建築物も壮大なものを造ろうとするし、文学作品も膨大になる傾向がある（ゲーテ全集は143巻）。ワグナーのオペラを全部聴こうとすれば、2週間はかかる。

■ゲミュートリッヒ

普通の家庭は多くの場合、一歩家の中に入ると、家庭は温かく、愛情に溢れ、「ゲミュートリッヒgemütlich：居心地が良い」。ドイツ人にとってゲミュートリッヒとは、単なる快適さ以上のものだ。それは「ハイマート：家郷」という概念と分かちがたく結びついている。和気藹々とし居心地のいい家庭、「不安：アングスト」やホームシックから守ってくれる避難所、冷たく混沌とした世界

からの「温かくきちんとした逃げ場」、などを含意する(『ドイツ人のまっかなホント』p.26)。

また、ドイツ人の中には、森を歩きまわり、山の夕映えを見てむせび泣き、表現しえぬものを表現しようという不可能事に挑む髪振り乱したベートーベンがいる(『ドイツ人のまっかなホント』p.5)。

〈131・154〉
地域的違い

■北ドイツは

北のスウェーデンに近いところでは、気質はほとんどスウェーデン人と同じだ。しかし、ドイツ人は、一般にスウェーデン人より性格がキツイ。はっきりと決まりをつけてくる(Stockholm大学のThomas Lunden教授談)。

一般に、直截的、冗談も少ない。だから、ドイツの中部や南部の人の目には北の人は冷たく感じられる。実際の彼らは冷たい人たちではないが、一見そうとられる。店での接客態度も、ハンブルク、ハノーファーなどに行くと冷たく感じる。

■南ドイツ(バイエルン)は

解放的で、明るく、男性的だ(Fred)。ストレンジャーと話すのも好きである。色調も明るい。しかし、いずこも同じで、南北互いに悪口を言い合う。南は、自分たちは、北と比べて開放的で裕福だと言う。北は、自分たちのほうが進歩的で、南は伝統的だと言う。

中部のライン川あたりからフレンドリーとなり、明るくなる。南のバイエルンあたりは、よりオープンで、頑固で、好きなことを勝手にし、大声で歌い、大声で話す。時にはzu viel(too much)と自分たちでも言っている。

南ドイツはレストランに入った場合、いくつも空いたテーブルがあるのに、皆2、3のテーブルに集まってくる。しかし北は、逆に、誰か一人でも客が座っていると、そこには座らない。空いたテーブルが一つもないと客は出て行ってしまう。だから、大きなテーブルにはしばしば「予約」という札を置き、大

勢のグループの人が来た時には、そこに招く（Fred）。

■**国歌**（正義感、義務感が感じられる）
Unity and Justice and Freedom
For the German Fatherland !
Let us all strive for these
Brotherly with heart and hand !

Unity and Right and Freedom
Are the pledge of happiness.
Bloom in the splendor of this happiness,
Bloom, my German Fatherland !

〈131・16〉
スウェーデン人
内向④思考④感覚②

■**ユングの解説**：内向思考型〈023・2〉546ページ、内向感覚型〈023・7〉562ページ。

　スウェーデン人については、第Ⅱ部で詳しく述べてあるため、ここでは簡略にする。スウェーデンの気質論の権威、ストックホルム大学のÅke Daun教授とお会いした際にうかがったことを、一部、筆者がまとめて、ご紹介するにとどめたい。

■**国土**
　長さ約1600キロメートル、最大幅約400キロメートル。面積44万9946平方キロメートル（日本の約1.2倍）。人口9593万人（2013年推計）。人種的に極めて均質。長身、長頭で卵形の顔、直毛の金髪、碧眼など典型的な北方人種。現代

のスウェーデン語はバイキング時代のノルウェー語に由来し、現在のデンマーク語やノルウェー語とかなり近い関係にあり、特に音声学的にはノルウェー語に類似している。

■調査旅行：ストックホルム、2001年6月13〜17日。

■Interviewees
・Prof. Åke Daun, Department of Ethnology Stockholm University.
・Prof. Thomas Lundén, Department of Human Geography, Stockholm University.
・Dr. Lotta Göllas in Swedish Institute.
・中村衛、Statens Museer Världskurtur Östasiatiska Museet, Stockholm.
・Satoshi Tsuchiya, Japan Scandinavia Research Center, Stockholm.
・Mrs. Gerd Hijino-Larsson、スウェーデン日刊工業新聞（Dagens Industri）日本特派員。

■資料
・"*Swedish Mentality*" Åke Daun, The Pennsylvania State University Press 1996.（SMとする）
・"Survey of Destination" 1984（特にその中の項目第55）のスウェーデン政府による調査。
・"*Swedes as others see them*" Jean Phillips-Martinsson, Utbildningshuset Studentlitteratur, 1981.
・『北欧が見えてくる』武田龍夫編、サイマル出版会、1997年。
・『われら北欧人』W・ブラインホルスト著、矢野創／服部誠訳、東海大学出版会、1995年。
　・Åke Daun教授の論文
　・"Describing a National Culture" Ethnologia Scandinavica, vol.8, 1998.
　・"Modern and Modest" Mentality and Self-Stereotypes Among Swedes.
　・"The Japanese of the North—The Swedes of Asia？" Ethnologia

Scandinavica, 1986.
- "Swedishness as an Obstacle in Cross-Cultural Interaction" in Ethnologia Europaea, XIV, pp.95～109.
- "Nationalism and Internationalism in Sweden: Toward a New Class Society？" Ethnologia Scandinavica, vol. 23, 1993.
- "Correlates of Quietness: Swedish and American Perspectives" (Paper presented at the annual convention of the International Communication Association, New Orleans, LA, May, 1988)
- "Individualism and Collectivity among Swedes": ethnos, p.165 (published by Folkens Museum Stockholm, Distributed by Scandinavian University Press, Oslo, Norway.

Daun教授のインタビューより（文責は筆者）

　北欧の中では、ノルウェーやスウェーデンやフィンランドは互いによく似ている。デンマークは、少し南のカルチャーだが。
　近年、多くの移民が入ってきたが、スウェーデンはまだ比較的に同質homogeneousな民族となっている。そのためか、自分たちの有りようが、ノーマルな人間の有りようだと思っており、よその国の人たちも、自分たちの考えを共有しているものと思っていた。
　スウェーデン人はチームワークを好み、自分がグループの一員であると感じると、ほっと安堵する。しかし、相手が違った意見の持ち主だと感じると、あえて反論しようとはしない。何か共通点を見出すまで待っている。また、言葉を選んで話す傾向が強い。これが、スウェーデン人がしばしばサイレントになる理由である。「Togetherness：人と一緒にいる安堵のフィーリング」、すなわちゲマインシャフト〈See：223・3〉を感じると安心する。相手の心に入って、そこに共通する価値観を見出すと悦びをおぼえる。
　スウェーデン人は、外向型のようにオープンになることも、アグレッシブになることも好まない。イタリアをはじめ、ラテン文化の国では「話すこと」が重んじられ、そこにこそ人間であることのエッセンスがあるとされている。そ

れゆえ、スウェーデン人がアメリカ人やラテン系の人たちの活発な会話に加わることができないのを見ると、彼らは不思議に思うようだ。スウェーデン人としては、相手に「あなたがお話しください。私は拝聴いたします」と丁重な気持を伝えようとしているのだが、彼らからは、それを経験や知識に乏しいからだとか、頭が悪いからだと思われてしまう。

　他方、スウェーデン人サイドから見ると、おしゃべりの人は薄っぺらに見える。しゃべってばかりいたのでは、どうして物事を深く考えることができるのか、我々には分からない。

　しかし、スウェーデンでは、一般に女性のほうがよく話す。社交性があり、よりパーソナルになる。男性はずっと硬くフォーマルに見える。だから、女性のほうがスウェーデン人らしくない：less typically Swedish。したがって外国人にとっては、女性のほうが付き合いやすいようだ。

■**外界に対する閉鎖性**
　内向型は一般に閉鎖的だが、スウェーデン人は、異国の人を自分たち固有の世界に入れることには、かなり消極的だ。そこはアメリカ人とは対照的。アメリカ人は市民権を持つと完全なアメリカ人と見なされる。スウェーデン人は東洋人やアフリカ人の顔をした人を、スウェーデン人と感じることはなかなかできない。どこかで気持を入れ替えなければならない。

■**受動形の多用**
　内向型が受動形を多用することについては、私は気がつかなかったが、言われてみればそうかもしれない。受動形は状況を和らげて表現する。自分を前面に出さない。後ろに控える。日本人とパラレルのようだ。スウェーデン人もお辞儀をするが、日本人ほどではない。

■**喧嘩が嫌い**
　互いに対立するのが嫌いだ。実際、喧嘩する状況に置かれても、どんな言葉を使ってよいか分からない。相手を呪う言葉、swear wordは持っていない。だから、むしゃくしゃした気分で家に帰るが、寝るときになって、「ああ言え

ばよかった、こう言えばよかった」と思う。しかし「時すでに遅し」である。
　ご近所が夜通し騒いでうるさくて眠られなかったとしても、じかに談判には行かない。管理人や警察を通じてそれを頼む。穏便にこちらが困っていることを相手に知らせる「住宅環境サービス」もある。そこから二人の紳士が派遣されて上手に相手に頼んでくれる。

■友人関係
　スウェーデン人は親友の数は多くはないが、一生を通じて長く付き合う。幼なじみとか学校時代の友人だ。そこで求めているのは、リラックスできることである。その他の知人や職場の同僚といる時には、たとえ仲が良くても、いつも何か相手に合わせなければならないという緊張感がある。雰囲気を良く保つために、話題にも気を使うし、勝手なことも言えない。だから、長くいると疲れる。これがスウェーデン人だ。
　しかし外国人にとっては苦しい環境だと思う。彼らは外国人ということで、なかなか仲間に入れてもらえないからだ。スウェーデン人のほうは、外国人の文化をよく知らないため、「彼らを傷つけてはいないか」「こうしたことをすると、失礼になりはしまいか」「彼らの嫌いなものを食べさせてはいないか」と、つい過剰に心配するわけだ。
　スウェーデンの文化では謙虚さが重視される。自分の優れている点や自分の業績を語ってはならない。成功した人ほど、自分のステータスを見せてはならない。

■安全第一
　スウェーデン人においては、危険をできるだけ避けるという「ミニマイズ・リスク」の精神が特徴的である。車のシートベルトの着装の義務等々、たくさんの小さな安全対策が義務づけられている。小さな子供まで自転車に乗るときにはヘルメットを着けなければならない。こうした動きは世界でもスウェーデンが最初かもしれない。ともかく始めた国の一つだ。
　また、医療保険やリタイヤメントシステムの完備もその表われかもしれない。複雑な手術も大きな負担なくやってもらえる。自分で払うのは病院に入るため

の費用くらいだ。これがスウェーデン人の中にある「セキュリティ思考」の結果である。いろいろ危険を予測して対処しようとする傾向が強いからだ。この感覚は南ヨーロッパにはあまりない。

■ クラブに入ること

そうしないと不安だからというわけではないが、趣味や習い事のクラブに人気があるのは、その趣味自体の面白さもさることながら、それ以上に、皆で一緒に集まって同じことをするゲマインシャフトの雰囲気が好きだからである。皆と一緒に決まったことができるのが楽しい。正式なディナーパーティなどは、気を使うので好みではない。

■ 大自然が好きである

スウェーデン人にとって大事なのは大自然だ。森のなかに一人でいることに無上の喜びをおぼえる。森の中を一人で歩き、考える。周りの木々、鳥たち、そよ風、それらすべてが、自分の心の中に入ってくるのを満喫する。また過去の思い出にふける。

これを一種のスウェーデン的宗教性と呼ぶ人もいる。スウェーデン人は既成教会にはそれほど縛られない人たちで、教会に毎日曜日にきちんと行く人たちは少ないが、こうした自然の中で宗教的な内的恵みのようなものを感じ取る。これはもちろん内向性、内省性、精神性の表われだろう。

■ レジャーの過ごし方

スウェーデン人はレジャータイムにおいてアクチブであることが好きだ。何もしないでただじっと座っているのは嫌いである。スウェーデン人は、スポーツで汗を流したり、車や家を修理したり、壁を張り替えたり、庭の手入れをしたり、茸を採りに行ったりするのが好きだ。

また、スポーツは、真面目にする。理念の意識が強い。単に楽しむよりも、健康のためとか、意志の鍛練とか、スタイルがよくなり、若さ、魅力を増やすために体を鍛える。

我々から見ると、ヨーロッパ南部の人は、レジャータイムに何もせずにのん

びりしているのが好きなようだ。それはスウェーデン人には、レイジーに見える。

■ **なぜスウェーデン人はゆっくり話すのか**
　ドイツ語とスウェーデン語を通して、ドイツ人とスウェーデン人を比較した女流学者の研究があった。ドイツ人とスウェーデン人とは同じスピードで話す点では似ている。他の国の人はもっとスピードが速い。しかし、ドイツ人とスウェーデン人は一つのことが違う。スウェーデン人は文章と文章の間に少しポーズ（隙間）を置く。ほんの１、２秒だが。ドイツ人はそうしたことはしない。むしろ彼らは、それが気になるuncomfortableようだ。
　しかし、なぜスウェーデン人は「間」を置くのか。次に何を言ったらよいか準備するためである。気の向くままにspontaneously話すわけにはいかない。どうしたら自分の言いたいことを正しく相手に伝えることができるかを考える。話すための状況設定なのだ。正しい言葉を見つけなければならない。礼儀に反してはいけない。この相手の人の興味あるところを話さなければならない。バカにされるようなことは言うまい等々、こうしたもろもろの考えが頭に浮かぶわけである。
　フランスなどでは、人が語る言葉は大した意味を持っていない。自分自身の考えとは違った意見を述べることもできる。いちいち、「私はそうは思わないが、それは面白い見解だ」と言わなくてもよい。そこでは言葉は空気のようなもので、そこに漂っており、私が言う言葉は私のアイデンティティのシンボルとはならない。それは楽しくしゃべるための単なる状況に過ぎない。フランス人にとっては、こうしたアイディアをもてあそんで**皆と楽しく話せること自体が素晴らしいのだ**。しかし、**スウェーデン人は、相手の人間性をその人の言うことによって判断する傾向がある**。そのために用心しなければならない。だからクイックリーには話せないのである。

■ **スウェーデン人は幸せか**
　スウェーデン人は幸せだと答える人が多いが、日本人には少ない。これは幸福の観念が違うからではないか。スウェーデン人が幸せだと言うときの内容は、

車があり、家があり、ある程度の収入があり、家族が皆元気だということである。

　日本人はそれらすべてがあるにもかかわらず、会社に通うのに時間がかかる、人間関係が職場でうまくいかない、遊びが少ない、仕事に追われるなどなど、そういうことから不幸せだと言っているのではないかと思う。

また、スウェーデン社会と外向型社会の特徴について Daun教授は、著書 "Swedish Mentality" の中で次のようにまとめている

■スウェーデン社会の特徴については
「比較的スウェーデンにおいて同質性があるということは、言動の一般的パターンが似ているということだけではない。同時に、集団性Collectiveを重んじるということである。皆と同じであるということSamenessは、正しいことであり、実現すべきことであり、スウェーデン人にとっては自然なことである。スウェーデン人は、似れば似るほどよいのである。

　ここから社会階級間の平等性や男女間の平等性を重んじ、正義と公平を重んじる精神が、政治とは関係なく、生まれてくる（だから、腐敗した友情から生じる贈賄や収賄などは、極度に嫌う。そうしたことがスウェーデンにはないというわけではないけれども）。

　また、ここから互いに貸し借りのない〈左右相称的な関係symmetrical relations〉、自由な関係、他人に依存しない関係を好む気持が生まれてくる。慎み深くなり、グループを大切にし、価値観を共有し、同じように振る舞い、遠慮深くなり、気持のよい儀礼的譲歩ritual subordinationを通して礼儀正しさやマナーが身につく。静かに話し、人の話しを遮らず、口数少なく寡黙taciturnityを重んじ、よく考えて話すようになる。内向的態度に積極的価値を認め、メランコリーも受け入れ、対決を回避しconflict avoidance、暴力に対する強い嫌悪も生じてくる」（"Swedish Mentality" p.215）

■外向型社会の特徴については
「個人主義的メンタリティが基盤にある。次のような形で表われる。個人的逸

脱individual deviations、独創性、奇抜性eccentricity、我が道を行くgoing my way、自己の立場の主張arguing for one's standpoints、目立ちたがりbeing the object of other's positive attention、自信に満ちself-assured、外向的というような形で表われる。

　その結果、要求がましくdemanding、威張りたがりboastful、人の話を遮りinterrupt、コミュニケーションが巧みでcommunicative competence、口がまくverbal alacrity、対決を好みconfrontative、格差意識が大きくhierarchical、左右非相称的な関係を好みasymmetrical、妥協を嫌いdislike of compromise、社会的方便に巧みでsocial instrumentality、他人との同質性が低くなる」("*Swedish Mentality*" p.215)

本書では、内向型国民に関しては、スウェーデン人と日本人を中心に書いている

　内向型国民の大半は内向思考型であり、特にスウェーデンにはDaun教授がおられ、この領域で優れた業績を残しておられるため、スウェーデンが中心になっている。それに対して内向気持型フィーリングタイプに関しては、私の知る限りでは世界には日本人しか存在しないため、日本人が中心になっている。

■**国歌**（内向型の大自然との和、過去も現在も未来も）
　　Ye free, ancient country, Ye high mountained north
　　Ye silent and free and so delightful
　　We greet you as loveliest land upon earth
　　Your shining sun, your sky, your pastures green

　　You rest on your memories of days great and past
　　When all round the world your name was honoured
　　I know that you'll always remain the way you were
　　In my own Nordic land I'll live forever

〈131・2〉
外向思考・感覚型

〈131・21〉
フランス人
外向④思考④感覚④

■**ユングの解説**：外向思考型〈013・2〉499ページ、外向感覚型〈013・7〉520ページ。

■**資料**
・"*L'identité de la France : Les hommes et les choses*" Fernand Braudel, Arthaud-Flammarion, 1992.
・"French or Foe ? " by Polly Platt, Culture Crossings Ltd. London, 1994.
・『フランスの知恵と発想』小林善彦著、白水社、1992年。
・『裸のフランス』竹田英尚著、三一書房、1995年。

■**Interviewees**
・フィガロ・マガジン副社長Patrick Moreau、1998年4月21日。
・本野盛幸、元フランス駐在大使
・メキシコ銀行の伊藤氏（夫人はフランス人）

■**Human Contact**：日本で接していたフランス人s。留学中に接していたフランス人s。仕事上で接していたフランス人s。

■**国土**
　54万3965平方キロメートル（日本の約1.4倍）、人口6603万人（2013年推定）。フランスの国土には、多くの民族が東から来てここに留まった。今はゴール人と呼ばれる人たちが中心。現在は10分の1がアフリカや中東からの移民と言われている（2001年）。

■一般的特徴

フランス人に言わせると、彼らの特徴を表わすキーワードはhonneur（名誉）、gloire（栄光）、logique（論理性）、séduire（魅する）、dignité（高い気位）、そしてambiguité（両義性）ということになる。

⟨131・211⟩
外向型の特徴

自己主張と個人主義が強いことでは、他の外向型諸国と同じだが、合理的思考力が強い。それぞれがナポレオンになりたい。自由を好み、押しつけを嫌い、一匹狼的である。

■栄光や名誉を重んじる

誇り高い。「武士は食わねど高楊枝」的なところがある。節度ある真摯な気高さを意味するDignité が重要な資質とされる。

昔、イギリスとの戦争で、相手に先に撃たせてかっこうよく大敗したこともあったという。インドシナの戦争では、エコール・ミリテール卒業のエリート仕官たちが先頭に立って突撃したため、多数の貴重な人材を失ったと言われている。危険を冒してでも立ち向かう英雄的精神こそがフランス魂とされている。

だからジャンヌ・ダルクがフランスのシンボル的存在。少年ダヴィデが、巨人ゴリアテに立ち向かった姿がフランス人にはこたえられない。今のフランスの核武装も根底にはこの観念があると言われている。アメリカやロシアなど核大国に対して、核小国フランスが立ち向かうという観念だ。

この誇り高い気持は単に国家についてだけでなく、親族にも、友人仲間にも、自分の職場にも持っている。その点、職場に愛着を持たない多くの外向型国民とは違う。だから会社も簡単には解雇しない。終身雇用率も高い。この栄光心に訴えて仕事をさせる。会社を大広告でCMするのも、一つには社員に誇りを持たせるためだと言われている。

■ローマの栄光

　フランス人は過去の栄光にも異常なほどの誇りを持っている。自分たちこそギリシア文明の継承者であり、ローマの建築技術と宮廷の栄光の継承者である。イタリアではない。ルイ14世やナポレオンが誇りだ。ヴェルサイユ宮殿を見よ。パリの地下鉄の駅名だって多くはナポレオンが征服した町ではないか、というわけだ。過去の栄光の歴史は、そのまま現在も生きている。

　だから過去が間違いだとは絶対に認めない。また未来はこの過去と矛盾しない形でしか考えられない（もっとも、フランス人には間違いはありえないのだから！）。ドゴールが自分たちの英雄なのは、この栄光をフランス人の心に甦らせてくれたからである。そして新しいものは、どんな犠牲を払っても必ず過去の栄光を取り入れたものでなければならない。

■強い中華思想

　当然、中華思想の国である。フランス文化こそ世界に冠たる文化であり、世界に広めなければならない。他人や他国におもねったり、真似るのはもってのほか。だから、日本の迎合性Conformismは「弱むし」と映る。一見、日本を含めた他国の文化に関心を示すが、それは興味の対象としてだけであって、アシミレイトする（自分の中に取り入れ血や肉とする）ためではない〈See：223・22〉。

　だから、テレビでも新聞でも、他の国のテレビと比べると極端に外国のニュースが少ない。自分たちの間ではさんざん祖国を批判していても、こちらがうっかりちょっとでもそれに同調すると、とたんに一斉に反撃される。

■フランス以外の文化に対し

　フランス人は、外国人を自分たちの文化に入れてあげて、育てることができると思っている。しかし、かなわないと思うときには、フランス人にしてしまう。ショパンやピカソもフランス人なみの扱いとなった。フランス文部省のつくった「フランス音楽傑作集」には武光徹の曲まで入っている。

　外向思考型は辛口だから、アメリカ文化に対する過小評価、昔のイギリスに対する悪口などいろいろ残っている。そのため「アメリカ人がフランスについ

て語る場合には、裏切られた亭主みたいだ」と言う人もいる。イギリス人は「フランス人さえいなければ、フランスは良い国なのに」と洒落を言っている。極力悪口をセイブしているつもりでも、ちょいちょいうっかり失礼な言葉も漏らしてしまう。日本人についての「黄色の蟻」発言のように。

■店員の素っ気なさ

　フランスでは、不思議とカウンター越しになると、不親切を感じる場合が少なくない。店員やウェイターがしばしば素っ気ないことは、よく言われる。「こんな良い仕事をしているのだ」と自分の仕事への誇りにしているかと思えば、店員の仕事が社会的にあまり評価されないことに対する自尊心の反発からか、客に当たるとも言われている。経営者も、彼らに仕事を丁寧にさせるためのインセンチブをあまり与えないらしい。だから客は彼らにとってはしばしばétranger（stranger）に過ぎない。初めての客などは、あまりよく相手にしてくれないことがある。悪い品でも売ることがある。品物にクレイムがあっても、いつも悪いのはこちら。

　店員が「ノー」と言っても、それは客がお願いし、懇願してくれるのを密かに待っている場合がある。「今品切れです」は「下の倉庫にはあるよ」ということ。「不可能です」は「私は疲れているのだ。今、忙しいのだ」、あるいは「お前の頼み方がお世話してあげるほど面白くない」ということなどなど。だから、逆手にとって、こちらの悩みを細かく訴えると、俄然関心を持ってきて、彼または彼女たちの仲間に入れてくれる。そ〜したらしめたもの、俄然サービスしてくれる。だから、パリでの生活では「よい店を選んでその常連客になるのがコツ」。

　『ロンドン・タイムズ』によると、アングロサクソンや、スカンディナヴィア人や、ドイツ人たちは、フランス人は愛想がなく、粗野で、不親切で、残酷だと感じている。フランス当局も、これではパリは嫌われるとの反省から、近年は客に対するスマイル運動を起こしている。さて、どこまでプチ・ミッテランたちを微笑ますことができるか。

■フランス語への執着

アカデミ・フランセーズがしっかりとフランス語の純粋性を護っているが、フランス語の国際的地位の確保だけを問題にしているような気さえする。"Maître"にシルコンフレックス（ｉの上の帽子）を載せるかどうかで大論争となり、新聞のトップ記事になったこともある。英語をできるだけ排除し、フランス語の新しい単語をつくる。コンピューターは断じてordinateurでなければならない。同じ外向思考型の要素をもつ中国が英語を嫌い「電脳」としたのに似ている。フランス語を恋人のように思い、その美しさにうっとりとする。フランス語を守ることは、フランス文化を守ることであり、その逆もまたしかり、と思っている。ただし、最近のグローバル化に影響されて、ビジネスマンは、渋々と英語が堪能になってきた。

〈131・211・1〉
主機能の外向的思考がもたらす特徴

外向思考型の合理的特徴が、世界で最も強く表われているのは、フランス人である。フランス人は自分の合理性を示す議論が好きだ。読書も好きだ。テレビでは新刊書の案内番組の視聴率が高い。作家が政治家になる国である。

フランス人の思考は、具象的な**事実や事実の共通点**（すなわち抽象化された本質）を考え、**それに基づいて理論を構築し、多くの事柄をその理論で説明し ようとする**。そして、一旦ファクトに基づいて理論が構築されるや、理論だけが先行するきらいがある。「しっかりした理論に基づいてつくられた商品だから絶対に我が社の品質は保証する」となる。合理的な精神で考え、行動することこそ、人間として最も大切なことだと信じている。

だから、デカルトは『方法序説』（*Discours de la méthode*）において、「自分が今**考えている**という事実こそが、自分の実在性の絶対の証拠となる」と主張した。「Cogito, ergo sum **われ考える、ゆえにわれ有り**だ。ここからすべての学問をスタートさせておけば、我々の知識が絶対に妄想の産物でないことが理論的に確立される」と主張したのである。イギリス人は、まずは経験してから合理的に考える（イギリス経験論）。フランス人はまず合理的に考えてから

経験に移る（大陸合理論）。

イギリス人は「We are intelligent, but we are not intellectual.」と自分たちでも言っている。Intellectuelと言われて喜ぶのはフランス人だ。

それゆえ、フランスでは、簡単な理論は軽んじられ、難しい理論でないと尊重されない。実存哲学者サルトルの本は難解だ。ジャック・アタリ（欧州復興開発銀行総裁）の本も難解だ。日本の出版社に紹介してみたが駄目だった。しかし、フランスでは難解な本が結構読まれている。小説も、哲学が骨組みに入っていないとフランス人は関心が薄い。当然フィクションよりも、ノンフィクションが好まれる。

■数学を重視する

したがってフランスの思考では数学が重要になる。物質世界の利用において最も使われるのが数学だからでる。学校教育でもフランス語と並んで、数学が最も重視されている。エコール・ポリテクニクなど最高学府に入るには、数学が強くなければ入れない。「数学の天才デカルトに続け！」である。まさにフランスは数学の国。Ingénieurと呼ばれる〈思考力、特に数学が抜群の優秀な人〉がフランス社会のリーダーとなる。

■ロジックに強い

フランス教育のノルマの一つは、論理の味（Goût de logique）を味わわせることである。だから、アリストテレス哲学を平易にしたスコラ哲学を、多くの高校で今も教えている。デカルトも「息子がいれば、まず何よりもスコラ哲学を学ばせる」と言っていた。合理的思考力を育てるには、格好の哲学だからである。カントも純粋理性の中で一番意識して取り組んでいた相手は、実はスコラ哲学だった。因果原理で防備したこの哲学を切り崩すのが、彼の狙いだったからである〈See：414〉。ヨーロッパの哲学者は、ほとんどと言えるほど、スコラ哲学を学んでいる。フィーリングタイプの日本だけは、食わず嫌いで見向きもしない。

ロジックが具体的な形で表われているのが、ヴェルサイユの庭園である。自然をできるだけ生かそうとする内向型庭園ではなく、外向的知性が自然を完全

に押さえ込んだ庭園となっている。日本の庭園やドイツの「廃墟の庭園」の良さとはまったく異なり、知性の美は見えても、自然の命の美は見えない。

だから、バカロレア（大学共通第一次学力試験に相当する試験）でも哲学的な問題が重視される。例えば「理性的に考えて、世界には現在以上に秩序が確立されると思うか」というような問いに4時間も当てられていた。

こういう人間を育て、社会のリーダーとするためにフランスは、中国から科挙の制度を取り入れた。中国に行った宣教師がフランスに紹介し、それをコルベールとルイ14世が取り入れた。今日の最高学府のシステムPrincipe de Grandes Écolesの入学試験はまさにそれだ。これによって権力の梯子を頭脳でのぼっていくエリート養成コースがフランスに出現したわけである。

だから、学校の成績がすべてだ。将来の地位も給与も学校の成績に比例させる。有名校の卒業証書が現代の貴族エリート集団への入会券。学校の中では熾烈な競争がある。同じ外向思考の気質要素を持つ中国や韓国においても同様のことが起こっている。先生の地位は高い。フランスでは、国家予算の5分の1を先生の給与が占めていると言われている。

だから毎年9月に新学期が始まるとき（La Rentréeという）には大騒ぎとなる。テレビ番組も関連番組一色となる。

フランス人には「私の意見は論理的に正しいから、私が正しい」という考えがこびりついている。会議でも徹底的に議論して長くなるのは、間違った答えの可能性がなくなるまで議論しようとするからだ。だからフランス人自身が諦め半分に言っていた、「On parle de long de rien（つまらんことをいつまでもくだくだ議論する）」。

だから、フランス人に何かを勧めたいなら、「これはとても合理的だ」と言えばよい。フィーリングで判断する日本人には「あの可愛いタレントちゃんがこれを使っているから、あなたもどうぞ」というのとは大分違う。

あるヨーロッパ人が言っていた。「アメリカは金、ドイツは仕事、イギリスは家柄、フランスは頭脳の良さを重視する」と。

■自分の間違いを認めない

日常の利害関係の絡まない問題に関しては、"Oh, je suis bien désolé !"「まあ、

ご迷惑おかけして申し訳ありません」と丁寧に謝ることは忘れない。しかし、過ちを認めることは弱さととられる。誠実とは解されない。非を認めないことのほうが真実よりも重要であるかのごとき印象さえ受ける。一つには、完璧に考え抜いた結論だという自信があるためだが、もう一つには小さい時から絶えず親や先生に叱咤激励され、間違えることが許されなかったからでもあるようだ。言うなれば、フランス人には誤りを犯す権利がないのだ。

だからフランス人の間違いに気づかせてあげるには、相手のメンツをよく考えて、間接的に、上手にウィットを交えつつ、笑わせながらやるとうまくいく。

■**かなり硬直した社会**

外向思考型は一度決めたことは容易に変えない。フレクシビリティがあまりない。だから、社会組織にもフレクシビリティがあまりない。

■**子供の躾は厳しい**

子供には、お客様の前とか外出した時にはおとなしくじっと我慢させる。口答えも許さない。こうしたルールは200ぐらいある。よく躾けられた人を「bien élevé」といって讚辞となる。逆の「mal élevé（教養がない）」は最低の評価となる。

体罰もないわけではない。親の考えや昔からのしきたりにきちんと従うよう育てられる。まず「Bonjour Monsieur（Madame）」としっかりと挨拶をすることから教える。

フランス人が教えていた日本のある小学校では、学校の行き帰りには、校舎の入口で、日本人の担任教師に対してすら、きちんと「ボンジュール・ムッシュー」「オールヴォアール・ムッシュー」と挨拶するよう躾けていた。教室で手を挙げて日本人の先生を呼ぶのにも、「ムッシュウ！ ムッシュー！」と叫んでいた。

■**社会はピラミッド（ヒエラルキア）型に組み立てられている**

家族も、会社も、政府機関も。家庭では父親はピラミッドの頂点にあり、ある意味で絶対的な権威を持とうとする。ルイ14世がやっていたように、トップ

は細かいところまで口を出して決めようとする。

　労働人口の4分の1が官僚であり、終身雇用であり、みなそれぞれの段階の主であり、自分の権益に固執する。大きな役所のトップは最高学府の卒業生で占められ、現代の貴族。しかし仲間内になると、失敗を大目に見てくれる。でも部下をあまり褒めない。仕事ができて当たり前と思っている。褒めると逆に変に疑われる。

　部下は部下で、他人に指示されるのが嫌いだ。命じても好き勝手にする。ある調査機関が「上司の命令にイエスと言う率」を調べたら、イタリアとともに、フランスが最も低かった。しかし、「納得できる命令ならやる」と答えたのは、フランスがトップだった。

　だからフランスの組織では、何かを行わせたいなら上司や同僚に対して前もって個人的によく納得のいく合理的説明をし、根回ししておく必要がある。部下にも道理にかなった説得をしておく。ただしこれは、感情的な結びつきをつけるものではない。

　またフランスでは法は厳しいが、多くのフランス人には、法の文言よりも、「なぜ、こんな法ができたのか」「**この法の本当の目的（objet formel）は何か**」をまずよく考えて、〈その法をどう具体的に適用したらよいか〉を判断する。それが彼らの現実への法の適用を適切にしている。

■彼らから融通性を引き出す戦術

　こちらが彼らの仲間であるという意識を持たせることだが、その方法にはいろいろある。まず、下手に出る。外向型は一般に、対等の相手には陰険になるが、下の者には温情的になる。だから、まず挨拶を丁寧に「ボンジュール・マダム（ムッシュウ）」と言っておいて、「お邪魔して申し訳ありませんが、ちょっと困っているので何とか助けていただけないでしょうか：Excusez-moi de vous déranger, monsieur (madame) mais, j'ai un problème !」とやんわりとやる。「あなたは何でもご存知だから、教えて……」と持ち上げるわけだ。ウィットを交え面白く、かつ納得いく理屈で頼む。俄然同情的になってやってくれる。ともかく弱い者には親切。こちらが困っているときには特に親切。冷酷な共同の敵、すなわち警察、悪天候、政府、事故、不注意、悪運に対して共同

戦線を張ってくれる。

■フィーリングの軽視

　外向思考型は、フィーリングを抑圧し、重厚になる。だから公の場では、おっかない顔をしている。フランス人に言わせると「誰かに初めて紹介されたとき相手がスマイルすると、三つの可能性が頭に浮かぶ。こちらを小馬鹿にしているか。偽善的なご機嫌取りか。うすのろだ」となる。実際、フランス人にミッテラン大統領の微笑んだ写真を見せたら、それが誰だか分からなかった！

■組織のマネージメントと、フランス人とのビジネスのやり方

　仲間でない相手には官僚的に原理原則を押しつけてくるところがある。また、補助機能の外向感覚型の特徴で、一つのことに集中せず同時に多くのことをやる傾向があるから（Polychronicsと呼ぶが、一種の自由の主張）、しばしばこちらの言うことをまともに聞いてもらえない。

　しかも彼らは組織よりも、自分の個人的コンタクトによって集めた情報で何でも知っておこうとするところがある。こちらの会社の情報を手に入れるために、こっそりとこちらの社員に個人的に探りを入れてくることもある。彼らは自分たちの仲間以外は信用しない。仲間うちでは契約書もいらないし、男の約束ですむ。そこには名誉や面子（メンツ）がビジネスよりも大切になっているような感じだ。

〈131・211・2〉
補助機能の外向的感覚がもたらす特徴

　外向思考型は、こわもてで愛嬌はあまりないが、フランス人の場合、これが補助機能の感覚型によって和らげられている。だからフランス人は陽気なところもたくさんある。

　そして感覚型は感覚刺激に敏感で、享楽的なところがあり、美食を楽しむ。**感覚型の気質要素が、外向型でも内向型でも、美味しい料理をつくることができる気質的素地**だからだ。

239

第Ⅰ部　世界諸国の国民性

■**仕事はのんびり**

　もちろん外向感覚型は遮二無二には働かない。商売はそこそこうまくやっていても、よりよく売るための努力はいま一つ。役所は一般に能率はよさそうには見えない。夏のバカンスシーズンはもちろん、その1カ月前から人々はそわそわしているから、その頃のビジネス交渉は控えたほうがよい。

　というわけで、外国人からは「フランス人は悠長な人種だ。しばしばロマンスと一緒にうまい飯を食べ、粋なライフを発明し、世界一高いレストランをつくり、外国語なんかへとも思わず、たいていの連中は尊大だ」と、笑いながら揶揄されることになる。

■**個人の家や建物の中は綺麗だが、外はしばしば汚い**

　これは外向感覚型の気質要素のある国ではほとんど、どこでも見られる傾向である。アメリカ人がヨーロッパに行って一番感じることは、ドイツを除いて汚いということだそうだ。

　かつてパリの街角に陣取っていた公衆便所エスカルゴ（丸いカタツムリのような形をしていた）は、周囲に公然と芳香を漂わせていた。

　パリの中心地の道路には犬を散歩させる人が少なくないが、犬の落とし物があちこちに散乱しており、歩くのに気をつけないとたまらない。毎朝道路の両側に放水して洗っているのはそのためだ。

　私が1958年フランスに行った当時は、風呂やシャワーの設備がまだあまり整っていなかった。だいたい昔のフランス人は風呂にあまり入らなかったらしい。気候がマイルドで乾燥しているからだろう。中国人は西洋人を「臭い人」と呼ぶそうだが、香水が発達したわけが分かる。学校から子供がシラミを持ってくると嘆く日本人母親もいた。私もパリにいたとき、たくさんノミに攻撃された。砂地だからだと言われた。

　しかし最初にフランスに行って何よりもびっくりしたのは、大都市は何世紀もの石炭の煤煙が積もりに積もって、町全体真っ黒だったことである。ようやく1970年頃から洗われ、綺麗になった。

■優雅さと、かっこよさを重んじる

　フランス人は、自分をカッコヨク人に見せたい。やぼったいのは大嫌い。北欧からフランスに車で入った知人が道路標識に至るまで、芸術的美を輝かせていることに感激していた。

　だから、フランス人の友をつくりたいなら、綺麗に着飾ること。シェイクスピアいわく「パリに行ったら服装に金を使え！」

〈131・212〉
その他

■エスプリ・フランセ

　外向感覚型の気質要素を持つ人は一般にウィットが上手。フランスにもエスプリ・フランセ（粋な頓智）がある。ルイ14世のお抱えの老神父の説教が毎日延々何と3時間！　ヴェルサイユ宮殿でそれに付き合わされた貴婦人たちはたまらない。小さな「おまる」を大きなスカートの下に隠し持っていたところから、「おまる」を神父の名をとって「ブールダルー（bourdalou）」と名づけた。仏和辞典にも載っている。

　ヨーロッパに初めて船で行ったとき乗ったフランス客船にはホールがあった。その一角に聖母マリアの像があった。ところが、午後再び同じホールを通ると、同じところに今度はヌード像があった。変に思って背後を見て驚いた。なんと出てきたのはヌード嬢と一体にされてしまったかわいそうな聖母様！
（昔からフランス人が大好きだった筆者の筆が、時々ついつい滑ってごめんなさい！）

〈131・213〉
地域差

■南北の違い

　南の国は日光がよく照り、ワインができ、人は明るく開放的。相手の手や体に触って親愛の情を示す度合いが高い。北の国はそれほどでもない。南は

chaleureux（熱い）北は froid（冷たい）とフランス人は言う。
　また、フランスでは南の人は一般に働き者ではないと思われている。また、それほどロジックは強くはない。北の人はよく働き、真面目。だからビジネスに強い。

■**中央部と国境に近い地域**
　パリ盆地を中心とする広い地域の人たちが全般に今まで述べてきたような特徴を持っている。国境に近い地域は、接する隣国の人たちの気質に近いものを持っている。
　また、周辺部はその独自性を強調して、自らのアイデンティティを明確に打ち出そうとしている。自分を外国人に紹介する場合も、フランス人というより、サボアの人間、アルザスの人間、ブルトンの人間と言う。東京にすら、それらの地方の代表部が置かれている。だから、ブルターニュなどでは独立国家になろうとする動きすら起こった。また、ブルターニュやアルザスなどは、地方語を温存する運動が盛んになり、学校で正規の授業にまで取り入れている。
　周辺部の人に言わせると、パリは周辺部を尊重してくれない。そして何か言うとすぐ、「je sais！（そんなことわしが知らんとでも思てんのか！）」と言う。
　パリの人よりも田舎の人のほうが付き合いやすいのは確かなようだ。パリには年金生活者や、金融資産で生きている人が多く、外国から来た成り金やお金持ちはあまり好きではない。パリはフランスではないと言う人すらいる。

■**国歌**（中国の国歌にも似て、外向型の戦闘意識に溢れている）
　いざ祖国の子らよ、栄光の日は来た！
　我らに向かって暴君の、血塗られた軍旗は掲げられた！
　聞こえるか、戦場で、あの獰猛な兵士どもが唸るのを？
　奴らは我々の腕の中まで、我らの息子や仲間を殺しにやってくる
　武器を取れ！　市民諸君！
　隊伍を整えよ！　進もう！　進もう！
　不浄な血が我々の畝溝(うねみぞ)に吸われんことを！

〈131・22〉
韓国人
外向④思考③感覚③

■**ユングの解説**：外向思考型〈013・2〉499ページ、外向感覚型〈013・7〉520ページ。

■**調査旅行**：ソウル、2001年3月20～24日。

■**Interviewees**
・李御寧、元文化部長官
・呉在熙、元駐日・駐英大使
・趙伯済、明知大学副総長
・金汪培（Kim Wang Bae）、延世大学社会学科教授
・孫興徹、延世大学哲学科教授
・鄭夢準（Dr. Chung Mong-Joon）、教授、国会議員
・金賢美、延世大学社会学科教授
・金贊鎬（Kim Chan Ho）、延世大学社会学科教授
・卞明燮社長

■**資料**
・『「ふろしき」で読む日韓文化』李御寧著、学生社、2004年。
・『韓国人』尹泰林著、馬越徹／稲葉継雄訳、高麗書林、1975年。
・『韓国人の美意識』洪思重著、森敦監訳、三修社、1986年。
・『韓国人の心理』金烈圭著、ごま書房新社、1978年。
・『韓国人の発想』黒田勝弘著、徳間書店、1995年。
・『もっと知りたい韓国』伊藤亜人編、弘文堂、1988年。

■**国土**
　韓国の面積は10万33平方キロメートル。人口推計5063万人（2015年）。朝鮮

民族は、アルタイ山脈周辺からモンゴル高原、シベリアを経て、紀元前3000年頃から中国東北地方の南部と朝鮮半島にかけて波状的に移動を重ねた新石器人が、そこに住んでいた旧石器人と接触し、複雑な歴史的過程の中で種族的、文化的に融合して形成されたものと推定される。言語的には中国とはほとんど縁がなく、むしろ日本語と遠い親戚関係にある。民族意識が強く、社会的紐帯感も強い。

〈131・221〉
外向型の特徴

■意識が外に開いている

オープンである。明るい。知らない人とも気安く話せる。喜怒哀楽をはっきり表に出す。物怖じせず、積極的。韓国の文化は外に向かって開く「ほぐす文化であり、韓国語には「締める」という言葉すらない〔注：『「ふろしき」で読む日韓文化』李御寧著、学生社、p.18〕。

■自己主張が強い

自己をしっかりと確立し、自己を主張する。個性的。儲けになること以外では、他人の真似はしない。競争心が強く、「彼ができることは自分もできるはず」という気持がある。同じ職場でも、自分の持っている有利な知識や利点は他人には教えない。だから、活力が出るには、常に競争相手が必要。困難にファイトを燃やす。他人への要求が強い。喧嘩ッ早い。しかし、しばしば喧嘩してから真の友となる。

■個人主義

個人主義は中国人ほど強くはないが、本来自由と個性を尊重する民族であった。独りで独立したい。万年部長で定年を迎えるよりも、その前に自分の事業を始めたい。何代にもわたって職業を引き継ぎ、家の伝統を守るというような意識はあまりない。

■集団では弱い

一人で交渉するときには強いが、複数でするときには弱い。自分たちの互いの矛盾を相手につかまれて負けやすいからである。台湾の評論家、柏楊によれば「一人の中国人は龍。一人の日本人はブタ。3人の中国人はブタ。3人の日本人は龍」〔注：『もっと知りたい中国』野村浩一／高橋満／辻康吾編、弘文堂、1991年、p.99〕と言われるが、韓国人にも中国と似たような傾向がある。

■集団と個の利益が合致したときには「神風が吹く」

画一的な集団ではうまくいかない。しかし、個人の利益が集団的にまとまったとき、あるいは、上司の個人的利害と部下の個人的利害が一致したとき「神風（シンパラム）が吹く」と言われる。皆が同時に動きたくなるような風が吹くというわけである。大きな力を発揮する。「契ケ」がそのよい例である。「契」とは相互扶助組織で、相互金融、相互労働および相互親睦と多彩な活動を含んでいる。

集団化するとすれば、内向型のように独りでいるのが不安だからではなく、特定の目的や利益を獲得するために役立つ場合である。それがなくなるとただちに別れる。職場も容易に変わる。自分や一族郎党の利益のために、給与の高い会社に転職することのほうが先決だとの観念がある。当然、会社に対する忠誠心はない。あるとすれば、上司が個人的に配慮し、自分の利益をもたらしてくれる場合である。

外向型社会の組織は生命体的組織ではなく、機械のような組織であり、人の交換が機械部品を取り換えるように容易。転職も多く、企業も政府も能力や資格があるとすぐに中途採用する。

〈131・222〉
■主機能の外向的思考がもたらす特徴

韓国人に一番近いヨーロッパの民族は、同じ気質要素を持つフランス人ではないかと考える〈See：131・21〉。

■論理的思考の重視

テレビの解説者の多くが、極めて論理的である。ものの道理の通る世界の重要性を主張している。「〇〇が正しいことだから、それをしなければならない」という思考が顕著、まさに外向的思考である。

1990年代前半に「W理論をつくろう」という本がベストセラーになった。日米に対抗して世界に通用する商品をつくるための基礎理論を構築しようという本である。競争に打ち勝つために、まずは理論を構築しようとする。まさにフランスのデカルトの『方法序説』の考えである。

■社会をリードしてきたソンビ

ソンビ「士」とは、学徳優れ、義理と礼節を守り、権力と富を貪らぬ人品優れた高潔な人物で、特に高麗、李氏朝鮮王朝時代に儒教的理念を具現しようとした人たちだが、その伝統を受け継いでいるとされているのが学者と役人である。そのため、高級官僚の中には大学教授や言論人が多く、朝鮮民族の精神を支えたソンビは、まさに理想的な外向思考型だ。

王は「理」に合致するときのみ王であり、それゆえ「理」を掌握しているという「士」に比べれば、権力者は弱かった。フランスのように、社会の主役は、一に知識人、二に知識人、三に知識人なのである。

それゆえ、朱子学がこの民族を「理」を好きにしたのではなく、生来の「理」が好きなことが朱子学に熱中させたのである。

■政治の世界では

政治番組の視聴率は日本よりもはるかに高い。政争は、野党が与党を、道徳理念を掲げて、相手がいかに道徳的でないかを暴く戦いになっている。与党は、朱子学などを盾にとって、野党を攻撃する。だから、前大統領が裁判にかけられ、死刑の宣告すら受けるような事態にまで発展しかねない。

また、政治では、外向思考型の中国では「上に政策（合理的筋を通した方針）あれば、下に対策（現実主義的解決方法）あり」というが、韓国社会でも同じである。

また、トップは、「弱い人間」と思われてはならない。だから命令について

くどくど説明はしない。弁解して言い訳をしていると、弱さと受け止められてしまう。〈上にあって泰然自若として命令を下す司令官〉であることがまず求められる。

　外向思考型を主要機能とする社会の男性の理想像は、フランス人にもよく見られるように、重厚な威厳をもった人物、決断力のある面倒見のいい親分肌の人物である。強いて言えば、日本のトップは母性的だが、朝鮮のトップは父性的である。

■**ハングルの発明に見る「理」**
　朝鮮民族が外向思考型（合理的「理」の思考を重んじるタイプ）であることを最もよく示しているものに、ハングルの発明がある。日本語の「かな文字」は9世紀頃から**自然なかたち**で生まれてきたが、ハングルは、15世紀に国王、世宗大王（在位1418〜50年）の命（1446年）によって**意図的**につくられた〈論理的に完璧な合理的文字〉であった。当時の哲学（朱子学）と言語学の粋を駆使してつくられており、陰陽の思想が基盤にある。○は陽、□は陰で、その組み合わせによってつくられ、「訓民正音」という名で公布された。世界でも、その国の文字をこのように論理的につくり上げ、それが現代においても通用している国はほかにはない。

　また、大韓民国の国旗「大極旗」は朱子哲学の基本哲学をそのまま見事にシンボル化したもので、国の理念をこれほど的確に表わした国旗は、これまた世界でも珍しい。

■**人々は二つの世界に生きている**
「理」の世界と「気」の世界である。「理」の世界とは外向思考性の世界のことで、政治や学問の世界である。厳しい秩序意識が存在する。旅行者や短期滞在者の目には触れないが、これは息の詰まるような緊張に満ちた世界でもある。もう一つの「気」の世界は、外向感覚性の世界であり、情け、ゆるし、癒し、混沌の世界で、鷹揚で心が広く、いい加減でルーズであると同時に人情深い。それゆえ韓国社会では、人々が集まると、その空気から「理」で接するか、「気」で接するかを判断する。先生と食事する場合には、礼節を重んじるが、仲間と

では、どんちゃん騒ぎとなる。大学の授業に遅れていくと、非難されるが、親しい友人との集まりに時間どおりに行くと、かえって叱られる。「自分たちの関係はそんなに神経質にならなければならないような冷たい関係ではない」と。

■料理においても合理性を重視する「理の料理」と「気の料理」がある

「理の料理」は、それに相応しい礼をもって食べなければならなかった。国王のお膳は、五汁、十二菜。その内容も厳格に哲学によって決まっており、五行の五色を調和させるなど、宇宙の秩序を反映させようとした。

これに対して、庶民の「気の料理」は外向感覚型社会によく見られるように、料理の味をとことんまで追求したものとなっている。美味しく、種類も多く、まさに食台の足が折れるほどである。

■美においても「理」

そこに何らかの「倫理的な根拠」がないと、美とは認められない。竹はその柔軟な素直さのゆえに、松は緑を常に保つ努力のゆえに、菊は霜風のなかでも忍耐するがゆえに、美しいのである。文学の登場人物にもこうした側面が求められる〔注：『韓国人の心』李御寧著、p.228〕。

〈131・223〉
意識の根底には「恨(ハン)」の観念がある

「恨」とは長い歴史を通じて、大陸の南北の巨大な争いに巻き込まれ、周辺諸国から侵略され、苦悶に悶えつづけた結果生じたトラウマである。ひりひりと痛む胸を、人知れずあやしている気持を恨と言い、朝鮮民族の特徴の一つとされている。

この民族の詩歌には「恨」を主題にしたものが多く、朝鮮の芸術は「恨」の芸術とまで言われている。有名なイ・ミジャ（李美子）の歌は悲しみを歌ったものが多いが、それは「恨」の情緒を歌ったものだと言われている（『韓国日報』1999年9月10日付）。

李御寧(イ オリヨン)氏によれば、『半島三千里』を子供たちが声を張り上げて歌うのを聞

いていると、あたかも全世界の人たちに「この大地は僕たちのもの。誰も手を触れないでください」と哀訴しているように聞こえる〔注：『韓国人の心』李御寧著、p.38〕。

しかし、韓国の哀しい「恨」の調べには、行進曲のように快活なリズムも交じっている。悲しさと楽しさの相矛盾する情感が感じられる。慟哭するかのように、泣くかのように歌われる哀しい歌であっても、その合間に「チョッタ」とか「オルシグ」などの囃子言葉が挟まれているのである。これは外向感覚型社会の人が、明るさを失わないことの一つの表われである。

ここには逆転の文化がある。負けていても、最後には打ち勝つ。だから、スポーツを観ていて一番喜ぶのは逆転である。

そして李御寧氏は「いままで書いた私の韓国文化論を、もし一つの言葉で強いて要約すれば、それは『恨の文化』と言うことができる」と言っておられる（『「ふろしき」で読む日韓文化』p.267）。

しかし、筆者は、この「恨」の思いが、世界の他の外向感覚型社会にも共通して存在していることを見つけた。そこでは明るい意識とは裏側に、このような深い悲しみが、心に棘のように突き刺さっていつまでも抜けないでいる。そして、その痛みを訴える歌も多い。

ギリシア人にも極めて類似した「恨」の特徴がある〈See：111・222・1〉。

ハンガリーの民謡にも悲しい短調の曲が多い。そして「外国人よ、攻めにこないでください」と切々と訴える〈See：112・244〉。

しかし、それらの国の人たちも、歴史の中に翻弄されながらも、自己のアイデンティティを勝ち取ってきた。

国際気質学者Hofstede〈See：223・40〉が言っている。「多くの国が大国に吸収され消滅するなかで、なぜ一部の小国が独立を全うすることができたのか。確かに幸運もあったかもしれないが、独立しようとする不屈の精神があったからこそ、それを乗り越えることができたのである」（HCC, p.97）

〈131・224〉
補助機能の外向的感覚がもたらす特徴

　外向感覚型の人に強く感じていることは、世界における外向感覚型の人たちの重要な使命の一つは、社会を明るくすることにあるということである。外向感覚性が補助機能であるゆえに、トーンは少し下がるものの、心の底には、この明るさがしっかりと根付いている。「モッ」という言葉を多用するが、規則に縛られない自由、解放、自律性を意味する。「モッがあるとか、ないとか」言う。

■遊び好き

　楽しむことが人生の生き甲斐。お金がたまると貯金するよりも、遊びに使おうとするのはどの外向型社会にも見られる傾向であるが、特に外向感覚の気質要素がある社会においてその傾向が著しい。「人生一場春の夢、いかで遊ばず過ごせよう」（俗歌）というわけである。

　ひところ、経済的に余裕ができて、海外に遊びにいく韓国人が多く、韓国病と言われたことすらあった。富豪の2世の中には西欧流の優雅なプレイボーイになって遊ぶ人がしばしばいる。

　差し迫ってきたときには、懸命に働くが、遊ぶときにはよく遊ぶ。仕事と遊びと一緒にある。「畑に行くときも、そこに愛する人がいる」という気持がある。

■表面の格好良さが大切

　好き嫌いがはっきりしている。やぼったいのは大嫌い。身分に相応しいよい身なりを大切にする。アメリカ人のようにジーパンをはくようなことは、若者の流行は別として、一般には流行しない。韓国人にとってのクリシェ（落とし文句）は「こうすれば、もっと格好いいかもよ」かもしれない。

■現実主義で、アバウト感覚、ルールもこだわらない

　交通規則もあまり守らない。急ブレーキとクラクションの音が激しい。現実の状況が変われば、契約を守る義務がないかのごとくに思っているようなところ

がある。契約書はメモランダムくらいの重さしかないようだと、あるビジネスマンが言っていた。

■計画的に物事をするのが苦手

韓国社会独特の時間感覚Korean timeがあると言われている。約束の時間も正確ではない。イギリスでは食事の約束は1カ月前にしておかないとならないが、韓国ではそんな必要はない。

プロジェクトも最初はのんびりしていて、期日が迫ると、俄にやる気が出、突貫工事で一気呵成に完成する。ただし、表面はよくできているが、ときに内部に欠陥が残り、大きな問題になることがある。

■大家族主義

外向型社会では一般に、権力者は庶民から税金を取り立てる敵と思われている。韓国の場合もそうだ。官吏をいつも敵（災い）と見てきた。『土亭秘訣（トジョンピギョル）』という毎年の運勢を占う本には、「官災」といって用心すべき対象の一つとして出てくる〔注：『韓国人の心』李御寧著、p.197〕。

特に外向感覚の気質要素を持つ国においてはそうである。政府は信頼できないから、血の繋がりによる大家族や、同郷者や同級生の繋がりを唯一頼れるセーフティネットと考えている。だから大家族の血の繋がりは特に重視する。

韓国社会において姓の種類が少ないことも、一つにはそこから来ているのかもしれない。金、李、朴の三つが一番多く、一応知られているのでも、全部で100程度、すべて集めても300に満たないと言われている。

■女性の位置

女性はアジアの女性の中では最も表情が豊かで、笑顔が美しいと言われているが、「政治が自由を抑圧しなくなると、それまでおとなしかった人たちが、こんなにも陽気で、アウトスポークンになり、ユーモアを楽しみ、歌やダンスに興じることができるようになるとは思ってもいませんでした。今はこういう人が尊敬されています。これを『Iism（アイイズム）』と言います」と金賢美教授が言っておられた。

90年代から韓国では、女性が自ら主張するようになった。女性のほうが優秀で仕事熱心と言われている。プロ意識があり、情熱でも負けてはいない。大統領も笑いながら言われたとか。同じ傾向はロシアにもポーランドにもあった。カナダでは銀行のクラークの多くは女性である。大ざっぱな仕事は男性のほうが一般に適しているようだが、細かい正確性を要する仕事は、女性に適しているのかもしれない。これは女性には男性よりも内向型が多いからかもしれない。今では、巨額な資金を蓄え、直接企業などへの貸し付けにまわして、金利を稼ぎ、韓国経済の大きな柱となっている主婦たちの金融組織「契」がその好例である。

〈131・225〉
地域的な相違

　南西端の全羅道は繊細で優しいが計算高い。その北の忠清道はおっとりしており、その北のソウルを中心とする地方、京畿道は、洗練されている都会人。南東部の慶尚道は、開放的で活発（朴大統領から金泳三まではここから。財閥も圧倒的にここの出身者）。北東の江原道は、素朴な正直者と言われている。
　李御寧氏によれば、昔の分け方で北の高句麗（コグリョ。ほぼ今の北朝鮮）と中東部の新羅（江原道、近畿道、忠清道、慶尚道）と南西部の百済（全羅道）に分けると、高句麗は満州のツングースの血を引き、武士的で激しく戦う気性がある。百済は日本人に近い。繊細で、内向的で、芸術家肌だ。それら二つの中間が新羅であり、今日の朝鮮民族全体としては高句麗的なものと百済的なものとを中和したものとなっている。

■南北の違い

　朝鮮半島では、北は南よりも性格は強い。女性も北のほうが一般にしっかりしていると言われている。南はのんびり型、北は努力型。呉元大使によれば、北朝鮮の人は生活力が強く、忍耐力が強く、困難を乗りきる力が強い。200～300万人の人が北から南に逃れてきたが、卑賎な仕事もいとわず、乗りきった。逆だったら南の人の多くは死んだだろうと言われている。北は進取的で、自分

から積極的に求めて出る傾向があるが、南の人は一般に進取的ではなく、保守的。60〜70年代にブラジルに多くの移民が政府の奨励の下に行ったが、いろいろな困難を乗り越えて最後に北米に入ることができたのは北の人たちだった〈See：33「気質と気候の関係」〉。

〈131・226〉
韓国人と日本人の相互理解のために

　両民族の気質の違いは、第一に内向型と外向型の違いである。第二には、思考型と気持型の違いである。日本人は「内向感覚・気持型」であり、朝鮮民族は「外向思考・感覚型」である。極端な表現が許されるなら、今まで韓国人について述べたことの裏返しが日本人なのである。このような違いは、確かに、双方の側に相手に対して大きな誤解を生じさせることになる。
　両国は今からは真の隣人として未来を築かなければならないが、これは単なる友好の問題ではない。もっと重要な問題が関わっている。なぜなら今やリーマンショックで明らかになったように、世界には経済的に独立できる国は一つもなくなった。ということは、**政治的にも独立国はなくなった**ということだからである。良きにつけ悪しきにつけ、一つの国の問題はすべての国に波及する。すなわち、**世界は一つの生命体**となってきた。そして生命体では、肺が弱れば心臓も弱る。心臓が強くなれば、肺も強くなる。肺は心臓と領土争いはしない。心も一つにしなければならない。
　そして現在（2015年）日韓両国の間でもう一つの重要な懸案は、日本の謝罪の問題である。しかし、日本人は「気持型」であるため、フィーリングに左右され、外交姿勢に論理的一貫性に欠けることがある。そこに論理的一貫性の筋を一本通そうとしても、よく通らない。
　一方、韓国や中国の人たちには「思考型」の気質要素が強く、論理的一貫性には極めて敏感である。ゆえに、日本政府が謝罪をする場合、論理的一貫性を貫いて謝罪しなければ、彼らにとっては謝罪にならない。
　その解決の具体的方法については、後出のドイツと日本の攻撃性〈See：222・332・2〉と昭和天皇の謝罪の問題〈See：223・363・2〉をお読みいただ

ければと思う。

〈132〉
第2節　思考・直観型

〈132・1〉
内向思考・直観型

〈132・11〉
イギリス人
内向①思考④直観③

■ユングの解説：内向思考型〈023・2〉546ページ、内向直観型〈023・9〉569ページ。

■資料
・『ありのままのイギリス』石井美樹子著、日本文芸社、1996年。
・『イギリス文化論序説』高山信雄著、こびあん書房、1996年。
・『自由と規律』池田潔著、岩波新書（C141）、1963年。

■Interviewees
・The British Council, Michael Barrett OBE, 1998年3月9日
・中野雅子、長年イギリスに在住していた知人
・佐久間・丸紅生活産業課（3282-3415 or 2111）1997年11月11日学士会館で会う。
・呉在熙、元駐日・駐英大使

■国土
　正式名称は、United Kingdom of Great Britain and Northern Ireland。24万

平方キロメートル（日本の約0.6倍）。人口6318万1775人（2011年）。イギリスも民族の坩堝である。ケルト人、アングル人、サクソン人、ノルマン人など様々。イギリス人なる人種は存在しない。ケルト人はスコットランド、ウェールズ、アイルランドの人種的土台となっており、イベリア系と思われる先住民の血はケルト人やローマ人によって薄められた。一方、バイキングの血をひくノルマン人やゲルマン系のアングル人、サクソン人、デーン人などはイングランドの人種的土台となっている。

■気候

暖流である北大西洋海流と偏西風の影響により、高緯度に位置するわりに冬は暖かく、夏は涼しい。

■略史

829年、ウェセックス王エグベルトによってイングランドが統一され、1536年にウェールズ、1707年にスコットランド、1800年にアイルランドが合併された。産業革命により、世界の先進的工業国となり、ビクトリア時代（1837～1901年）に大英帝国黄金時代を迎えたが、第一次世界大戦後、経済的主導権はアメリカ合衆国に移り、さらに第二次世界大戦後は海外植民地が相次いで独立するとともに、世界の政治、経済に占めるイギリスの地位はしだいに低下。しかし、現在も依然として世界の主要工業国の一つであることには変わりはない。第一次産業の比重が極めて低く、食糧や工業原料は大部分輸入に依存、これが国際収支の慢性的赤字の原因となっていた。しかし、1970年代に新たに発見された北海油田の開発が進み、再生への活力となっている。

■一般的印象

韓国での気質調査をしていた折、呉在熙、元駐日・駐英大使が、イギリスでの経験から、外国人がイギリス人から受ける印象を次のようにまとめてくださった。
「国民全体が政治家という印象を受ける。言葉を選び、勝手気ままに話さない。人に心遣いをする、後ろから来る人にドアを押さえて待ってくれる。レストラ

ンなどでも小声で話し、周囲に迷惑のないよう気を配る。子供が大声を出すとたしなめる。イギリスのデパートは静か。常識的に行動する。公衆道徳に反したり、他人に迷惑をかけないように気を付けている」(Interviewed in Seoul、2001年3月)。

〈132・111〉
内向型の特徴

イギリス人は、スイスやドイツ人やスウェーデン人より内向性が少なく、quite optimisticでhappyという調査結果が出ている。またユーモアの感覚もそれらの国の人たちよりは備えており、あまり深刻にならない。

オランダの国際気質学者G. Hofstedeは、社会の組織におけるトップと部下の間の力の隔たりの大小の指標（Power Distance Index：PDI）によって国民性を表わそうとしているが〈See：223・40〉、私はPDIが大きいほど外向型となり小さいほど内向型となると見ている。そして彼の調査では、Britishは、PDIが内向型諸国の中では最も大きい国、つまり外向型に最も近い国となっている。

■平等性を重んじるイギリスでは、国王の絶対的権力の確立が阻まれた

ローマ帝国が崩壊すると、皇帝の絶対的権力はフランス系のゲルマン人侵略者によって受け継がれたが、ブリテン島のアングロ・サクソン系のゲルマン人は、ローマ化されていたケルト人とは交わらず、彼らをブリテン島から追い出してしまった。

そして、後年、ノルマン系の王たちがイギリスに来て絶対君主制を打ち立てようと試みたが、「内向型で平等性を重んじるゲルマン本来の伝統」を継承していたイギリスの貴族は、頑強にこれに抵抗、ついに王たちに人民の権利を認めさせてしまった。マグナカルタの調印（1215年）である（Hofstede：HCC, p.100）。

第3章 思考が主機能の場合

■アグレッシブではない

　全体的に見ると、イギリス人はアグレッシブではない。ストレートに相手にぶつけない。控え目に問題を指摘する。あまり自己を主張しない。口喧嘩も少なく、どちらかと言うと、寡黙である。

　確かにイギリス人には、相手の気持を配慮する節度と礼節がある。だから紳士の国と言われている。小さいときから母親は子供に「You must act like gentleman」と言って躾けている。南欧とは違い、内向型の雰囲気がある。このイギリスの教育に惚れ込んでいた私の曾祖父（山口尚芳）は、たまたま岩倉使節団の5人の副使の一員としてイギリスも訪れていたが、8歳の長男を、他の同行子女とは違い、アメリカではなく、イギリスの然る旧家に預けて帰国してしまった。

　第二次世界大戦中ロンドンにいた父も、イギリス人のgentlemanの一面を体験していた。「自分は敵性国家の人間だったが、彼らは紳士的だった。もちろん警察がそれとなく自分を監視しているのは分かっていたが、普段の生活はまったく自由にさせてくれた。日系の会社なのに、仕事をそのまま続けることを許してくれた。誰からも危害を加えられるようなことはなかった。イギリス人の偉いところはこんなところにあるんだよ。懐が深い。大人なんだ」と言っていた。

　そして、昭和18年、最後の交換船で日本に帰国したときには、敵国人を送り返すというのに、イギリスの関係当局は、何でも持ち帰るのを許してくれた。ゴルフ道具をはじめ、たくさんのレコード、当時としては珍しかったダイナミックスピーカーのついた電蓄（外国の短波放送を傍受できる受信機までついたまま）、ロンドン仕立ての背広をはじめ、家族のためのたくさんの衣類、母のための香水、子供たちの本革の革靴、毛布、Johnny Walker、チーズ、菓子、果ては防毒マスクに至るまで持ち帰った。

■法やルールを守る

　社会のルールをよく守る。交通規則も守る。車の合流地点では、外向型社会でよく見られるような〈先を争って入り込もうとする〉ことはせず、互いに交互に入るのが不文律となっている。その他のことでも、先を争うことはせず、

257

列をつくって待っている。イギリス社会の伝統を多く残すカナダのブリティッシュ・コロンビア州でも、そういうところがある（2015年）。社会の公正さや個人の生活を脅かすルール違反は特に嫌う。

■厳しい罰則

イギリスでは税金を滞納すると督促状が来る。それでも払わないと禁固刑に処せられる。数年前（2003年？）73歳の女性がカウンシル・タックスを、値上がりが激しすぎるとの理由で拒絶し、禁固刑に処せられた。「税金は過去10年間で50％も値上げしているのに、年金は1.7％しか上がっていない、おかしいではないか」というのが彼女の言い分だった。彼女は自分が禁固刑に処せられることで、世間に、いかにこの税が不当かをアピールしたかったのだが、誰かが彼女の税金を支払ってしまい、刑務所から追い出されてしまった。彼女はよけいな事をされてせっかくの訴えが台無しにされたと大変なおかんむり（中野）。

■計画性

内向型には計画性があり、計画どおりに実行し、約束したことは守る〈See：221・3〉。イギリス人は長期計画を立てる。食事を約束するにも1カ月前にはしておかなければならない。夫人同伴となると、3カ月前にアポイントメントをとらなければならない。短期計画は約3カ月、中期計画は約1年から2年、長期計画は約3年という具合である。

カナダで生活していても感じることは、外向型、それも特に外向感覚型の人たちは、医者のアポは別として、まず計画性がなく、何かを頼んでも、約束どおりに来てくれることはあまりない。

■伝統を重んじる

イギリスは伝統やしきたりを大切にする。古いものへのこだわりが強い。博物館が多いのはそのためかも。王室の行事はそのうち世界の無形文化遺産になるかもしれない。

例えば、毎年11月11日は、アングリカン教会では死者を記念する日となっているが、戦没者の追悼式典がロイヤルファミリー列席のもとで行なわれ、国全

体で午前11時に2分間の黙禱が捧げられる。この日の数週間前から人々は胸に赤いポピーのバッジをつけるが、これはワーテルローの戦場跡の野原一面に赤のポピーが咲いたことによる。その伝統は今でもカナダのブリティッシュ・コロンビア州に伝わっており、同じように赤いバッジをつけている。

■**古い家具も大事にする**

　だから骨董品屋が多いのかも。役立つもの、使えるものは古くても使うという合理主義がある。ロンドンのタクシーは何年たっても形が変わらない。父が住んでいたロンドンの貸間に30年後に行ってみたが、部屋の中の家具・調度品は、みな、昔、父が送ってくれた写真そのままだった。その時の家主の小母さんはまだ健在だった。

　確かに古いものを大事にすることは、マイナス面もある。公共サービスでは、イギリスではシステムは古くなり問題がよく起きる。料金の徴収方法、水道の老朽化、停電の問題等々いろいろある。しかし、ヨーロッパの先進国で公共のサービスに文句を言わないのはイギリス人。**ベルギー人はかなり文句を言う**。といって、イギリス人自身は「伝統を大切にする」と言われるのは嫌う。ただ、Best of the pastを大事にするのだと言う（中野）。

■**社会の構造も変えない**

　イギリス人は大きな変化や革新を嫌う。今でも様々な形で昔の**社会構造**が残っている。大地主の名はたいていノルマン系の名前である。上層階級はしっかりと自分たちを守っている。下層階級の人たちは、下層階級にとどまって「そういうもんだ」と思い込んでいる。上に上がろうと焦ることもない。むしろ同じ階級の人とでないと落ち着かないようだ。言葉使いや生活習慣、行動様式まで違う。標準語などは存在しない。むしろ自分たちの階級の独自性を示すために、独特のアクセントで話すのを誇りとしている。上層階級は日本人にも分かる教科書どおりの英語を話す。下層にいくほど分からなくなる。上層階級の人たちはBBCのアナウンサーのように、上唇を動かさないでしゃべる。喜怒哀楽を示さない。中間層クラスは比較的よく示す。サッチャーやメジャー首相は、例外的に労働者階級の出身だったため、言葉を直すのに苦労したという（中野）。

そしてホワイトとブルーカラーの違いまで階級的に固定する傾向がある。スポーツにも階級の違いがある（2000年）。下層階級はサッカー。上層はラグビー。昨今はこの階級的隔りがなくなりつつあるとはいえ、他の階級の生活に対して羨んだりはしない。また、一度自分で選んだ人生の道はなかなか変えようとはしない。

　学問の道においても階級に分かれている。そもそも大学に行く人は少ないが、トップは大学に教員として残る。優秀なのは哲学をやる。次のクラスはサービス業に行く（シティなどの金融機関などに）。下はメーカーに行く。

　自分の階級から脱却して上に上がるために、進んで高い教育を受けようとはしない。中学が義務教育になったのは、ほんの最近のこと（1990年）。6割ぐらいは義務教育しか受けていない。だから大学は他国と比べて少ない。しかし、存在している大学には、オックスフォードやケンブリッジのように世界をリードする大学がある。

■王室も変えない

　現在王室が存続している国は、世界では、大半が内向型の国である。東洋でも同じである。イギリスでも同じだった。フランスの王室のように実権を握っていたなら、潰されていたに違いない。

■産業革命とその後の経済発展に見るイギリス人の内向性

　産業革命以来、近代のイギリスが経済的に大きな発展を遂げることができたのはなぜか。"The Wealth and Poverty of Nations"の著者David S. Landesは次のように述べている。

　「初期のイギリスのテクノロジーの**優秀性**superiorityを理解するには、**勤労**workをいとわず、**工夫力**ingenuityを有し、**想像力**imagination に富み、**企画力**enterpriseを持った精神（内向型の精神）が必要だった〈See：223・35〉。

　これを理解するには、物質的有利性material advantages（ほかにも工業の発展によい条件を備えた国は存在していたが、イギリスのイニシアティブにはついていけなかった）だけではなく、非物質的価値non-material values、や文化というものも考慮に入れなければならない（計量化に気を取られる経済学者

はそうした価値には関心が薄い)。産業革命という生命活動となると、まさにこうした精神的価値こそ問題にしなければならなかった」(Landes, *The Wealth and Poverty of Nations*, p.215.［邦訳『「強国」論』デビッド・S・ランデス著、竹中平蔵訳、三笠書房、1999年]）

それに加えて、イギリス人は、内向思考型の国民でありながらも、他の内向思考型の国民と比べて最も外向性が高かったために、**material advantagesの側面も看過しなかった**。そのために、ほかの内向型民族ではなく、イギリス人が産業革命に成功したのではないかと思われる。

こうして産業革命以来、唯一イギリスだけが年1％前後の経済成長を続けていたが、現在も、国民一人当たりの生産性では、他の内向型諸国とともに、世界の上位に入っている〈See：223・52〉。

〈132・112〉
内向思考型がもたらした特徴

イギリスでは、あらゆるところに、あらゆる場面で、あらゆる人から頭脳を感じる。電車に乗っても、新聞を広げてまずするのがクロスワード。本もよく読む。会話の端々に引用が出てくる。シェイクスピアも普通の人の口から登場する。頭脳だけで出来上がった国。論理的な美しさですべてが計算されているという感じがする（中野）。

ロンドンの街を飛行機から見下ろすと、同じような四角のブロック集合住宅がたくさん見える。中庭の周りに同じ形の家が長屋のように併設され「ロ」の字をつくっており、幾何学的な思考が強く感じられる。

■自分で考える：I do it in my own way

イギリス人はよく考えてから行動を決定する。自分の主張を貫く強さを持っている。しかし同時に、互いに個人の考え（聖域だ）を尊重する。

原則はしっかり持っているが、現実に良識的に対応する柔軟性がある。その場合、理屈に合った判断をする。

一番やりたいことは自分の考えに従って仕事をすること。「イギリスでは、

仕事場を生産ラインにしないで、hobby centerにしたら成功するよ」と言う人がいた。

家庭でも「Think for yourself」と教育される。また親も自分の教育理念に基づいて躾ける。互いにそれぞれの考えを尊重するから、エクセントリックな人間も排除しない。

■責任も自分でとれ：On your risk

自分で考えて何をやってもよいが、その代わり責任はすべて自分で取れ。というのがイギリスである。ドイツの空爆で被害を受けたピカデリ・サーカスに、爆撃の翌朝、父が見に行くと、危険な区域には〈立ち入り禁止〉ではなく、〈On your risk〉と立て札が立っていた。その後、日本に帰国した父は、空襲警報が鳴った時、やれ防空頭巾をかぶれだの何のと、うるさく注意されて、「イギリスじゃ、個人の判断にまかせるのに、これじゃ、まるで赤ん坊扱いじゃないか」と怒っていた。

■論理的な料理

しかし、イギリスの料理はあまり美味しくない。私の調べたところでは、「思考性」の気質要素を持ち、「感覚性」の要素を持たない国の料理は、概して美味しくない。しかし、実質的は実質的だ。

「イギリス人は頭で食する人種のようだ。伝統的なイングリッシュ・ブレックファーストは、薄切りのトーストにジャムやマーマレード、バター、オレンジジュース、カリカリに焼いたベーコン、ソーセージ、卵料理（フライ、スクランブル等）、焼いたトマトにマッシュルーム、そしてベークドビーンズ。これに紅茶かコーヒー。かなりの量である。しかし、栄養学的に理に適っている。脳が働くために必要な蛋白質が非常に多く、1日のうちで最も体力、気力を必要とし、仕事がはかどる午前中から午後2時（時には4時）くらいまでに必要なエネルギーをカバーする。それに脂肪分もあるのでお腹が空かない。そして遅いランチは軽くサンドウィッチですませ、1日を効率よく使う。もし朝食がお粗末でお昼にたっぷり食べたら、午後眠気に襲われ、うまく脳が機能しなくなる。これを考えだしたイギリス人って何て頭がいいんでしょう！」（中野）

だから、ラテン系の国では、午後の「お昼寝（siesta）」が必要なのかもしれない。

■ **しかし繊細なイギリスのテレビ**
「イギリスのTV番組でとても気に入っているものに、動物の生態系や自然を扱った番組がある。それは細やかさと美しさで、見る人の目を釘づけにする。カメラワークの美しさ、その視点とコメントの素晴らしさに、イギリス人の自然や動物に対する深い愛情を感じる。感動的である。イギリス人の音楽のセンスも脱帽もの。コンサートはもちろんのこと、日常的にはラジオの音楽番組が抜群である。クラシックFMをよく聴いているが、選曲もパーソナリティーも文句なくいい。その他のラジオ局も素晴らしい。お芝居の役者も、俳優も、演技が上手。小さな名もない劇場でも、出し物がよければ大いに楽しめる」（中野）

■ **そしてすべてが行き詰まったときの忍耐力**
　内向思考型は我慢強いが、イギリス人は困難に直面しても忍耐強い。父が、その時の様子を語っていた。
「ダンケルクの後だった。ドイツ軍がいつ上陸してくるかもわからない極度の恐怖と、毎晩の空襲による極度の睡眠不足の中で（ドイツの爆撃機は毎晩2、3機でひっきりなしに飛来し、高射砲の音で市民が眠れないようにしていた）、ロンドン市民の疲労は極限に達していた」
　しかし、父は一言も不平や泣き言を聞いたことはなかったと言っていた。彼らはただただじっと耐えていた。父は、「いやあ、凄い忍耐力だった。その時チャーチルが全国民に向けて放送した。『私にあと2年くれ、そうすれば絶対に勝って見せる』と。口調は悲壮そのものだったが、絶対の自信に満ちていた」と言っていた。
　しかし、どんなに苦しんでいたかを父が実際に感じたのは、イギリス人の部下たちと一緒に地下室に避難していたときだった。あまりの重苦しい雰囲気に、父が皆を元気づけようと、『It's a long way to Tipperary』（「故郷Tipperaryに帰れる日はまだ遠いが、きっといつか帰れる」というインドの英国守備隊の軍歌）を歌いだした。第一次世界大戦当時ベルギーに曾祖父が留学させていた父

の叔父から習った愛国的軍歌だった。思いもかけず日本人の上司が歌いだしたのに驚いた部下たちは、皆一斉に立ち上がり、手をつないで大声で歌いだした。「皆、泣いていた！　涙にまみれていた！」と父は言っていた。

ノルマンディー上陸地点で行なわれた「ノルマンディー上陸50周年記念式典」で、クリントン大統領が称えたのも、イギリス人のこの忍耐力であった。

■**国歌**（内容は「君が代」のようだ）
God save our gracious Queen,
Long live our noble Queen,
God save the Queen !
Send her victorious, Happy and Glorious
Long to reign over us;

O Lord our God arise,
Scatter her enemies and make them fall;
Confound their politics,
Frustrate their knavish tricks,
On Thee our hopes we fix, Oh, save us all !
(First performance：1745. Adopted：early 1800's)

〈132・12〉
イスラエル人
内向⑤思考④直観④

■**ユングの解説**：内向思考型〈023・2〉546ページ、内向直観型〈023・9〉569ページ。

■**現地調査**：2001年10月26～30日。

■Interviewees
・Mr. Eli Lancman: Chairman, the Israel-Japan Friendship Society and Chamber of Commerce, Lecturer Haifa University.
・Ms. Dorit Ophir: Member of the Board of IJFS, Research Assistant, Tel Aviv University.
・Dr. Debora Heifetz-Yahav.
・Dr. Shlomi Ravi, Kibbutz Glil-Yam.
・Mr. Masanobu Ebisudani（戒谷公伸）, President, Tasaki (Israel) Ltd.
・Mr. Kimito Aida（會田公人）、President, Shion Diamonds Ltd.

■資料
・『ユダヤ人にみる人間の知恵』シモン中村著、マネジメント社、1991年。
・"Know Thine Enemy" by Edward Shirley, Farrar Straus and Giroux, New York, 1997.
・『日本人とユダヤ人』イザヤ・ベンダサン著、山本書店、1971年。
・Wikipedia: Theodor Herzl「Zionist leader」

■国土
　四国より少し大きく、2万700平方キロメートル〔注：イスラエルは2.2万平方キロメートルとする。数字はイスラエルが併合した東エルサレムおよびゴラン高原を含むが、併合は国際的には承認されていない〕。イスラエル中央統計局によると、人口約798万人（2012年）、内ユダヤ人約75.4％、アラブ人その他約24.6％（2011年）。ユダヤ教徒75.4％、イスラム教徒17.3％、キリスト教徒2.0％（2011年）。

■略史
　この地域には1万年以上前から畜産や農業が行なわれていた形跡がある。紀元前13世紀末頃までにイスラエル人はこの地に入植。前10世紀中頃ソロモン王の下に黄金時代を迎えた。その後はほとんど絶えず周辺諸国からの攻撃と侵入に苦しみ、ついに西暦135年ローマ帝国に決定的な敗北を喫し、周辺世界に離散。しかし、逃げる先々で2000年近くも迫害を受けつづけ、最後にはナチスによっ

て数百万人が殺され、逃げ場を失った。

■**経済概況**

　死海周辺で産出される臭素等を除けばエネルギー・鉱物資源には恵まれていない。一方、高度な技術力を背景としたハイテク・情報通信分野、およびダイヤモンド産業を中心に経済成長を続けており、基本的には輸出を中心とする産業構造になっている。なお近年、排他的経済水域内において、大規模な天然ガス田の開発が進められている。

■**イスラエル人の意識**

　イスラエル人の気質を語る前に、イスラエル人の心の世界について触れておかなければならない。イスラエル人にとっては、今も旧約聖書（Torah）の世界が現実の世界となっている。まず彼らには、絶対的な神が厳然として存在している。そして、その神との間に厳しい契約を結んでいることを強く意識している。

　その神からは「牧者が自分の群れの羊を探すように、私は自分の羊を探す。私は彼らを諸国の民の中から連れ出し、もろもろの国から集めて彼らの国に導く。私は良い牧草地で彼らを養い、イスラエルの高い山々は彼らの牧場となる」（『エゼキエル書』34章12—14）と言われ、神はパレスチナ地方を自分たちに与えてくださったと信じている。その見返りに自分たちは神の命ずる十戒を厳密に守ることを神に誓った。したがってユダヤ教の信仰を捨てると神から罰せられると信じている。

　こうした希望と恐怖の狭間に生きており、それが彼らの言動の底に常に存在している。このことを知らないと、彼らを理解することはできない。確かに選民というプライドは持っているが、そのために不遜になることはない。むしろ神への畏敬の念と、神との契約違反の怖れのほうが先にある。また、「自分たちだけが選ばれた」という意識があるためか、自分たちの信仰をアグレッシブに人に押しつけるようなことは考えていない。**だから、ユダヤ教の信仰を広めるために世界を制覇しようとする意識など、持っていない。**しかし、このような信仰があったからこそ、イスラエル人は団結して歴史に呑み込まれずに今日

第3章　思考が主機能の場合

まで民族として生き残ることができたのも事実である。

■パレスチナ人との軋轢
　ところが、パレスチナの先住民たちには、そのような信仰はない。先住民にとっては、イスラエルの民は侵略者以外のなにものでもない。そのため両者の間には、厳しい軋轢(あつれき)が続いている。
　だが、パレスチナ人の心の中は複雑だ。憎しみだけがあるわけではないからだ。彼らにとってイスラエル人は、同時に最も親しみやすい相手でもある。公的には敵だが、個人的には、イスラエル人の友を持ちたいと思っている。
　イスラエル人もまた、自分たちはパレスチナ人の従兄弟(いとこ)だと言って、他の民族に対しては持たない親しみを感じている。
　実際、エルサレムは3大宗教の聖地となっているが、エルサレムの町の人たちは、普通は互いに尊重し合い、仲は決して険悪ではない。ときおり、一部政治家の極端な判断によって関係が悪化することはあっても。騒がしいのは外野であって内野ではない。

〈132・121〉
|内向型

■イスラエル人は世界で最も内向型の国民の一つである
　イスラエル人の特徴については、様々なことが言われているが、**基本的には内向型である。しかも、極度に強い内向型である。**Hofstede〈See：223・40〉の指標Power Distance Index（PDI）によれば、世界39カ国を、PDIの大きい国（本書の視点では外向型の国）から小さい国（内向型の国）へとランク付けすると、イスラエルは最下位から2番目にある。つまり、**イスラエルは世界で最も内向的な国の一つとなっている**（HCC, p.77）。
　このことについて、Hofstedeは次のように述べている。
「PDIの値に、まったく予想外の低い数値が出たのは、イスラエルとオーストリアである。両者の間には文化的つながりがあるからだろう。ナチスがオーストリアを支配するまでは、イスラエル人がオーストリアの知識階級の中核（key

267

role）を成していたからだ……。そしてイスラエル人のPDIの値が低いことは、キブツ（kibbuts）のようなシステム（平等の精神を重んじ、共同生活を営み、労働に従事する生活共同体）をつくり出した社会だから、直観的に理解できる。

　オーストリアのPDIの値の低さも驚きだが、さらにオーストリアのUAIの値（内向型の心配性のために、不確実なことを回避する指数Uncertainty Avoidance Index）の高いことを考え合わせれば、ますます（内向型であることの）確信が深まる。また、オーストリアの平等を重視する倫理観は、マジョリティが社会主義的（平等を重んじる内向型の特徴〈See：223・34〉）であることにおいても表われている」（Hofstede：HCC, p.102）。

　筆者のイスラエルでの調査は微々たるものであったが、やはりイスラエルは内向型であった。ハイファ大学講師のランクマン氏に、HofstedeのPDIの設問に答えていただいたが〈See：223・401〉、スウェーデンの気質論学者、ストックホルム大学のÅ. Daun教授がスウェーデン人について答えてくださったPDIの設問の結果と比較してみると、ほぼ一致していた。ということは、内向性の度合いが高いということである。

　しかし、このことは、一つの重要な事実を明らかにする。もしも、イスラエル人が世界で最も内向型の民族の一つであるならば、そして、もしもユングの言うように、内向型は常に外向型から誤解されるというならば（Typen, p.562b）、イスラエル人は世界で外向型諸国民から最も誤解される民族だということである。

　外向型にとって、内向型はオープンではないため、内面が読めず、薄気味悪く感じる。何か企んでいるように感じる。だから、私自身、スイスの国際学生寮にいたとき、スペイン人たちに囲まれ「あんたたち日本人は何を企んでいるのか」と詰め寄られた。「とんでもない！　静かに話し合っているだけだ。これが日本人の普通の話し方なんだ」と私たちは色をなして答えたが。また、アメリカのマッサチューセッツ工科大学Sloan Schoolの知人の経済学者、レスター・サロウ教授も、「アメリカが日本を経済的にバッシングするのは、日本が気味悪いからだ」と言っていた。

　実際、中世ヨーロッパの「魔女裁判」もそこから起こっていた。当時の外向型社会の人たちは、内向型の女性が気味悪かった。そのため、疫病などがはや

ると、彼女たちが悪魔と結託して災いを及ぼしていると疑った。ゆえに彼女たちをスケープゴート（身代わり犠牲）に仕立て、火あぶりにしたのである〈See：511〉。

　だから、もしも、このように、イスラエル人が世界で最も内向的な民族の一つならば、イスラエル人が受けてきた誤解は、まさに、魔女たちが受けてきた誤解と同じだったのである。

　そのうえ、イスラエル人は内向型だから集団をつくる。だからゲットーをつくる〈See：223・3〉。だから怖い、ますます危険だ。「彼らはあわよくば、世界を制覇しようと企んでいるに違いない。そのうえ金儲けがうまい（実際、国際統計を見ると、内向型諸国の多くは、一人当たりの生産性において世界のトップクラスに入っている〈See：223・52〉）。金をためているはずだ。守銭奴だ」と多くの人々は誤解しているのである。そして迫害されて逃げるには、携帯可能な貴金属類と金を持って逃げるしかなかったのだ。守銭奴だからではない。

　実際にユダヤ人に対する迫害の歴史をブリタニカ百科事典で調べてみると、ユダヤ人は常に極めて受動的だった。アグレッシビティによって世界を征服するような攻撃性はまったくない。むしろ逆である。常に外向型の迫害者によってスケープゴートに利用されつづけてきた事実だけが際立っていた。**迫害者は、社会の悪いことはすべてユダヤ人のせいしてきたのである**。そのため、ユダヤ人が逃げるところすべてに迫害がつきまとった。

■迫害からの脱出

　このような出口のない迫害から脱出するには、迫害のない国を探して逃げ回るのではなく、イスラエル人自身で一つの国家をつくる以外に方法はない。こうした認識から建国の機運がしだいに高まったのが18世紀後半。特に、オーストリア＝ハンガリー帝国のジャーナリストTheodor Helzl（テオドール・ヘルツル、1860〜1904年）がZionist運動の指導者となってからのことである。彼は次のように書いている。

「ユダヤ人の問題は、ユダヤ人がかなりの数になったところには、どこでもつきまとう。問題が存在しないところでも、ユダヤ人移民が行くと、それとともにやってくる。我々は、当然迫害されないところに逃げて行くわけだが、我々

が現われると必ず迫害が生じる。これが現実なのだ。そして避けられない。たとえフランスのような高度に文化の進んだ国であっても、政治的レベルで解決されない限り、だめなのだ」(Der Judenstaat, published 1986)

　この本は大きな反響を巻き起こした。彼の著書はユダヤ世界だけでなく、国際的にも注目を集めた。そして彼はこの本の中で、ヨーロッパから脱出するには、アルゼンチンか、可能ならば、パレスチナに戻るしかないと言っていた。

　このように逃げ場を失ったイスラエル人を救うための最後の手段として、1947年、国連総会はパレスチナをアラブ国家とユダヤ国家に分けることを決議した。翌48年、イスラエルは西暦135年ローマ帝国に決定的な敗北を喫し、周辺世界に離散（Diaspora）して以来初めて独立することが許された。そして実質的に現代イスラエルの建国者となったHerzelの墓は、現在エルサレムの広場でHonor guardsに常時警護され、国王なみの栄誉を受けている。

　独立以降、イスラエルに住むユダヤ人の人口は急増し、1948年の推定人口72万人から、1972年には272万人、1980年には400万人、2012年には790万人となっている。多くは70以上の国から移住してきた人たちである。そしてアメリカでは500万（2013年）を超え、全世界ではユダヤ人の人口は1300万〜1400万（2013年）に達している。

　たしかに、現在のユダヤ人が、2000年もの長きにわたるディアスポラ（離散）の間、多くの国に分散し、混血する中で、古代ユダヤ人の民族的特徴が失われた可能性はある。にもかかわらず、HofstedeのPDIとUAIの指標が、驚くほど強い内向性を示しているのである。

　「最近の遺伝子の研究では、古代のイスラエルにしかなかった病気を起こす遺伝子が、ディアスポラから帰ってきたイスラエル人の一部の人たちの中に残っていることが明らかとなった」という報告を筆者は何かで読んだ。

■現在も続くイスラエル人の厳しい現実

　2000年の間苦しんできた彼らの心には、苦難の重圧による恐怖が徹底的に焼きついてしまった。敵に取り囲まれた恐怖（Siege complex）は、今も強烈だ。国を失うと、また2000年の流浪の旅に放り出されると思っている。

　しかもイスラエルを取り囲むアラブ社会の人たちの表現が、これまた、しば

第3章　思考が主機能の場合

しば大げさだった。「男どもは皆海に、女どもは皆奴隷に！」と言う。本気でそんなことを言うはずはないが、イスラエル人にとっては、アラブ人の言葉は本気に聞こえ、ますます恐怖に怯えている。ナチスのユダヤ人収容所の悲劇を経験してきた彼らに、文字どおりに受け取るなと言うほうが無理である。またイランのある大統領は、あからさまにイスラエルを地上から抹殺すると公言してはばからなかった。

〈132・121・1〉
主機能の内向的思考がもたらした特徴

　この気質の特徴は、何事においても合理的に考えて行動する。議論好きなのは、一人一人考えをしっかりと持っているからである。夫婦でもいろいろな問題をとことん話し合う。子供が何か悪いことをすると、筋道を立てて諄々と諭す。

　ネタニヤフ首相は、ニュースキャスター時代に、その明晳な分析と合理的な説明で人気を博したが、首相に選ばれたのも、一つにはそのためだったようだ。イスラエル人の議論好きは有名で、テーブルに１匹ハエがとまっているだけでも、それについて、夜が明けるまで議論が続くという笑い話さえある。

　イスラエルの社会はすべて細かい契約で動いており、例えば、結婚の契約書でもまさに１冊の本。離婚の場合の細かい規定でいっぱいだと聞く。ユダヤ教の掟の実践が、はた目には極端なほど細部にわたって行なわれているのも、このような知性の傾向からではないかと思う。

　そしてイスラエル人は優れた知性を持っている。著名な哲学者Joseph・ボヘンスキー教授がスイス Fribourg大学での講義の中で言っていた。「イスラエル人の頭の良さはずば抜けている。IQは、世界で一番高いのではないか。イスラエル以外では、昔のプロシア帝国あたりの人たちぐらいだろう」と。

⟨132・121・2⟩
補助機能の内向的直観がもたらす特徴

　ユングによれば、内向的直観は将来を予言することを可能にする。そして、もしもこのタイプの人が存在しなかったならば、イスラエルには、預言者は現われなかったであろうと言っている（573b）。
　次のような理由からである。
「内向的直観は、心の深部に向かい、そこに尽きることなく生みだされるイメージを見つめ、しっかりと捉える（573b）。このイメージとは、アプリオリに（経験する前から）備わっている様々な元型のことである。その最奥の本質は、経験によって捉えることはできないが、生き物たちが先祖代々受け継いできた心理的機能の働きの結果、意識の底に蓄積され、濃縮されたイメージとなって存在する（573c）。すなわち、何百万回となく繰り返され、積み上げられ、圧縮されてついに一定のタイプにまで凝縮し、元型となったイメージである。そこには太古からこの地球上にあったすべての生き物たちの経験が含まれている。その経験が頻繁だったものほど、また強度だったintensiveものほど、元型の中にはっきりと現われる。
　ゆえに、内向的直観は、あらゆる出来事を捉えるための極めて重要なデータを提供してくれる。それどころか、未来に実際に起こり得ることすらもある程度はっきりとした形で予見することができる。預言者の予見も、それが元型と関連していることから理解できる。諸々の元型が、経験可能な出来事の法則を教えてくれるからである（574a）」⟨See：221・0⟩

⟨132・122⟩
その他の問題

■ユダヤ教とイスラム教の和解の問題
　イスラム教にも、ユダヤ教にも、仏教にも、キリスト教にも、しばしば驚くほど深い信仰と慈悲の心を持った人がいる。
　テヘランで、日本人のビジネスメンたちと集団インタビューしたとき、その

中の一人が衝撃的な話をしてくれた。
「イランに来た頃、独りで田舎に旅行に出かけたことがありました。しかし、夕方、人里離れたところで道に迷ってしまい、ようやく見つけた一軒家に転がり込んだのですが、貧しい老夫婦が迎え入れてくれました。ところが親切に泊めてくれたばかりか、夕食には鶏までご馳走してくれたのです。ところが、その鶏たるや、気が付くと、極貧の家に残っていた唯一の金目のものだった！ 全財産を私に提供してくれていたのです！
　驚いた私は翌朝、お金を渡そうとしました。しかし老夫婦は、『イスラムの神は旅人を大切にせよと教えておられます。ですから、神のためにして差し上げたことなのです』と言って、頑として受け取ろうとはなさらなかった。衝撃は激烈でした。生まれて今まで、こんな純粋な心に出会ったことはなかった！」
　イスラエルでも、イエスが弟子たちと神殿で人々が賽銭箱にお金を入れるのを見ていた時、一人の貧しい老婆がわずかの金を入れた。するとイエスは「今お金を入れた人たちの中で誰が一番多く入れたと思うか。あの老婆だ。彼女は貧しい財産のすべてを入れたからだ」と言った。老婆の心は純粋そのものだった。彼女は聖者だった。
　仏教にも良寛和尚のように、幼子のような純真さを持ちながら、ひたすら人々の幸せのために尽くす人がいる。仏教で「妙好人」と言われる人たちも、純粋な信仰の持ち主であった。
　こうした聖者は、見えないところに、無数に存在するのではないか。彼らの心の中にこそ、限りなく慈悲深い命の親である根源的生命（命の唯一の親）が働いておられるのではないか。そしてこのような人たちを、根源的生命が、すべてこよなく大切に思っていないと誰が断定できよう。もしかすると、このような人たちこそ、根源的生命にとっては、最も偉大な人たちなのかもしれない〈See：212・5〜6〉。
　だから、パレスチナのイスラム教とユダヤ教の人たちも、きっといつかは和解できると私は信じている。なぜなら、私ごときが言う資格はまったくないが、双方が、それぞれの信仰の原点に立ち返るなら、和解できないはずがないからだ。
　イスラエル人は世界どこに逃げても迫害が起こり、ナチスによる迫害では数

百万人が殺されていたため、見るに見かねた国連総会が、1947年、パレスチナをアラブ国家とユダヤ国家に分けることを決議し、翌48年、両者の地域を定めてイスラエル人の入植と独立を認めた。当然パレスチナ人にも犠牲を求めざるを得なかったが、そのギリギリの線で国連がやっと決めた線引きだった。だから、互いに相手の立場を考え、相互に融和する以外に道はない。それ以外は、絶えざる戦いと不安しかない。**少しでも自分たちの領土を広げようとするような利己心に固執する限り、イスラエル人にとっては、未来は不幸しかない。**

しかし、両者をこよなく愛する慈悲深い根源的生命の原点に立ち戻れば、今のように相手を傷つけ合うことなどできるはずがない。利己心を捨て、**互いに相手を思いやり、パレスチナ人の力強い労働力とイスラエル人の高度な技術力をもって協力すれば、強力な経済共同体を構築することすら、決して夢ではない。**特にイスラエル人は内向型なのだ。北欧やドイツ語圏の国々のように、経済的にも世界有数の経済共同体になる可能性は充分ある〈See：223・52〉。それを試みないのは、まことにもったいない話である。

■**国歌**（国歌は、しばしば、その民族の理念と思いの結晶を示す。イスラエルの国家には攻撃性はなく、内向性が感じられる）

    As long as deep in the heart,
    The soul of a Jew yearns,
    And forward to the East,
    To Zion, an eye looks
    Our hope will not be lost,
    The hope of two thousand years,
    To be free nation in our land,
    The land of Zion and Jerusalem.

〈132・13〉
スイス人
内向④思考②直観①

■**ユングの解説**：内向思考型〈023・2〉546ページ、内向直観型〈023・9〉569ページ。

■**Interviewee**
・Mr. Christian Fotsch, Counsellor of Embassy of Switzerland, 5-9-12 南麻布, 港区（1997年11月10日）

■**Human Contact**：足掛け9年間のスイス留学。

■**国土と歴史**
　4万1284平方キロメートル（九州より少し大きい）。人口787万人（2010年）。ケルト人のヘルヴェティ族が住んでいたが（だから今でも自分たちでは母国をヘルヴェチアと呼ぶ）、ローマによって紀元前58年から3世紀まで支配され、ゲルマン系の部族によって6世紀頃まで支配された。13世紀から神聖ローマ帝国の、主にゲルマン系君主に支配されたが、1291年この地方のいくつかの小国が連合し、ハプスブルク家に対抗。1513年までに今日の大半の小国の連合組織を設立し、周辺諸国の戦乱に巻き込まれぬよう17世紀に永世中立の理念を確立。1815年ウィーン会議で列国によってそれが承認された。人口の約64％がドイツ語、19％がフランス語、9％がイタリア語（1995年）を話し、それぞれの言語の母国の人たちの気質も、薄められたかたちではあるが、特徴として持っている。ジャン＝ジャック・ルソーが典型的なスイス人とされている。
　スイス人の気質については、第Ⅱ部の各所で述べているため、ここでは簡略に述べる。

■**一般的印象**
　おとなしく、控え目であり、閉鎖的なところがある。すぐには友達になれな

い。しかし一度心を許し合うと、親密になれる。ヨーロッパ諸国民のうちでは、私が長年スイスにいた経験から感じた限りでは、日本人に一番近い。ただし、フィーリングタイプの日本人とは異なり、思考タイプで、自分の行動を決める時には合理的に判断する。

⟨132・131⟩
内向型の特徴

■精神性

スイスでは、聖なる行者Niklaus von Flüe（フルーエの聖ニコラス、1417～87年）の話をよく耳にする。彼はUnterwalden州（カントン）に生まれ、その後軍人となったが、優秀な功績をあげたため、ついには州の上級官僚にまで昇進した。

しかし、ある時、彼は特別な神秘的示現を受け、修行僧になる道が示された。彼はすでに結婚し10人の子供を持っていたため、妻と相談のうえ、彼女の同意を得て、厳しい修行の道に入った。

彼の神秘体験はますます深まり、やがて彼の指導を仰ぐため全ヨーロッパから人々が彼の隠遁所（Ranftchine州）に押し寄せるようになった。

特に1481年のStansの議会Dietにおいて、スイスの諸カントンが分裂寸前の危機に見舞われたとき、彼の介入と忠告がそれを救った。プロテスタント教徒も、カトリック教徒も彼に従い、スイスの一国としての団結を永久に固めることができたからである。その時ベルンBern市とゾロトゥルンSolothurn市の両市が彼に送った感謝状は今も残っている。そして彼の臨終の床には、彼の妻と10人の子供たちが彼を囲んで見送った。

■内省的で寡黙を重んじる

スイスには「雄弁は銀、沈黙は金」という格言がある。はっきり目的がない限り、人前では口をつぐみ、反対意見を言わず、失言で足を取られることのないよう気をつける。テレビのニュース解説などでも、重々しく話す。

内面に意識が向かうから、その分だけ外に対してはオープンではない。スイ

ス銀行の秘密主義はよく知られているが、これが要因の一つかもしれない。スイスの代表的作家マックス・フリッシュは、スイスは戦争であろうがなかろうが、常にあまりにも閉鎖的であったと言っている。

■センチメンタル
　音楽もどちらかというと短調が多い。山を見ながら学友たちと歌った歌は、多くは短調だった。特に、皆が好きだったのは「La haut sur la montagne」という曲だった。心を表わす詩の朗読もお祝いには欠かせない。日本人留学生のためにドイツ語の詩をつくって朗読してくれたこともあった。

■閉鎖的
　確かに山国であり農村社会だったせいもあるだろうが、気質によるところが大きい。1950年代から南欧諸国の労働者が入り、治安が乱されるようになると、ますます外国人を警戒するようになった。友人は「彼らの手に来てもらいたかったのに、人間が来てしまった」と苦笑していた。一般的に外国人労働者はこの国には定着できず、労働者の多くは近隣諸国からの出稼ぎだった。

■集団的
　外向型は単独で生きるが、内向型は集団で生きる。音楽に譬えて言えば、外向型はソリストであり、内向型はオーケストラの団員なのである。その結果はいろいろな形で表われる。

■コンセンサス社会
　「和」の傾向が強く、社会はよくまとまっており（coherent）、コンセンサス社会である。昔から町も村も皆で集まり、話し合って物事を決めていた。2000年初期現在、スイス国民議会には10を上回る政党があるが、どんな政治色を持っていようと、最終的には合意する。

■グループをつくる
　個人でグループをつくる強い傾向があるだけでなく、企業同士でも集団化す

る傾向がある。だからカルテル（Kartell）を結びたがる。西側経済圏で、長い間、違法とされてきたカルテルだが、スイスでは未だに健在だ。いろいろなビジネス、産業の鍵を握る人々が結束し、自分たちの製品をいくらにするかという市場戦略を決定する（『スイス人のまっかなホント』p.72）。**カルテルがすべて悪だとする考えは、性悪説に基づく外向型社会の考えだ。**性善説で動いている内向型社会のスイスでは、ものによっては、また、やり方によっては、必ずしも悪ではないと考えられている。

■集団の決まり、法を尊重する

　交通規則もよく守る。規律がある。だから、公衆道徳を守らない人には容赦なく注意する。ドイツ人もよく注意するが、スイス人はドイツ人以上である。

　最近（2014年）では、制限速度を超えた場合には、超える程度にもよるが、多額の罰金のほかに、車まで没収されることがあると聞く。

■警察の権威もリスペクトされている

　私の住んでいた近くで犯罪が発生し、森の中で警察が張り込んでいたことがあった。それがたまたまクリスマス・イブの真夜中だった。近くにあった修道院の聖堂の真夜中のミサにあずかるために、一家を乗せた車が差しかかった時だった。警官が赤い電気の警棒を振って停止を命じたが、運転していた父親は突然、目の前に赤いライトが現われたことに動転し、スピードを上げて通り過ぎようとした。しかし、警官はただちに発砲し、死傷するという悲惨な事件が起こった。翌朝それが報じられた時には、みな悲しみに沈んだが、警察を非難する声は一切上がらなかった。この場合、停止命令を無視して犯人が逃走を試みたと判断するのは警察として当然だったと人々は理解したからである。

　しかし、思考型でなく、フィーリングで判断する気持型の日本社会だったら、大問題となっただろう。情緒的な対応が常に求められるからだ。

■勤勉性

　日本から来ていた農業研修生が、スイス人と一緒に働いて悲鳴を上げていた。「とてもついていけない」と。長年スイスに住んできた日本人女性ガナリン裕

見子氏も書いている。
「夫は会社まで歩いて5分のところに住んでいるのに、朝7時15分には出勤していた。私たちのアパートから町の郵便局が真下に見えたのだが、冬でも朝7時には明かりがつき、どうやら働いている様子であった」〔注：スイス日本ライフスタイル研究会編、2002年12月〕

■平等性
　内向型は平等を志向する〈See：223・34〉。したがって、極端な所得格差はこの国には見られない。**内向型社会は、経済的にはデモクラシーの社会なのである。**外向型社会は経済的にはデモクラシーではない。この観念が表われている例がスイスにはある。各カントン（県）も、それぞれ独自の軍隊を持っていて、互いに平等で、最高位は大佐どまり。外国と防衛戦争をするときだけ一人の総司令官の指揮の下に統合される。大統領すら、一介の市民という感じである。

■細かいことまで完璧主義
　レストランの子供のジュースにもメモリがあり、きちんとそれに合わせた分を入れてくる。精緻の極みのようなレース編みや、精密機械などで知られているのもそのためだろう。「我々ベルギーじゃ、紡績機械のような大きな機械しかつくれないよ。スイスの精密機械のようなのは性に合わん」と外向型のベルギーの知人が言っていた。
　農地も、牧草を丹精込めて「栽培」しているので、遠くから見ると一面に緑の芝生を敷きつめたようであり、土地を細かく畑に分断しないために起伏がなだらかで、どこに行っても、まるで公園のように全体が美しい。
　ちょっと一言よけいなことを加えると、スイスの農地は、冬は黄色くなる。1年間、家の地下のタンクに集めておいた人と牛の残し物を雪の上一面に撒くからだ。大変な香水の香りが野山に満ち満ちる。おかげで春になると、牧草が30センチぐらいの高さにまでホッカホカに育つ。うっかりいい気分になってそこに寝転びようものなら、まるでレタス畑に寝転んだようにつぶれてしまう。だから見つかると叱られる。牧草は野菜畑だったのだ。

スイス人は、顧客の注文やニーズに合わせて、最高級のものをつくろうと常に心がけている。スイスの時計産業のかつての成功には、三つのファクターがあったと言われている。高品質、絶え間なく行なわれる改良、そして行き届いたアフターサービスである。

そして資源が乏しい国にもかかわらず、一人当たりの所得では、過去半世紀近く、世界のトップを争う国になっている。日本の経済も、スイスをモデルにして進めなければならないと私は思っている。

〈132・131・1〉
主機能の内向的思考型がもたらした特徴

政治の舞台では、大きな示威運動や熱気を帯びた議論、甚だしい対決などはあまりしないが、よく理論的に考え、意見を述べ合う。人間（主観）の生き方を考える内向的思考が顕著だ。ルソーも教育改革者のペスタロッチも、ユングも、人格医学（Médecine de la personne）のポール・トゥルニエ博士も、臨死体験の著者キュブラー・ロスも、内向的思考を持った著名な学者である。そのためもあろう、宗教的な内容の議論や討論には熱がこもる。チューリッヒのツウィングリーやジュネーブのカルヴァンを生み出した精神的土壌・気質的土壌は確かに存在する。

主要機能が思考の社会では、内向型も外向型も、食事はそれほど美味しくない。スイスも同じで、スイス料理というのは聞いたことがない。普段の食事は質素。昼はしっかり食べるが、朝晩はカフェオレが主となっている家が多い。

〈132・132〉
スイスの永世中立の理念と軍事力

個人でも多くの家で核シェルターを持っている。「大気汚染防止防空壕」と名付けている。しかし、スイスを語るのに永世中立を詳述しないわけにはいかない。スイスの中立は「周囲の国を攻撃してご迷惑をおかけしたから、今後戦争はいたしません」という中立ではなく、「隣国に散々迷惑を受けたから、隣

第3章　思考が主機能の場合

国のいざこざに巻き込まれぬよう、そして、攻撃されれば果敢に防戦し、隣国に攻撃を諦めさせることができるよう、中立を守るのだ」という中立である。

だから、スイスの中立は、何よりも軍事力に基盤を置いている。その上、スイスの傭兵は強いことで有名だった。ヴァチカンのスイス兵もその名残である。内向型のゆえに集団での肉弾戦に強く、個人主義的外向型社会の兵よりも強かったからだ。

そして現在は、国の面積に比例して軍事力を比較すると、世界一の軍事大国になっている。谷間の隘路には戦車の障害物が置かれ、両側の崖からは対戦車砲がのぞいている。山の中には至る所に弾薬庫が隠されている。私も、登山して、ちょっとした小道に入っていったとき、2、3度それを見つけた。また、ピクニックに行った時、「今日は大砲の実弾射撃訓練が行なわれるから」と言われて、引き返したこともあった。

ほとんどすべての橋には爆薬が仕掛けられ、北部の平野部の戦略的要所には鉄条網と防塁が築かれている。また山岳地帯で平地が少ないためであろう、戦闘機が着陸できそうな平地には戦闘機の飛行場があり、山の斜面を掘って格納庫にしている。こうした飛行場はいくつもある。そして戦闘機は毎日轟音を轟かせている。山に登ると下の谷間を縫って戦闘機が突進していくのが見える。まさにスイス全体が要塞の固まりなのだ。

国民皆兵で、兵役義務が厳しく、その期間中に軍服を着た学生が小銃片手に大学の講義に出てくる姿をよく見かけた。スイス人は自宅に小銃を持っており、射撃の名手ウィリアム・テルが理想。小さな町にも射撃場があり、男子は年一定数の実弾を撃たねばならない。

第二次世界大戦中は、スイスの上空を通ってドイツに侵入しようとした米軍機も高射砲で撃たれた。ある時、ドイツの戦闘機とアメリカの戦闘機がスイス上空で空中戦を始めた。するとスイスの戦闘機もただちに発進し巴戦となった。それを見ていたスイス人の友人が、「どれが最初に落ちてきたと思うか？」「？」「スイスのさ！　でもそれでいいんだ。自分たちは外国に勝つことは求めない。しかし、外国の侵入を絶対に許さないという姿勢を示すことはできる。ところで、君、スイス製のジェット戦闘機はどんな音を立てるか知ってるか？」「？」「『ブクブクブク』っていうんだ。試作機は2機ともレマン湖に落ちちまったか

281

らね。でも、それでいいんだ。国を挙げて中立の基盤を築こうとしている何よりの証拠なんだから」

これがスイスの中立なのである。だから、ヒトラーはついにスイスには来なかった。無駄な戦費を使うだけ損だと知っていたからである。そして、この中立の誇りを謳(うた)うかのごとく、スイスはどこに行っても国旗がはためいている。

■**国歌**（神が満ちる大自然の中に安らぎを求める内向的歌）

When the morning skies grow red
And o'er us their radiance shed,
Thou, O Lord, appeareth in their light.
When the Alps glow bright with splendor,
Pray to God, to Him surrender,
For you feel and understand,
That He dwelleth in this land.

When dark clouds enshroud the hills
And gray mist the valley fills,
Yet Thou art not hidden from Thy Sons.
Pierce the gloom in which we cower
With Thy sunshine's cleansing power
Then we'll feel and understand
That God dwelleth in this land.

〈132・2〉
※ **(外向思考・直観型)**

〈14〉第4章

気持が主機能の場合

〈141〉
第1節　気持・感覚型

〈141・1〉
※（内向気持・感覚型）
　　　（※印のついたところは、筆者はまだ該当する国民を知らない）

〈141・2〉
※（外向気持・感覚型）

〈142〉
第2節　気持・直観型

〈142・1〉
※（内向気持・直観型）

〈142・2〉
外向気持・直観型

〈142・21〉
ポルトガル人
外向①気持③直観③

第Ⅰ部　世界諸国の国民性

■**ユングの解説**：外向気持型〈013・4〉512ページ、外向直観型〈013・9〉526ページ。

■**国土・住民**

　正式国名は「ポルトガル共和国」。面積9万2072平方キロメートル（日本の約4分の1）。人口約1056万人（2012年）——16世紀中葉で約150万人、19世紀末で500万人。新石器時代にはイベリアの森林を開いてつくった農村台地があった。そこに外来民族のフェニキア人、ギリシア人、ケルト人が来住し、原住民と混血。ケルト化した住民が城塞を築き、200年もの間、ローマ軍の侵入に抵抗した。その後、ローマ人をはじめ、ゲルマンのスエビ族、西ゴート族、イスラムのムーア人、ユダヤ人がこの一帯に種々の影響を及ぼしたが、13世紀に現在のポルトガルの国境が定まった。ポルトガルは人種の混合であるが、ヨーロッパでは同質性の高い民族に属する。ポルトガルの名称は、ドウロ河口に近い集落ポルトゥス・カレに由来する。

■**資料**

- 『ポルトガル便り』植田麻美子著、彩流社、1995年。
- 『郷愁（サウダーデ）ポルトガル』田所清克監修、泰流社、1993年。
- 『ポルトガルの風』小峰和夫・良子著、東洋出版、1997年。
- 『図説 ポルトガル』高野悦子／伊藤亥二郎編、河出書房新社、1993年。
- http://www.portugal-linha.pt/lusods/english/articles/ena7.html
「We the Portuguese - Sailing Into the Future by Silvério Gabriel de Melo」〈silverio@mail3.bunt.com〉

■**Interviewee**

　志邨（しむら）守夫：矢崎総業株式会社顧問、同社元ポルトガル代表、元ポルトガル会代表幹事。日本のビジネスマンの視点からとらえた志邨氏の貴重な体験を特に参考にした。

　ポルトガル語は基本的にはラテン語で、ゲルマン、アラビア語が混じってい

第4章　気持が主機能の場合

る。スペイン語とは約40％の言葉が同じである。しかし、ポルトガル語はスペイン語よりも複雑で、感情表現がよくできる。同じ気持を表現するのにもポルトガル語のほうがスペイン語よりも語彙が豊富にある。そのためか、スペイン人はポルトガル語をあまり理解しないが、ポルトガル人はスペイン語を90％以上理解できると言われている。

■**一般的印象**
　ポルトガル人は、静かで人なつっこい。目が合うと会話の中に入れてくれる。純粋なところがある。虚飾や贅沢にはあまり溺れない。**シャイ**なところもある。質素なところもある。しかし、いつも本音で話す。ストレートにぶつけてくる。

〈142・211〉
外向型の特徴

　一応、上記の標定には「外向①」としたが、ポルトガル人は、外向型と内向型のほぼ中間にあるように思われる。スペイン人やイタリア人ほどではないが、話好きCommunicative。オープンである。土壇場になって、臨機応変に片づけるところがある。現実主義。大ざっぱなところもある。規則もそれほど厳守しない。命令系統もトップダウンのところがある。
　一方、内向型のように、一般に、**文化の同化力（アシミレーション）**がある。ポルトガル人も、他国の生活習慣、文化、言語などの良いと思うところを積極的に取り入れる傾向がある。それゆえ、スペイン人とは異なり、ブラジルの植民地では先住民とよく溶け合った。黒人とも偏見なく結婚していた。さらに、大航海時代に展開した多くの外国の居留地でも、そこの人々と溶け合った。
　また、**勤勉で真面目なところもある**。「のんびりしているようで、どこか日本人に似たところがある。普段は朝から晩までよく働いている。お金の勘定も迅速である」（『ポルトガルの風』p.161）。日本に研修に行った社員について日本のスタッフから志邨氏に来た報告でも、彼らは、仕事はよくやる。真面目だ。手先も器用。
　オート・ヨーロッパのメイ部長も、「ポルトガル人はラテン系には珍しく働

くことが好きで、経営陣に協力的。投資環境としては全欧一」と言っていた(『日経新聞』朝刊、1997年6月8日付)。

　外向型は、上の者が監督していないと仕事をおろそかにしがちである。だから外向型社会の工場では、しばしば、監督は作業場をまわって監視している。工場の建て方も上に回廊を設け、そこから見ている。工場長の部屋も後ろのカーテンを引けば、工場全体を一望できるようになっている。これはポルトガルでも同じであるが、ある時日本からの視察団員が言っていた。「自分たちはメキシコとポルトガルを見てきたが、全然違う。ポルトガルでは、客が来ても、そちらを見る人はいない。みな自分の手元に集中して作業をやっている。メキシコでは皆こちらを見る」。ポルトガルでは、責任の地位にある部下は「来るな」と言っても残業に出てくることがある。

■また外向型社会では攻撃性が強いが、ポルトガルはそれほど強くはなかった

　スペインの宗教裁判、異端審問inquisitionは峻烈だったが、ポルトガルではほとんどなかった。近年では、1974年に革命があったが、ヨーロッパの革命につきものの流血はなく、無血革命であった。ポルトガル人は流血を嫌う。スペインのように闘牛はあるが、殺さない。南米の植民地でも、他国の人のように残酷なことはしなかった。ポルトガル人にはまた、他人の苦しみに対する同情心が深く、抑圧され、苛められる人たちの味方に立つ傾向がある。そのためか、ヨーロッパでは死刑と奴隷制度を廃止した最初の国となった。内部の抗争では激しい議論はあっても良識の範囲を超えず、理性を失い暴力になることはあまりない。

■音楽に感じられる内向性

　民族音楽folk musicは日本の演歌に近い。愛する人が去っていってしまったというような悲しみを感じさせる曲が多い。歌と踊りは、スペインのものよりリズムがやや遅い。もちろんラテン的な明るい曲もたくさんある。

　ファド(ポルトガルのシャンソン)は、もともとアフリカ音楽がブラジルを経てポルトガルに入ったものと言われるが、哀調切々たるところがある。海に出ていた夫が遭難したのを悲しんで歌ったのが始まりだと言われている。

特に、ファドはクラシックの発声法とは違い、腹から声を出す。夜一人で聴いていると涙をさそわれると知人が言っていた。本来は郷愁（サウダーデ：Saudade）を表わす歌である。ポルトガル人は、サウダーデこそポルトガルの歴史とポルトガル人の心を表わしていると感じている。大海原の上に漂っているような感じであり、自分たちだけしか持っていない感情だと言う。

文学においても、スペインのレアリスティックな文学とは違い、空想的、冒険的、郷愁的なところが感じられる。また、ポルトガル人の心には、詩人と哲学者と瞑想者が住んでいると言われている。

⟨142・212⟩
主機能の外向的気持feelingがもたらした特徴

ユングによれば、外向気持型には、**皆の気持に自分の気持を合わせようとする基本的傾向**がある。

この気質の人は、自分が「美しい」とか「良い」と言う場合、自分の気持からそう言っているのではなく、皆がそう言っているから、**自分も本当にその気になってしまい**、「美しい」とか「良い」と思うようになる（*Typen*：509c、510ページ）。このように、皆と同じ気持になるからこのタイプの人は人に好かれる。

また、気持feelingは確かに思考thinkingを抑えるが、思考が気持の**召使い**となるなら活発に活動する（*Typen*：514d、514ページ）。だから、例えば、会社の採用試験の面接では、ぜひ採用されたい一心から、雄弁になる。みな凄く弁舌が立つ。また弁解するときも雄弁になる。

しかし、フィーリング・タイプは、しばしば言うことに一貫性がなく、そこに糸を通してみると、ぐじゃぐじゃになっていて繋がらない。だから、次にどう相手が出てくるか予測がつかない。それが、ポルトガル人と交渉する際の日本企業の悩みである。

〈142・213〉
補助機能の外向直観がもたらす特徴（大航海時代の幕開け）

　ユングの言う「外向直観」は〈可能性を嗅ぎつける能力〉である。発明の能力とも繋がっている。ヨーロッパで開かれる発明展覧会でも、ポルトガル人は入賞が多い。そしてポルトガル人は、他の文化を経験したり学んだりするプロジェクトには積極的に参加する。何か新たなダイメンションが開かれるのではないかと感じるからである。
　そしてこの可能性を嗅ぎつける能力こそ、かつてポルトガル人に「大航海時代」の大ヴィジョンを発見させた要因ではなかったかと思われる。
　すなわち、エンリケ航海王子（Infante Dom Henrique、1394〜1460年）の頭には、次のような考えが閃いたと思われる。
「手狭になった小さな我々の国を存続させるには、交易か侵略しかない。侵略はできない。交易も難しい。外国との貿易では、相手国がそれ相当の経済的基盤がなければ不可能だからだ。どうしたらよいのか。そうだ、唯一残された道は、世界各地に交易の拠点を置かせてもらい、そこを通じて世界各地と交易することだ。そこに新しい活路を見出そう。
　幸い、航海技術も、遭難の危険はあるものの、イスラム世界から手に入れた。しかし、それには多くの船が必要だ、そして多くの船員が必要だ。だが今のままでは、誰も危険を恐れて乗ってはくれない。しかし、もしも我々が、商売よりも神の国を広めることをこのプロジェクトの第一の目的に据えるならば、神のご加護があることは間違いない。神は我々の危険な命がけの航海を必ずや護ってくださるに違いない。また、そう言えば、船員たちも集まってくるだろう」
　実際、ポルトガル王家のその後の姿勢にはっきり表われていたのは、こうした考えであった。そして考えは、しだいに国民的な事業へと練り上げられた。しかし、当時ヨーロッパの人々に知られていたアフリカ沿岸の最南端の地は、カナリア諸島より200キロ南のボハドル岬であった。その先には世界の果てがあり、煮えたぎる海が広がっていると信じられていた。これに対する当時の航海者たちの恐怖心が極めて大きかったため、ボハドル岬を越えての航海を実現させることは不可能に等しかった。

しかし、アフリカ最南端には煮えたぎる海の存在しないことが分かると、ポルトガル国王マヌエル１世は、バスコ・ダ・ガマに喜望峰を回りインドへ向かう交易路の開拓を命じた。ガマは４隻の船で1497年７月８日リスボンを出航、翌年春、カリカット（現在のコーリコード）に達し、1499年秋、生存者がリスボンに東洋の品を持ち帰った。国王は次々と東洋各地に船を送り、交易拠点の開拓に乗り出した。そうした中で思わぬ発見もあった。1500年インドに送ったはずのペドロ・アルバレス・カブラルの船が、ギニア湾の無風地帯を避けて西方へ進み過ぎた結果、図らずも今のブラジルを発見した。カブラルはその後、喜望峰を回って同年1500年マダガスカルも発見した。こうしてポルトガルの船団は、1510年にはインド西岸の主要基地となったゴアに、1511年には後にインド洋から南シナ海への関門となったマラッカに貿易拠点を構築。1513年には中国のマカオにおいて明王朝との交易を開始するとともに、後に居留権も取得。中国大陸における唯一のヨーロッパ人居留地を築いた。1515年にはペルシア湾をコントロールするホルムズ海峡にも拠点を置き、アフリカ東海岸やインドやセイロン島にもいくつかの要塞基地を建設し、1543年（天文12年）には、ついに日本にも達し、日本に住む最初のヨーロッパ人となった（BIE、限定版、第18巻、p.570下段〜571上段）。

　ポルトガル人は、どこに行っても、相手国の人たちの中に溶け込んだ。相手と平等の立場に立とうとした。ポルトガル人は最初から宣教師を連れていったが、侵略の手段としてではなかった。だから日本では、キリシタン禁令の結果、ポルトガル宣教師は、十字架にかけられて殺されたが、それにもかかわらず、その後も宣教師たちは宣教しようと密入国を企てては殺されていた。

　後から来たオランダ人が長崎の出島に拠点を持つことが許され、ポルトガル人に取って代わったのは、宣教活動を一切しないと約束したからだった。しかし、ポルトガル人にはそれができなかった。ポルトガル人には純粋なところがあるとよく言われるが、その表われかもしれない。なお、筆者が高校時代を過ごした横浜のSt. Joseph's Collegeには、ポルトガル人の混血の子孫が何人もいた。神戸にもポルトガル人の子孫が少なくないと聞いた。

　ポルトガル人の気質的特徴については、ブラジル人の項も参照されたい〈See：112・22「ブラジル人」85ページ〉。

〈2〉第Ⅱ部

内向型国民の優れた特性

ユングの心理学的タイプ論の序文より 〈See：00〉

　最初に、私（ユング）が「内向的」と「外向的」と呼ぶところの二つの「一般的なタイプ」について述べなければならない（473b）。

　誰でも知っているように、ある人は閉鎖的であり、はたから見ていると何を考えているのかよく分からない。しばしばシャイである。逆に、ある人はオープンで、社交的で、明るく、少なくともフレンドリーで、付き合いやすい。誰とでもうまくやっていけるが、さりとて喧嘩もよくするし、互いに影響したり、影響されたりしている（474b）。

　また、外向型は絶えず自分の力を使い果たし、すべてに首を突っ込んでいこうとする（475d）。それに対して、内向型は、外からの要求に対して自分を守り、自分を外の客体に直接引きずり込むようなすべてのエネルギー消費を極力抑えるとともに、可能な限り安全で強力なポジションを確保しようと努める（476a）。

　内向型はたくさんの関係を通して（皆との協力で）物事を成し遂げようとするのに対し、外向型は単独Monopolで物事を成し遂げようとする（476b）。

　これらの特徴は、その人の個人的性格の表われに過ぎないと思われるかもしれないが、多くの人を深く知るようになると、相対立した形で現われるこうした違いが、単に個人的な問題ではないことが容易に分かってくる（474b）。むしろこれは類型的な「姿勢」の違いから来ているものであって、はるかに一般的なものであり、狭い心理学的経験が想定するようなものではない。実際これは、基本的な対立的な相違であり、時には明瞭に見え、時には明瞭に見えないが、ある程度性格がはっきり表に出ている人と関わると、常に見えるものである（474c）。

　これら二つのタイプは、教育を受けた人たちだけでなく、普通の勤労者や農業従事者にも、また高い階層の人たちにも等しく見られる。また、男女の違いも関係ない。すべての社会層の女性の間にも同じコントラストが見出される。

　もしもそれが単に意識の問題だけだったならば、すなわち、意識的に、意図的に選択された姿勢だったならば、このように幅広く存在しているはずがない（474d）。もしも意識的な問題だったとするならば、同じ躾や教育的背景など

に影響されて同じ姿勢を顕著に持つようになった人たちの社会集団が、特定の地域に出現していたはずである。しかし、実際はまったくその逆で、どこにでも散らばって存在しているのである。同じ家族においてすら、一人の子供は内向的であり、もう一人は外向的という具合なのだ（475a）。

一般に言われているように、生存競争がこのような「姿勢」を形作るのかといえば、絶対にそうではない。しばしば子供がごく小さいうちから典型的な「**基本的姿勢**」（内向型あるいは外向型の姿勢）をはっきりと見せるという事実があるからである（476b）。

もちろんそれに対して次のような反論がなされるかもしれない。幼い子供、それも母の乳房を吸う赤子ですら、母親から影響を受けて、無意識的に心理学的適応をしているに違いないと。こうした反論は確かに疑えない事実に基づいているように見えるが、同じように疑いの挟めない次の事実の前にあっては、この反論も色あせてしまう。すなわち、同じ母親から生まれた二人の子供が、すでに幼少のときから、まったく相対立する外向型と内向型のタイプに分かれていることが多いという事実である（476c）。母親の「**基本的姿勢**」にほとんど変化が見られない場合においてすらそうなのだ。

私は両親の影響の計り知れない重要性を過小評価する気持は断じてないが、それでも以上のような経験から、決定的な要因は子供自身の生まれつきの<u>素質Disposition</u>そのものの中に求めねばならないと結論せざるを得ない。

もちろん私はノーマルな状況を前提として語っている。ノーマルでない状況のもと、例えば、母親の極端でアブノーマルな姿勢のもとでは、それがなかったならば本来は別のタイプの子供になっていたはずなのに、彼女の個人的Dispositionの暴力のもとで、彼女と同じ「基本的姿勢」に造られることはありうる（477a）。しかし、それは母の影響によって贋造された「姿勢」であって、多くの場合、こうした子供は、後にノイロティックになっていく。それを治療するには、本来の生まれつきの「姿勢」を再構築するしか道はない。

こうした事実が示すように、「基本的姿勢」の特徴は、意識的な判断や意図の問題ではあり得ない。明らかに**無意識的**で**本能的な**instinctiv**基盤**から生じているものである。だからこそ、これら二つの相対立するタイプの違いには、一般的な心理学的現象の場合と同じく、<u>何らかの生物学的に先行するもの</u>

(biologischen Vorläufer) があるに違いない (475b)。

　そしてユングは言う。
　外向の「姿勢」が正常だということは、本人がいつもどこでも外向型として振る舞っているということでは決してない。様々な状況の中で、彼においては内向型のメカニズムも観察される (488a)。ある人を外向型と呼ぶのは、彼の外向性のメカニズムが彼の内向性のメカニズムよりも優位にあるということに過ぎない。すなわち、彼の最も発達し分化した心理的機能が、常に外界との関わりにおいて使われ、それほど発達していない機能が、内界との関わりにおいて使われているということである。「そして内向型についても、同じことを言わなければならない」（一部筆者加筆）

〈21〉第1章
内向型と外向型の特徴の違いが生じる生物学的基盤

以上のユングの序文を読むと、次の二つの問いが頭に浮かぶ。
1 内向型と外向型の特徴の違いは、根本的にどこから来るのか。
2 なぜある人は内向型となり、他の人は外向型となるのか。
ということである。

〈211〉
第1節　内向型と外向型の特徴の違いは生命と物質の違いから生じる

内向型は、内界の生命の世界に目を向けている。外向型は、外界の物質の世界に目を向けている。その結果、内向型は、生命の基本的特徴から強い影響を受け、外向型は、物質の基本的特徴から強い影響を受ける。

〈211・1〉
第1項　生命の基本的動き
「物質から自由になろうとする動き」と「一つに溶け合おうとする動き」

⟨211・11⟩
生命は物質の制約から自由になろうとする

　進化論の哲学者ベルグソンは言う。
「生命は物質の抵抗をかき分けて上昇し、物質の制約から自らを解放しようとする。それに対して、我々の眼に映る物質的世界の姿は、**落下する錘**(おもり)のような姿である。

　生命は、物質が下る坂を、逆に登ろうと努力する。**生命は落下の法則から自己を解放するために全力を尽くしているかのごとくに動いている**（Mais tout se passe comme si elle faisait son possible pour s'affranchir de ces loi.)」

〔注：*"L'Evolution Créatrice"* Henri Bergson, 6eme Edition, Quadrige/PUF, p.246.『創造的進化』ベルグソン全集・第4巻、白水社、1966年、pp.279〜280〕

　実際、進化においては、この自由を追求する動きがはっきりと表われている。最初、進化は海の中から始まった。海の中は、原初の脆弱な生物にとって、物質の抵抗性（手を空中で動かす場合と、水中で動かす場合とを比べるとよく分かる）は強くても、原初の生物は水に支えられているからその分、安全である。ただし、**支えを必要とする分だけ自由はない**（自由の法則）。そのため生物の一部は、自由を求めて〈より支えの少ない陸上〉に這い上がってきた。そして陸上では、徐々に高度な生物へと進化するなかで、さらに自由の大きい**空へと飛び立つもの**が現われた。すべてのものに翼が生えたわけではなかったが、空を飛ぶ自由への憧れは、我々人間すら持っている。深層意識の中にある仙人や天女の元型がそれを示している〈See：221・011〉。

　では、どうして進化の先端にいる人間には翼が生えなかったのか。それは、**人間には知性が与えられていた**ためではないかと考える。すなわち〈**他の生物よりも物質の制約を克服するところの、はるかに優れた能力**〉を手に入れていたからである〈See：212・2〉。実際、知性を使って人間は航空機をつくり、鳥よりもはるかに高く、速く、遠くへ飛べるようになった。

　そして**生命固有**の領域に入るほど、生命体からは、物質的要素が消えていく。さらに知性の領域に入るほど、生命体は物理的・数学的法則から解放される。

⟨211・12⟩
生命は一つに溶け合おうとする、総合に向かおうとする

　また、ベルグソンは言う。
「生命が活躍する本来の領域は、**相互に浸透し合う領域**であり、限りなく続く創造の領域である（Le domaine propre de la vie, qui est **compénétration réciproque**, création indéfiniment continue.）」
〔注："*L'Evolution Créatrice*" Quadrige Presses Universitaires de France, 1994, p.179.『創造的進化』ベルグソン全集・第4巻、白水社、1966年、p.205〕
　生命の領域では、多くの異なる要素が、自分の固有の豊かさや特性を失うことなく、溶け合い、一体となる。生命活動は常に一つになろうとする。一つに、収斂convergeしようとする。それは生命活動の中で最も重要な「愛」において端的に現われている。**愛は一つになることである。**だから動物も人間も、すべて愛し愛されたい。

　ゆえに内向型は、
　認識する際には、内界の生命に強く心が惹かれ、生命は一つになろうとするから、対象の類似性に目が向かい共通点を捉えようとする。**すなわち、一元的に物事を捉えようとする。**
　活動する際には、仲間と一つになろうとする。集団をつくろうとする⟨See：223・3⟩。**集団主義者Collectivistとなる。**
　したがって、内向型は人間関係を重視する。相手の立場を考え、自己主張を控える。生き甲斐も自分個人の楽しみではなく、皆のために尽くすこと、人類社会のために尽くすことに見出そうとする。
　この総合化の動きは、生物の進化の基本的動きで、新しい能力を身につけ、一歩進んでは壁にぶつかり、それを乗り越える新しい手段を見つけては、さらに一歩前進する、という具合に進んできた。哲学者ヘーゲルが言うような「総合化」（Aufheben）に向かおうとするのである。

⟨211・2⟩
第2項　物質の基本的動き
部分に分かれる（fragmentation）

アリストテレスは、「**物質は多くの部分に分割・区分され得るから、まず何よりも『多』の原理**」だという（物質においては、「無秩序の度合いを示す物理量」すなわちエントロピーが増大する。生命は逆に秩序を築くからエントロピーが減少する）。

それゆえ、外界の物質世界に強く惹かれる外向型においては、まず意識は外界に向かおうとするとともに、対象物を区分・分別して捉えようとする。

ゆえに外向型は、
認識する際には、物事の相違点を捉えようとする。だから多元的に捉えようとする。
活動する際には、自分と外界とを区別し、外界を征服し、征服の成果を楽しもうとする。
そして人間関係においては、**自分と他人を区別し、単独で生きようとする。個人主義者Individualistとなる。ただし、これは必ずしも利己主義ではない、自分の欲望を第一にすることではない。自分の個性を生かそうとするのである。**
したがって外向型にとっての生き甲斐は、仕事の成果を楽しむとともに、自分の個性の特徴をフルに活かすことにある。高次元の理念（例えば宗教）がある場合は別として、内向型のように、社会のために尽くすことではない。

このように内向型と外向型の特徴の違いは、物質と生命の違いから来ており、ユングが言う内向型と外向型の違いの「**何らかの生物学的に先行するもの(biologischen Vorläufer)**」（475b）とは、**生命と物質に対する反応の違い**だと私は捉えている。

なお、生命と物質との基本的相違については、詳しくは、第Ⅱ部第4章「気質論の基盤に関わる哲学」の第2節「生命は物質からは生じない」をご参照いただきたい〈See：42、455ページ〉。

⟨212⟩
第2節　なぜ、ある人は内向型となり他の人は外向型となるのか
（「生命の樹」からの考察）

　生物の進化を全体として捉えるとき、生物圏全体は、ちょうど一本の樹木が成長するように成長してきた。これは、ダーウィン以来、進化の研究者のほぼ共通した見解となってきた。ベルグソン自身も『創造的進化』の中で「生命の樹」に触れている〔注：*"L'Evolution Créatrice"* Henri Bergson, 6eme Edition, Quadrige/PUF, p.43.『創造的進化』ベルグソン全集・第4巻、白水社、1966年、pp.62〜63〕。

　ユングによれば、人が内向型あるいは、外向型となる場合でも**生物学的に先行するものがある**。「生命の樹」が成長するとき二方向への動きがあるが、まさにそれである。上に伸びる動きと、横に枝を広げる動きである。**理想を求めて上方向に伸びようとするのが、内向型の動きであり、現実の適応を求めて横方向に支配を広げようとするのが、外向型の動きなのである**。
　内向型は上に向かって伸びる理想主義者となり（**上昇進化**）、完璧主義を目指し、真面目に頑張る。外向型は、まず周囲の外の現実世界に着目し（**水平進化**）、現実主義者となり、外界が厳しい時には現実と妥協し、現実を支配できる場合には、その支配を拡大し、現実を楽しむことに喜びをおぼえるのである。

　そして、この「生命の樹」の部分は、幹の部分と先端の部分に分かれており、次のように成長してきた。

⟨212・1⟩
第1項　「生命の樹」の幹の部分において

　生物は最初、海の中に生を受け、バクテリアのような単細胞生物だったが、しだいに多細胞生物へと進化するものが現われた。やがて枝分かれが始まったが、**最初に枝分かれしたのは植物であった**。次に大きく枝分かれしたのは、無

脊椎動物として展開していく前口動物Protostomiaであった。そして幹の側では、後口動物Deutrostomiaが、脊索動物Chordataから脊椎動物Vertetrataとなって展開し、上昇進化を続け、**ついに人類が出現した。**

〈212・2〉
第2項 「生命の樹」の先端部分(分裂組織)において

　樹木の先端部分は、植物学では「**分裂組織**」と呼ばれ、生命力が最も旺盛な部分となっている。上方向に向かおうとする細胞と、外方向(水平方行)に向かおうとする細胞とが、**分裂する部分**だからである。
　同じことが「生命の樹」の先端にいる人類においても起こっている。そこでは、**上方向に向かおうとする人々**と、**外方向に向かおうとする人々が分裂しつつある。**
　そして、この**上方向の進化の担い手が内向型**であり、**外方向の進化の担い手が外向型**なのである。その意味では、内向型と外向型の分岐というパターンは、進化のはじめから進化の各段階においてすでに、常に、存在していた。**各段階での上方向の進化の担い手が、その段階における内向型**であり、外方向への分岐の担い手が、その段階における外向型となってきたのである。
　ということは、また、**過去に分岐した生物**ほど物質に制約され、外界に意識を奪われ、外向型だということになる。動物たちは人間以上に外向型となっている。植物たちは、動物以上に外向型となっている。すなわち、物質の制約をより多く受けている。
　それがゆえに、**生物圏全体としては、常に外向型がマジョリティを占めており、内向型は少数派となっているのである。**
　人類の分裂組織においても同じである。**内向型は常に少数派であり、大半は外向型となっている。**そして、**内向型は外向型がしばしば考えるような「劣った存在」ではなく、むしろ上方向に進化するという意味では、「内向型は外向型よりも優れた存在」**なのである。
　現在の世界においては、内向型民族は主に次のような民族となっている。イ

ギリス人、ドイツ人、スイス人、オーストリア人、スウェーデン人、ノルウェー人、フィンランド人、オランダ人、ロシア人、インド北部（カシミール）の人々、ネパール人、イラン人、イスラエル人、北ベトナム人、タイ人、ミャンマー人、インドネシアのジャワ島人、イヌイット人、チリ人、日本人などとなっている。

　人口的に見ると、内向型の**国民**は人類の約10％となっており、外向型国民は約90％となっている。内向型の**個人**は、外向型の個人と同様、広く世界に分布しており、外向型の国においては常に少数派となって存在している。

　一方、内向型国民と外向型国民の配分とは違い、人類における男性と女性の配分は、等しい数に配分され、実際に統計上にもそのような結果が表われている。個々の家族で生まれる男女の数の違いが大きいにもかかわらず、そして、**子供が生まれることに影響する条件（変数Variable）が無数に存在するにもかかわらず、人類全体における男女の人口の差は１％にも満たない**。2005年の国連推計では、男性32億8252万5000人、女性32億3222万6000人となっている。ということは、65億1400万人の中で、女性が男性よりもわずか5030万人（日本の人口の半分にも満たない）少ないということになる。もちろん個々の国民のレベルでは、戦争や疫病などで、男女の数が明白に異なることはあっても〔注：http://www.stat.go.jp/data/sekai/pdf/2009al.pdf〕。

〈212・3〉
第３項　「生命の樹」の概念図

　ベルグソンも言うように「生物の活力原理を遡っていけば、遠い祖先たちにまで達するであろう。「生命の樹」の根っこのところにあるゼリー状の原形質の塊に連なっていることが分かるであろう」〔注："L'Evolution Créatrice" Henri Bergson, 6eme Edition, Quadrige/PUF, p.43.『創造的進化』ベルグソン全集・第４巻、白水社、1966年、pp.62～63〕

　この「生命の樹」の概念図でよく知られているのは、フランスの生物学者

Lucien Cuénot（1866～1951年）の「生命の樹」であるが、落葉樹のような形で描かれている（巻頭の口絵参照）。拙著『生命のメタフィジックス』の裏表紙に使用した。

しかし、進化の概念図では、キュエノの落葉樹のような木ではなく、1本の幹から周囲に枝葉を広げる杉の木のイメージのほうが、進化の動きを正確に示すことができると私は考える。すなわち、巻頭口絵の「生命の樹」の立体図である。『生命のメタフィジックス』の表カバーに使用した。

〈212・4〉
第4項 「生命の樹」に起こりつつある最後の「突然変異」、新しき人「超人類の発生」

ベルグソンは、進化の最終段階において、人類は究極的には、愛の飛躍を経て根源的生命に融合されると言っている。彼が「生命の樹」の頂点に位置付けている神秘家は、「**驚異的な突然変異**」、すなわち、「**彼ら神秘家たちを導いて人類を神にまで高めさせ、神の創造を完成させた愛の飛躍**（L'élan d'amour, qui les portrait à élever l'humanité jusqu'à Dieu et à parfaire la création divine）**によって、まさに『超人間』になった人たち**」である〔注："Les deux sources de la morale et de la religion" Press Universitaire de France, 1932, p.250.『道徳と宗教の二源泉』中村雄二郎訳、ベルグソン全集・第6巻、白水社、p.285〕。

神秘家だけではない。根源的生命と一体になった人は皆そうである。

これは世界の主要な宗教が等しく教えていることでもある。イスラム教でも「根源的生命と合一する境地を目指して進んでおり」（BIE、限定版、第2巻、p.94中段a）、キリスト教でも「古い罪の人に死し、『新しい人』に生まれ変わること」を教えている。仏教でも悟りに達し、最後の輪廻、すなわち、「最後身」に至る必要性を説いている。仏教の最も古い聖典の一つ『スッタ・ニパータ』で釈尊は、バラモンとは、真の意味で心清らかに生きる人、「最後の身体」に至った人のことであると教えていた〔注：NHK「心の時代」（1955年）中村元「ブッダの思想」（2013年10月20日再放送）〕。

第1章 内向型と外向型の特徴の違いが生じる生物学的基盤

　そしてダーウィン自身も、進化の最終点をそこに見ていた。ダーウィンは、最後の著書「*The Descent of Man*」(1871) のCHAPTER III. Comparison of the Mental Powers of Man and the Lower Animals.（Abridged by Michael T. Ghiselin, Dover Publications, Mineola, New York, 2010, p.63）［チャールズ・ダーウィン著『人間の進化と性淘汰Ⅰ』長谷川眞理子訳、《ダーウィン著作集1》、文一総合出版、1999年］の中で、**人間が動物と違うところは、道徳観念を持っていることにあり、進化の目標は隣人愛の実践にある**と、次のように述べている。
「人間に道徳観念があるという事実が、おそらく人間と動物の違いを最もよく、最も明白に表わした事実である。近年私は全力を挙げてそれを証明することに傾注してきた。社会的本能を調べてきたが、人間は『人間の道徳律の第一で最も重要な原理』に向かって、活発な知性の力と習慣に助けられ、導かれている。**『人にしてもらいたいことを、人に対しても行なうべし』という道徳の根幹にある黄金のルールである**」

　　　The moral sense perhaps affords the best and highest distinction between man and the lower animals... I have so lately endeavoured to show that the social instincts, —the prime principle of man's moral constitution—with the aid of active intellectual powers and the effects of habit, naturally lead to the golden rule, "As ye would that men should do to you, do ye to them likewise; " and this lies at the foundation of morality. (Charles Darwin "*The Descent of Man*" Chapter Three. p.63, Dover edition, 2010)

　実際、ダーウィンが、進化論を主張したのは、彼が慈悲心と強い正義感を持っていたからだった。彼が調査探検に赴いたとき、多くの奴隷が虐待されているのを目の当たりにして驚いた。彼は「黒人だって同じ人間ではないか」と激怒し、「それを証明するためにも、自分は進化論を主張しなければならない。たとえ、それが今日、殺人者が自分の罪を公に告白するのと同じくらい命に危険なことであっても、自分は黙っているわけにはいかない」と言って、人類愛のために、**ダーウィンは、命がけで進化論を主張していた**のである。キリスト教の原理主義者たちが、「聖書は、すべての『種』が**最初から今あるままの形**

で神が創ったものだと啓示している。進化の結果ではない。だから奴隷制度は神が創った制度だ。同じ人間として扱うことこそ聖書に反する」と言って激しく彼の進化論を攻撃していたからである〔注：NHK documentary「大発見史」(Darwinの進化論の現代の状況) on air by TV-Japan: 2012.08.03: 8pm west Canada time〕。

〈212・5〉
第5項　人類の最終目的：根源的生命との合一

　以上のように、進化の最終段階において、人類は、根源的生命と一体となる方向に進んでいる。しかし、そもそも、根源的生命は本当に実在するのだろうか。確かに実在する。その根拠は、
1．「無」から「有」は生じないという事実〈See：41〉
2．すべての生命体において見られる驚異的な合目的的構造、すなわち、**驚異的な知性**の痕跡が存在する事実〈See：424〉
3．生命は空間に制約されず「偏在」性を持ち〈See：422〉、時間に制約されず「永遠」性を持つ〈See：423〉という事実
4．生命の進化は偶然の突然変異だけでは生じないという冷厳な事実〈See：43〉
によって知ることができる。

　ゆえに、生命圏全体をその目標に向かって統合し築き上げつつある「限りない活力をもった根源的生命」の存在を、認めないわけにいかない。
　そしてこの根源的生命は単なる巨大な活力ではない。なによりもすべての命の親である。我々一人一人の親である。親になった人ならよく分かるに違いない。親は自分が犠牲になっても我が子を守り、慈しみ、育む。それなら、すべての親の親である根源的生命の慈愛はいかばかりであろう。一人一人を限りない慈愛の中に包みこんでいるのではないか。しかも、一人一人の中に入り、心の動きばかりか、**一挙手一投足に至るまで、日々、毎瞬じかに見ているのではないか。**

そして、人が過ちを犯しても心から悔いるならば優しい母親のように赦（ゆる）してくれるのではないだろうか。

根源的生命は、万象以前から実在している「唯一の無限に慈悲深い生命の生みの親」であり、人間を創造してからは、<u>諸宗教が生じる何百万年もの昔から</u>、すべての人を一人一人大切な「我が子」として限りなく愛してきた真実の「命の親」なのである。

〈212・6〉
第6項　古代宗教の問題

古代の宗教は、人類の目標達成に寄与していただろうか。単なる偶像崇拝ではなかったか。確かに偶像崇拝をする宗教は存在していたかもしれない。しかし、宗教教団としての宗教ではなく、実際の個人の精神活動としての本当の宗教は、人間が存在を始めた時から存在していた。

なぜなら、生命誕生の原初の時代から、その萌芽はすでに存在していたからである。植物では、果実が落ちたときにすぐに種が栄養を十分とれるよう、たっぷりと果肉を与え、温かい思いやりを示している。動物の親子の間の信頼と愛情にも偽りはない。人間の親子もそうだ。しかも人間の場合には知性が与えられているから、目に見えないもの、感覚に触れないものをも認識し、大切にする能力を持っている。だから古代人も、目には見えなくとも、生命の親の存在を強烈に意識し、絶えず助けを求め、信頼を寄せていたはずである。

特に自然現象の原因が分からず、多くの悪霊が災いをもたらすと思っていた素朴な人々は、慈悲の神に絶えず助けを祈っていたにちがいない。命の親である「根源的生命」についての客観的知識は幼稚だったかもしれないが、両者の間の**信頼と愛情には偽りはなかった。そこには生きた本物の信仰があった。本物の信仰は人類誕生の時から存在していたのである**〈See：221・122〉。

これは現代においても同じである。真心から生命の親に語りかける人の心の中では、根源的生命が必ずや限りない慈悲に溢れて耳を傾けているはずである。

現代存在する様々な宗教団体は、古くても5000年以上の歴史は持っていない。

人類が存在を始めてから今日までの時と比べれば何万分の一に過ぎない。
　それまで人々は自分たちの生活共同体の中で信じていた信仰で満足し、それを外に広める意識は持ってはいなかった。しかし、徐々に文明が発達し始めるとともに、共同体の意識は拡大し、ついには「人類」の存在に目覚めるようになった。その結果、自分たちが信じていたことを、それを知らない人々にぜひ知らせたいという義務感・使命感に目覚めるようになったと思われる。
　しかしその場合、他の信仰に関する知識は極めて乏しく、自分の奉じる信仰のみが唯一絶対であり、他の宗教は誤りで、邪教として排斥するようになった。例はまずいが、小学生たちが他の小学校の生徒たちに「僕らの学校良い学校！お前の学校ボロ学校！」と叫んでいるのに似ていると言えるかもしれない。
　しかしながら、少なくとも今日存在している尊敬すべき諸宗教の間においては、今後相互に理解が深まるとともに、すべての命あるものの真の親である根源的生命が、それらすべての宗教の中において働いておられることを悟る日が来るに違いない。
　生きとし生けるものの中に存在する根源的生命は、大自然の中にも厳然として存在し、西行法師には「何ごとのおはしますかは知らねども、かたじけなさに涙こぼるる」と伊勢神宮にて感じさせ、われわれにも同じことを体験させておられるのではないか。また、心の奥深く瞑想する時に、そこに根源的生命との一体感を感じさせ、無数の仏教徒を養っておられるのではないか。
　親の最大の特徴は、子供のためには自分の命も犠牲にする愛である。だから、根源的生命は、われわれの深い罪業をみて、そこからわれわれを救おうと、とうとう我慢しきれず、一人の人間となって生まれ、恐ろしい十字架の苦しみを凌いでそれを償ってくださったのではあるまいか。
　こうしたトピックは、色や形の世界（形而下の世界）を超えた形而上学の問題ゆえ、科学や哲学の領域の問題ではないが、人間を十分説明するためには、形而上学は避けては通れない。アリストテレスも特に形而上学（ラムダの巻）において根源的原因（不動の動者）〈See：111・221・3、47ページ〉について述べている。そうでないと「生命の樹」の説明は、頭のない人間を充全な人間として提示するに等しいことになるからである。

⟨22⟩ 第2章
内向型と外向型の特徴

⟨221⟩
第1節　内向型は主観的、外向型は客観的

　内向型の特徴は、大きく分けて三つある。①**主観的**であり、②**外界に対する警戒心**が強く、③**集団的**であるということである。別の言葉で言えば、**完璧主義、安全主義（シャイ）、集団主義**ということになる。
　ここではまず、主観的な側面を考察するが、最初に主観の世界の基本的構造、すなわち、「豊かな元型の世界」を考察し、その後、その具体的な表われ方を考察したい。

⟨221・0⟩
主観の世界の基本的構造：豊かな元型の世界（優れた情報源）

　私のインコが窓の外に初めて猫を見たとき、パニックになった。また、初めて飛行船を見たときにも、パニックになった。インコが「経験に先だってすでに危険なものを知っていた」からである。インコは、それまで一度も見たこともなかった猫や飛行船を見た瞬間にどのようにしてそれを「危険なもの」と認識したのであろうか。それは、何億年も昔から我々生き物の中に親から子へと脈々と引き継がれてきた**生命の記憶**を持っていたからである。
　すなわち、生命の源から、枝分かれしながら今の我々一人一人まで途切れることなく流れてきた生命が、生命を脅かす〈危険なもの〉、生命を育む〈有用なもの〉の記憶を、**蓄積し、純化し、結晶**にして持っていたからである。これ

がユングの言う**元型Archetype**であり、「集合的無意識」の内容であり、**動物の本能の基盤**であり、さらに人間になってからの記憶は、**人間本能の基盤**となった。

■ユングによる説明

「元型は何百万回となく繰り返され、積み上げられ、圧縮されてついに一定のタイプにまで凝縮した<u>生き物たちorganischen Daseins</u>の経験そのものである（573c）。これらの元型の中に、太古からこの地球上にあったすべての経験が姿を現わしている。**頻繁だった経験ほど**、また**強烈intensiv**だった経験ほど、元型の中にはっきりと刻印された。だから、集合的無意識の内容は決して、心理活動の「<u>骸骨の残滓caput mortuum</u>」のような無用な沈殿物ではない。それどころか、**我々とともに現在も生きており、内的な変容を遂げつつあるのであり、**しかもその内的な変容は、すべての出来事と内的に関係している（573d）。だから、元型は、あらゆる出来事を捉えるための極めて重要なデータを提供してくれる。それどころか、新しい可能性だけでなく、未来に実際に起こり得ることすら、ある程度見せてくれる。過去に頻繁に起こったことは未来にも起こるからだ（574a）」

　元型からの情報が手に入るということは、何億年前から生きてきたアドヴァイザーが、我々の傍らにいるようなものである。だから、**内界からくる情報は、外界からくる情報よりも、しばしば、はるかに重要な情報なのだ**。この意味では、主観の世界は、一部の外向型の人たちが考えるような〈単なる主観的な妄想の世界〉ではない。何億年もの経験に基づいた最も客観的な世界なのである。

〈221・01〉
2種類の元型

　元型には大きく分けて2種類ある。写真のようにイメージとして現われる元型と、映画のフィルムのように出来事の進展を示す展開パターンとして現われる元型である。

〈221・011〉
イメージとして現われる元型

例えば、我々は、恐ろしいものを描く場合、鬼や龍を描く。何億年の昔から動物たちが、天敵に襲われそうになるとき、目の前に「大きく開いた牙のある恐ろしい赤い口」を見たからであろう。そのようなイメージが、猫を見た瞬間にインコの脳裏に呼び覚まされたに違いない。このような元型がなかったならば、生物は、初めての天敵と遭遇した瞬間、瞬時に逃げることはできないはずだ。

しかし、イメージ元型は恐ろしいものばかりではない。「老賢人」のような叡智に満ちた理想的人間のイメージもある。だから、神を描くとき人はしばしば、神々しい老人を描く。若い元気な少年ではない。仏像によく見られるように、慈母のイメージもある。また理想的男性像（アニムス）もある。理想的女性像（アニマ）もある。無数の美しい自然を見てきた**生命**は、芸術の理想像の宝庫でもあるのだ。

〈221・012〉
展開パターンとして現われる元型

イメージだけではない、物事の**展開**パターンとして記憶されている元型もある。例えば、「Aが起こればBが起きる」という因果原理の元型である。動物たちが大地の何らかの異変を大災害の前兆として捉えて動き出すことがあるのも、それによると思われる。天明３年浅間山の大噴火の際、その少し前から動物たちが浅間山周辺から逃げ出していた。中国四川省の大雑賀の災害（2013年４月20日）のときも、そのようなことが起こった。

また展開パターンには、「AはAであると同時にNon-Aであることはできない」という「矛盾原理」のような原理もある（571c）。

■元型と本能

ユングは言う。

「古くから、生まれつき与えられている行動の仕方は、本能と呼ばれてきたが、私はこのような（生まれつき与えられている）〈心理的認識の仕方〉を『元型 Archetypus』と呼ぶよう提唱してきた。元型とは『シンボリカルな形式 Formel（英：formular）』であるが……。この集合的無意識の内容は、はっきりとした好みや見解となって意識の中に入ってくる」(540a)

だから、嬰児は乳の飲み方を学ばなかったのに、生まれたとたんに、上手に飲んでいる。詳しくは、拙著『生命のメタフィジックス』第六章第一節をご参照いただきたい。

〈221・02〉 しかし元型そのものは言葉では言い表わせない

元型そのものは言葉では言い表わせない。にもかかわらず、本人自身はよく知っている。だから女性が「あなたの理想的男性はどういう人ですか」と問われても表現にとまどうのに、実際に「理想に近い男性」に出会うと「このような人です！」と即座に答えることができる。これらは本人には相手の男性の特性（対象の規定性）と思われているが、本当はそれだけではない、その男性の特性によって無意識の中から呼び起こされた元型でもあるのである。こうした元型に基づく主観的好みや見解は、客体よりも強い影響力を持ち、心的価値もずっと高く、受ける印象も極めて強い（540d）。

〈221・03〉 内向型の四つの機能を通して現われる元型の特徴

〈221・031〉 内向感覚型の場合

例えば、人は、美しい音楽を聴いていると、それに合った美しい自然のイメージが集合的無意識の深みから呼び起こされ、〈それと音楽とが一体となった認識内容〉を味わい楽しんでいる。本当に楽しんでいるのは、外界で奏でられ

ている音楽とともに、それによって触発された内界のイメージなのである。

　このようなことは、音楽だけではなく、他の様々な芸術活動において起こっている。絵画においても、主観の味付けがなされている。**イメージ元型はしばしば理想性を持っている**。優れた芸術家は、それを見事に表現するから、見る人に感動を与えるのである。

　美味しいものを食べているときにも、ふと昔どこかで食べた懐かしい美味しい味が意識に浮かび、それを同時に楽しんでいる。

　春の霞たなびく美しさが、自然美の元型を呼び覚ますから涙する。桜の美しさに心が揺り動かされ、秋のすすき野に深い寂しさを味わう。

　一方、外向感覚型の人が描く場合には、正確な客観的描写によって、写真に近いものを描く場合が多い。近世ヨーロッパの肖像画の中にはカラー写真のような見事な作品が数多く見られる。

　内向感覚型の日本人では、料理は単に食欲を満足させるだけのものではない。意識の底にある美の元型を呼び起こそうとする。菓子の小さな袋にすら丁寧に美しい和歌を添え、味を楽しむ前にまず、四季の美しさを楽しませるものがある。日本食が世界遺産に登録されたのもそのためかもしれない。

〈221・032〉
内向直観型の場合

　内向直観的な人の場合には、何か重要な出来事を経験すると、それと関連するパターン元型が意識の底に浮ぶ。ユングは、心因性の眩暈が起きた人の例を挙げている。例えば「心臓を矢で射抜かれてよろめく一人の男のイメージが心に浮かぶような人がいる。そういう人は、それを見ながら、それがどのように展開するか、そして最後にどのように消えていくかを、生気溢れる共鳴・共感をもって見届ける。もちろんこんなことは、判断的『姿勢』の人（思考型）には、考えられないかもしれないが、私がこのタイプの人においてしばしば経験した事実なのである」(571c〜572b)

第Ⅱ部　内向型国民の優れた特性

■このタイプの人を理解する上で、大江健三郎氏の例が参考になる

　少年の頃、母親のお使いで、やっと収穫したわずかばかりの小麦を、製粉小屋に持っていったときのことだった。製粉の終わるのを待ちながら、たまたまそこにあった少年雑誌を読み始めると、心を奪われてしまった。イタリアはアッシジの町の聖者フランチェスコの話だった。牛を連れていたジョヴァンニという少年が、聖者に出会うと、急にその弟子になりたくなった。しかし、聖者から「その前にその牛を売って貧しい人に施しなさい」と言われて悩むくだりがあった。それを読んだ大江少年は、小麦粉を抱えて帰る途中、森の木陰に今にもこの聖者が現われるような気がしてきた。と同時に自分がその人についていくイメージが心に浮かんだ。「そうなったらどうしよう。お母さんと妹にとって何より大事なこの粉を貧しい人に与えなければならなくなる」と深刻な悩みに陥った。「泣いていたようだった」と氏は述懐している。

　また、氏が特定の宗教の信者になれなかったのは、真理は人間が考えているような小さなものではなく、一つの宗教に限定することに抵抗を感じていたためだった。ところが大学受験で上京した際、ふとお茶の水のニコライ堂の前に立って頭を下げようとしたが、慌ててやめた。それは、そのことによって「もしも受験に合格したら、一生ニコライ堂の信者にならなければならなくなる」と感じたからだった。

　氏はまた次のような経験もした。ご長男が頭蓋骨の異常を持って生まれたとき、医師から「たとえ手術をして命を取り留めても一生障害は残るので、このまま死なせては」と言われた。毎日悲痛な気持で保育器の我が子を見つめていた氏は、ある日その子が突然輝くように感じ、それと同時に「この子をこのまま死なせたなら、今までの自分の28年の人生も無意味だったことになる。この子は生きなければならない」という強い直観を持った。「論理的にそれがどうつながるかは、その時の自分には分からなかったが、『たとえ数日でもこの子が生きたことに、意味がなかったならば、自分の生きた28年にも意味がなかったことになる』ということを瞬時に捉えたのだと思う」と記している。こうして、この著名な作家の生涯は、決定的に方向づけられることになった。

〈221・033〉
内向思考型の場合

　内向思考型は物事を合理的に考え、その考え方を他の人にも伝えたい（549d）。新しいインサイト・見解をつくることに関心がある（545d）。
　そのため、何かの問題に関心をもつと、それを分析し、その理論を考え、合理的に説明しようとする。例えば、社会を最も理想的な社会にするには、どうしたらよいかと考える。
　ただし、その際、〈心の内部にある生物発生以来蓄積されてきた生命の記憶〉からヒントを得ようとする。すなわち元型の世界からヒントを得ようとする。だから元型の世界からヒントを得ながら、できるだけ現実の問題に妥当する理論を創ろうとする。そして実際にそれが立証されると、大きな影響力を持つことになる。
　実際、社会改革の理論家の多くは内向思考型の社会から輩出している。プロテスタントの宗教改革も、内向思考型社会のドイツ語圏（ドイツ、スイス）から始まった。現在、内向思考型の北欧やドイツ語圏の国々においても、理想的な国家を目指して様々な試みがなされている。後述するように、所得格差を抑え、経済的デモクラシーを推進し、福祉国家を実現しようと努力が続けられている。
　そして、内向思考型の〈世界に対する過去の最大の功績〉は、文明を発生させたことにあった。人類が初めて人類の意識にめざめ、世界全体を意識しはじめたのは紀元前十数世紀の頃からであるが、それが大きく前進するためには、それ以前の動物社会のような弱肉強食の社会から脱出する必要があった。征服者が被支配者を奴隷にする社会から脱出する必要があった。**文明社会を創出する必要があった。権力者と被支配者が一体となって理想的社会の実現を目指す熱意が必要であった。**しかしこれには理想主義と集団主義と強力な内向的思考力が必要だった。
　こうして古代エジプト文明〈See：112・231〉、古代ギリシア文明〈See：111・221〉、古代ペルシア文明〈See：131・120・2 〉、古代中国文明〈See：121・211〉が発生したのである。詳しくは、これらの箇所をご参照いただきた

い。

〈221・034〉
内向気持型の場合

　内向的気持feelingの心理学的プロセスを、理論的に述べることも、また単に近似的に述べることも、極めて難しい。内向的気持feelingは、主観的な条件に支配され、外界の客体objectsとは単に二義的にしか関わっていないため、心の奥で起こっていることが表に出てくるのが稀だからである。このタイプの人は、自分の心の底にある元型のイメージを現実化しようと模索するのに忙しい。昔どこかで見たようなイメージを常に探し求めている。

　ユングによれば、彼が内向的気持が優越している人に出会ったのは、多くの場合、女性であった（556d）。

　彼は言う。

「『静かな水は深い』という諺は、まさにこうした女性に当てはまる。彼女たちはたいてい物静かで、一歩距離を置いており、何を思っているのかよく分からない。しばしばあどけない顔をしており、無表情な顔の背後に隠れている。また、しばしばメランコリックなところがある。彼女たちは控え目で、表に自分を出さない（557a）。外に対しては、ハーモニーのとれた慎み深さ、さわやかな安らぎを湛え、相手の気持を大切にし、それに合わせるところがある。彼女は、他人に命令したり、自分を強く印象づけるようなこと、あるいは何かを変えさせるようなことはしない。

　表面的にしか判断しない人（外向型）は、このようなタイプの人には感情など何もないと思ってしまう。しかし、これは誤りである。内に向かう気持は確かにextensiv横への広がりは少ないが、intensiv縦への掘り下げは深い。内深く発達していく。例えば、外向型の横へ広がる同情心は、機会が来れば言葉や行為を通して表出するが、ほどなくこの印象から解放される（558c）。しかし、内向型の縦に深まる同情心は、それを表現する前に自分の中に溜めこみ、ついには世界中の不幸を一身にまとって、そこに凝結してしまうようなところがある。それが一部溢れ出て、英雄的とも言われるような驚くべき行為となって現

われ、客体（周囲の人たち）も主体（本人）も、それにどう対応したらよいか分からない、というような事態すら発生することがある。

　しかし、この同情の気持が実際に何をやろうとしているのかは、本人自身もはっきりとは分からない（559a）。場合によっては、隠れた、そして世俗的目からは慎重に守られた宗教性の中で現われたり、あるいは、世間を刺激しないような詩的な表現形式をとって現われることもある〔注：禅僧道元が社会の物質的救済に消極的だったと批判されることがあるが、ここらあたりに答えがあるかもしれない〕。

　また、内向気持型の人は、自分の秘かな気持を相手の人に及ぼそうとするが、正常な場合には、厄介なことにはならない。ただ、そこから何がしかは漏れ出て、個人的な影響を相手の上に及ぼすことはある。そして周囲の人たちを呪縛する（559c）。特に女性の場合、外向型の男性を極端に魅了することがある。彼の無意識を揺り動かすからである」

〈221・04〉
内向型の豊かな主観の世界を軽視する現代の風潮に対するユングの警鐘

「忘れてならないことは、――そして、外向的な目で見る人は、いとも簡単に忘れてしまうのだが――知覚することWahrnehmen（perceive）も、識別することErkennen（discern）も、客観的制約のみならず、主観的制約を同時に受けているという事実である。世界は単にそれ自体において、それ自体のためだけに存在しているのではない。**我々に映ることにおいても存在しているのである**（537a）。

　それどころか、人間の認識能力と一体となっていない〈**世界を判断する有効な判断基準**〉など存在しない。ゆえに〈もしも主観的ファクターの存在を認めないならば、絶対的な認識の可能性 eine absolute Erkenntnismöglichkeitなどあり得ない〉という重要な事実を見落とすことになるだろう。そして、もしも主観的ファクターを否定するならば、我々は、今世紀への代わり目を醜悪に変貌させたあの虚ろな味気ない実用主義に陥ってしまうばかりでなく、粗暴な感情と愚かで傲慢な暴力の原因となった知的傲慢にも陥ってしまうだろう

(537b)。

　また、客観的認識能力を過大評価することは、主観的要因のみならず、主体自体の意味も否定することになる。そもそも主体とは何なのか。人間ではないのか。**我々がまさに主体そのものではないのか。**『私が認識する』という『私』が存在しなかったなら、認識も存在しなかっただろう。我々にとっては世界すら存在しなかっただろう。『私が認識する』ということ自体、**主体なくしては認識もない**という事実を何よりもよく証明している（537c）。このようなことすら忘れてしまうのは病的としか言いようがない（537c）。

　このことはすべての心的機能に当てはまる。心の機能にはすべて主体があり、客体と同様、常に不可欠なものなのだ。しかし、外向的価値一辺倒の現代では、『主観的』という言葉は、しばしば、人を非難する言葉として使われている。『主観的に過ぎない』という表現で、〈客体の絶対的優位性を認めようとしない人〉を攻撃する武器に使われているのである。

　私が『主観的ファクター』という場合、それは、〈客体の影響と溶け合って、一つの新しい心的状況をつくり出す心理的働き、あるいは反応〉のことを言っている。そして、こうした心理的活動や反応という主観的ファクターは、太古の時代から今日まで、すべての民族の間において、ほとんど変わらなかった。人間の基本的な認識の仕方が、いつもどこでも同じだったからである。

　だからこそ、内部の主観的要因は、外部の客観的要因同様、確固とした現実 eine ebenso festgegründete Realitätなのである（538a）。もしもそうでなかったならば、永続的で本質的な現実が存在しているということはまったく言えなかっただろうし、（文化の）伝承なども、まったく不可能だったであろう。それゆえ、主観的ファクターは、海の面積や地球の半径と同じく、確固とした現実なのである。主観的ファクターもまた世界を規定する要因である限り、我々はそれを無視するわけにはいかない（538b）。主観的ファクターは客体と並ぶ、もう一つの世界の法則であり、その上に存在の土台を置いている人は、客体の上に存在の土台を置いている人と同様、確実なもの、永続的なもの、価値あるものの上に根をおろしているのである。

　だからそれを『自愛心が強い』とか『自己中心的だ』とか、それに類することを言って内向型を非難するのは不適切であり、あってはならないことなのだ。

なぜなら、これは〈内向型の人はいつも自分だけを愛している〉という偏見を生むからである。これほど事実に反する偏見はない。しかし、内向型の人についての外向型の人の判断を調べると、しばしばこのような偏見に出合う。もちろん私はこうした誤解の責任をすべて外向型個人に負わせるつもりはない。現代世界に蔓延している〈外向型的ものの見方だけを唯一の正しい見方とする偏見〉のせいだと考えている（539a）。

しかも、この種の偏見は、単に外向型の人たちの間だけではなく、内向型の人たちの間でさえ、それが自分の傾向に逆らっているにもかかわらず、（外向型文化一辺倒の現代風潮に洗脳されて）是認している。おまけに、**内向型の人たちは『その内向的生き方そのものが、人としての本来のあり方に反している』**とまで非難されているのである。

その一方で、外向型の人たちはまったく、何の非難もされないのだ」(539b)

〈221・1〉
第1項　内向型は意識が深い、外向型は意識が浅い

〈221・11〉
内向型は外への反応が遅い、外向型は速い

　内向型の人は、内界での経験は豊かでも、客体を知覚してから行動するまでの間に主観的な観念が介入し、行動が客観的事実に適合するのを遅らせる傾向もある（536a）。**外への跳ね返りが遅いのだ**。外からの刺激にとっさに対応できない。

　したがって、本書の「はじめに」において、「面白い話が出たら、話が始まるや否や笑うのがスペイン人、翌朝になって笑い出すのがドイツ人と日本人」と述べたが、確かにこうした傾向はあるのである。

　それゆえ、内向型は、しばしば後から地団太を踏むことになる。悪口を言われ攻撃されても、しばしば、対応のタイミングを逸してしまう。それで、後になって、「ああ言っておけばよかった。こう言っておけばよかった」と言って

悔しがるということになる。

　内向型特有の〈対処の仕方にもたつく〉ことは、外向型社会では、企業レベルでも、大きな誤解と損害を被ることにもなりかねない。トヨタはアメリカで車のブレーキの不備が原因で事故になったと訴えられたが、敏捷に対応できなかったために、後日、車には欠陥がなかったことが証明されたにもかかわらず、それまでに多大の損失を被った（2009年）〈See：122・211〉。

内向型は人助けに及び腰、外向型は人助けに積極的

　人助けのやり方にもいろいろあるから一概には言えないが、とっさの場合にすぐに手を出して助けてくれるのは、外向感覚型社会の人々に俄然多い。
　アテネ大学日本語科の太田タマ教授が話してくださったギリシア人の例が面白い。
　「子供たちが小さかった頃は、バスに乗っても、電車に乗っても必ず席が空いていた。みんなが開けてくれるんです。それもすぐに『ここへ！　ここへ！　早く！　早く！』、『結構ですよ』と言う暇もないくらい。
　人がよくて親切すぎて、道に迷って人に尋ねるとすぐ２、３人集まってきて、それぞれ別の方角を指して『あっちだ！』『こっちだ！』と大声で騒ぎ出す。『いったいどっちに行ったらいいの？』ということになってしまう。
　あるとき、バスの中で少々認知症が始まったようなおばあさんがいた。皆に聞こえよがしに何かぶつぶつ文句を言っていた。すると周りの人たちが面白がって、彼女とやりとりを始めた。車内のあちこちからワーワーワーと言って『ばあさん、もうおうちに帰って寝なよ！』とやっている。
　ところがあんまり暑かったせいか、おばあさん、突然、引っくり返った。すると急に皆が医者になり看護婦になって介抱し始めた。運転手にバスを止めさせ、水を飲ませ、ネッカチーフをはずし、着物を直し、携帯で救急車を呼ぶなど。みな突然人が変わった。私は傍にいたのに、何もできなくて、『ハアーッ』と言って見ているだけ！　恥ずかしかった！　『何もできない私って何なの！』と思った。この変わり身の早さ！　日本人だったら手をこまねいているのに、さっと敏捷に処置をする。あれはすごい！　イタリア人にもそんなところがあ

ると聞いている」(interviewed in Athen、2001年11月3日)

　北米で見る限り、外向型社会にはヴォランティア活動に積極的な人が多い。日本よりもはるかに多い。日本人も目の前に困っている人がいると助けようとする気持はもっているが、なかなか表に出せない。外向型はその思いをすぐに外部に表わして行動に移す。国としても、日本は、災害現場に駆けつけることでは、少なくとも今までは遅れがちであった。まず周りの国がどう動くかを見て、やおら動き出す。

■**スウェーデン人も日本人に似て人助けに遅れる**

　スウェーデン人も、本当に親しい友人の間では別として、助けの手を差し伸べる心の準備はあまりできていない (Daun, *SM*, p.73)。

　ならず者に独りで立ち向かったデンマーク人男性が日刊紙に投書した。「なぜ上品なスウェーデン男性は意気地がないのか？」("Why are Decent Swedish Men Cowards？") と〔注：*Expressen*, 21 March, 1983〕。

　著名な気質の研究者、ストックホルム大学のÅke Daun教授は、その理由を次のように分析している。苛められている人を救えない理由として、①暴力の反撃に対する恐怖、②自分の領域以外のことに対する大都市にありがちな無感覚Apathy、③「他人のことに鼻を突っ込むな」というスウェーデン社会の一般的風潮、④スウェーデン人特有の、負けたら恥ずかしいという観念、⑤公の場所に出て行く時の一種の「恐怖stage fright」、⑥スウェーデン人に特有の「あらゆる外部からの刺激に対する反応の遅さ」などを挙げている (Daun, *SM*, pp.88～89)。

〈221・12〉
内向型は外的刺激に鈍感、外向型は敏感

　内向型より外向型のほうが、外的感覚刺激に敏感なことを示す事例がある。国際気質学者Hofstede〈See：223・40〉が挙げている。アメリカの家庭でHot tub（テラスにある万年風呂）に裸で入った日本の娘にショックを受けた人の手紙である。

「東京から16歳の女の子がホームステイに来ました。アメリカに来たのは初めてだそうです。うちにはHot tubがありますが、そこに彼女を招きました。ところがMidoriは全裸で入ってきたのです。日本人はアメリカ人よりも、もっと慎み深いと思っていた私にとっては大変なショックでした。彼女は、日本では家族や親しい友達と裸で一緒に風呂に入るのは昔からの普通の習慣だと言うのです。彼女はアメリカ人がHot tubに水着を着て入る気持が分からないと言うので、私は性的問題を述べました。しかし、彼女は、お風呂に入るのに、なぜそんなことが問題になるのかと怪訝な顔をしたのです。私はすっかり仰天しました。どうして日本の男女が性的に興奮しないで一緒にお風呂に入れるのに、我々はできないのでしょう」〔注：Masculinity and Femininity. The Taboo Dimension of National Cultures. Geert Hofstede and Associates Sage Publications. Thousand Oaks, London, New Delhi, p.154〕

筆者もカナダに住んでいたとき、テラスにHot tubを持っていたが、外から見られないなら裸で入っていただろう。日本の温泉や風呂屋などの公衆浴場では、男女は別だが、みな裸でくつろぐ。そして日本には、裸で皆と風呂に入るときには、「仏の前では、みな同じ」というような観念がある。

■スウェーデン人も裸を恥ずかしいとは思っていない

『外から見たスウェーデン人（Swedes as others see them）』の著者Jean Phillips-Martinssonも次のような経験をしている。

「私はスウェーデンのテニスクラブで汗を流したあとで、スウェーデンの友人たちと一緒にサウナに入った。裸になって並んで座ったら、彼女は俄然楽しそうになり、今の勝負について話し始めた。私はといえば、人前で裸になることなど初めてだったので、どぎまぎしていた。知らん顔して座っているのがやっとだったのに、楽しく議論するなんて！

多くの国では裸は罪だと考えられているが、スウェーデン人は恥ずかしがらない。一人のスウェーデンの女の子が私に言った、『自分は罪深い女と評判になった。それは、アメリカの大学にいたとき、シャワールームで、シャワーの後、体をタオルで包まずに走りまわったためだった』と。『典型的なスウェーデン人は裸を恥ずかしがらない』ということになっている」〔注："Swedes as *others see them*" Jean Phillips-Martinsson, 1981, Studentlitteratur, Lund 1984, pp.24〜38〕

　米大手調査会社ハリス・インタラクティブが、世界26カ国で行なった「性に関する意識調査」（約２万6000人を対象）によれば、性交渉の年間平均回数が最も多いと推定されたのはギリシアで164回、最下位は日本の48回だった。最上位からはブラジル、ポーランド、ロシア、インド。中国（122回）は９位、フランスは11位。性生活の満足度では、「満足している」と答えた人が67％のナイジェリアが１位。日本は15％と、これまた最下位だった（パリ、2007年６月28日、共同通信）。

　それにもかかわらず、日本では「気遣いと我慢は確かに必要だが、結婚生活は満足している」と答えた夫婦は84.3％とかなり高い。NHKが報じていた（TV-Japan：on air, 2012年11月22日）。

〈221・121〉
誤解されたスウェーデンの性哲学

　スウェーデンは社会改革の実験室とよく言われるが（Daun, *SM*, p.204）、スウェーデン人は、ともかくまず基本的な考えをキチンと合理的に押さえておく。だから、例えば、高校の卒業証書の廃止論まで議論されている。「人の価値に優劣はないのだから」と。
　性に関しても、スウェーデン人は、現代社会の中で〈性とはどうあるべきか〉を、伝統に縛られずに合理的に考えた。その結果、「本人の自由に任せる」という結論に達した。
　ところが南欧の外向型の国の人たちの中には、それをフリーセックスと取り違え、興味本位にスウェーデンを訪れる人が数多く出てきた。しかし、そんな浮ついたものではないのである。
　実際、ユングも言っているように「内向思考型は、問題提起や理論を強調し、展望やインサイトを開くが、実際には、手控えるところがある」（545d）。

〈221・122〉
裸の哲学

　しかし、ここに一つ重要な問題がある。「**動物が裸をまったく恥ずかしがらないのに、なぜ人間だけが恥ずかしがるのか**」ということである。
　人間は、もしも、存在理由が、動物と同じように、動物性の増殖のみを目的として「生命の樹」に寄与することになっていたならば、動物のように裸を見られても、決して恥ずかしがりはしなかったはずである。チンパンジーも裸を恥ずかしがる様子はまったくない。日本のテレビによく出てくる（2012年）パン君もズボンをはいているけれども、恥ずかしいからはいているわけではない。わけもわからず、ズボンをはかされているだけである。

■**なぜだろうか**

　人は、動物よりも一段上の生物に進化した結果、**自分が単なる動物と見られることにdegradation（下のレベルの存在に落ちる恥）を感じるようになったからではないか**。それを特に感じるのは、裸になったときである。動物性そのものが表に現われるばかりでなく、動物より優れた自分の尊厳dignityを示すものが何一つない状態になるからである。だから、自分の裸を見られると、「自分は単なる動物と見られることを拒否する」という意識が無意識の底から湧いてくる。だから、日本の温泉や公衆浴場などで他人の裸が目に入ると「彼もやっぱり動物だったのか」と一瞬不快をおぼえると言われるが、やはりそのためかもしれない。高貴な人たちに関しては、動物的行為をことさら想念から遠ざけようとする。
　その結果、次の重要な事実が推定される。「人間になるということ」と「理性を持つということ」と「裸を恥じる意識が生じること」と「善悪の意識が生じること」とが、一つのパッケージとなった心理現象なのではないかということである。
　そして、こうした心理現象は、**知性を持った人類が生まれた時（推定約180万年前）から始まり、今日まで続いているのではないかということである。
　この一体性があったからこそ、人類誕生以来今日まで、人類が倫理的に守ら

れてきたのではないか。時代や地域や文化によって表現形式は様々でも、生命の親である根源的生命は、この100万年以上もの間、日々人類一人一人を、きめ細かに、彼らの理解力と文化的価値観に合わせながら導いてきたのではないだろうか〈See：212・6「古代宗教の問題」〉。

　すると思い出されるのが神話である。神話とは、根源的生命が、何の記録も残せなかった百数十万年もの間、自分を説明するために、時代と文化環境に合わせて人々の心に語りかけた分かりやすい「説話」だったのではないかと思う。その意味で、**神話は、実は「真話」**でもある。単なる面白い昔話ではない。言うなれば、根源的生命の一種の「**啓示**」だったのではないか。

　そして様々な神話の中でもアダムとエワの説話は、実によくできた神話だと思う。

　「人とその妻とは、二人とも裸であったが、恥ずかしいとは思わなかった。さて、生き物のうちで最も狡猾(こうかつ)であった蛇が女に言った。『園にあるどの木からも実を採って食べるなと、本当に神が言われたのですか？』。女は蛇に言った。『いいえ、園の中央にある木の実だけは食べるな、死んではいけないから、と神は言われました』。蛇は女に言った、『それを食べると、あなた方の目が開け、神のように〈善悪を知る者〉となることを神はご存知だからです』。女がその木の実を見ると美味しそうに見えた。その上、賢くなりたいと思い、それを採って食べた。そして女は共にいた夫にも与えたので、彼も食べた。すると二人の目が開け、自分たちが裸であることに気がついた。そのため、いちじくの葉をつづり合わせて、腰に巻いた」(『旧約聖書』「創世記」2章24～3章7）

〈221・13〉
内向型は言葉が少ない、外向型は言葉が多い

　最近（2012年）、アメリカで、"Quiet: The Power of Introverts in a World That Can't Stop Talking"（寡黙：しゃべることが止められない世界における内向型の力）という本がベストセラーになった［邦訳『内向型人間の時代――社会を変える静かな人の力』スーザン・ケイン著、古草秀子訳、講談社、2013年］。言葉の少ない内向型が、言葉の多い外向型社会において重要な役割を担

っていることを明らかにし、一躍有名になった。著者のスーザン・ケインは現在、Quiet Revolutionという運動を推進している。

この点に関して、私の尊敬する知人がインドのカルカッタに留学していたときの体験が参考になるかもしれない。彼はあるとき重い病に罹ったが、ホームステイ先の夫人の手篤い看護で救われた。彼はたびたび、心から「Thank you」と言ったが、彼女はそれに対して何も返事をしなかった。しかし、最後に「先生にThank youと言葉で言っていただくことはありがたいのですが、この国では、心からの感謝の気持を込めて、黙って目を見つめて、本当に感謝している気持を相手に伝えるのが、感謝の気持の表わし方なのです」と言われた。

内向型の社会では、人の真意は、その人の態度やその時の状況や、わずかな仕草のなかなどで敏感に捉えることができる。**言葉に出さずに、思いやりを「さりげなく、そっと伝える」と、奥ゆかしさの表われと解される**。自分の利益を目的とせず、相手のためを思っている純粋な心の表われとして、内向型社会の人々は特に感動する。

外向型社会で最も多く使われる「愛している」という言葉すら、最近の外向型文化に強く影響されている若い人たちはともかくとして、日本では、長年連れ添っている夫婦の間では、それを言葉に出すと、逆に白々しく感じられる。「そんなこと、今さら言葉で確かめ合わなければならないほど、私の思いが分かっていなかったのか」ということになってしまう。内向型社会では、黙っていても互いに相手の内面の動きが敏感に伝わってくるからである。

日本には例えば「二人静」(あえて英語に訳せばunderstanding each other in quietude) という名のお菓子があるが(名古屋市中区丸の内「両口屋是清」)、黙って深い愛情の中に安らいでいる夫婦の心情をよく表わしていると思う。

〈221・131〉
「以心伝心」心から心へ

ロシアのエリツィン元大統領が来日したとき、「我々は互いに『以心伝心』で理解し合えるのではないか」と、わざわざ日本語を交えて言ったことがあった。他の西側の大統領ではとても言えない言葉であった。

内向型社会においては、言葉に出さなくとも、しばしば、心から心へと伝える敏感なコミュニケーションがある。内向型は、相手のわずかな仕草によっても、相手の思いを敏感に捉えることができる。当然、ジェスチアは少なく、言葉も少ない。内向型が重視するのは、**伝える言葉よりも、伝え方**なのである。

〈221・132〉
暗黙の了解

　内向型社会では、黙っていても互いに了解し合う「暗黙の了解」ということが普通に行なわれている。
「どんなことでも暗黙の了解の上に成り立っているのが日本という国である。例えば『よろしく』という言葉によってしばしばそれが表わされる。『当方があなたにしてもらいたいことは理解してもらえた。だから、その仕事はあなたにお任せする。当方の望みどおりに仕事を終えてくれることを期待している。そしてあなたに感謝している』という内容が、たった4文字の中に凝縮されているのである」(『日本人のまっかなホント』pp.8～9)

■信頼する人とは長い間別れていても、絆は失われない
　スウェーデンのStockholm Countyで1989年に実施されたCMPS (Cesarec-Marke Personality Scheme) の調査では、「友人たちと、かなり長い間会わなくても我慢できるか」との質問に対し、「イエス」と答えたのは70%とかなり高かった (Daun, *SM*, p.56)。夫婦でもやむをえない事情のため、一時、離れて生活していても、外向型社会の人のようには不安にならない。

〈221・133〉
内向型諸国の例

〈221・133・1〉**スウェーデン**
「語るは銀、無言は金」とスウェーデンの諺にもある。沈黙と節度は高く評価され、小さい頃から、控え目で、おとなしくするよう教育される。

第Ⅱ部　内向型国民の優れた特性

　多言な人はバカにされる。相手の話に口を挟んだり、話を遮ったりするのはもってのほか。話す前にはよく考え、確信の持てることしか言わないように気をつける。発言内容、論理性、事実認識をきちんと頭の中で整えてから口に出そうとする。それゆえ、スウェーデン人は、話のあいだに間を置いたり、沈黙したりする。へまなことを一度言ったら後々までも祟ると思うからである。だから、ヨーロッパ人のなかでは、スウェーデン人は英会話の上達が一番遅いと言われている。文法的にも正確な英語を話そうとするからだと思う。日本人も同じような心理から、なかなか上達しない。
　また、会議の席では口をつぐみ、反対意見を述べず、話のイニシアティブを取らない。講演の後でも、外向型社会の人と比べて、質問が少ない。これがスウェーデン人の典型だとよく言われる（Daun, SM, p.67）。また、女性は控え目で、物静かな人が高く評価される（Mrs. Gerd Hijino-Larsson）。
　だから、南欧から来た移民たちは、スウェーデン社会にはあまり溶け込めない。「スウェーデン人は口数が少ないため、よくコミュニケートできない」と不満を漏らし、スウェーデン人はスウェーデン人で、「ラテン系の人は口数が多く、人の話をよく聞かないからコミュニケートできない」と言う。

〈221・133・2〉**ドイツ**

　ドイツ人も他国の人々に理解されたい、好かれたいと切望しているが、心中密かに、理解も好かれもしないことを、誇りに感じているふしがある。結局のところ、開き直って、「かくも複雑で深遠で感受性の鋭い我々を、よそ者が理解できるはずがない。アイデンティティを確立するために苦闘し、救いを求めて苦悶するドイツ精神がどんなものか、そうやすやすと分かってたまるものか」と考えているというわけだ（『ドイツ人のまっかなホント』p.8）。
　ただし内向思考型のドイツ人は、しばしば、しゃべり出したら止まらない。それは外向性のゆえではなく、内からの発想が豊かで頭が一杯だからだ。

〈221・133・3〉**スイス**

　スイスにも「雄弁は銀、沈黙は金」という格言がある。はっきり目的がない限り、人前では口をつぐみ、反対意見を言わず、失言で足を取られないように

気をつける。テレビのニュース解説などでも、重々しく話す。外向社会によく見られるような軽いジョークでちょっと味をつけるようなことはあまりしない。

〈221・133・4〉 **日本**

　昔から日本に伝統的に伝わっている沈黙の価値は、演劇の世界でも大切にされている。例えば、高倉健の演技は、態度で心の内を直接観客に感じさようとする。森繁久弥も同じである。役の主人公の気持になりきることに主眼を置く。例えば、老人の役で「一人ぽっちで寂しい」と台詞で言うよりも、何でもない後ろ姿で、〈ふっと肩を落とす〉。それだけで寂しさや孤独をジーンと感じさせた。

　「言わぬは言うに勝るのであり、世阿弥の『秘すれば花なり、秘せずば花なるべからず』（隠れているからこそ本当の美しさが感じられる）の精神に通じるところがある」と作家・演出家、久世光彦は言っている〔注：『潮』2006年4月号、p.226〕。

　そして、実際、日本人とスウェーデン人は、寡黙の旗頭、ラテン系（外向感覚型を気質要素に持つ民族）は、饒舌の旗頭と目されている〔注：Jean Phillips-Martinsson "*Swedes as others see them*" Utbildningshuset Studentlitteratur, 1981, p.45〕。

■外向型社会では

　明るい会話が内向型社会よりも俄然多い。ウィットをぽんぽん利かせる人が少なくない。それができると非常に有利になる。評価が高くなる。日本人でもそれができると、外人には高く評価される。その点で見事だったのは紀伊國屋書店の店主、故田辺茂一氏だった。ガルブレイス教授も「あんな愉快な奴は初めてだ。ワッハッハッハ」と笑っておられた。日本で教授が評価したトップの一人になっていた。

　逆に、外向型社会では、シャイな人はまったく評価されない。寡黙は無能の印であり、頭が悪い証拠と見られている。自信に満ちた恥ずかしがらない態度non-shy-behaviorが強調される〔注：Åke Daun "Describing a National Culture – is it at all Possible ?" *Ethnologia Scandinavica*, Vol.28, 1998, p.7〕。

　「アメリカでは、発言しない者は存在しないのと同じだ。寡黙は無能・頭の悪

さの印と見なされる」と東大教授・古澤明（世界初の量子テレポーテーション実験に成功、世界を驚かせた学者）はアメリカの研究室でKingle教授から注意された。

外向型社会では、沈黙は、意見の対立、敵対感情、拒否、弱さ、無能、不安、シャイ、表現力不足の表われと見なされ、問題を抱えた人間の特徴と思われている。

〈221・14〉
内向型社会の「言葉の二重性」

外向型は内向型を、内で考えていることと、外で言うこととが違うと言って非難する。

確かに、言葉の二重性には、まず虚言がある。相手を陥れるとか、自分の利益や身を守る目的で使う場合である。

しかし、相手の善のためには嘘をつかなければならない場合もある。人によっては癌の告知をしないほうがよい場合もある。子供には誕生の秘密には作り話も必要である。サンタクロースも子供にとっては大切な夢だ。

また、内向型は、相手を傷つけまいとする配慮から、思っていることとは違ったことを言う場合もある。また、相手に面と向かって反対したくないため、表面は同意しているふりをする場合もある。しかし、これは、内向型社会においては、その特徴である「和の傾向や集団主義」を現実と調整する機能も果たしているのである。

また、判断が思考（論理性）よりも気持Feelingによって決まる日本人の場合のように、「建前（statement in principle）」と「本音（statement in reality）」の形で現われる場合もある。

■外向型社会にも二重性はある

外向型社会でも、儀礼上、ストレートな表現を避け、丁寧・婉曲な表現になることはある。また、利益確保・獲得のために相手に良い印象を持ってもらうためにはそのようにする。

中国人は苦情があっても直接相手にぶつけるのを避ける人が少なくない。匿名の手紙で知らせたり、自分以外にもその人の言動で困っている人がいることを、その人に知らせることもある。また、面子(メンツ)を重んじる社会だからこそ、それを傷つけないよう、表現を婉曲にしなければならない。
　しかし、中東の社会には、尋ねられて「知らない」と答えると格好が悪いから、「知っています」と言う人がかなりいる。しかし、迷って道を訊く人には大変迷惑だ。テヘランで、日本人会館を探すのに、タクシーの運転手は10回近く道を訊いていたが、皆知らないとは言わずに、勝手な方向を教えてくれた。最後にその会館に辿りついたときにはすでにその前を２、３度通り過ぎていたことに気がついた。
　南欧や中近東のマーケットでの売買の駆け引きは、公然の二重性のぶつけ合いだ。しかし、お互いにそれを知っており、交渉の腕を競うものとして楽しんでいる節がある。
　またペルシア語に「ターロフ」という言葉があり、お世辞という意味だが、口先だけで、心にもない親切心を表現することである。玄関先だけで失礼しようとするとき、主人は客に対し、「どうぞお上がりください。お茶でも、お食事でも、泊まっていってください。このまま帰ると一生涯付き合いませんよ」などとありとあらゆる大げさな表現をして親切心を振りまく。
　道路端で昼食を食べている労働者と目が合うと、食べかけの食事を「どうぞ」と勧めてくることがある。口先だけゆえ、元手も要らず、もてなすつもりもさらさらないが、一応は言っておくことが彼らのマナーなのだ。

〈221・15〉
内向型社会の言語と外向型社会の言語の特徴

　どの国の人も自分の言語が一番豊かだと思っている。自分の言語が、自分の思うことを一番よく表現できるから当然である。しかし、中立的立場から見るならば、違いはある。内向型文化の言語は、内界の心の表現がより細かく豊かにできるのに対し、外向型文化の言語は、外界の理解とハンドリングに適している。

〈221・151〉
内向型社会の言語の特徴

　内向型においては、意識が心の内部に注がれているため、豊かな元型の世界〈See：221・0〉が心に浮かぶ。それが言語として表現されるとき、しばしば**詩的姿**をまとって現われる。
　また、内向型の人はアグレッシブではなく、シャイであり、防衛的であり、受動的である〈See：222〉。だから**受動的**表現を多用する。
　さらに、内向型は、単独では生きられず、集団の中に安らぐ。仲間に入れてもらいたい。そのため、**謙虚と控え目な気持を表わす言葉が多い**〈See：223・322〉。

■詩の言語

　ユングはシラーに従って詩をNaïveな詩とSentimentalischeな詩に分けているが、Naïve（ナイーブ）な詩は、単純に自然Naturと感覚Empfindungに従って現実をありのままに表現しようとする。詩人が自分で自由にできる要素はあまりない（183c）。それに対してセンチメンタルな詩は、深層意識に太古から存在する元型を呼び覚まし、永遠のふるさとへの憧憬に似た気持を誘うところから生まれる（185b）。
　したがって、外向型文化圏ではNaïveな詩が多く、内向型文化圏ではSentimentalischeな詩が多い。
　ドイツ人もスイス人も詩を重んじるが、センチメンタルな詩に惹かれ、ドイツ語は神秘体験の言語とさえ言われている。
　スウェーデン人も、詩に対しては並々ならぬ関心を持っており、書店の新刊書コーナーは、詩の本が優遇され、見やすいところに置かれている。作家や評論家も、まず詩人として世に出る人が少なくない。そして詩には、センチメンタルなものが多い。元国連事務総長ハマーショルドの詩も孤独や寂しさをうたったものがよく知られている。
　日本人も古来、センチメンタルな詩的表現を好んできた。万葉集、古今集をはじめ、多くの古典に豊富にある。

第2章　内向型と外向型の特徴

■受動的言語

　受動形、あるいは受動形でなくとも受動性を表わす表現を多用する。

　ドイツ語には受動性を表わす表現が豊かにある。より丁寧に、ソフトになるからである。ドイツ、特に北ドイツでは、直截なものの言い方は敬遠される（Fred）。

　日本語には、「させていただきます」の表現が極めて多い（TV-Japan、2010年4月9日「みんなで日本語」）。自分の積極性からではなく、他人にやらせてもらうような表現である。自分たちのイニシアチブでやっている商業行為についてすら「〇〇させていただいております」と言う（Symbolically expresses subordination）。

　横浜のSt. Joseph's Collegeに転入したとき、「君は受動形を使いすぎる。もっと能動形を使うように」とアメリカ人の先生から注意された。

■集団的言語

　スウェーデンでは、例えば、アカデミックなテキストにおいて作者は、序文で論文の目的を述べるとき以外は、"jag"（私）という言葉はほとんど使わない。「私」と言うと、偉そうな、気取りを感じさせるからである。それを回避するため、"man"（＝one）という言葉を使う。

　〔注：In Swedish passive voice is very common... In academic texts the author seldom write "jag"（that is I），except in the forward, when he explains how he got the idea to write about ... "I" is considered a bit pretentious or self-centered.「Daun教授からの私信」27 May, 2008〕

　日本語においても「私」が主語となるとき、しばしば同じ理由で省かれる。

　また日本語には敬語と通常語の区別があるが、内向型は集団化する傾向があるため、対人関係に非常に気を遣うところから生じたものである。話しているあいだじゅう、「あまりなれなれしく言い過ぎたのではないか」とか、「あまり堅苦しく言い過ぎて、相手に親しみを感じさせなかったのではないか」と絶えず気を遣う。この習慣は日本人と気質がよく似たインドネシアのジャワ島人にもある。

　なお、日本語独特の特徴として、男女の話し言葉がはっきりと違うが、外国

人はとまどう。しかし、それは女性が女性の言葉を使うと、もっと可愛らしく感じられるからかもしれない。ユング流に言えば、女性の元型であるAnimaをより鮮明に相手に想起させるからではないか。

　また、日本語の名詞には複数形がないことも、世界では稀だが、漢字自身の限界もさることながら、主観性が強く、外界の分別認識が弱いことと関係しているかもしれない。外向型社会は、基本的にはゼロサム社会であり、「取った、取られた」の社会だから数は重要だ。内向型社会はプラスサム社会「Win-win」だから〈See：425・2「生命はプラスサム的、物質はゼロサム的」〉、数は外向型ほど気にしないのかもしれない。だから筆者は時々複数性を示すため、やむなく日本語に小さく"s"を付けている。

■**深淵な話が好きな内向型**

　内向型は内面の世界に深く入っていくために、意識には以上のような特徴が生じるが、スイスの大学で、哲学者J. Bochénsky教授が、授業の中で打ち明けた話がその点を突いていた。「フランスで講義するときには、明晰・明快な論理で分かりやすく説明する。そうしないと学生に馬鹿にされる。ドイツで講義をする際には、逆だ。分かりやすく説明すると、かえって馬鹿にされる。だから自分はドイツでは、時々難しい言葉をわざと使って説明する。そうすると、学生たちは『深遠だ』と言って喜ぶ」と。日本の学生にも多分に共通したところがあるのでは。

〈221・152〉
外向型社会の言語の特徴

〈221・152・1〉**物質的対象の語彙が多い**

　外向型社会の言語は、内向型社会の言語ほどには、主観の「機微な心の襞（ひだ）」を伝える表現はないようだ。もちろん外向型の人にとっては、自分の主観の経験を表現するのには十分こと足りるから、自分たちの言語は最高だと感じている。当然そうあってしかるべきである。

　しかし、外向型言語は、**外界の物体の名称については、内向型言語よりもず**

っと語彙が豊富なのではないかと私は推定している。カナダの〈日用大工の大規模なスーパー〉に行くと、その品数の多さに圧倒される。ありとあらゆる工具や道具がそろっている感じである。これは外向型が、日頃いかに広い範囲で外界の事物に注意を向けているかということ、また、物質世界の認識の範囲が内向型よりもいかに多岐にわたっているかということを示す証拠の一つだと私は捉えている。

　カナダでは普通の個人が自分で家を建てたり、改造したり、修繕することは珍しくない。日曜大工のスーパーのレジで見ていると、主婦でさえ、配管工事の機材のようなものを結構買っていく。フランスでも、週末の新聞の折り込みには、日用大工の広告がたくさん入っていると聞く。おそらく、外向型の国なら似たようなことが見られるのではないか。

　ところが、主観を満足させる商品の種類となると、日本に比べて非常に少ない。日本のデパートは、ニューヨークやパリのデパートよりもこうした商品のヴァラエティが俄然多い。

〈221・152・2〉**日常用語では、動詞の分化が内向型言語よりも少ない**

　物体から得た語彙ではなく、主観的体験をともなう言葉、**特に動詞の場合に**ついては、外向型言語は内向型言語よりも分化が少ない。英語に例をとれば、do, go, come, have, get, make, workのような平易ないくつかの言葉によって、多くの用が足せる。極端な話、動詞を知らなくてもmakeの後に名詞を付ければ、結構通じる。なまじっか適切な訳語を探して話そうとすると、かえって通じない。むしろ英語の会話では、今挙げたような平易な動詞を多用するほど、本当の生きた英語に近く聞こえる。だから、英会話を学ぶには、できるだけこうしたすでに知っている〈平易な言葉で間に合わせる習慣〉をつけたほうが、近道かもしれない。

　日本のある外務大臣は「俺の英語は立派なものだ。お前たちよ、よく聞け！」と言わんばかりに堂々とブロークンで話していたが、よく通じていた。実際、普段よりも下手な英語で話すつもりで話すと、緊張が解けて逆にうまくいくようだ。

〈221・152・3〉 **外向型言語は一般に概念が明確（哲学原理の百科事典）**

　外向型の<u>分別の考え方discernment</u>を最もよく生かし、物事の原因を論理的に追究し、優れた業績を残したのはアリストテレスであるが〈See：111・221・3、末尾〉、彼の哲学を、易しく嚙み砕いて教えた「哲学原理の百科事典」が中世に現われた。トマス・アクイナス（1225～74年）の『神学のサマリー（Summa Theologiae）』（『神学大全』）である。もちろん神学書だから神の問題を中心に置いてはいるが、それを具体的な人間と社会の主要な問題を体系<u>的に説明する</u>中で提示しているために、実際には哲学原理の百科事典となっている。異なる問題一つ一つに、それを解くカギとなるアリストテレスの哲学原理を丁寧に、体系的に、しかも平易に示しながら解決してくれる。そしてこうした原理が実にたくさん、この本には詰まっているのである。だから、哲学的考えに興味のある人は夢中になってしまう。物事を考えるのに大変役立つからだ。使われているラテン語もCicero（キケロ）が使っていたようなラテン語ではなく、学生たちのためだから「台所culinaのラテン語」と揶揄されていたほどの平易なラテン語である。ラテン語には曖昧さがないため、基本を少し学べば容易に読める。しかもこの本に使われている哲学的語彙も限られている。英語訳もある〔注：興味深いのは、この本には、反対意見のところにAvicenna（アヴィケンナ）やAverroes（アヴェロエス）のような著名なイスラム教神学者の意見がしばしば提示されていることである。イスラム教神学とキリスト教神学の関係が深かったことがうかがえる〕。

　このアリストテレス・トマス系の哲学は、論理的思考力の訓練のために、フランスをはじめラテン系欧州諸国の高校では今日でも教えている。デカルトも「息子にはまずこの哲学を学ばせる」と言っていた。

　我々日本人は内向感覚・気持feeling型だから、論理的思考thinkingが苦手だ。だから、論理的思考の訓練のため日本でも高等・大学教育のどこかで取り入れたらよいかもしれない。英語でもフランス語でも平易な教科書が出ている。

　その意味では「デカンショー節」（<u>デ</u>カルト、<u>カント</u>、<u>ショー</u>ペンハウエル）を歌っていた旧制高校の存在は貴重だった。「デカンショー、デカンショーオで半年暮らしゃ、ヨイヨイ。あとの半年しゃ寝て暮らす。ヨーイ、ヨーイ、デッカンショー！」とやっていた。太平洋戦争前の日本の思想界のほうが、哲学者が多かったように感じる。

⟨221・2⟩
第2項　内向型は物証よりも心証を重んじる、外向型は心証よりも物証を重んじる

　内向型は、客観よりは主観を、現実よりは理念を、物質よりは精神を、物証よりは心証を重視し、現実に妥協せず、理念・理想をどこまでも最高の価値として追求する。
　それに対して外向型は、現実に妥協する。物質の感受性が強く、主観よりは客観を、理想よりは現実を、心証よりは物証を重視する。

■**知識は外界からと内界から得られるが、叡智は内界から得られる**
　先に「豊かな元型の世界」のところで述べたように〈See：221・0〉、内向型は何十万年の昔より今日の我々の内部まで流れてきている生命の記憶から、多くの知恵を汲み取るため、内から湧いてくるものを大切にする。だから、教育する場合も、学ぶ側が自分の中から知恵を生み出すのを助けるかたちをしばしばとる。よくいうソクラテスの産婆術である。

■**スウェーデンの大学教育も産婆術**
　アメリカの有名私立大学の学生たちがストックホルム大学に招聘交流プログラムでやってきたが、問題が起こった。アメリカの学生たちは、教授が権威をもって知識を授けることを期待してきた。しかし、スウェーデンの教授は、雄弁な講義よりも、**学生たちが自分で真理を探し出すように指導**し、答えを先に与えるようなことはしなかった。学生たちが興味を感じるテーマについて、その研究に必要とされる文献や研究の仕方を教え、彼らの目線に立って、**共に真理を探究する姿勢**を貫いた。
　しかし、留学生たちは、「コースがdemanding（厳）でなく、腑抜けてしまう。スウェーデンの教授には権威がない。責任感がない」ということになった。一方のスウェーデンの教授たちにとっては、アメリカの学生は**自分で真剣に考えようとしないところ**がもどかしかった〔注：Dr. Thomas Lundén, Swedish Institute and Department of Human Geography, Stockholm University, "Hidden rules behind

intercultural behaviour in higher education" 1997.09.09〕。

■日本の伝統的教育にも産婆術の傾向が見られる

　日本でも昔から、師は弟子たちに言葉で説明することには消極的であった。禅師、特に臨済宗では、悟りの道の理屈を一切説明しない。弟子たちが、自分で悟りに至るように導く。禅を会得しようとして来日したEugen Herrigel（オイゲン・ヘリゲル）〔注：*"Zen in the Art of Archery"*の著者〕〔邦訳『弓と禅』オイゲン・ヘリゲル著、稲富栄次郎／上田武訳、福村出版、1969年〕は、理論的説明を求めたが師は与えなかった。

　一般社会でも、師は弟子が自分と一緒に働き、自分のやり方を見ながら、仕事の真髄を学び取るよう導く場合が多い。京料理の名人西健一郎の場合、京料理の横綱と言われた父親は、口では教えなかった。息子健一郎は、毎日父を見ながら学び（**盗み取り**）、研究を重ねて日本料理の達人になった。父を見ながら自分で工夫し、**徹底して考えざるを得ないように仕込まれたのだ**〔注：TV-Japan、西部カナダで放映、2009年3月2日7:15pm「プロフェショナル　仕事の流儀」〕。

　組織でも、上司はヴィジョン（目標）を部下に示すが、その実現の方法については、部下に考えさせる場合がしばしば見られる。

〈221・21〉
■内向型は心が通じ合っていれば満足できるが、外向型は触れ合って確かめる

　外向型社会では、夫婦は常に寄り添って、絶えず「愛している」と言わなければならない。散歩では手をつなぎ、ラブバード（中型インコ）のように寄り添って座っている。
　カナダで、ある日本人が言っていた。
「我々夫婦が別々に散歩していると、『どうしてあなた方は別々に散歩するのか』とよく訊かれる。歩く速さが違ってお互いに運動にならないからなんだが。健常者よりも速い電動車椅子に乗っている身体障害者からも、追い抜きざまに『はやく、奥さんに追いつきなさいよ！』と注意された。また『奥さんにはあ

っちで会いましたよ』とやられたこともある。二人いつも手をつないで歩いている彼らには、我々は、離婚寸前と思われているらしい」と。

〈221・22〉
内向型は主観的確信に動かされて仕事を進めることがあるが、外向型は客観的証拠で確かめてからでないと進めることができない

〈221・221〉
iPS細胞でノーベル賞を受賞した京都大学の山中伸弥教授の例

「何がこの成功の原因だったとお思いですか」と山口仲美明大教授から問われると、山中教授は答えて言った。「自分が日本人だったからできたのです。アメリカ人ならできなかったはず。彼らは、合理的に考えて絶対できるはずがないと思うことには手を出さないからです。私はともかく『何かあるのでは』と、とことん追究しつづけた結果、思わぬ発見に出合ったのです」と〔注：TV-Japan、2009年4月3日、「爆笑問題のニッポンの教養スペシャル」〕。

〈221・222〉
『ニューズウィーク』日本版の例

〈合理的に考えて絶対できるはずがない〉と思うことに手を出したのが、『ニューズウィーク』日本版であった。その関係者の次のようなリポートがある。

　ニューズウィーク本社を訪れた日本側交渉団に対し、後に社長となったリチャード・スミスは言った。「皆さん、これは無理です。New York編集局で800人の編集関係者が1週間近くかかって練り上げたものを、わずか3日で日本語に訳し、しかも一流週刊誌として出すことなど、とてもできるはずがありません」

　しかし、交渉員（実は筆者）は食い下がった。「日本人には時として客観的裏付けがなくとも『これは我々の努力で達成できる』という直観のようなものがあるのです。NWを研究するうち、そのような確信を持つに至りました。ぜ

第Ⅱ部　内向型国民の優れた特性

ひやらせてください！」
「もちろん一切費用はそちらでお持ちになるなら、私どもは構いませんが、どう考えても無理は無理です。悪いことは言いません。おやめなさい」
　それに対し日本側は、なおも食い下がった。「If you insist（そこまでおっしゃるなら）」ということで交渉は成立した。
　その時から3年間の長い闘いが始まった。ボストンの『クリスチャン・サイエンス・モニター』紙の岡編集長（東京裁判の通訳）を招聘し、約1000人の翻訳応募者の中から約20人を厳選し、誤訳のない、しかも日本語としても格調高いテスト版を作ることに没頭した。そしてテスト版ができるたびにNew Yorkに持って行き、了承を待った。NW側が判断を任せたのは、コロンビア大学の日本研究家ジェラルド・カーチス教授（夫人は日本人）だった。厳しかった。彼は、「2日で訳し、（どこまでが誤訳かの判定は難しいところだが）誤訳は3個所まで。しかも格調高い日本語でなければならない」という条件を出してきた。何度テスト版を作っても合格しなかった。ついに岡はニューヨークのホテルの一室に関係者を集め、涙を流し「もうだめだ」とまで言った。しかし、それでも皆はくじけず、頑張りつづけ、ついに審査に合格して発刊にまで漕ぎつけた。そして、ニューズウィーク本社は、日本版を手始めに、さらに多数の言語の版をつくり、事業を飛躍的に拡大させることができた（2000年）。
　『ニューズウィーク』日本版の成功を見た『タイム』誌は、さっそく『タイム』日本版の発刊に動き出した。ところがタイムは結局、採算が合わないという理由で撤退してしまった。これは資金を出していたのがタイムだったからである。
　NWが軌道に乗ると、このチームは、今度はNational Geographicにアタックした。NGは、月1000万部も刷る（1990年）巨大な雑誌で、しかもback numberはいつまでも興味が失われず、読者の中にはそれを保存する人が少なくないという不思議な雑誌だった。しかし、NGの副社長は拒絶した。NGの側に特殊な事情があったからだ。それでも開発チームは、NWの場合と同様、自分たちの内的確信の強さを主張し、素晴らしい研究誌だからこそ日本の人に広く紹介したいと粘りに粘って懇請した。そして、ついに日本版を認めさせることに成功した。ところが、親会社のサントリーからストップがかかった。『ニューズウィーク』を手がけたうえに、NGまでやるのは無謀だと言う。困った

のはNGだった。「どうしてくれるのか」と責められた。幸い日経が引き受けてくれた。そして今日、成功している。

　このように、内向型には、客観的データよりも主観的確信に基づいて事を進めることがあるのである。

〈221・3〉
第3項　内向型は強い計画志向によって客観を支配しようとする

　計画とは、主観が客観をコントロールすることであるが、ユングは、「内向型にとっては、自分が許可したものだけが動く世界に住むことが理想である」と言っている（544d、542ページ）。すべてを計画し、計画どおりに実現したいのだ。さらに、内向型は、外界が不安なために、少しでもそれを解消しようと、できるだけ完璧な計画を立て、長期にわたって安全を図ろうとする〈See：222・5、372ページ〉。その上、集団化する傾向のある内向型には、皆の活動を綿密にコーディネートするためにも計画性が必要なのだ。

〈221・31〉
スウェーデン人の計画志向

　スウェーデンには、日常の庶民の生活の中に、スポーツや学習や趣味などの様々なサークルがあるが、国民の37%が何らかのサークルに入っている（1981年）。そこでは、すべてがキチンと計画され、その場その場の成り行きに任せることはない（Dau, *SM*, p.146）。

　スウェーデン人と結婚し永年スウェーデンに住んでいるJapan Scandinavia Research Centerの土屋聡氏も言っておられた。「スウェーデン人は、アポは早くから取り、事態に合わせた変更はしない。ビジネスでも社会生活でも極端に時間を厳守する。決められた時間に始まり、時間がくるとさっさと切り上げてしまう。まだたくさんの重要な案件が残っている場合でもそんなことがよくある」（interviewed in Stockholm、2001年6月13日）。

だから、スウェーデン人は、日本に行くと、受入れ側が細部にわたるプランを立てて迎えてくれるので、感激する。
　スウェーデン人の計画性が特によく表われているのが都市計画である。13世紀のものであろうと、20世紀のものであろうと、なにもかも都市計画の責任者の論理に従って貫かれている。アメリカの社会心理学者David Popenoe博士も「スウェーデンほど、政府の都市計画の責任者に権限が与えられている国は存在しない」と言っておられた。

〈221・32〉
スイス人の計画志向

　スイスでも、何事もキッチリと決められた予定表どおりに過ぎていく。何でも完璧な準備をしないと気がすまない。例えば、職業訓練に例をとれば、学校を出ると職業訓練が始まる。主婦を含め、何らかの職業訓練を受けている。見習い実習は特に重視され、どんな仕事であろうと、そのための研修期間が設けられている。これは、働きながらの6カ月のトレーニングというようなものではなく、丸3年ないし4年あまりのれっきとした研修であって、最後には検定試験もある。
　例えば、美容師の見習いは4年間、タンクローリーの運転手は3年間、配管工や電気技師は4年間、幼稚園の先生は4年と児童心理学、サンタクロースになるのにさえ、どんなことが心理的に子供たちを傷つけるかを学ぶため、研修を受けなければならない（『スイス人のまっかなホント』p.25, p.51, p.79）。

〈221・33〉
日本人の計画志向

　日本人の計画性は、スウェーデンやドイツやスイスに劣らない。生活のあらゆる面で計画が重視される。
　ルース・ベネディクトは、日本ではあらゆることに関して見通しがたっており、計画が周到に練られていると言っている。特に第二次世界大戦末期におけ

る日本人の特殊な心理を鋭く分析しているが、敗戦の色が濃厚になってきても、国民に対する当局の決まり文句は、「それは計画の中で前から分かっていたことだ」と言っていた。いよいよ敗戦の土壇場に近づくと、「今こそ念願が叶い、本望だ！」と言っていた」(『菊と刀』ルース・ベネディクト著、角田安正訳、光文社古典新訳文庫、2008年、p.54)

　このような特殊な表われ方ではなくとも、日本人の計画志向は著しい。日本企業が、外国からの客を接待するときに行なう「計画の作り方」を見るとよく分かる。私も手伝ったことがあるが、客の満足よりも、こちらの決めた計画どおりに事を運ぶことに重点が置かれていた。誰が、どこで、いつ、何を、どのようにするかを、事細かく定め、計画（主観の作ったもの）どおりに事が運ぶと、接待は大成功だったと言って喜ぶ。

　もちろん客人が喜ぶようにと思って計画を立ててはいるのだが、本当に客が満足しているかは、実際には二の次だ。内向型が考えた外国人の喜ぶことであって、外国人本人が求めている喜びではない。外向型の国の人たちの多くが一番やりたいのは、無計画な「行き当たりばったりの冒険」であり、まず「楽しみを自分の好みに合わせて選ぶ」ことこそが大切なのだ。だから、どこか早い時点で彼らに選ぶチャンスを与えなければならない。

■**日本的接待をしなかったケンさん**

　私が住んでいたKelownaの町は、春日井市の姉妹都市であった。それで友好協会の会長だったカナダ人のケンさんは、愛知万博と京都、奈良、東京見物に70人ほどのカナダ人を連れて10日間ほど旅行した。

　さぞかし、じゃじゃ馬のように統制のきかない外国人を連れて回るのに苦労しただろうと思った私が、「ケンさん、よくできたね」と訊いた。すると「どこでも、自由行動を望む人と、自分たちと一緒に来たい人に分け、自由行動をとりたい人たちには、自由行動に必要な資料と注意事項を書いて渡しておいた。だから全然楽だった。皆満足してくれた」と言っていた。

　ところが、隣のVernonの町は、やはり日本の別の姉妹都市から来た市長さんや議員さん御一行の訪問を受けたが、大問題となった。日本側はすべての計画がカナダサイドで細かく出来上がっているものと期待してやってきたからで

ある。こちらでは、客人のご希望をよく伺ってから、事を迅速に組立てようとしていた。ところが客は「何も準備ができとらんではないか！」とカンカン。それに対して迎えたカナダ側も、「せっかくご希望をまず伺って接待しようと待っていたのに、もう二度と御免だ」ということになってしまった。

　日本人の旅行の多くは、みんなが見ている何かを、見逃したり、やりそびれたりしないようにする。目的地に着いたら一刻も無駄にはできない。大金を払って旅行してきているのだ。噂の実物を目の当たりにして、写真を撮らねばならない。皆が買う「あの」土産も買わなければならない（『日本人のまっかなホント』p.68）。計画どおりにしなければならない。思わぬハッピニングを楽しむどころではないのである。

　内向型社会の人から見ると、外向型社会はともかく、計画することにおいても「大ざっぱ」な社会である。約束の時間はよく守らない。注文しても時間どおりに来ることはあまりない。外向型社会に来た日本人の多くが、苛立たしく感じる点がこれである。

　しかし、外向型社会の人に言わせると、「現実に合わせているだけであって、頭で考えた観念的な計画に従わないだけの話だ。どこが悪いのか」ということになる。

　つまり、内向型は、主観が現実を変えようとする。外向型は、現実が主観を変えようとするのである。

■北米の量販店にあるカスタマーサービスは、実は「不良品交換所」

　〈一度完璧を期して作ったプランは変更しない〉という日本人の姿勢は、物作りにも表われる。一度買ったものは交換してくれない。「現時点でできる限り完璧に作ったのだから」という思いがあるからだ。

　ところが、例えば、北米の量販店には必ずと言ってよいほど、「カスタマーサービス」というセクションがあるが、要するに**不良品交換所**だ。〈自分たちの作っている物は完璧なものではない。だから、悪い品があって当たり前〉という建前に立っている。

　たとえ不良品でなくても「機能するかどうか試してみたい。機能しない場合には、返品してもよいか？」と訊くと、多くの場合「どうぞ」と言う。棚に戻

しても、カスタマーも完璧主義者ではないから、多少袋が破れていても気にしないで買ってくれる（ちろん衛生管理を必要とするものは別だが）。**しかし、この現実主義はカスタマーにとっては、何よりもありがたい。**私にとってはカナダでの実生活で一番助かったことの一つがこれだった。

　これは、内向型文化が、Prevent rather than repair（修理よりは予防）であるのに対し、外向型の文化がRepair rather than preventだからである。しかし、**内向型文化の製品がquality leaderとなる要因の一つがここにあるかも**しれない。

〈221・34〉
ロシア人の計画志向

　しかし、内向直観型のロシアでは、スウェーデンやスイスや日本のような厳密な計画性はない。それは、ユングが言うように、**内向直観型が〈内面の世界に気を取られ、外の世界の現実から遊離する傾向があるからだ**（574d、569ページ）。

　だから、ロシアでは、たいがいのものは機能しているが、「ほどほどに」である。電話も、郵便も、公共交通機関も、「全体として普通に機能していれば、それでよいではないか」というだけのことである。**これは外向型にしばしば見られる大ざっぱさ、現実主義とは違う。**

　モスクワでお会いした遠藤紀子氏（Saison Group Moscow Officeのマネジャー）が言っておられた。

「日本人がロシアに来ると『ロシア人は雑で大ざっぱだ』と言う。でも『ところどころ綻びていても、実害がなければ、どうっていうことないではないか』というのがこちらの考え方。成功している日本企業は、ロシア人のそこらあたりの弱点と、彼らの心の機微を理解すると同時に、心の繋がりを大切にして仕事をやるからうまくいく。日本から来たばかりの人が直接やると、『ロシアはだめだ、だめだ』と言うばかりで、一向にアンチロシアは治らない。これでは、誰も失敗しないかわりに、成功もしない」

　この点について、ドイツの退役軍人の面白い話がある。

「我々はロシアの能率の悪さに負けたのだ。連中は、おおっぴらに無線でしゃべり、暗号も使わんのだ。もちろん彼らの作戦計画は全部筒抜けだった。だから、こっちは手ぐすね引いて待っていた。ところが、奴ら3個師団は、ミンスクにたどり着くことすらできなかった。輸送列車が燃料を切らしたんだな。その上、ロシアの地元の司令官が彼らに『あんたたちに割ける余分な食料など、これっぱかしもない』と言う。そういうわけで、食料確保が急務となった。こうして連中は、我が軍が布陣していた地点から200キロも手前の地点に攻撃を仕掛け、我がほうの対応すべてが後手後手になってしまったんだ」(『ロシア人のまっかなホント』p.69)

〈221・4〉
第4項 内向型は何事も心を込めて行なう
(精神主義、理想主義、完璧主義)

「何事も心を込めて行なう」ということが内向型の最も重要な行動原理である。内向型は、計画性によって客観世界をコントロールしようとするばかりでなく、客観世界を主観の理想に向けて変革し、向上させようと努める。すなわち、**「客体の中に精神を打ち込もう」**とする。だから、何をするにも「心をこめて行なえ！」と盛んに言われる。例えば、日本では刀工は、神官のように白装束に身を固め、心を引き締め、ひと打ち、ひと打ち、精神を込めて刃金を打つ。

「生命の樹」において述べたように、内向型が**上昇進化**をするということは、理想・理念を目指して努力するということであり〈See：212・2〉、具体的には、何事も完璧にしようとすることである。

一方、外向型が**水平進化**をするということは、外界に意識を向け、厳しい現実には妥協し、厳しくなければアグレッシブに征服し、征服した**現実世界を楽しむ**ことである。ユングが言うように、客観的状況とあまり矛盾を起こさずに状況に従い、それと異なる考えを持たず（480d)、ただただ客観的可能性の実現を図るという生き方である。例えば、現在の状況において最も未来を約束する職業に就くとか、周囲の人がいま必要としていることや、自分に期待をして

いることをするとかであって、やれそうもないことや、周囲の期待以上の改革などは一切しないということである（481a）。

だから外向型社会は内向型の完璧主義を嫌う。アメリカでは、現実に妥協せず理想を追求する人を完璧主義者Perfectionistと呼んで、ノイローゼと見る。現実に妥協することこそ、正常だと信じきっているからである。

〈221・41〉
内向型は趣味やスポーツまでも精神修養にしてしまう

外向型社会では、スポーツは、まず楽しむため、競争に勝利して名誉を獲得するため、健康になるためなど、様々な現実的な利益のために行なう。しかし、内向型社会の人は、もちろんそれも否定はしないが、それ以上に、**真剣になって、ついには自分の精神修養の手段にしてしまう**。要するに「道」にしてしまう。

だから日本では、柔道、剣道、弓道、茶道、華道と呼ぶように道になっている。笑いながらは行なえない。土俵入りも神社に奉納される。稀有なモンゴル人の横綱（朝青龍）が辞めさせられる羽目になったのは、彼の本音のところでは、相撲は人格の問われる「道」ではなく、単なるスポーツだったからである。老人たちのゲートボールでさえ、見ていると、**真剣な雰囲気の下に厳粛**にやっている。カラオケまで、最近は「道」になってきたと言われている（Cool Japan, 2012年8月26日, West Canada time）。

■**スウェーデンでもスポーツは大真面目**

こうした傾向はスウェーデンにおいても見られる。Jean Phillips-Martinssonもそれを体験した。
「スウェーデンで、ようやくテニスクラブに入れてもらった。ところがコートに入ると、テニスの装いをしている人たちは確かにいるものの、まるで壮大な霊廟の中に入ったような雰囲気がした。ボールを打つ音だけが死の静けさをつんざいていた（The pang of the ball cut the deathly silence like cannon shots.）。

上手なショットをしても誰も褒めてくれない。それに苛立った私だけが、一人、"Good shot！ Well done！ Bad luck！"と叫んでいた。すると、隣のコートから『シーッ！　Sssh！ Sssh！』とやられた。『世界選手権じゃあるまいし』と言うと、友人は"They are just friendly matches"と言う。しかし、誰もが、恐ろしく真剣になっていたのである（took them dead seriously！）」〔注：*"Swedes as others see them"* Jean Phillips-Martinsson, 1981, Studentlitteratur, Lund 1984, printed in Sweden, p.23〕

〈221・42〉
内向型は理念をどこまでも追求する

〈221・421〉
ドイツ人（内向思考・感覚型）の場合

　ユングは、内向思考型の書くものは複雑になると言っているが（552a、549ページ）、ドイツ人の書くものにも、その特徴が出てくる。リポートを書く場合、「こういう反論があるかもしれないから」、「こういう問題も出てくるかもしれないから」と、それらに対処する文章を次から次へと加えていく。その結果、しばしば複雑なものになり、なかなか完成しない。カントがまさにそうだった。「純粋理性批判」を書いたが、懇切丁寧に解説を書き加えて膨大なものになり、毎年、「今年こそは出版する、今年こそは」と約束しながら果たせなかった。彼自身も最後にはとうとう匙を投げ、解説の部分を省いて、理論体系の部分のみをまとめ、原稿を出版社に投げ出すように渡してしまった。

　物を作る場合も同じである。「これも、こうすればもっとよくなる」という具合に、次々と新しいことを見つけては、設計に加えて複雑にしていく。なぜならその過程で「発明の閃き」がきらめくからだ。だからドイツには次のような諺がある。「もしもそれを複雑に作ることができるなら、単純に作る必要など、どこにあろうか（Why make it simple, if you can make it complicated）」と（Fred）。

　そしてできるだけ正確に、設計図どおりに作ろうとする。例えば5馬力なら、

キッチリ5馬力のモーターを作るというように。ところが、アメリカの製品は鉄をふんだんに使い、大ざっぱに作るから、5馬力といっても、15馬力ぐらいの作業にも耐えられるものになっている。だから非常に実用的だ（Fred）。

日本の製品は精密でやたら複雑な機能をつけるが、設計どおりの範囲で使えば、長持ちする。しかし、過度な負担はかけられない（TV-Japan, Cool Japan, 2006年11月5日）。

〈221・422〉
スイス人（内向思考・直観型）の場合

スイス人は細かい。レストランの子供のジュースにもメモリがある。徹底した完璧主義は、特に精密器械の生産において現われている。例えば、Quartzの発明以前には、スイス製の時計は、世界トップの時計としてよく知られていた。ベルギーのGent（紡績産業で有名な町）の知人が言っていた。「我々は、紡績機械のような大きな機械しか作れない。スイスの精密器械のようなのは、性に合わない」と。

スイス製品は高品質の代名詞にもなっているが、住まいまでそのようになっている。他の世界中の国々が使っているようなプラスチックの排水管ではなく、最高級の銅を素材にした排水管である。スイス製のほとんどのものがそうであるように、戦車のように頑丈で、優に1000年ももつような構造になっている（『スイス人のまっかなホント』p.33）。そして、多くの家には、核シェルターまで備えてある。

スイスは、当の昔に、安いものを生産する価格競争は諦めてしまった。それとはまったく対照的に、最高品質で勝負に出た。その結果、一人当たりの生産性と所得では、今では常に世界のトップの一つとなっている。

日本人はスイス人に一番似ている民族だから、価格競争ではなく品質競争で進むべきだと私は考えている。その点では、価格競争しか考えないTPP路線は気質的に日本人には合わない。価格競争は外向型社会の競争方式だからだ。

〈221・423〉
日本人（内向感覚・気持型）の場合

　日本文化の特徴の一つも、「飽くなき完璧性の追求」にある。ただし、他の内向思考型の国民のように合理性において完璧であろうとするのとは違い、**感覚とフィーリングにおいて完璧に満足し、人々を満足させようとする**。人々に「喜んでもらいたい」「びっくりしてもらいたい」のだ。

〈221・423・1〉**どこまでも美しいものを**
　包装紙が美しい。例えば、京都府の小倉山荘の煎餅（せんべい）には、丁寧に作られた小さな煎餅が、赤い梅の花の描かれた袋に入っていた。その袋は煎餅が割れないよう、小さな風船のように膨らんでいた。そして、その上に美しい草書で「夕されば門田の稲葉訪れて葦（あし）のまろ屋に秋風ぞ吹く」と書かれていた。まずは四季の喜びを味わい、その後で、ゆっくりと味覚を楽しめるようになっていた。
　日本の包装は過剰のように見えるが、包装紙は「**まごころも一緒に包む**」という観念から生まれた。奈良時代には神へのお供えを周囲の汚れから隔離するために包装紙を使っていた（TV-Japan, Cool Japan, 2006年11月5日）。
　また、大自然の美しさを、庭園という大きな規模で表現したものに、京都南禅寺界隈の十数棟の「天下無双の別荘群」がある。明治以降昭和初期にかけて政財界の大物が、金に飽かせて競って造営したものだ。それぞれの別荘の中から見た大自然の美を、遠くの東山を借景にして庭園の一部として取り込みながら、それに合わせて樹木の形を1本1本整えていく。そして庭の細かい美しい苔には、冬の間は、隅々まで松葉を敷いて保護するなど、細部にわたって美の極致を追求している。

〈221・423・2〉**どこまでも美味しいものを**
　料理人も、客にできるだけ美味しいものを食べさせてあげようとする。**これが「心を込める」という意味である**。
　帝国ホテルの総料理長、村上信夫がその後継者となった一番弟子の田中健一郎に尋ねた、「結局、君にとって一番美味しかった料理はなんだったんだね」と。

田中が返事に窮していると、「それはお母さんの料理だ。一番心を込めて作ってくれたからだ。**料理の本当の美味しさは、技術もさることながら、心を込めて作ることにある。それが肝心なのだ。レシピも大切だが、そこに入れる心が大切なのだ**」と。

世界の三ツ星店をランク付けするフランスの公式機関から、世界一の寿司職人とされた小野二郎は「常にもっと良くできる可能性を感じ、死ぬまであくことなく向上に励むのが自分の生き甲斐だ」と語っていた〔注：NHK、2008年1月14日、カナダ西部時間7pm「プロフェッショナル　仕事の流儀」〕。

日本語ではよく「達人」という言葉が出てくるが、完璧な域に達した人のことを意味する。NHKの「プロフェッショナル　仕事の流儀」が完璧主義の流儀なのである。

そして美味しさも、外向型社会の美味しさと、内向型の日本料理の美味しさでは、同じ美味しさでも、ハッキリ違う。外向型の国の料理は、食材にソースや香辛料をふんだんに使う。〈物質をマニピュレートmanipulateした（人工的手を加えて変化させた）美味しさ〉である。それに対して日本料理は、できるだけ自然の持ち味を生かすとともに、マニピュレートを控え〈See：222・31〉、単に感覚の喜びだけではなく、主観的な幸せを同時に感じさせるものになっている。

その逆を行くのが、北米の一般家庭で客をもてなす料理である。大半の家庭がバーベキューの大きな竈(かまど)を持っており、それで毎回同じような料理で客をもてなしている。客もいつも同じようなもので満足している。そして、その竈は近年とみに大型化している感じだ。

〈221・423・3〉どこまでも可愛いものを

「小さく、綺麗、可愛いらしい」ものにも人気があるが、これはフィーリング型の日本独特の特徴かもしれない。いろいろなキャラクターや、人形も可愛いものが多い。人に見せるペットの写真も、可愛いらしいのが好まれる。テレビでも、これが価値基準として極めて重視されているのを感じる。猫の写真も可愛いらしい。カナダやフランスで見たかぎりでは、猫の写真は個性的で、怖い顔をしたものが少なくない。

〈221・423・4〉どこまでも便利なものを

　小型化して便利なものにしようと、ソニー製品の多くは小型化するのが特徴であるが、日本が近世（16世紀）に西洋文化を取り入れた頃も、そのような傾向がすでにあった。時計もそうだ。取り入れ、生産を始めたが、小型化・縮小化を試みた。西洋にはなかった携帯時計（懐中時計）も、日本が初めて作った（D. S. Landes, p.359）。

　西洋では昔から細かい機械技術の面では錠前が代表的ものであった。そして日本では西洋から取り入れた錠前をより小さく、華奢なものに作ろうとした。

　ところが、なかには、西洋のように〈泥棒を意識してできるだけ開けにくいものを作る〉のではなく、**自分が鍵をなくしても開けることができるように作**られていたものまであったという。まったく論理的ではない。気持的だ〔注：TV-Japan、2005年2月7日西部カナダで放映された「道中でござる」の番組より〕。

〈221・423・5〉どこまでも使いやすいものを（アップルの社長Jobsは感性的には日本人？）

　どこまでも使いやすいものを作るということを追求したのがアップルの社長Steve Jobs（スティーブ・ジョブズ）であった。使いやすいということは、使う人の心理に合わせることである。アップル社に巨万の富をもたらした彼の技術開発力の秘密はそこにあったのではないか。

　彼は内向型、しかも特に強い内向型であった。私はそれを、彼の死後1年目の命日のテレビ放映で知った〔注：TV-Japan、2012年10月5日8:30am、カナダ西部時間〕。

　その番組の中で、彼がしばしば訪れていたシリコン・ヴァレーのパロ・アルト市の寿司屋の店主金子氏が語っていた。「スチーブの味のこだわりは尋常ではありませんでした。彼はネタの味と新鮮さにこだわり、しばしば、今食べるネタの日本からの発送日、飛行機の到着時間まで訊かれた。また店の客扱いについてもいろいろと客の立場からの助言をいただきました。その一つに、『お茶のお代わりは、いつも新しい茶碗で行なうように。前の茶碗に継ぎ足すようなことはしてはならない』ということまで言われました」と言っていた。

　味の繊細さ、完璧性へのこだわり、使う人の気持へのこまかい配慮等々、日本人が追求している価値であるが、日本人でも彼ほどには追求しない。

彼には、〈使う人の気持になって使いやすく、しかも徹底的に完璧なものを作ろうとするだけでなく、その美しさにも気を配り、心を喜ばせようとする〉内向型の物作りの精神、すなわち、〈物作りにおける思いやり〉があった。

スチーブの家も見に行ったが、普通、外向型社会では、富豪は、スチーブの家の近くにあるグーグルの社長宅のように、豪邸に住むが、スチーブが好んで住んでいたのは、慎ましいごく普通の中流家庭の家だった。「どうして彼ほどの人物がこんな家に！」と一瞬訝（いぶか）ったほどだった。しかし、人目に立つことを避ける内向型の人らしい住まいであった。また内向型だったから、社会のために貢献し、生き甲斐を満喫できたために、それ以上の贅沢を楽しむ気にならなかったのかもしれない。いずれにせよ、**彼があれほどの業績を上げることができたのも、こうした彼の内向型の気質が土台にあったからではないかと思う。**

彼の後を継いだ社長は「アップル社の今の最大の問題は、どうしたら彼のように次々と驚異的な新製品を作ることができるかということだ」とインタビューで答えていたが、新社長の課題の解決の糸口も、**ジョブズの後を継ぐ内向型の完璧主義の研究者から成る製品開発チームを立ち上げることかもしれない。**

そして、アップル社とサムスン社の「特許の範囲」に関する訴訟において、**手触りから、使いやすさのような主観的要素までも、特許の範囲に入れるという動きが出てきたのも**（2013年6月）、もとはと言えば、ジョブズの内向感覚の繊細さに原因があったのではないかと思う。彼は心理的には日本人であった。

〈222〉
第2節　内向型は自衛的、外向型は攻撃的

ユングは言う、「内向型は、外からの要求に対して自分を守り、自分を外の客体に直接引きずり込むようなすべてのエネルギー消費を極力抑えるとともに、可能な限り、安全で強力なポジションを確保しようと努める」(476a)

「生命の樹」のモデルを思い出していただきたい〈See：212・3、「概念図」巻頭の口絵〉。内向型は、生命の樹の最先端において理想を求めて**上に向かって成長しようとする。しかし、上に向かう活動にエネルギーを集中すると、**当

然、横に向けて外界を支配しようとするエネルギーの消費には消極的にならざるを得ない。

内向型が、セキュリティに不安を感じ、自衛的になるのは、内向型社会がそれだけ危険が多いということではない。むしろ逆である。内向型社会は、通常、治安はよい。なぜなら、内向型は内部の平和を守ろうとし、外に向けてアグレッシブに攻撃を仕掛けるようなことはしないからである。

統計を見ても、例えば、2005年日本の犯罪率は、世界でも最低レベルであったのに対し、治安に関する不安は、最高レベルにあった。また、日本とは対照的に、犯罪率がトップレベルにあったアイスランドは、治安への不安度は最低レベルであった。ということは、この不安感は客観的事実よりも、気質の影響によるところが大きい〔注：「社会実情データ図録」(本川裕)〈http://www2.ttcn.ne.jp/honkawa/2788d.html〉「図録 犯罪率の国際比較〈OECD諸国〉(OECD Factbook 2009)」の中の「犯罪率と治安への不安の相関（2005年）」〕。

■**自衛的になるということは、決して負の性質とは言えない**

外から受けるストレスがあるからこそ、頑張り、積極的な価値を生み出すことも事実である。「不安は、ストレスを生じさせ、急がせ、エネルギーを放出させ、よりよく働くよう内部から押し上げるからである」(HCC, p.139)

それゆえ、内向型は、第1節の「主観的」で述べた 完璧主義の他に、自衛のためにも完璧を期そうとする。

もちろん、外向型もストレスを感じるが、内向型とは違い、外向型社会では他人との競争と戦いが激しいためにストレスを感じる。そして負ける時に受けるストレスはさらに大きい。だから、ユングも言うように、外向型は、内向型よりも早く消耗する（469b）〈See：222・343〉。

〈222・1〉
第1項　内向型は外に対しては閉鎖的

内向型は、「我々の仲間Our Community」の「内」と「外」の区別を明確に

する。そのため内向型の社会では、一般に私生活と外での生活の区別がかなり厳しい。家に客を招くことには消極的だ。

〈222・11〉
スウェーデン人

　親戚や親しい友人、幼なじみや、小中学校時代の友人以外の人とは、なかなか親密な関係に入れない。53％の職場の同僚は、仕事以外に付き合うことはないという調査結果もある（1976年、Daun, *SM*, p.71）。スウェーデン人は、外の人とプライベートに会うことに対し、ほとんど本能的ともいえるほどの嫌悪を感じている〔注：(Outside of work) the Swedes appeared to have nearly instinctive aversion to the idea of meeting privately. (Daun, "Swedishness as an Obstacle in Cross-Cultural Interaction" in Ethnologia Europea XIV, p.96)〕。

　まして移民や外国人との付き合いには困惑を感じる。だから、外国人に会うと、ちょっととまどうような態度をとる。外国人の家に行ったり、招いたりしたがらないのは、異なる文化の人との摩擦が起きかねない出会いを恐れるからであり、また、食べ物や清潔の問題が気にかかるためでもある。その上、最近では主婦がフルタイムの仕事を持っているため、忙しいことも客を招かない理由の一つとなっている。特に彼女たちは、〈客人にはこちらのいいところ（完全なところ）〉を見せたいという自尊心が働き、「家の中を綺麗にしないと恥ずかしい。ご馳走もいい加減にはできない。それには時間もかかる」と思うからである〔注：Jean Phillips-Martinsson 1981, Studentlitteratur, Lund 1984, printed in Sweden, p.21〕。

　日本に長期在住し、夫君を日本人に持つスウェーデン人Mrs. Gerd Hijino-Larsson氏（スウェーデン日刊工業新聞『Dagens Industri』日本特派員）が、日本人とスウェーデン人の比較を語ってくださった。
「日本人は、いろいろな点でスウェーデン人そっくりです。閉鎖的なところ、恥ずかしがりや、人と目をあまり合わさず、物静かなところなど。こちらから積極的に出ていく付き合いはあまりしません。職場で仕事を一緒にしている人でも、家に招待することはめったにありません」

だから、スウェーデン人は、南欧から来た移民の目には非常に冷たく映る。「スウェーデン人は信じられないくらい奇妙だ。冷たい、そして自分たちのことしか考えていない。仕事が終わると急いで家に帰り、ドアをロックしてしまう」と彼らは言う〔注：Daun, "Swedishness as an Obstacle in Cross-Cultural Interaction" in Ethnologia Europea XIV, p.97〕。

〈222・12〉
ドイツ人

ドイツも、仕事や商売の関係やお役所がらみなどの公的な領域と、家族や友人との付き合いや趣味や休日などの私的な領域は、しっかりと区別している。公の場所では、真面目でしかつめらしく、礼儀正しい。職場の同僚とは、職場では親しくしていても、自宅にまではめったに招待しない。ただし、最近では、アメリカ企業の影響で、企業の上級職の人などでは多少事情が変わってきている。しかし、公的な領域と私的な領域を峻別する傾向には変わりはない。

〈222・13〉
スイス人

スイスでは、ドイツ語圏の人口が全人口の約7割（フランス系は2割、イタリア系は1割、2001年）だから、スイス人は、全体としては、ドイツ人とよく似ている。しかし、ドイツ人よりもさらに控え目である。

スイスのフランス語圏の著名な作家Charles-Ferdinand Ramuz（シャルル＝フェルディナン・ラミュ、1878〜1947年）は、「スイス人は疑問の余地なく、几帳面で、注意深く、責任感がある。しかし、視野が狭い。自分のテリトリーの中でだけ活動的で、平穏を守るために自分の殻に閉じこもっている。スイス人の求める平穏とは、家事を懸命に、かつ完璧にこなすことであって、そのような安らぎのためにスイス人はすべてを捧げているかのように見える」と言っている。また、スイスの代表的劇作家マックス・フリッシュは、スイスは戦争であろうがなかろうが、常にあまりにも閉鎖的であったと言っている。

スイスの銀行の秘密主義はよく知られているが、スイス人の閉鎖性とは無関係ではない。

⟨222・14⟩
日本人

前記の国々の人たちついて述べたことは、ほとんどそのまま日本人にもあてはまる。それゆえ、以下の内向型の特徴については、特にスウェーデン人を中心に述べることにする。日本人の読者には、ヨーロッパに、こんなに自分たちに似ている民族が存在するとは知らなかったと思われるかもしれない。

⟨222・2⟩
第2項　内向型は控え目 Reserved

1984年にスウェーデン政府が行なった「Survey of Destination 国家目標調査」の項目第55において、「スウェーデン人自身が、自分たちの気質についてどのように考えているか」が述べられている。それによると、「少々閉鎖的。恥ずかしがりや。人と目を合わさない。物静か。外に出ていく付き合いは得意ではない。外の世界を恐れるところがある。親しい人しか家に入れない。職場で仕事を一緒にしている人でも家に招待することはめったにない。自分の内面や家族のことは、話さない」などとなっている。

⟨222・21⟩
目をそらす

シャイは、特に〈相手の目を見ないこと、目をそらすこと〉に表われる。いろいろな国でbody languageの研究でしばしば議論のテーマとされている（Daun, *SM*, p.46）。
　外向型社会では、目と目が合った時に目をそっけなくそらすと、敵意ととら

れやすい。基本的に競争と戦いの社会だからであろう。**彼らが明るく人に接する理由の一つは、〈相手に対して自分には敵意がない〉ということを知らせるためでもある。**だから、スーパーのレジなどでは、買い物客はよく、レジの店員と一言二言明るく言葉を交わす。何も話さないと、一瞬冷ややかな雰囲気が漂う。内向型社会では、はじめから目を合わさない。しかし目をそらしても、悪い感情を抱いていないことが互いによくわかっているから、あまり問題にはならない。

ダウン教授は、外国人から「スウェーデン人は、人からシャイだと言われても全然恥じらいを感じていない」と言われて驚いた。また、移民たちからも「シャイなのは、子供の印であり、大人はできるだけそう見られないよう気をつけなければならない。もしもシャイなら、それをできるだけ隠そうとする」と言われた〔注:"The Japanese of the North—The Swedes of Asia ? " by Åke Daun in Ethnologia Scandinavica, *A Journal for Nordic Ethnology*, 1986, p.13〕。

また、教授は、あるギリシア人から「ギリシアでは、相手の目をよく見るのに、スウェーデン人はなぜ私を見ないのか。私のどこが変なのでしょうか」と訊かれたことがある（Daun, *SM*, p.46）。また、あるアメリカの銀行の女性役員も教授に話した。「スウェーデン国立銀行に行ったとき、相手をしてくれた行員が、後ろの窓の外を真剣に見詰めたまま話すので、とうとう後ろを振り返って見てしまいました。もちろん何もなかったですけど」（Daun, *SM*, p.46）

スウェーデン人が目をそらして話すのは、対立し、アグレッシブに立ち向かうような雰囲気になりたくないからだ。緊張を和らげたいためでもあるが、また話す内容について集中しやすいためでもある。目を下げるのもそのためだ。

日本人もなかなか目を合わそうとはしない（『日本人のまっかなホント』p.29）。だから日本のヤクザは、目が合うと「ガンをつけたな？」と凄む。

〈222・22〉
おとなしい

スウェーデンでは、おとなしい行儀の良い子供が評価される（Daun, *SM*, p.76）。学校でも子供や少年たちの乱暴は許されない（Daun, *SM*, p.125）。「自

第2章　内向型と外向型の特徴

分たちは、それがnormalだと思っている」（Daun, *SM*, p.43）。Quiet and calmであることはスウェーデンの少年や男性にとっては理想的人間像になっている（Daun, *SM*, p.126）。また、Gerd Hijino-Larsson氏によれば、女性も、控え目で、物静かな人が高く評価される。

　ダウン教授も「典型的なスウェーデン人は、控え目で、口数が少なく、極めて礼儀正しく、日本文化とよくブレンドする」と言っている〔注：...typically Swedish, reserved, taciturn and markedly polite style of communication, it blends in well with Japanese culture（Daun, *SM*, p.24）〕。

　"Swedes as others see them" の著者Jean Phillips-Martinssonは、経済協力開発機構OECDの会議（1952年）に参加していたが、「自分たちは各国代表団にニックネームをつけていた。スウェーデン人には"The Quiet Men"と付けた〈See also：221・13〉。時間は正確だし、礼儀正しく、身なりも良いが、自分たちだけで固まり、ほとんど発言しなかったからである」と書いている〔注："Swedes as others see them" Jean Phillips-Martinsson, 1981, Studentlitteratur, Lund 1984, printed in Sweden, p.18〕。

　世界最大級のインターネット旅行会社エクスペディアが世界各国のホテル経営者や従業員らに行なった旅行者の意識調査も、こうした内向型の特徴をよく示している。2009年6月、約4500人のホテル関係者を対象に実施、27カ国の旅行者について、行儀が良い、礼儀正しい、チップをはずむ、部屋を綺麗に使う、騒がしくない、ファッションがよい、苦情が少ない、などの項目で評価を尋ねた。

　宿泊客として、総合点で最も評価が高かったのは日本人。2位イギリス人、3位カナダ人、4位ドイツ人、5位スイス人、6位オランダ人、7位スウェーデン人だった。カナダ人以外は内向型諸国の人たちであった。2007年の調査でも、スウェーデン人、ドイツ人、スイス人、日本人がトップ5に入っていた〔注：エクスペディア・ベスト・ツーリスト、www.expedia.co.jp/daily/home/corporate/press-release/expedia_besttourist_2009.07.13.pdf.（『バンクバー新報』2009年7月16日）〕。

〈222・23〉
大声を出さない

　大声を出すのは、スウェーデン社会では、大喧嘩をする時ぐらいである。したがって、南欧の人たちのようなhot temperamentは好まれない。声を高めて議論に勝とうとすることは礼儀に反するばかりか、声を高めたこと自体、負けを意味する。この国ではまずは、good listenerでなければならない。
　だからスウェーデン人は南欧からの移民について「あの人たちはいつも叫んでいる。地下鉄の相対する座席に座っていても、周りの迷惑も考えずに大声で話し合っている。街路や広場で騒々しく、地下鉄にもどやどやと乗り込んでくる。私たちは、そういうのには慣れていない」と言っている〔注：Åke Daun, 1984 "Swedishness as an Obstacle in Cross-Cultural Interaction" in Ethnologia Europaea XIV, p.99 Right below, p.102 Left middle〕。
　しかし、ドイツ人も声が大きい。「レストランではドイツ人はすぐ分かる。大声だからだ」〔注：ポーランドのJungian Dr. Prokopiuk, interviewed in Walchawa, 2001.06.22〕
　ドイツ人が時々大きな声になるのは、外向型だからではない。「自分の『考え』は長年の経験と熟考の末、築き上げたものだ。ぜひとも皆に分かちたい」と思っているからである。ドイツ人は「謙虚とは、知識を慎み深く言わないことではない。知らなければ、知らないと認めることなのだ。何か学んだなら、むしろ積極的に教えてあげなければならない」と思っている。「あなたの考えをImproveしてあげたい」という観念が根底にある。

〈222・24〉
ぎこちない

　スウェーデン人は、しばしばパーティなどでひどく堅苦しく、コチコチになっている。ぎこちなく、身のこなしが不自然。そして内気な自尊心が、近づきがたい印象を周囲の人に与えてしまう（Facial expression and body movement tend to be constrained.：Daun, *SM*, p.38）。

ノルウェーの人類学者Jan-Petter Blomは、ノルウェー人が持っているスウェーデン人のステレオタイプは「Move stiffly」であると言う。Susan Sontag（スーザン・ソンタグ）は「体が縛られている（Unliberated body）。非言語的コミュニケーションにおいて頭や肩の動きが限定されている」と言う（Sontag, 1969年）。Jean Phillips-Martinssonも「インタビューをしていると、スウェーデン人の顔の筋肉はしばしばこわばっている。腕を組み、体を締めつけているようだ。足も硬くなっている」と言っている（Daun, SM, p.49）。

〈222・25〉
感情はあまり表わさない

「静かにしていることは、スウェーデン人にとって最も重要な徳目の一つとされている。日本人のポーカーフェイスも、感情の欠如から来ているものではない。外国人はエモーションの欠如と見ているが」

　　Maintaining calm is considered one of the most important virtues... Facial expressions should never show anger or sorrow. The Japanese poker face is not due to any lack of emotion (Kishimoto, 1981:118). The latter also applies to Swedes, even if many foreigners have translated Swedes' outer behavior as evidence of emotional coldness. ("The Japanese of the North—The Swedes of Asia?" by Åke Daun in Ethnologia Scandinavica, A Journal for Nordic Ethnology, 1986, p.11)

「スウェーデン人も、人並みに、喜びや怒りの感情は持っている。不幸な人に対して心は同情で一杯でも、エモーションはあまり表に出さない。そっと見守ってあげる。外向型社会の人と比べると、ジェスチアが少なく、顔の表情も少なく、声も低い。その上、話している最中に一呼吸おくため、"low key"という印象を与える。スウェーデン語で"lagom är bäst"（not too much, nor too little—just right）という表現があるが、これがまさにスウェーデン人の特徴を表わしている」〔注：Daun, "Swedishness as an Obstacle in Cross-Cultural Interaction" in Ethnologia Europae XIV, p.97 Right下〕

〈222・26〉
外向型社会の人は内向型のこうした特徴を見て精神病だと思っている

　スウェーデン人の内向性に対する外国人の批判の代表的例として、ダウン教授は、アメリカの著名な作家Susan Sontagの厳しい批判を挙げている。「スウェーデン人は、あまりにも気持を抑えすぎ、気を使いすぎ、感情を排除しようとしすぎる。ほとんど病的とすら言える。人間性をまったく理解していない。強い感情が不可避的に暴力にまで発展すると考えるのは、まったくのナンセンスだ。スウェーデンで無能な人間を解雇しないのは、相手の感情を傷つけて憎しみを買うのを恐れているからだ」と。
　これに対して教授は、「Sontagは、極めてネガティブな表現、例えば、"sad" "absurd" "defective" "pathological" "naïve misunderstanding" を使って批判しているが、彼女の批判的スタンスは、スウェーデンに住む多くの外国人同様、外国文化との接触体験を主観的に受け止めた結果である。スウェーデン人も外国文化と出合うと似たような体験をする。こうした場合、人はよく苛立つが、批判を通して受けたカルチャー・ショックはドラマ化され、自分自身の文化を弁護するのに躍起となってしまう。Sontagの場合はアメリカ文化である。そしてアメリカ文化こそ、唯一の正しい健全な文化だと主張する。
　「Sontagが見るスウェーデン人の非常識な考え方や、受動的態度や、無関心は、スウェーデン人にとっては、礼儀正しさの表われであり、相手に対する心遣いであり、自分を第一に主張しない奥ゆかしさであり、基本的には、隣人を愛せよという宗教的掟を要約したものなのである。
　「確かに、これには代償を払わなければならない場合もある。例えば、上司が、能力のない人を傷つけないよう、今のポジションから排除しないということもある。しかし、他の視点contextから見るならば、そうしたことに積極的な価値が必ずしもないわけではない」(Daun, SM, pp.82〜83)
　アメリカの心理学者の多くも、シャイを、精神疾患と捉えている。しかも、コミュニケーションの最大の問題の一つと捉えている。そのためアメリカでは過去半世紀以上、今日(1984年)に至るまで、それを治療するため、多くの研

究がなされてきた〈See：122・211〉。

　しかし、内向型は、身体の細胞のように、互いに生かし生かされ、一体となって生きようとする。全体のために尽くし、尽くすことに生き甲斐を感じ、その中で安らぎを感じている。そこから上記の様々な内向型の特徴が生じているのである。しかも、内向型諸国の大半は、現在（2010年）個人単位で見る限り、資源収入以外の経済的生産性では、世界のトップクラスに入っている〈See：223・52〉。しかし、もしも内向型諸国の人たちが精神病だったなら、これほどの経済的成果を上げ得たであろうか。

〈222・27〉
しかし、内向型は外向型を真似てはならない

　最近の日本では、若い人の間で、アメリカ人の真似をして自己主張を強める人が増えている。外向型社会に生きるならそれでよい。しかし、内向型社会に生きようとするならば、このような生き方は、適応に失敗する危険性が極めて高い。就職試験にも不利になる。日本全体が外向型にならない限り、結局は周囲から排除されてしまうだろう。しかし日本全体が外向型になるためには、日本人の半分以上が排除され、外向型の民族が人口の半分以上を占めなければならないだろう。ただし実際には、国立青少年教育振興機構の「日米中韓４カ国の高校生意識調査」（『朝日新聞』朝刊、2017年３月14日付、38面）によれば、今の日本の高校生たちは、外向型文化の強い影響にもかかわらず、全体としては相変わらず受動的であり、積極性に乏しい。

　第二次世界大戦後のドイツでも、外向型を真似て自己主張を推進する教育が起こり、一時、社会を混乱に陥れたことがあった。現在では、多少終息したようであるが。しかし、この社会的混乱を嫌ってカナダに移住してきたドイツ人はかなりいる。友人のFredもそうだ。

　ユングも言っているが、**現代は、外向型社会の影響が一方的に強まり、世界の精神のバランスに様々な歪みが生じてきている**。しかも、**多くの内向型の人たちまでが、外向型の生き方こそ人間の唯一のありようだと考え、自分自身を見失い、自分が負け組にいると思っている**（539b）。

また日本の将来の進むべき道について日本の識者が意見を述べる場合、日本にはないアメリカ社会の特徴をもち出して、それが日本には不足しているということがよくある。しかし、アメリカ人の真似をしなければならないという意味ならば、それは誤ったmisleading指針になってしまう。世界にとっては内向型民族と外向型民族の両方が等しく必要だからだ。

〈222・3〉
第3項　内向型は外界に対しては外向型ほど積極的には関わらない

〈222・31〉
内向型は外向型と違い外界をあまりマニピュレートしない

　内向型は、もちろん外界と対応しないわけではないが、一般に、外向型のようには外界をマニピュレートmanipulate（語源的には手で巧みに扱うの意）しない。

　スウェーデン人は一般に実際的で、庭の手入れなど、家で仕事もよくするが、アメリカ式のDo it yourself（DIY）まではできない（Daun、私信、2008年5月22日）。

　スイス人もDIYはできない。これは、スイス人が何かを自分でする時間がないからとか、節約する気持がないからではなく、**自分でやれると信じることができない**からである。配管工や電気技師に4年間の訓練が必要なら、その仕事が慣れない素人の手で片付けられるはずがないという理屈だ。天井の蛍光灯を取り替えるのさえ、おっかなびっくりなのだから（『スイス人のまっかなホント』p.80）〈See：221・32〉。

　日本もスイスとよく似ている。素人の手で家の一部すらも改造できるとは思っていない。たまたま2、3日前から（2012年9月21日）、カナダの隣の家では、息子たちがやってきて親の家の風呂場を改造しているが、玄人はだしだ。

　ロシア人も、アメリカ式の日曜大工はほとんどしない。カバノキやモミの木に囲まれているほうが好きである（『ロシア人のまっかなホント』p.37）。

〈222・32〉
内向型は外向型と違い変化を好まない、外向型は飽きっぽい

　外向型社会の人は、一般に新奇なものや変化を好み冒険心がある。住まいもよく替える。内向型を農耕民族と言えば、外向型は遊牧民である。だから、**外向型は内向型に比べて飽きっぽい**。室内の模様替えも、日本と比べるとしょっちゅう行う。お金があれば家具もよく買い替える。Direct-Buyの会社がテレビ・コマーシャルで家具や模様替えのための大きな品物を、卸売り価格で盛んに宣伝している。

　職業も、外向型社会では、頻繁に替える。だから、知人、真由美のカナダ人の夫は、事務系の良い仕事に就いていたのに、「好きなことをしたい。好きなのはゴルフだ。それには学校の掃除夫になるのが一番いい」と言って近くの大学の掃除夫の仕事に就いた。掃除は授業が終わってから始めるから、昼間は夫婦でゴルフ三昧の生活を楽しんでいる。

　また知人の息子デールは、レストランの給仕をしていたが、夫婦で中国に渡って英会話の先生になった。給与もよく、その金で、先生をしながらカナダ式のファストフードの店を開いた。そして成功した。すると今度は、その店を中国人の支配人に任せて（2011年）、ニュージーランドに移り住み、牧師まがいの仕事を始めた。

　外向型の社会では、むしろ仕事をいろいろ替えると、「自分は何でもできる。凄いだろう」ということで、履歴書の勲章にすらなっている。日本人の野球選手がアメリカに来ると、選手の移籍の多いのに驚くそうだが、それが当たり前なのである。

　日本では、職業はできるだけ替えない。替えると、「どうしてなんだ」といぶかられ、職業を替えるほど、社会での信用度が下がる。内向型社会は、外向型社会のような機械部品の集合体ではなく、**生命体**になっているから部分は取り換えにくい。取り換えると、言うなれば、社会的に死んでしまう。自分の好きなことをやりたくてフリーターになった人たちは、2008年末からの大不況で真っ先に首を切られ、冒険心のない日本社会の難しさを思い知らされた。

　カナダでは家の売買が頻繁で、不動産屋が多い。私の町でも、いたるところ

に、For saleと家の前に立て札が立っている。しかし、ケベックで会った不動産屋は、「日本人は定着性があって、一度買ったらなかなか売らない。だから、我々は、日本人客は敬遠する」と言っていた。

〈222・33〉
内向型は外向型と違いアグレッシブではない

凶悪犯罪率を国際的に比較してみると、内向型社会は外向型社会と比べて、アグレッシブの度合が極めて低い。

〈222・331〉
犯罪発生率

■殺人発生率

太い数字は、調査対象国198の中での発生率の高いほうからの順位、括弧は人口10万人に対する犠牲者数。ここに挙げたのは内向型諸国。

ロシア**18**（29.70）、スイス**136**（2.90）、フィンランド**138**（2.80）、スウェーデン**145**（2.40）、オランダ**174**（1.40）、デンマーク**182**（1.10）、ドイツ**186**（1.10）、オーストリア**194**（0.80）、ノルウェー**195**（0.80）、日本**198**（0.50）〔注：GLOBAL NOTE 国際比較Data Service：〈www.globalnote.jp〉データ期間2004年〜最新更新日2009年12月15日〕。

■強盗発生率

太い数字は、調査対象国数26の中での被害者率の低いほうからの順位。括弧は対人口比。メキシコ以外はすべて内向型の国。

日本**1**（0.2％）、フィンランド**3**（0.3％）、オーストリア**4**（0.4％）、ドイツ**5**（0.4％）、オランダ**6**（0.6％）、スイス**10**（0.8％）、ノルウェー**11**（0.8％）、デンマーク**15**（0.9％）、OECD平均**16**（1.0％）、スウェーデン**18**（1.1％）、イギリス**24**（1.3％）、メキシコ**26**（3.0％）〔注：「社会実情データ図録」（本川裕）〈http://www2.ttcn.ne.jp/honkawa/2788d.html〉図録 犯罪率の国際比較〈OECD諸国〉OECD

Factbook 2009]。

■ **しかし、内向型社会は自殺が多い**
タイトな社会（内向型社会）では、自殺が多く、ルースな社会（外向型社会）では他殺が多い。

■ **自殺率の国際比較**
太い数字は、調査対象国数101の中での発生率の高いほうからの順位。括弧は対人口比：人／10万人。以下は内向型諸国。
日本**8**（24.4）、フィンランド**14**（19.3）、スイス**17**（18.0）、オーストリア**22**（15.2）、スウェーデン**28**（12.7）、デンマーク**33**（11.9）、ドイツ**33**（11.9）、ノルウェー**33**（11.9）、オランダ**48**（8.8）、イギリス **95**（6.9）〔注：〈http://www2.ttcn.ne.jp/honkawa/2770.html〉「社会実情データ図録」（本川裕）なお、このような問題の調査の結果は、年々それほど変わるものではないから、アップデートはしなかった〕。

〈222・332〉
第二次世界大戦中のドイツと日本の攻撃性（関東軍の暴走）

内向型社会は外向型社会ほどアグレッシブではないというが、これは、第二次世界大戦中のドイツと日本軍の行動と矛盾するのではないかと言われるかもしれない。それについては、私の知る範囲では、以下のようになっている。

〈222・332・1〉 **ドイツの場合**
第一次世界大戦の発生までの経緯については、私はよく知らない。しかし第二次世界大戦の原因については、第一次世界大戦の戦後処理において連合国側によって科せられた極端に過酷な賠償が、大きな原因の一つと考えられる。ただし、これは当時アメリカの巨大財閥のトップMorganが、アメリカ政府以上の影響力を持っていたため、ドイツに過酷な賠償を科すよう強引に要求し、政府を動かした結果だったと言われている。

だから、ヒトラーは、過酷な賠償の下で呻吟するドイツ国民に対し、「自分

第Ⅱ部　内向型国民の優れた特性

こそ、この苦しみから国民を救うのだ」と絶叫していた。

確かに、**内向型社会は攻撃意識はないが、防衛意識が強い**。それがいかに強いかは、スイスが単位面積では世界一の軍事大国であり、スイス全土が一大要塞となっている事実からもうかがえる〈See：132・13〉。

〈222・332・2〉**日本の場合**

世界のコロニアリズムを真似て軍閥が起こした「満州事変」が、太平洋戦争の発端となった。満州に展開していた関東軍は、日本中央政府の平和的外交姿勢に強く反発していたが、ついに**独自の判断**で侵略行動を開始した。張作霖爆殺事件を惹き起こし、満州の南に隣接する中国の熱河省をも侵略しようと熱河作戦を開始した。

これによって日中関係は一気に悪化。この事態を極度に憂慮された昭和天皇は、ご自分が持つ統帥最高命令権を発令して「熱河作戦を中止させることはできないか」と侍従武官・奈良武次に問われた。しかし、奈良は「そのようなことをすれば、（前年の）五・一五事件のような軍の反乱が起きる危険性が高い」と言って天皇にそれを止めさせた。鈴木貫太郎関連の資料によれば、この時、天皇はまともに寝ることもできず、部屋の中を歩き回って「困った、困った」と独り繰り返しておられた。『高松宮日記』によれば、一気に7キロ半も痩せられた。こうして天皇のご意思はまったく無視され、踏みにじられた〔注：「昭和天皇実録」の衝撃、『文藝春秋』2014年10月号、pp.108〜111〕。

満州事変の発生以来、日本の中央政府は軍閥を抑え込もうと手を尽くしたが、結局は逆に政権を奪われ、軍閥は、世論を巻き込み、自分たちの**不当な侵略戦争をあたかも正当な自衛戦争であるかのごとく国民に見せかけ、国民を欺いた**（『Britannica International Encyclopedia』／『ブリタニカ国際大百科事典（BIE）』〈日本語版〉の限定版、第18巻、pp.823〜825）。

これについて、詳しくは、国連難民高等弁務官、緒方貞子の "Defiance in Manchuria: the Making of Japanese Foreign Policy, 1931-1932" (Greenwood Press, 1964)〔『満州事変——政策の形成過程』緒方貞子著（岩波現代文庫）〕を参照されたい。

なお、昭和天皇の戦争責任に対する姿勢と靖国神社の英霊の姿勢についても、

以下〈See：223・363・2〉を参照していただきたい。

そして、天皇の詔勅の下った8月15日、**一夜にして**、ほとんど全国民が、**軍国主義から民主主義に180度急旋回した**ことは、天皇に対する絶対服従の精神の表われであるが、一つには、日本人には、内向型のため、もともと気質的には積極的攻撃性がなかったからだと私は見ている。天皇の命令ならば攻撃的になるが。

この点についてRuth Benedict（ルース・ベネディクト）は書いている。「1945年8月14日、日本が降伏したとき、世界は、天皇に対する忠義の精神がにわかに信じられないほど力を発揮するのを目の当たりにして驚嘆した。アジアおよび太平洋の島嶼に展開していた日本軍が、おとなしく武器を引き渡すなど想像することもできなかった。本土も徹底抗戦派で溢れていた。それが、ひとたび天皇の終戦詔書がラジオで天皇自身の言葉で流れるや、その瞬間、ほとんどの地域で戦争は終わった。満州にせよ、ジャワ島にせよ、どこの司令官も、そして東條英機すら抵抗することはなかった。そして、**米軍は各地の飛行場に着陸すると、礼儀正しく迎えられた。**

ある外国の特派員が書いているように、朝、日本に降り立つ時にはピストルをまさぐっていたのに、昼にはそれをしまいこみ、夕方には、もう小間物を買いに町に出かけていた〔注：『菊と刀』ルース・ベネディクト著、角田安正訳、光文社古典新訳文庫、pp.210～211〕。

〈222・34〉
外向型はアグレッシブ

外向型は外界に積極的に働きかけ、激しくぶつかる。テレビ番組を観ていても、内向型社会のものよりも、一般に攻撃的な場面が多い。そして激しい。子供のコミックの番組でも動作はスピードがあり、激しいものが多い。

田中首相が日中国交正常化（1972年）のため、中国を訪問したとき、毛沢東から言われた。「周恩来との喧嘩はすみましたか？ 人は喧嘩してから仲良くなるものですよ」と。

私がカナダで最初に親しい友人となったのは、車を買ったときに喧嘩した販

売店のマネジャーだった。今でもずっと付き合っている。

　外向型の基本的特徴が個人主義であり、単独であり、周囲の世界は、弱者以外は競争相手か敵だから、どうしてもアグレッシブにならざるを得ないのである。

■したがって訴訟も多い

　MIT（マサチューセッツ工科大学）の Sloan Schoolの 経済学者Lester Thurow教授が話してくださった。「アメリカは訴訟の国で、絶えず莫大なエネルギーと金が訴訟のために費やされている。ボストンの自分の貸家が火事になったとき、真っ先に知らせてきたのは弁護士だった。警察でも消防でもなかった」

　在米30有余年、実業界を経て日米の大学で教鞭を執った国際法学者鈴木康彦氏は、アメリカが訴訟社会であると言われる背景には、第一に、アメリカ人は権利意識が強く、自己の権益を守るため対決を厭わないこと、第二に、モザイク社会と言われる多民族国家アメリカでは、それぞれの民族の慣習・道徳律を超えた法秩序の強い支配が必要なため、**弁護士の数が増えたこと**。その結果、**弁護士が顧客の獲得競争に走り、被害者を説得して訴訟に持ち込むケースが多くなったこと**を挙げている〔注：〈www.trkm.co.jp〉小松亀一法律事務所のサイトより。2011年4月5日〕。

　日本では攻撃性AggressivityはPejorative悪い意味で使われている。しかし、北米では、「立ち向かう」という良い意味で使われる場合が多く、positive、challengeなどと共に、高い評価を示す言葉となっている。直面する問題が困難な場合でも、北米ではdifficultと言わずchallenging と言う。

■外向型は激しい活動のため、内向型よりも早く消耗する

　この点に関してユングは、概略次のように指摘している。

「ヴィルヘルム・オストヴァルトW. Ostwaldは、外向型（彼はClasssic型と呼ぶ）の基本的特徴を、外界に対する反応の速さにおいている。しかし、私（ユング）は、**外向型が比較的早く人生で燃え尽きてしまうのは、外界に対する反応の速さよりも、外界に対する反応の激しさによる**と考える。例えば、外向型社会の

優れた研究者の多くは、若いうちから著作活動を始め、たちまち有名になり、多くの人々と関わり、学生を育てるなど、仕事の激しさによる消耗が著しい。それに反して内向型の研究者は、もっぱら研究に没頭し、自分の業績を発表するのに消極的で、外にエネルギーを消費することが少なく、注目されることも少ない」(469bc)。

だから、外向型社会の人たちが早くからリタイヤしたがるのも、遊び好きのせいもさることながら、外界との対応で早く消耗するからではないかと考える。実際、「カナダでは75％の人がトランキライザーを飲んでいると思う」と、知り合いの医者は言っていた。

〈222・4〉
第4項　内向型は外向型と違い心配症

内向型は、悪の可能性を恐れるところから、**negative**な視点から物事を見る傾向が強く、**pessimistic** 悲観的。それに対して外向型は、**positive**な視点から物事を見る傾向が強く、**optimistic** 楽天的。

〈222・41〉
スウェーデン人

スウェーデンの格言をみると、富や快楽に対してはnegativeな格言が多い：「快楽のご馳走は悲嘆の皿に盛られている」「可愛らしさは真っ先に死ぬ」「家に喜びがあるとき、入口には悲しみが待っている」「すべての喜びは悲しみで終わる」

飲酒を非難する格言も多い。「最後の一杯から不幸が始まる」「ゲームが終わると次は悪魔が遊ぶ」

愛や結婚にもnegativeな格言が少なくない。こうした真面目さ、あるいは一種の暗い雰囲気は、しばしばユーモアを覗かせて軽減されているとはいえ、外向感覚型社会の楽天的姿勢とは対照的である（Daun, *SM*, p.182.　Fredrik

Ström, Senskarna I sina ordspråk〔Swedes in their proverbs〕1926, Stockholm: Bonniers)。

⟨222・42⟩
ドイツ人

　ドイツ人は内向型の国民に見られるように「根暗」である。悪い可能性のほうをいつも心配する。ハッピーエンドは好まれない。ドイツ文学にハッピーエンドを期待してはいけない。ハッピーエンドは魂の深みを十分表現し得ないし、明らかに不真面目だと考えられているからである（『ドイツ人のまっかなホント』p.53）。

　自分たちや社会の健康状態は、とりわけ好まれる話題である。どれも「まさに崩壊せんとしている」ところが共通しており、「もう取り返しはつかない」と考えられている。ニュース週刊誌『シュピーゲル』の表紙を見れば、この強迫観念の最新バージョンを知ることができる。「ドイツのどこが病んでいるのか？」「ドイツ小説の死？」などは典型的なカバーストーリーの例で、紙面では専門家たちが種々様々な説を開陳し、徹底的に論じようとしている。もっとも10ページから15ページにもわたって延々と分析を行なった挙句、確たる結論も得られないまま、ただ、「事態がこれから悪化することだけは確実だ」というのが常である（『ドイツ人のまっかなホント』p.38）。

⟨222・43⟩
スイス人

　スイス人には、「これでいい」ということがない。自国の幸運に満足することがなく、決して成し遂げることができない改善を絶えず追い求めている。スイス人は、ネガティブな思考過程を完成させることによって、ポジティブな結果を引き出してきた。「成り行き任せ」は通用しない。だからスイス人はひたすら心配する。

　スイスは、内陸に閉じ込められ、国内市場はロンドン市場よりも小さく、水

力発電とわずかばかりの塩、それよりさらに貧しい水産資源以外、さしたる天然資源にも恵まれていない。植民地もなく、貿易ブロックの一角に属して、自国製品の市場を確保しているわけでもない。だからいつも心配している(『スイス人のまっかなホント』p.1)。にもかかわらず、不思議にも、スイスは一人当たりの収入では世界のトップを争う国なのである(『プレジデント』誌、2007年12月号)。

〈222・44〉
ロシア人

　ロシア人も悲観論者だ。ロシア人の場合は内向直観型のゆえに、現実のハンドリングがうまくできない〈See：121・111・1〉。「何をやっても見込みがない」と諦めてしまうところがある。それにもかかわらず、自分たちは世界を救済する使命があると思っている。
　ロシア人は、自分自身についても、たとえうまく事が運んでいても「まあまあですよ(ノルマリーナ)」と言う。「アメリカ人が『ファイン』と答えるのを聞くとカツンとくる」とテレビの解説者が言っていた。それにもかからず、自分たちは陽気で、寛大で、度量が大きいと思っている。そしてそれは嘘ではない。

〈222・45〉
日本人

　日本人もネガティブな言葉が多い。挨拶を聞いていると、「寒いですね」「暑いですね」「いやですね」などなど。自分自身や身内の人について語るときも、ネガティブに言う。子供が褒められても、「いいえ、だめなんです」と言う。うまく行っていても、「まあまあ、何とか」と言う。まさにロシア人の「ノルマリーナ」だ。
　これは、仲間に受け入れられるための「謙虚さRitual Subordination」〈See：223・322・1〉の表われでもある。

カナダではどんなに悪い天気でも、人々は何か良いところを見つけて明るい挨拶をする。暗い挨拶をすると互いに滅入って次の言葉が出なくなる。

⟨222・5⟩
第5項　内向型は安全第一、石橋を叩いて渡る

第1節の主観主義から生まれた完璧主義と、第2節の心配症からくる安全主義が合体すると、安全性を完璧に守るという相乗効果が生じる。計画は、より綿密に、扱う事実はより確実に、その実行は、より正確に行なうようになる。

⟨222・51⟩
「食の安全へのこだわり（Anxiety）」（日米牛肉摩擦の例）

食の理想主義と現実主義が衝突したのが、米国との牛肉の貿易摩擦である。2005年、牛海綿状脳症（BSE）の特定危険部位の混入で輸入を停止していた米国産牛肉の輸入再開が次のような条件で決まった。日米両政府が、（1）日本の検査官が米国の日本向け牛肉処理施設35カ所で事前査察をする、（2）輸入再開後に米国が行なう抜き打ち検査には日本検査官も立ち会う、（3）日本の空港や港湾での検疫体制を強化することで一致したからである。そして輸入は2005年12月に再開された。ところが、わずか1カ月で危険部位の背骨が混入していたことが発覚し、輸入が再び禁止された。

それについて「アメリカの大手の牛肉輸出会社の幹部は『うっかり忘れていた』と言い、検査官は『そんな条件があったとは知らなかった』と言った。

日本側はそれを聞いて唖然とした。責任者がこんなにずさんならば、他は推して知るべしということになった。しかし、日本国民の食の安全と健康を守ることは基本の基本であり、原則は譲れない。

しかし、米側には、「このぐらい構わないではないか」という姿勢が終始背後にあった。外向型社会には現実に容易に妥協するところがあるからである。その結果、日本の抵抗は、保護主義の言い訳としてしか理解されなかった。

このように両者ともに、一方は相手の「ずさんさ」を、他方は相手の「不当な言いがかり」を非難し合うことになった。しかし、両者とも、ここに外向型社会と内向型社会の文化の相違、気質の相違があったことには、気がつかなかった（2006年7月）。

〈222・52〉
「医療の安全性へのこだわり」

　先進国は外向型社会でも内向型社会でも医療は進んでいる。しかし、両者の間には、現実主義と、〈生命を重視するという点〉において、根本的に姿勢の違いがある。筆者は日本の友人たちにカナダ便りを時々送っているが、その一つが参考になるかもしれない。
「脊髄狭窄症の手術を受けましたが（2011年2月21日）、術後2週間になったので、抜糸のため、ホームドクター（カナダでは手術をした医師ではない）のところに行きました。ところが、全部抜いた後、きれいにアルコールで拭いて表面に多少何かの薬を塗ってくれるもんだと思いきや、先生、ただちに**傷あと生々しい**（背中だから見えないので僕の想像だけどね）皮膚の上に細長いバンソコウをじかに貼りだした。『でも、先生、そこをアルコールで消毒しなくていいんですか？』と言うと、『いや、これで十分』。『ヘエーッ!?』というわけで、たちまち終了。『どうせ、今晩自分できれいにアルコールで拭けばいいんだ』と考え帰ってきました。
　ところが、我が家の掃除に時々来てくれる小母さんにこのことを話すと、『あたしなんかは、医院でお手伝いさんをしていたことがあったけど、あまり先生が忙しかったんで、「いや僕じゃなくても抜糸はいいんだ。あんただっていいんだよ。よく手を洗って、僕の代わりにやっておいてくれ」と言った』と言うんです。
　そして、今日、ご近所のご夫妻が遊びに来たのでこの話をしたら、またまた新情報。奥様いわく『私なんかは、もっとひどかったのよ。お腹を30センチくらい切ったんだけど（そう言いながら、太った大きなお腹の上に真一文字に切腹の仕草をした！）、医者は私に手術をしたことを忘れて、抜糸まで6週間も

ほうっておかれたの。たまりかねて電話したら、「ごめんなさい。忘れてた」だって。その後がいいのよ。「お風呂に入って自分でステープルを外しなさい」だって！」

　こうした話は笑って話せるが、笑えない話もある。いつも野菜を買っている日本人の農家のご主人にひどいことが起こった。大腸癌の疑いが濃厚になっているのに半年も精密検査を先に延ばされた。ようやく、検査の日が決まって、一安心と思いきや、担当医師から、バカンスをとるから２、３週間待ってくれと頼まれた（普通は代わりの医師がいるはずなのに！）。ようやく手術となり、大腸に４センチほどの大きな腫瘍が見つかり、その部分を切り取って切り口を縫い合わせた。

　ところが、その日、病院の夕食の時間になると、たっぷりとした普通の食事が出された。知人は栄養をつけるためかと思って、それを全部平らげてしまった。その後の食事も次々と平らげた。すると腹がものすごく膨れてきた。食べたものが詰まってしまって腸閉塞が起きていたのである。最後は突然すべてを吐き出した。こうして２週間の絶食と点滴となったわけだが、腸をつなぎ合わせる大手術をしたすぐ後に、普通の食事を出す病院がどこにある!?

　また、私の隣の家のご主人が入院したときだった。長時間の手術の間、横になっていたため血栓が生じ、足の先が壊疽化した。以来、ついに寝たきりになり、今ではおしまいの感じだ。また、別の日本人の知人も術後２日目に血栓が発生し脳梗塞を起こし、たった２日で亡くなった。こちらの医師も看護師たちも、いたって親切だが、日本の状況に慣れている我々には、なんとも安心できない。

　前立腺のチェックがあるというので行ったが、あなたの歳では検査しませんと言われた。老人はどうせもう死ぬのだからということらしい。

　バンクーバー近くのスキー場で事故を起こし、意識不明となった日本人留学生のケースも考えさせられる。医師は、母親に息子の臓器提供を勧めた。母親は激怒して、『あなたが治せないなら、私が治します』と叫んで、航空会社に病人用の特別仕立ての座席を用意してもらい、日本に帰った。母親の必死の看護と医師の努力の甲斐あって、彼は意識を取り戻しただけでなく、３年後には杖をついて立てるところまで回復した。その後、母親は息子を連れてカナダに

戻り、臓器提供を勧めた医師に息子を見せた。
　十数年、外向型社会と内向型社会を比較してきた経験では、いろいろな場面で、生命観にかなりの温度差があるように感じている」

〈223〉
第3節　内向型は集団的、外向型は単独的

　夫婦の愛、親子の愛は最も重要なものである。それについては内向型も外向型も違いはない。しかし、内向型は仲間集団の中で生きようとするのに対し、外向型は単独で生きようとする。
　内向型は、仲間集団Our Community（以下略してOur Comとする）に加わりたい。その結果、集団主義的・全体主義的となる。そして、仲間が一つになることは、皆が自分にとって善い人であることが前提だから、**内向型社会は、基本的には性善説の上に成り立っている**。まず相手を良い人と見ている。
　それに対して、外向型の生きる世界においては、周囲は競争相手であり、しばしば敵である。したがって、**外向型社会は、基本的には性悪説の上に成り立っている**。

〈223・1〉
第1項　内向型は仲間を真似る（イミテーション）、外向型は真似ない

　動物は、親や仲間が食べているものを食べようとする。親や仲間が食べているものが欲しくなる。親や仲間が食べている食物は、生きるために安全であり、良い物である可能性が高い。だから本能的に真似る。人間でも似たところがある。レストランで、他の人がオーダーした料理が何となく気になり、美味しそうに感じるのは、この動物の生存本能からきているのではないか。
　しかし、それとは別に、内向型は、内向型の気質のゆえに真似ようとする。

皆と一緒になりたいからだ。
それに対して外向型は、自分の個性を発揮したいから真似ない。

■日本人独特のイミテーション

内向型でも思考型thinking typeと気持型feeling typeとでは、真似方が違う。大半の内向型の民族は内向思考型であり、主に北欧やドイツ語圏に展開しているが、思考型thinking typeであるため、よく合理的に考えて真似るべきか否かを決める。

しかし、**内向型民族の中でも唯一気持型feeling typeの日本人の場合には、仲間が選択するから、自分もそれを真似て選択する傾向が強い。**友達が買うから自分も買う。有名人が買うから自分も買う。だから、大学生が上から下までブランド物で固めている姿は珍しくない。偽ブランドのハンドバッグを一つも持たない女性は日本ではほとんどいない（『日本人のまっかなホント』p.51）。だから、しょっちゅう何かがはやる。

内向型民族の中でも直観型intuitive typeのロシア人は、自分で判断するのが苦手だから、人の判断を参考にする傾向がある。だから、パリのブランド店に群がるのは、日本人（内向気持型）とロシア人（内向直観型）が多いと聞く。

■東日本大震災の悲劇もそのために起こった

なぜ多くの人が逃げ遅れたのか。津波の警報が鳴っても、**周囲の人たちが一斉に逃げようとしないため、それを真似たがゆえに逃げ遅れた。**過去の津波の教訓から「大きな地震があって、潮が引き始めたら津波が来るぞ、すぐに逃げろ」とあれほど教えられていたにもかかわらず！

■さりとて内向気持型は普段の日常生活において非合理的言動をしているわけではない

ユング自身も気持型を合理的気質にクラシファイしている（561a〜、557ページ）。なぜなら、内向型はしばしば〈心の奥から聞こえる「行動パターンの元型」の無意識の囁き〉〈See：221・012〉に促されて行動しているからである。「行動パターンの元型」は生物が生き残るために最も有利な行動（だから理に

かなった合理的行動）を教えてくれるからである。だから動物本能も、それに理性が加わった人間本能の判断も、合理的なのである。何百万年の経験に基づいた囁きだからだ。それゆえ、内向気持型の人が「理屈ではどう説明してよいかわからないが、ともかくここは、こうすべきだと感じる」と言うとき、普通は合理的な判断となっているのである。

また、このタイプは、自分の日常生活の具体的判断においては気持feelingによって行なっているが、論理的思考ができないわけでは決してない。**日常生活とは直接関係ない研究生活においては、思考型の人に劣らず、鋭い論理的思考ができるし、それを実際に行なっている**。iPS細胞でノーベル賞を受賞した山中教授は、私には内向気持型に見えるが、研究生活の思考力は抜群だ〈See：221・222・1〉。

〈223・2〉
第2項　内向型は他の文化を吸収・同化（アシミレーション）しようとする、外向型はしない

本書では、〈外国文化の良いところを取り入れ、自国の文化をより豊かにする活動〉を、「アシミレーション（assimilation）」と呼んで「イミテーション」と区別している。

先に述べたように、内向型社会は、何か良いものがあれば取り入れようと常にアンテナを張って構えている。

それに反して、外向型社会においては、例えば、フランスにも、中国にも、アメリカにも、中華思想があり、〈自国の文化こそ、他の世界が取り入れるべき最高の文化だ〉という自負心がある。だから外国文化のアシミレーションには消極的だ。

しかし、内向型社会のアシミレーションの特徴は、単に外国文化の良いところを取り入れるだけではない。ヘーゲルの哲学ではないが、それを自国の文化の良いところと<u>総合・止揚 aufheben</u>し、より優れた文化にして取り入れようとするのである〈See：223・22〉。

⟨223・21⟩
内向型社会は外国語を取り入れることに積極的、外向型は消極的

■スウェーデン語

　昔から、スウェーデン語には、ドイツ語やフランス語の単語が混在してきたし、今日ではテクニカルな単語や、文化のキーワードをはじめ、たくさんの英単語が流れ込み、スウェーデン語と自然になじんでいる。

■ロシア語

　帝政ロシアの時代にはフランス語が公用語にすらなっていた。今も外国語が日常用語の中に氾濫している。エキゾチックに感じられるので関心が高い。英語からは、技術や経済用語に関する言葉、フランス語からは、料理や化粧品の名称がそのまま入ってきている。それぞれの文化の目立つ言葉がロシア語の単語にはたくさんある。だからといって、西洋かぶれではない。もちろん、そういう人もいるが、大半は、スラブ愛で一杯だ。そして、西欧文化は退廃的と見ている人が少なくない。

■ドイツ語

　ドイツ語にも、英語が浸透している。コンピューターはcomputer だし、ダウンロードはdownloadだ。Fred Müehlchenによれば、五つのうち、一つは英単語になっている（2011年7月12日）。

■日本語

　番組にもよるが、テレビを観ていると、出てくる字幕の5分の1はカタカナのようだ。つまり、外国語である。日本文化は古来中国から圧倒的な影響を受けてきた。漢字文化を仮名文化に転換し、中国文化を、一方では立てながらも、それと対峙する文化を懸命に創ってきた。平安時代には、「真名」と「仮名」の対立関係があったが、この緊張関係をうまく利用して日本独自の文化を創ってきた。現代では外国語が日常用語の中に氾濫し、英語にない英単語まで創ってしまう。例えば「スキンシップ」など。

外向型社会は外国語を取り入れることには消極的

　フランスは、アカデミ・フランセーズがしっかりとフランス語の純粋性を守ろうとしている。例えば、コンピューターはcomputerとは言わず、あくまでordinateurで押し通す。
　しかし、最近（2014年）ではInternetでの英単語の津波が大きくなり、アカデミ・フランセーズの堤防を乗り越えてフランス領内にも流れ込んでいる。
　中国も外国語はほとんどすべて中国語に置き換えている。computerも「電脳」と呼んでいる。日本人は中国語から学んだ漢字から便利なカタカナを発明した。中国でもそれを作ろうと思えばできないはずはないが（最近では漢字の簡略化が進んではいるが）、中国人は漢字の誇りを捨てなかった。確かに今でこそ中国では英語の学習が盛んだが、それは直接経済活動に役立つからだ。魯迅（1881～1936年）の時代には外国語を学ぶ者は、「毛頭に魂を売る者」として蔑まれていた。
　近世に中国文化が日本に後れを取った一つの原因が、外向型のこの中華思想にあったのではないかと考える。ただし、現代用語では、日本の用語をそのまま採り入れている。郵便は「郵便」というように。

⟨223・22⟩
内向型社会は外国文化のアシミレーションにも積極的

　　⟨223・221⟩
スウェーデン人、スイス人、ロシア人の場合

　スウェーデン人は、外国に行って新しいものを見聞することが好きだし、外国の文化を取り込むのも好きだ。この点は日本人とよく似ている」（Dr. Lotta Gölhas interviewed in Stockholm）
　スイス人も、外国文化の受容に積極的で、いち早くコンピューターを導入した国の一つだったし、携帯電話が一番早く普及したのもスイスであった（『ス

イス人のまっかなホント』p.68)。ところが自分の国のカルチャーを外国に宣伝することにおいては消極的だ。

ロシア人も、よその国には大いに関心がある。内心、不安でたまらないのだ、ロシアが二流の文明国に映っているのではないかと(『ロシア人のまっかなホント』p.3)。帝政ロシアでは、芸術も文化も庭園もフランス一辺倒だった。パリにあこがれ、それを取り入れようとやっきになっていた。

〈223・222〉
日本人の場合

〈223・222・1〉**中国文化のアシミレーション**

日本は昔から、中国文化から絶えず学ぼうとしていた。しかし、単なる猿真似ではなかった。それを取り込み独自に改良した。

聖徳太子は推古天皇15年と16年(西暦607年・608年)大帝国となった隋に、小野妹子を2回にわたって送ったが、特に大陸文化を日本人の主体的な意志で摂取する方途は、このときの留学生によって開かれたと言ってよく、それは〈日本文化を特徴づけた外国文化摂取の歴史〉において重要な意義を持っている(BIE、限定版、第9巻、p.607下段)。近代になっては儒教を積極的に取り入れたが、外向型中国文化の儒教のままではなく、内向型社会に適応adaptさせて、取り込んだ〈See:112・115〉。

〈223・222・2〉**西洋文化のアシミレーション**

〈223・222・21〉**【David S. Landesの証言】**:"*The Wealth and Poverty of Nations*"の著者Landesは述べている〔注:1999年、W. W. Norton & Company, New York, London Chapter 22, pp.350～391〕。

「日本は、西側諸国以外で、近代工業化Industrializationを取り入れた最初の国であった。ほかの国は新しい知識を獲得しようと、優秀な若者を先進国に送ったが、彼らは帰ってこなかった。ところが、日本人留学生は先進国で学び、新しい知識を日本に持ち帰った。外国人技師への依存からもすみやかに脱却した。先進国の機材を使ったが、単に使うだけではなかった。自分たちで改良し、

第2章　内向型と外向型の特徴

自分のものとして使った (ibid, p.381)。

　例えば、日本人は鉄砲を見るや、ただちにそれを真似て自分たちで作り始めた。戦国時代の16世紀後半の一時期には、西洋のどの国よりも鉄砲の生産量が多かった。1600年には10万挺を超えた。これは当時のヨーロッパ全体よりも多かった (ibid, p.562, note 8)。

　時計も同じだった。日本人らしく小型化を図り、西洋にはなかった携帯時計、懐中時計も考案し、庶民に売った。ただし、当時の日本の時間観念が均等な時間単位に基づいていなかったため、ヨーロッパ式の均等単位と合わせる必要上、昼と夜でリズムの違う時計を工夫した (ibid, p.359)。鍵も西洋のものを真似たが、西洋のよりも小型のものを作った。つまり、日本人は、基本的にLearnerだったのである (ibid, p.353)。

　こうしたLearnerの姿勢と、獲得した技術が、日本の近代技術の発展を容易にしたのである。そして鎖国の間でも日本には産業革命の基盤が作られていた。一方、中国も同じように鎖国をしたが、文化的には旧態然にとどまっていた (ibid, p.360)。

　16世紀のポルトガル人のイエズス会士Gaspare Gonsalves が言うように (1585年)、日本を知る当時のヨーロッパ人たちの目には、日本は東洋では最も進んだ国で、西欧の国に比せられていた。こうしたプロセスにおいて、日本人はまず外国の物を自分たちの物よりも高く評価した。しかも、しばしば**愚かしいほど高く評価した** (ibid, p.351)。

　この姿勢は奈良時代の昔も、明治時代も、太平洋戦後も、一貫して変わらなかった。にもかかわらず、自己のアイデンティティは失わなかったのである。

〈223・222・22〉**【中谷巖（一橋大学名誉教授）の証言】**：中谷巖は、日本人特有の「繊細さで丁寧に物作りするプロセス」を「日本化プロス」として捉えている〔注：中谷巖「日本は『成熟社会』の入口に立った」『潮』2006年4月号、p.70～74〕。「アニメにしても、車にしても、日本発の物が世界で高く評価されているのは、日本の文化を商品として作り込んでいった結果だ。日本の職人たちは、とことんチェックしながら丁寧に作り上げていく。外国文化を取り入れ、取り入れた文化を、時間をかけて咀嚼し、自分たちが気に入るようなものに転換していっ

た。例えば、漢字文化を仮名文化に転換し、中国を一方に立てながらも、それと対峙する文化を一生懸命作ったわけだ(『潮』p.72)。

　鎌倉時代、室町時代になると、だんだん日本的な和の文化が強く出始めてくる。茶の湯や能、わび、さびの世界は、中国の影響をうまく吸収し、日本的なものに高めた結果生まれたものだ(『潮』p.73)。

　明治時代になると西洋列強が植民地政策を掲げて非西洋諸国に攻めてきた。1853年のペリー来航から今日まで150年ほどたつが、この150年は中国と日本という対立ではなく、西洋と日本の対立という構図の中で文化が作り出された。明治時代は西洋諸国から、戦後はアメリカから、日本人は必死になって良いものをどんどん取り入れていった。私はこれを『日本化プロセス』と呼ぶ。ある程度までは外国の文化を取り入れるのだが、50年や100年たっていくと、日本化された新しい文化や価値観が生まれてくるというものだ。その意味では日本の2000年は『日本化プロセス』の歴史だと言ってよい。外国からよい栄養をもらい、そこから自分らしさを作り出していくのが日本文化の特徴である。

　その意味では、日本が誇る『日本ブランド』とは、日本文化の体現そのものだと私は思う。細かく緻密なものを丁寧に作った結果、小さな製品にもかかわらず物凄く多くの機能が組み込まれたデジカメや携帯電話が生み出された。これらの製品は日本文化の累積によって生まれたものだと言ってよい。

　世界中から高い評価を受けている宮﨑駿(はやお)のアニメも、コンセプトはディズニーのアニメから影響を受けたかもしれない。だが、氏が率いるスタジオジブリの作画チームは、1枚1枚、それこそ細かいシワに至るまで丁寧に作り込んでいく。その結果、日本的神秘主義が映画として結実した『もののけ姫』『千と千尋の神隠し』のように、子供だけでなく、大人も感動する作品ができたのであろう」

　内向型の国はどこも積極的に外国文化を取り込むが、文化の繊細さに関しては、日本が一番かもしれない。それは、ほとんどの内向型国民の主機能が内向的思考thinking typeであるのに対し、日本人だけが、内向的感覚sensing typeだからである。内向型のために、完璧主義者となり、努力型となるが、内的感覚のために細かいヴァリエーションを好み、繊細・緻密・綿密となるからで

ある。
　内向型がアシミレーションに優れているということは、自分の本質は失わないが、表面的には外国文化に見事に溶け込んでしまうことでもある。私はこれを気質の「カメレオン現象」と呼んでいる。表面の色は変わっても、ユングが言うように、気質そのものは変わらないからである。

〈223・3〉
第3項　内向型は仲間集団Our Community（以下Our Com）を形成しようとする、外向型はしない

　集団には、仲間集団（ゲマインシャフト集団）と、何かの目的実現のための集団（ゲゼルシャフト集団）とがある。ドイツ社会学の碩学Ferdinand Tönnies（フェルディナント・テンニース、1855～1936年）が提唱した区別である。
　ゲマインシャフト集団では、人々は、互いに心を通わせ、習慣を共有し、共通の信念をもち、そのメンバーであることが、生きるに当たって本質的な価値となっている。
　一方、ゲゼルシャフト集団は、特定の利益を獲得することを目的として集まる集団である。
　このように、Ferdinand Tönniesが定義したゲマインシャフト集団は、本書のいう内向型集団Our Comに極めて近い。そのメンバーは、身体の細胞のように、互いに生かし生かされ、同時に身体全体を生かし、全体から生かされ、一体となって生きようとする。
　一方、ゲゼルシャフト集団は、外向型の集団に相当する。外向型は個人主義者であり、普段は集団を作る必要を感じない。集団を作るとすれば、それは何かの目的・利益を実現するためである。
　Tönniesが、ゲマインシャフト集団の存在に気がついたのは、彼が内向型社会のドイツ人だったからだろう。内向型は、以上のゲマインシャフト集団Our Communityに、どうしても受け入れてもらいたい。したがって、このように

して形成される内向型社会は、和harmonyを愛する（ギリシア語でphilein）社会、すなわち「Philharmonyの社会」となる。まさに交響楽団なのである。それに対して外向型社会は、ソリストの社会と言うことができよう。

⟨223・31⟩
Our Comの範囲と拡大

人はまず、家庭をつくり、親族、親友を周りに持つOur Comをつくる。これは、内向型も外向型も同じである。しかし、それを超えると、機械構造的で個人主義的な外向型社会においては、生命の危険を感じる場合（戦争とか軍隊）を除いて、Our Comは一般に拡大しない。

それに対して、生命体的で集団主義的な内向型社会においては、人は単独では生きられない。そのため、Our Comの意識は、職場仲間、学友、郷土、地域社会など、様々なものへと拡大する。そのなかで、Our Com全体の善を図る義務感を感じているが、Our Comの性質や必要性の程度に応じて、Our Comに対する温度差も、接し方も、違ってくる。

しかし、それ以外でも、次のような場合には、特殊な形で拡大される。

■死の危険を共にしたような場合

例えば、東日本大震災（2011年）においては、強力なOur Com 意識が生じ、皆が一体となって助け合った。外向型社会に起こりがちな略奪などは一切起こらなかった。連日テレビでその有様をつぶさに見ていた世界中の人々は驚嘆した。

■仕事上での客をOur Comの一人と意識する場合

帝国ホテルのコック長（村上信夫）が料理人にとって最も大切な心構えとして挙げていたのは、**食べる人への思いやりの精神**であった。「一番おいしい料理とは、お母さんの料理だ。だから、**お母さんになった気持で心を込めてつくらなければならない**」と部下に教えた。

本田宗一郎は、ホンダの車が路上で動かなくなっているのを見たとき、自分

のことのように駆け寄ってその場で直そうとした。**人ごととは思えなかったの である**（『朝日新聞』朝刊、2009年10月31日付）。

　ダイエーを再建した会長兼CEOの林文子（後の横浜市長）は、この意識を次のようにまとめている。「**客のニーズに応え、徹底してもてなす。自分を捨てて尽くす**。お客様のおっしゃることにきちんと耳を傾ける。そして**皆さんが求めている『人と人との繋がり』をつくる**。それによって優しさとか温かさを、ダイエーの店の中でお伝えする。これが一番大切なことなのです」と。こうして彼女は2年間のうちに、ダイエーの2兆円の借金を5000億円以下に減らし、11年ぶりに前年比で100％をオーバーする成績を上げ、従業員もすっかり元気になった（『潮』2006年4月号、p.339）。

　実は、ここに内向型経済のアドヴァンテージがあるのかもしれない。**内向型経済の基本は、量産と低価格による「価格競争」にあるのではなく、製品の品質とサービスの質の絶えざる改善による「品質競争」にあるからである**。だから、2015年のTPP交渉では、経済的見地から見るならば、日本は譲ってはならなかった。

⟨223・32⟩
Our Comに受け入れられたい、権威に従う

　ここには二つの側面がある。受け入れる側と、受け入れてもらいたい側である。受け入れる側では、大きな態度をとる連中は受け入れたくない。一方、受け入れてもらう側としては、辞を低くし、皆の下に自分を置くようにしなければならない。

⟨223・321⟩
受け入れる側の姿勢：ヤンテの法 Law of Jante（Jantelagen）

　人間社会においては、受け入れる側としては、大きな顔をする連中は嫌いで仲間に入れたくない。そこで、どういうことが実際に嫌われるかを、分かりやすく説明するため、ノルウェー＝デンマークの作家Aksel Sandemose（1899〜

1965年）が、架空の町ヤンテを描き、モーゼの十戒をもじった「ヤンテの法」をつくって発表、有名になった。
1. 己を、「何様」と思うなかれ。
2. 己を、我々と同じように良い者と思うなかれ。
3. 己を、我々以上に賢いと思うなかれ。
4. 己を、我々以上に優れていると想像する「うぬぼれ」にゆめゆめ陥るなかれ。
5. 己を、我々以上に物知りだと思うなかれ。
6. 己を、いかなる点においても我々以上の者と思うなかれ。
7. 己を、何者かに実際になり得ると思うなかれ。
8. 己に、我々を笑う資格があると思うなかれ。
9. 己を、誰かがお前を大事にするとは、ゆめゆめ想像するなかれ。
10. 己が、我々に何か教えることができると想定するなかれ。

〔注：Quoted from the URL for the original archive as 〈http://www.lysator.liu.se/nordic/index.html〉〕

　南米の内向型の国チリ〈See：131・11〉にも独特のヤンテの法則があり、傲慢をCachetear（puffing up the cheeks）と言ってあざ笑う。
　もちろん、こういう法が、実際に存在しているわけでなないが、受け入れる側の心理がよく分かる。そして北欧において「ヤンテの法」がたちまち有名になったということ自体、北欧の社会が集団化に高い関心をもつ内向型社会だったことを示している。

〈223・322〉
受け入れてもらう側の姿勢

〈223・322・1〉**謙虚であること（Ritual subordination）**
　ここで言う「謙虚さ」とは、道徳が尊ぶ謙遜ではない。「仲間に入れてもらうために大きな顔をしない」ことをいう。動物世界にもそれがある。犬が飼い主の前で耳を後ろに倒して示すあの謙虚さである。

〈223・322・11〉【スウェーデン人の場合】：ダウン教授は述べている。
「スウェーデン人自身は、謙虚さを、ことさらスウェーデン人の特徴だとは感じていない。どの国民も謙虚を重んじるものと思い込んでいるからである。謙虚を重んじている国民は、他には例えば、日本人のような場合で、謙虚が中心的価値を持っている。自分自身や自分の家族を目立たせない儀礼的敬意Ritual subordinationを重んじ、不遜は特に嫌われる。
　スウェーデンでは今でも儀礼的表現として中年以上の男性はよくお辞儀をする。アメリカ人はエキゾチックに感じて驚くが」（Daun, *SM*, p.176.／Daun, *Modern and Modest*, p.108 Top）
「スウェーデンのノーベル賞受賞者がスペインを訪れた際、まったく目立たない謙虚な態度を取っていたことに、スペインのメディアが驚いていた。**アメリカなら、謙虚はむしろ劣等感の表われととられる。**能力的・知的に低い人間（Less competent and less intelligent）として軽蔑される。ところが、スウェーデンでは、逆である。謙虚こそ、積極的な価値として尊重されている。だから、自惚れnarraktighetは、愚かfoolishnessと同義語となっている」（Daun, *Modern and Modest*, p.107）
「外向型のアメリカ社会は、殖民開拓時代から力と自己主張を称揚してきたが、スウェーデンでは、宗教指導者のみか、世俗の権威者までも、謙虚さを重要な価値として人々の心に植え付け、自己主張や自慢を非価値としてきた」（Daun, *SM*, p.204）

■**格言にみる「謙虚さ」の重要性**
　スウェーデンの格言に「自惚れは放屁のごとし、臭い」というのがある。オランダにもある。『格言に見るスウェーデン人』の著者Frederik Ström は、スウェーデン人が最も嫌うのは、にやけていることfoppary、きざなことaffection、自慢することconceitである。たいていのことは我慢できるが、これだけは絶対許せないと書いている。
　そして、Strömは様々な格言を紹介している。「高い木は簡単に風でなぎ倒される」「壊れた慢心は悪臭を放つ」「慢心は諸悪の女王」「高慢な人間は自ら滅びる」「慢心と爽やかさは同じところに決して住まない」「慢心は悪魔の園の

花」「慢心が宿る家扉に秋忍び寄る」「慎ましい貧しさは、富と慢心に勝る」など様々ある（Daun, *SM*, p.177）。

「コミュニケーションにおいては、スウェーデン人も日本人も、対立回避conflict avoidanceとritual subordinationを重んじるが、ラテン系民族、例えば、イタリア人には見られない。謙虚よりも、その逆のBella figura（格好よさ）がよしとされる。アメリカにおいてもそうだ。外向型的な態度behaviorやアグレッシブなbehaviorこそ、積極的な行動価値とされている。

　　Important elements in both Japanese and Swedish communication patterns are conflict avoidance along with ritual subordination (Daun, 1986). The interrelationship between these two tendencies is to some extent confirmed by the fact that both phenomena are alien to Latin culture, as for example in Italy (Haycraft, 1985: 296, Rusconi & Scanmuzzi 1981), and also alien to dominating communication patterns in North America, where extravert behavior as well as aggressive behavior, corresponds to a positive norm (Stewart, 1981). (Daun, *Modern and Modest*, p.106)

Swedish InstituteのDr. Lotta Göllasによれば、スウェーデン人は〈スター的存在〉を複雑なambivalent気持で見ている。その成功は一応評価はするものの、自分たちの真似できぬ特異な成功に対しては、不快をおぼえる。この国では個人的成功はいつも問題になる。だから「上流社会の人たちは身なりを質素にし、目立たぬように生活してきた」〔注：Interviewed in Swedish Institute, 2001年6月14日〕

〈223・322・12〉【ドイツ人、スイス人、ロシア人、オランダ人の場合】：

ドイツ人の場合、アメリカ人式のTrying to be independent and trying to be yourselfというような姿勢は嫌う。「What is he trying to prove？（あいつはいったい何を見せたいんだ）」と言われる。ドイツにおいてIndividualityを示そうとするや、「人より偉そうに見せびらかしやがって」と言われる。少なくとも、そう思われる（Fred）。

スイス人の場合、自信たっぷりだったり、人前で話のうまい人間を根っから信用しない（『スイス人のまっかなホント』p.13）。

ロシア人の場合、相手に勝っていることはあまり見せない。ロシアのTV解説者がCNNのインタビューで言っていた。
「アメリカ人は『いかがですか』と訊かれると、自分の弱点を見せまいとして『ファイン』と答える。ロシア人はどんなに嬉しく、物事がうまくいっていても、相手に気遣って肩をすぼめるか、『まあね』『まずまずです（ノルマリーナ）』と手短に言う」

　オランダ人の場合、やはり謙虚を大切にする。社会学者Nicolaas Wilterdinkの比較研究（1990年）でも、モデストに振る舞うことが強調されている。

〈223・322・13〉**【日本人の場合】**：内心まで本当に謙虚かどうかは別として、少なくとも謙虚の態度がとれないと日本社会では受け入れられない。ダウン教授も言っている。
「スウェーデン人が、相手に感謝や儀礼的謙虚の気持を伝えるやり方は、日本人にもある。日本人の言語的習慣はスカンディナヴィアのそれによく似ている。日本人はお茶を出されると『ありがとうございます。ではほんの少し』というように、自分を小さく見せようとする。これは日本のコミュニケーション全般に常に見られることである。お辞儀をすることも、スウェーデンと同じく日本でも行なわれている。もっとも日本のほうがもっとよくするけれども」

　　The thesis that the Swedish way of expressing thankfulness is a ritual subordination is supported by the fact that Japanese linguistic customs are close to the Scandinavian ones. If someone wants to serve you a drink in Japan you are normally supposed to answer (literally): "yes but little, thanks", which even more than in Sweden aims at symbolically minimizing yourself. This is consistent with Japanese communication patterns in general (Lebra, 1976). We should notice that bowing is practiced in Japan as well as in Sweden—once again, even more in Japan.（Daun, *Modern and Modest*, p.109）

　たしかに、日本人は、「『つまらない』ものですがと言ってギフトを贈り合う。自分の子供を紹介するときには、『愚息ですが』と言う。発言するときには、『愚見ですが』と断わりを入れ、誰かを助けるときには『微力ながら』と前置きす

る。日本では、言葉が慎み深い分だけ、洗練された人間だと思われる。洗練された人間かどうかは、どれだけへり下ることができるかで測られる」(『日本人のまっかなホント』p.27)。

■**外向型社会の場合、成功者は輝かなければならない**

成功は見せなければならない。成功する者は〈輝かなければ〉ならない。アメリカ社会に支配的なメンタル・ヘルスのモデルによれば、若い人は、家庭以外のいろいろな社会環境において、独立して活動できる人間であることを示さなければならない。それに失敗すると、自分を見失う。

〈223・33〉
Our Comでは、皆との心の結びつきを重視する

内向型社会では、心のふれあい、思いやり、互いに尽くすことが大きな価値とされる。集団主義の社会では、人は「よい仲間」であろうと努め、そのために自分が犠牲になることも惜しまない。喜びを感じることさえある。仲間との人間関係に心を奪われている。

〈223・331〉
スウェーデン人

「スウェーデン人は、世界のどの国民よりも、自分が言うことに周囲の人々がどう反応するかを気にする。個々の状況において何を言ったら一番適切なのかを考える。それに加えて、相手を大切にする気持があり、相手を悲しませないよう言葉にも気をつける。心の繋がり、温かさempathy が重んじられる」〔注：Daun, "Swedishness as an Obstacle in Cross-Cultural Interaction" in Ethnologia Europeaea XIV, p.104〕

「子供の教育でも人に対する思いやりが叩き込まれる。そして日本人と同様、スウェーデン人にとっても理想的人間とは、安らぎと温かさのある人である」(Gerd Hijino-Larssson)

〈223・332〉
ドイツ人

真の友情は、信頼と誠意と相互支援に支えられて、心の底まで、すべてを打ち明けるところまでいかなければならない。しかも相手の間違いや誤りを、互いに傷つくことなく、言い合える間柄にならなければならない。そして真の友人なくては人生のすべての状況を乗り切ることはできないと思っている。そして、仲間グループを形成する傾向は、ドイツ人は特に強い。

ドイツ人や日本人は、仲間同士で集まると、よく肩を組んで一緒に歌うが、アメリカ人やフランス人には、照れくさくて、とてもできない。

〈223・333〉
スイス人

スイスの大学でも学生たちは肩を組んで歌っていた。スイス人はまた、パーソナルな配慮が深い。フランスの店によくある雰囲気とは違い、対応が低姿勢で、親切。そして「スイスの製造業のどの部門にも共通して言える特徴は、顧客の個別注文やニーズに合わせた最高級品の製造を心がけていることである。かつてのスイス時計産業の成功の背景には、三つの要素があった。高品質の製品、絶え間なく行なわれる改良、そして行き届いたアフターサービスである」(『スイス人のまっかなホント』p.21)

〈223・334〉
ロシア人

ロシア人は集団性が強く、容易に自分を犠牲にするところがある(『新・ロシア人』〈上〉p.320)。したがって戦争では肉弾戦も辞さない。内向型的集団の特徴そのままである。そして心の繋がり、人間関係を大切にする〔注:『日本人とロシア人ここが大違い』第五章、寺谷弘壬著、ネスコ、発売・文藝春秋〕。

■ロシア人に欠かせないのが皆との一体感

　まず、「ポシデールキ」。団欒(だんらん)の場のことで、近所が誘い合って台所でお茶を飲み、夜遅くまで、とりとめのない世間話に時を忘れる。次に「ソボールノスチ」は、祭日に教会へ集まり、500人もの人波に押しつぶされながら味わう仲間意識や一体感のこと（『ロシア人のまっかなホント』p.13）。

　職場の同僚は、昔ながらの人間関係を生きている。家族のような絆で結ばれ、誰かの家庭に不幸があると、いち早く駆けつける。葬儀なども取り仕切ってくれる。西側に出稼ぎに出たロシア人は、西側社会にはこうしたことがないから冷たいと言っている。また、上司は部下を愛称で呼んでいる。日本の職場でよく「○○ちゃん」と言うように（ibid, p.86）。

〈223・335〉
インドネシアのジャワ島人

　ジャワ島の人たちは一般的に自己主張が弱く、内省的で権威に従う。言いたいことも7割ぐらいでやめておく。自分の本音をあまり言わない。失敗や不運を他人のせいにしない。大声で話さない。細かいことでも他人に迷惑をかけないように気を使うことが大切なたしなみとされている。行動する前に、まず心を準備する。心のふれあいを特に大切にし、他人に対する温かい眼差しがある。相手の立場になって考える。柴又の寅さん式の人情が生きている。だから寅さんの映画は人気があった。コミュニケーションでも「以心伝心」「阿吽(あうん)の呼吸」が尊重されている。オランダ人はかつて、この人たちを地球上で最もおとなしい人たちだと言っていた。

　最近日本では、外国人移民の導入が真剣に考えられているが、気質論からの立場で言えば、ジャワ島や北ベトナムの人が最適だと私は見ている。また投資環境としても、気質的には最適な国だと思う〈See：34〉。

〈223・336〉
アーリア人

　テヘランでは、三菱商事の駐在員の人たちと集団インタビューをしたが、思わぬ発言に驚いた。
「私の本当の友人はイラン人で、何人かいます。日本人にはそこまで心を許して話せる人は、あまりいません」「イラン人に本当に親友ができると、信頼できますよ」「僕にも一人いたんですが『何があっても、自分の財産を出しても何とかしてやろう』というところまで行きます」
「私もここ10年くらいイランにいますが、通常話している友達というのではなくて、本当の意味で友達となると、もう『金勘定は別』っていうレベルの付き合いになります。親戚や家族と一緒ですよね。普段、たかだか1円や10円の違いをめぐって争うような人たちが、『お前のためだったら、すっからかんになってもかまわない』というぐらいの友達関係になるんです。私もずいぶん助けてもらいました」

〈223・337〉
日本人

　昔からあった本来の国名「大和の国」は、英語に訳すと「Country of Great Concord（Union of hearts）」となる。いくつもの交流を重ねて培われていく信頼感が、さらに人を惹きつけ、大きな結果を生む社会となった。だから日本語には、「思いやり」「心の絆」「心のふれあい」をはじめ、心を感じさせる言葉が日常生活に多い〔注：TV-Japan, put on air in Canada in 2010.05.14,「みんなでニホンGo」〕。
　日本人の会話には常に三つの言葉が特に頻繁に出てくる：「頑張ります」「すみません」「お陰さまで」
　日本人は「優しさ」、言い換えれば、慎ましく、穏やかで、懇切で、「思いやり」があることに一目も二目もおいている。そして思いやりを学びながら大人になっていく。将来の伴侶となる相手に一番望むことは何かと訊かれると、男

性も女性も多くは「優しいこと」をトップに上げる。近頃では、車もシャンプーも「優しいこと」が大事。「環境に優しく」、目に「優しく」なければならない、等々（『日本人のまっかなホント』p.2, p.20)。

日本語には、人間関係に関する語彙（interpersonal emotional terms）が英語よりかなり多い。相手の立場に立った感情（other-focused emotions)、例えば「思いやり（sympathy）」に関わる語彙が多い。それに対して、外向型の文化では「自分の立場に立った感情（self-focused emotions）に関わる語彙が多い。

ベネッセ教育研究開発センター（東京）が2005年3～6月に、東京、北京、上海、台北、ソウルの5都市で、母親5126人を対象に、「子供には、どんな人になってほしいか」と問うたところ、次のような結果が出た（設問は三つまでを選ばせた）。

・「友人を大切にする人」：東京75％、他4市11～14％
・「他人に迷惑をかけない人」：東京71％、他4市5～25％
・「仕事に能力を発揮する人」：東京20％、北京47％、上海39％、台北49％
・「周りから尊敬される人」：東京12％、北京46％、上海43％
・「リーダーシップのある人」：東京6％、ソウル47％

〔注：『バンクーバー新報』記事、2006年2月9日付〕

〈223・34〉
Our Comの中では平等に扱われたい

内向型を理解するには生物体を考えればよいと先に述べた。心臓や肺のように、すべての器官は異なる機能を果たしているが、どれも互いになくてはならぬ大切な存在として遇し合っている。すなわち、**互いに存在価値を等しく持っている**。これが内向型社会の求める平等の意味である。

すでに繰り返し述べたように、内向型社会は、オーケストラなのであり、互いに等しく存在価値を認め合ってこそ最高の演奏ができる。一方、外向型はソリストであり、自分独りで名曲を演奏し、芸術を極めようとする。経済活動の分野でも、一人で大金持ちになろうとする。

内向型社会は基本的にデモクラシーの社会である。外向型社会は、経済的に

はデモクラシーの社会ではない。

〈223・341〉
内向型諸国の例

〈223・341・1〉 **スウェーデン**
　平等性を重視するスウェーデンでは、高校や大学の卒業資格（Bachelor）すらも、「人々に特権意識を与え、それを持たない人に対して不公正だ」との理由で廃止された。また男性のみに与えられたSurnameも、男女同権に反するとして廃止された。
「スウェーデンの総選挙で感心したのは、すべての参加者が一つの問題に集中していたことだった。その一つの問題とは、年金生活者、失業者、障害者、ホームレスなど、社会の弱者をいかに救済するかということだった。羨ましくさえなった」とドイツ人のジャーナリストが言っていた〔注：Hans Magnus Ezensberger（1982年12月13日）quoted in Daun, *SM*, p.144〕。
　スウェーデンでは税は高いが、国民皆の福祉のためにやむなく税を増やしているのが国民に実感される。だから、国民は我慢する。**政府は基本的に国民の味方なのだ。**

〈223・341・2〉 **ドイツ**
　ドイツ人も平等に傾く。他人と同じであることがドイツ人の美徳であり、目立つことは罪なのである（『ドイツ人のまっかなホント』p.27）。
　だから、ドイツの内向型文化の中に生を受けたMarx、Engels、Weberが平等主義に傾いたのは、あながち偶然ではない。
　Hofstede〈223・40〉は言う。
「『PDI（権力者と配下の間の距離）』が小さい国（内向型の国）では、権力は分散する、すなわち権力は共有される。私は、マルクスやエンゲルスやウェーバーをこの部類の人に分類したい。マルクスは、『一度弱者が、権力者に取って代わると、権力の配分は平等になる』と信じていた。また、ウェーバーは、強者も弱者も分け隔てなく護る個人の感情に左右されないルールによって、権

力の行使が制約される社会システムを夢見ていた」（HCC, p.105）

〈223・341・3〉**スイス**
　スイス人が持っている共通の理念は、内向型社会に特徴的な平等志向、家族的な雰囲気の共同体となることである。自由を求めても、それは〈外部から内部の平和を邪魔されないための自由〉であり、外向型社会に見られるような〈自分がやりたいことを邪魔されないための自由〉ではない。大統領も一介の市民という感じで特権を持たない。各県（カントン）も平等、それぞれのカントンの軍隊も平等で、それぞれ独自の軍隊と憲法を持っており、外国と戦争するときのみ、一人の総司令官の指揮下に統合される。

〈223・341・4〉**ロシア**
　ロシア人は嫉妬深い。他人が自分よりも貧しいか、さもなければ、せいぜい自分と同じくらいの暮らし向きでないと我慢できない〔注：『現代ロシア人の意識構造』五十嵐徳子著、pp.130～132〕。
　この平等主義は共産主義の発明ではなかった。「一番背の高い草が、一番早く刈り取られることを忘れるな」これが昔からロシアの農民の諺教訓であった。
　ロシア人は、野心家にやりたい放題させておきたくない。持てる者に嫉妬心をかきたて、図抜けた人間を引きずり下ろしたほうが、まだしも許すことができると思っている（『ロシア人のまっかなホント』p.14）。
　ロシア人は経済的成功に後ろめたさを感じている。富はやましいものであり、少なくとも誰かを踏みつけるか、良心を犠牲にしなければ、手に入らないものと思っている（『ロシア人のまっかなホント』p.86）。

〈223・341・5〉**日本**
　『金持ちは尊敬される』と思う人は、アメリカで73％なのに対し、日本では25％。「自分の主張を貫くべきだ」と思う人は、アメリカで36％、日本では8％。「他人のためよりも、自分のためを考えて行動したい」に強く同意する人は、アメリカで40％、日本では11％という調査結果があった〔注：日本青少年研究所の統計データ。『文藝春秋』2010年7月号、p.115〕。

理想的な日本の企業は、まず社員（人）の幸せを大切にする。事業を発展させるのも、一つはそのためである〈See：223・413・6〉。だから基本的に平等性を志向する。

〈223・342〉
所得格差の問題

内向型の平等志向から、内向型社会では、所得格差は外向型社会のようには大きくならない。所得格差の国際比較には様々な要因が絡んでいるため、容易ではないが、こうした要因を勘案しながらまとめた研究論文がある。
"Cross-National Comparisons of Earnings and Income Inequality" by Peter Gottschalk（Boston College）and Timothy M. Smeeding, Syracuse University：Journal of Economic Literature Vol. XXXV（June 1997）, pp.633～687.

この論文によれば、OECD諸国の間では、一般家庭の可処分所得の不平等にはかなりの開きがあるが、米国においてはこの不平等は最大となっており、北欧諸国と北ヨーロッパの国（内向型諸国）において最小となっている。

また、等価可処分所得（purchasing power parity）を用いて実質所得を調整した後ですら、米国の低所得層市民の実際の生活水準は、他の大半のOECD諸国を下回った。

また、OECD Income Distribution Database（OECD. Stat 2012.14）の資料に基づいて、所得格差の指標とされているジニ係数の視点から調査した報告（本川裕）によれば、内向型諸国では所得格差は少ない。ジニ係数（0に近づくほど所得は平等になり、1に近づくほど不平等になる）は様々な要因によって影響されるから、国民気質との関係は捉えにくいが、全体の傾向から見ると内向型諸国は、所得格差の少ない国の上位半分以内に集まっている〔注：〈www2.ttcn.ne.jp/honkawa/4625.html〉資料OECD Income Distribution Database（OECD. Stat 2012.14）〕。

〈223・35〉
Our Comでは、正直、真面目、勤勉となり、そして頑張る

〈223・351〉
正直

　正直というのは、人により、文化によって内容がしばしば異なる。ここでは、「正直」を次のような意味に限定したい。「ずるいことはしない」「人を騙さない」「泥棒しない」「拾った財布は警察に届ける」「落ち度があれば、すなおに認める」

〈223・351・1〉 **スウェーデン人の正直さ**

　スウェーデンでは、すでに12〜13世紀頃までに、細部にわたる法体系が確立していた。そして皆よくそれに従ってきた。だから自分たちは世界で最も正直な人間だと思ってきた。例えば、ストックホルムのKungusgatan（Main Street）で財布を落としたら、たいていは警察に届けられている。

　ダウン教授によれば、スウェーデン人の正直さは、社会の同質性から来ている。同質社会では、皆が社会の考え方や行動パターンに慣れている。互いに他人の言動が容易に予測できる。言語以外のCode（声の抑揚、仕草、ボディランゲッジ、服装等々）は、わりあい単純である。だから、互いに嘘がつけない（Daun, *SM*, pp.99〜102）。筆者はそれに加えて、スウェーデン人の内向性からも来ていると考える。

〈223・351・2〉 **ドイツ人の正直さ**

　ドイツ人にもスウェーデン人と似たところがある。私の妻は、カナダで移民相手の英語教室に通っていたが、ある時、会話の話題に、「あなたの国では子供の教育においては何が一番大切にされているか」という問題が与えられた。数名のドイツの婦人がいたが、いずれも「嘘をつかないことだ」と答えていた。

　交通機関でも、改札はなく、抜き打ち検札だけだが、「ずる」をする人はめったにいない。ドイツ人は「貪欲ではない。ただで何かが手に入ることは期待しないし、支払いの期日はきちんと守る。質朴で正直な民族だ」（『ドイツ人の

まっかなホント』p.4）

⟨223・351・3⟩ **日本人の正直さ**
　日本人も拾った財布は普通、警察に届ける。正直は日本人にとっては最も大切な徳の一つとされているからである。外向型社会では、落とした財布は、まず戻らない。これと関連した興味深い事実がある。面白いので、アルゼンチン人の項目の次の箇所をぜひお読みいただきたい⟨See：112・214の後半部分⟩。

⟨223・352⟩
真面目

⟨223・352・1⟩ **スウェーデン人の真面目さ**
　Daun教授によれば、多くの国では、贈収賄、ご機嫌取り、誇大宣伝などは「実生活」にはつきものと思われているが、たいていのスウェーデン人は嫌悪する（Daun, *SM*, p.95）。
「こうした真面目さは、ルーテル教会の影響もあるかもしれないが、私（ダウン）には、これはスウェーデン人の性格の核心から来ているように思えてならない。この点を掘り下げると、スウェーデン人がどのように自分たちの社会や、他の国の社会を判断しているか、そして移民たちを判断しているかが分かる。
　確かに、南欧の人たちは情緒が豊かであり、明るい雰囲気によって強い印象を与えるが、スウェーデン人に感じられる『重厚さ』や『真剣味』はあまり感じられない。両者の間に感じられるこの大きなコントラストは、⟨真面目さseriousnessと遊び心playのコントラスト⟩と言うことができる。真面目であるということには、何かに対して責任を持っている姿勢だし、遊び心においては、自分が楽しむことに中心が置かれている。
　しかし、スウェーデンでは遊びは、<u>従属的地位subordinated position</u>しか与えられていない。⟨楽しみは、やるべきことをすべてきちんとやった後で楽しむもの⟩とされている」（Daun, *SM*, pp.151～152）

第Ⅱ部 内向型国民の優れた特性

〈223・352・2〉 **ドイツ人の真面目さ**

「ドイツ人が砕けた付き合いになかなか入らないのは、ドイツ人が友情（ernsthaft）を真面目に考えているからである。よそ者や顔見知り程度の人に対しては、イギリス人に比べてずっと長い間、距離を置いたままである。しかし、一度、ゲゼルシャフトの『あなたSie』とゲマインシャフトの『あんたdu』」の分水嶺を越えれば、遠慮は一切なくなる。そして、生涯の友を得たことになる（『ドイツ人のまっかなホント』p.36）。

ドイツのテレビ番組では、この真面目さが、特に子供番組やドキュメンタリーにあふれている。子供向け番組はヨーロッパでも最上の部類に属する。ニュース番組やドキュメンタリーは、時間も長く、綿密な調査に基づいている。そこには、専門家による、政治的バランス感覚のよく取れた分析が、詰め込まれている。

しかし、娯楽番組やドラマなどは、もともと真面目で、娯楽的でないドイツ人の国だから、あまりお勧めできない。アメリカやヨーロッパの他の国から輸入したものが多く、吹き替えも「無神経極まりない大根役者の吹き替え」というような酷評さえ受けることがある（ibid, pp.54〜55）。

〈223・352・3〉 **日本人の真面目さ**

日本人が真面目なのには、いくつかの理由がある。Our Comに対して責任感・説明義務（accountability）を感じること。内向型のため、感覚的楽しみが控え目であること。勤勉性と、完璧主義と、主観主義のために、何事にも精神を吹き込もうとすることなどから、真面目さがさらに加わる。しばしば「くそ真面目」となる。

〈223・353〉
勤勉

一口に「よく働く」と言っても、金儲けのチャンスに恵まれたり、仕事が面白くて夢中になったり、趣味に熱中するなど、いろいろな場合がある。ここでいう「勤勉」はそれではない。「義務感から真剣に働くこと」である。

内向型が勤勉なのも、真面目と同じく、理想主義、完璧主義、生活防衛の精神（収入、節約、貯蓄）をはじめ、仲間に迷惑をかけたくないという気持から出てくる特徴である。生活に余裕があれば、誰しものんびりする。しかし、状況が厳しくなるや、たちまち内向型はこの勤勉性を発揮する〔注：The higher anxiety leads to higher stress and a more hurried social life, but also to higher energy release, which means inner urge to work hard. (Hofstede, CC, p.139)〕。

イソップ物語のアリとキリギリスの対話に耳を傾けてみよう。あれが内向型と外向型の対話なのである。

〈223・353・1〉 **スウェーデン人の勤勉性**

日本人に似て、休暇よりも仕事のほうが気にかかる。〈European Values System Study〉の調査によれば、ウィークエンドを過ごした後で仕事に戻らなければならないことを、一番嫌がらないのはスウェーデン人だった（Daun, SM, pp.169～70）。

〈223・353・2〉 **スイス人の勤勉性**

先進国の中では労働時間の最も長い国の一つである。スイス人の格言に「朝から働く者は口に金を蓄える」というのがある。9年近くスイスで見てきたが、スイス人は実によく働く。私の知る限り、平常時において、おそらく世界で一番よく働く人たちかもしれない。

〈223・353・3〉 **ドイツ人の勤勉性**

第一次世界大戦後の耐えがたい賠償と国家分割の下で、ドイツ人が、必死に勤勉と節約に励んだことはあまりにもよく知られている。しかし、「過酷な賠償のもたらした耐え難い苦しみから国民を救ってやる」と絶叫していたヒトラーに欺かれ、再び連合国の前に大敗を喫した。ドイツ国民は、再び廃墟の中から立ち直り、一丸となって勤勉に働いた結果、今や余裕大国と評されるほどに回復した。

日常生活では、ドイツ人は、日本人のように、しばしば余暇を持てあまし、余暇すらも仕事にしてしまうところがある。何をすればいいか分からないし、

何から手を付けてよいか分からない(『ドイツ人のまっかなホント』p.66)。
　マックス・ウェーバーは、プロテスタンティズムこそ勤勉性の原因であり、資本主義の発展に貢献したというが、それはむしろ逆である。ドイツ人やスイス人が、もともと気質的に勤勉な内向型だったからこそ、それらの国を中心に展開されたプロテスタントが勤勉に見えたのである。実際、近年(1990年)プロテスタントの国において勤勉性に高いスコアを付けたのは、無神論者が一番多かった ("Social Psychology Across Cultures" Second Edition, Peter B. Smith / Michael Harris Bond, Allyn and Bacon, 1999, p.203)。

〈223・353・4〉**日本人の勤勉性**
　D. S. Landesは言う。
「日本のいわゆる『経済発展の奇跡』をもたらしたのは、政府と国民が一丸となって近代化を進めたことと、日本人の勤勉性と人材にあった。すべての人がかつてのサムライ精神に戻ったかのようであった。これは、文化的に特徴づけられた人的資本(human capital)の現象であった。西洋のテクノロジーの見事な適応を生み出したNational Personaの現象だった。他の社会だったら、大規模なサボタージュと離反を引き起こしたかもしれなかった人々から、驚異的な生産力を引き出したところのNational Personaの現象であった」

　　Along with government initiatives and a collective commitment to modernization, this work ethic and these personal values made possible the so-called Japanese economic miracle. It was as though an entire population subscribed to bygone samurai values—the banalization of bushido. It would be a mistake of course to see this belief system as universal, but any serious understanding of Japanese performance must build on this phenomenon of culturally determined human capital. It was the national persona that generated a harvest of ingenious adaptation of Western technologies, that drew extraordinary output from people who, in other societies, would have resorted to massive sabotage and exit.
　　(Landes, "The Wealth and Poverty of Nations" p.391)
　そしてもう一つ日本の近代発展のために重要な出来事が起こっていた。それ

は明治維新の出発点において、日本の政治のトップが欧米の発展ぶりをつぶさに見て回ったことである。岩倉使節団（1871～73年）の派遣である。大久保利通は「日本を出る前には、やれやれ政府もできた、一応大任は果たしたという気持だった。だが、欧米に行って愕然とした。とんでもない、仕事はこれからだと気がついた」と側近に漏らしていた（ibid, p.375）。

特にイギリスでは、もとは日本と同じ小国だったにもかかわらず、強力な産業国家を築き上げていたことに強い衝撃を受けた。そしてイギリスの鉄道、大規模な工業地帯には目を見張った。

さらにプロイセンを訪れた際、日本のように遅れていた国が、節約、勤勉、地味な努力によって富国策を推進し、トップに躍り出ようとしている姿を見て驚嘆した。こうして大久保は日本の官僚制度にドイツ的特徴を取り入れたのである。

> Okubo was much impressed by the German people he met. He found them thrifty, hardworking, "unpretentious"（地味で控え目な）like Japanese commoners... He found their leaders to be realists and pragmatists: focus, they said, on building national power. They were the mercantilists of the nineteenth century. Okubo came back and gave a German orientation to the Japanese bureaucracy. (D. S. Landes, "*The Wealth and Poverty of Nations*" pp.375～376. 上記の引用箇所にはもっと多くのことが語られているが、筆者が簡略に編集した)

■日本人の勤勉性は明治に生まれた神話だろうか

加藤哲郎は、話題になった論文「日本人の『勤勉神話』ができるまで」（『エコノミスト』1994年）の中で、日本人の勤勉性は、明治維新からの社会的変化の結果であって、日本人の民族的特性からきたものではない。それ以前の日本人は大らかで、明るく、人生を楽しんでおり、勤勉に頑張る気持はなかったというのが氏の主な主張だ。

確かに平和になりゆとりができると、優雅に生きるのは人間誰しも同じである。江戸時代にそれがあっても不思議ではない。しかし、内向型の勤勉性は、問題にぶつかったときに出てくる。だから、西洋の文化や技術を見て、危機感

を感じた日本人は、ただちに西洋の鉄砲を参考に、自分たちでその製造を始め、戦国時代16世紀後半の一時期には、日本だけで10万挺と、全ヨーロッパの生産量を凌ぐほどの数をつくっていた。世界で初めて携帯時計を、しかも日本の特殊な事情に合わせてつくっていた（D. S. Landes, *The Wealth and Poverty of Nations*", pp.358〜359, Chapter 22のNote 8, p.562のNote 8）。

これでも明治以前の日本は勤勉ではなかったのだろうか。

それだけではない。勤勉性の土台となる内向型の気質は、すでに聖徳太子の「憲法」の中に明白に存在していたのである。和と協調と勤勉の精神が、国家の土台に据えられていた（BIE、限定版、第9巻、p.607中段）。

Hofstedeも言っている。「心配・不安Anxietyが大きいほどストレスが溜まり、せっかちになり、エネルギーが出てきて忙しく働く」と（HCC, p.139）。

日本人の「せっかち」の活発性は、外向感覚型の軽やかな活発性とは違う。「忙しい」「時間がない」「計画が遅れる」「早く結果を見たい」「早く手に入れたい」「サービスを早く受けたい」「遅れて仲間や組織に迷惑をかけたくない」というAnxietyから生じるものである。

〈223・353・5〉「せっかち」Fast pace of lifeの国際比較

カリフォルニア州立大の教授Robert V. Levineを中心に、珍しい「せっかち」の調査（Levine and Norenzayan, 1999）が行なわれた。調査では、世界31ヵ国を対象に、歩行速度、郵便が届く速度、公共時計の正確さの3点の総合点で比較し、それをさらに高速度、中速度、低速度に仕分けした（右ページ表）。

面白いことにHarry C. Triandisは、この〈Pace of life〉の速さが心臓発作と関係あるのではないかと考えて調査した。しかし、日本人の発作発生率が国際的にも低かったため、関係のないことが分かったと言っている（H. Triandis, *Culture and Social Behavior*, pp.43〜45）。つまり、せっかちな日本人でも消耗してはいないというわけだ。

私の住んでいるのはカナダの田舎町だが、あるとき私は、スーパーで買い物をしていて（2001年頃）店員とぶつかった。「ごめんね。日本の生活の癖がつい出てしまって。でも、この町のスローペース（Laid-back）に慣れるには3

第2章　内向型と外向型の特徴

（国名の太字は筆者が付けたもので内向型諸国）

【Fast-moving nations】	【Moderate Nations】	【Slow-moving nations】
スイス	香港	ギリシア
アイルランド	フランス	ケニア
ドイツ	ポーランド	中国
日本	コスタリカ	ブルガリア
イタリア	台湾	ルーマニア
イギリス	シンガポール	ヨルダン
スウェーデン	アメリカ	シリア
オーストリア	カナダ	エルサルバドル
オランダ	韓国	ブラジル
	チェコ共和国	**インドネシア**
		メキシコ

〔注：Smith / Bond, "*Social Psychology Across Cultures*" p.148〕
(Second Edition, Prentice Hall Europe. Ally and Bacon, Boston London Toronto Sydney Tokyo Singapore, 1998, p.148)

年はかかりそう」と言うと、彼は「私は、もっと田舎からこの町に来ましたが、あまりにもテンポが速いのでまいりました。それに慣れるのに3年はかかりました」と言っていた！

■外向型社会の場合

2009年9月24日付の『バンクーバー新報』(p.4)によると、「カナディアン・ペイロール・アソシエーションが2009年9月14日発表したところでは、59％のカナダ人がその日暮らしをしている。老後の蓄えがほとんどない。100万ドル宝くじに当たったら、70％が「まず借金の返済に充てる」と回答した。確かに、生活に苦労する人はどの国にも存在する。しかし、外向型の気質が、遊ぶことが生き甲斐であり、将来のため蓄えるよりも、借金してでも遊ぶ傾向があることにも一因があると私は見ている。

405

実はこれこそが、2011年頃から始まったヨーロッパの金融危機を招いた最も大きな要因の一つではなかったかと考えている。外向型でも特に外向感覚の気質要素の強いギリシアやラテン系の人々が、一部金融機関の過剰な融資の勧めに乗せられて、借金を繰り返し、政治家が人気稼ぎに放漫経済を許したことが大きな原因だった。そこには唯一内向思考型のドイツだけが「経済的じゃじゃ馬たち」の手綱を必死に引き締めているという構図が浮かび上がってきた。

　象徴的な小話をドイツ人の友人Fredが教えてくれた。勤勉なドイツ人がギリシアに行った。すると海辺でゆっくりタバコをくわえて、寝そべっている男がいた。そこで男に訊いた。「何してんだい？」「今日は魚が午前中で十分獲れたから、のんびり寝っ転がってるんでさ」「そんなに魚がたくさん獲れるなら、なぜもっとジャンジャン漁をして、儲けないんだ。金もたまるし、大きい家も買える。ゆくゆくはのんびり遊んで暮らせるじゃないか」「どうしてそんなことが必要なのかね？　ばかばかしい！　もう今こうして、仰せのとおりの生活を楽しんでいるじゃないか！」

〈223・354〉
頑張る

　動物は必要に迫られないと頑張らない、**頑張るのは人間だけだ**。動物は、個体と種の保存の必要性から出てくるもの以外では、よけいな努力はしない。あとはのんびりと休んで、しょっちゅう居眠りしている。テレビで見る動物園のライオンもそうだが、庭先の小川のカモたちも、一年中、朝晩見ているが、みなそうだ。このような意味で、動物は基本的には怠け者。そのため、自然はうまい配慮をしている。動物たちを退化させないために、環境が繁殖に適しているところでは、限界以上に個体の数を繁殖させ、全体としては常にひもじい思いをさせている。

　しかし、人間、そして特に内向型は、そんな自然の計らいは必要ない。感覚や感情に苦痛をともなうことであっても、自らそれを克服して頑張ろうとする。そこには「勤勉性」の場合と同じく、三つの側面がある。「完璧主義」の追求のために頑張り、生活防衛のために頑張り、組織や社会に貢献するために頑張

るのである。

　これを「生命の樹」のイメージで見るならば、内向型は、「生命の樹」の先端にあって、上に向かって上昇しようと常に努力し頑張っているのである〈See：212・2「生命の樹」の先端部分〉。

〈223・354・1〉 **スウェーデン人の頑張り**
　スウェーデン語にも「頑張って」というような表現がある。少し親しくなると、スラングのように "Kör hårt！" "Drive hard！" "Show your muscles！"と言う（Daun教授からの私信）。
　また、スウェーデン人にはよく、Noと言って新しいことを始める癖がある。「No、もたもたしてはおれない。大切なことをしなければ」という感じである。それは、心に囁かれる罪悪感の声（concept of guild with its inner voice）である。このNoには、「今のままではだめだ」と「積極的に努力しなければ」という二つの意思のダイヤログがある（This "no" indicates a dialogue, two wills ——for and against.——Daun, *SM*, pp.166）
　スウェーデンでは、これはルーテル教会のピューリタニズム（楽しむことは罪だとする）から来ていると言われているが、筆者は逆だと思う。スウェーデン人の内向型の気質が、楽しむよりも社会のために寄与する努力を促すから、ルーテル教会がその価値を称揚したのだと思う。
　今の世界は外向型の価値に傾きすぎ、スウェーデンにおいても、人々は必死に競争するため、多くの人がストレスに苦しんでいる。だから残業を禁じる会社も多くなった。それは、ただでさえ内向型は自分から進んで協力しようとするのに、残業を命じられるとさらにworking mentalityが刺激され、心理的に荷重な重圧となるからである（Dr. Lötta Gollas, interviewed in Swedish Institute, 2001年6月15日）。

〈223・354・2〉 **スイス人の頑張り**
　スイスに留学していたときの経験からも分かるが、スイス人は頑張る。夏休みによく農作業を手伝ったが、正直に言ってとても辛かった。特にジャガイモ掘りは大変だった。日本から来ていた農業の研修生たちからも悲鳴を聞いた。

「スイス人は物凄くよく働く、とてもでないが、私たちはついていけない！」と。
　スイス人と結婚し、長年スイスに住んできた日本人女性、ガナリン裕見子氏もスイス人の頑張りについて書いている。「夫は会社まで歩いて5分のところに住んでいるのに、朝7時15分には出勤していた。私たちのアパートから町の郵便局が真下に見えたが、冬でも朝7時には明かりがつき、どうやら働いている様子だった」〔注：『スイスからのメッセージ——心豊かに暮らすには』スイス日本ラフスタイル研究会編、1999年9月初版発行。筆者が一部editした〕

〈223・354・3〉**ドイツ人の頑張り**
　ドイツ人にも似たような傾向がある。Fredによれば「頑張って」を意味するMach's gutとか、Mach's besserという言葉がある（2008年5月10日）。
　在日ドイツ大使館文化部言語関係の責任者で日本語に精通しておられるOsten女史、2010年1月15日）によれば「ドイツ人も頑張る。一生懸命やる。日本語の頑張るに相当する思いは内部にある。しかし、それを言葉にしないだけだ。言葉にすると、不自然に感じるからだ。また一生懸命やってるのに『頑張って』と言われると、『私が真剣にやっているのを信じないの？』という感じになる。黙って分かっていてこそ本物だ。お互いに、それこそ、以心伝心に分かっている」と。

〈223・354・4〉**日本人の頑張り**
　日本人の会話には頻繁に出てくる単語が三つある。「すみません」「お陰さまで」「頑張ります」集団性から来る三つの言葉である。ことに「頑張ります」は、インタビューで頻繁に出てくる。二言目にはすぐに出てくるという感じだ。おそらく、日本語で一番頻繁に出てくる言葉はこれではないかと思う。反省する内向型の傾向が、頑張りをさらに強める。
　日本人は成功の理由を関係者のお陰とし、失敗の理由を自分の努力不足とする傾向が強く、逆にアメリカ人は、多くの場合、成功を自分の能力に帰し、失敗を仕事の難しさに帰する。しかし、アメリカでも、子供たちに、自分が成功できないのは、努力が足りないからだと思うように指導してみたところ、成績が向上したという報告がある（"*Culture and Social Behavior*" Harry C.

Triandis, p.134, MaGraw-Hill, Inc 1994)

■ 特に内向気持型の日本人はチームワークで一丸となる傾向がある

「中国人は一人では龍、3人ではブタ、日本人は一人ではブタ、3人では龍」と台湾の作家、柏楊は言った。研究開発に取り組むプロジェクト・チームなどでは特にそうだ。本田技研がアメリカ環境庁が出した排気ガス規制基準に最初に合格したエンジンの開発に成功し、一躍世界のトップメーカーの一つに躍り出たのも、社長がおやじ、社員が息子たちという会社一丸となった努力の結果であった。

コニカのカメラでオートフォーカスを世界最初に開発したチームも、深海6500メートルの世界最高の能力を持つ深海探査潜航艇を開発したチームも、みな一丸となって不可能を可能にしてきたチームであった。NHKのシリーズ番組「プロジェクトXの挑戦者たち」や「プロフェッショナル　仕事の流儀」に出てくるものはほとんどこの類いだった。「結局は人だ。10人の協力は10倍ではなく100倍にもなり、奇跡を生む」と「深海6500」のテストパイロット山内は語っていた。

確かに、日本社会では個人の独創性や発明を育てる積極性に欠ける。だから、エジソンは育たない。その代わり、「集団的発明力」は優れている。

しかし最近（2014年）、大手企業に、海外すなわち外向型社会から人材を集めるために年功序列を廃止する動きが出てきた。仕事の収益性に基づいて給与体系を決めるという。要するにアメリカの会社のようにするということである。しかし、次のような視点を見失ってはならない。

内向型社会のworkerは、競争させないと成果が上がらない外向型社会のworkerとは違い、自分から進んで積極的に企業のために尽くそうとする。また、内向型社会は「生命体」であって「機械部品の集合体」のような外向型社会の組織ではない。生命体では心臓も胃も腸もどれをとっても身体全体の成長・発展のためにみな不可欠のファンクションを果たしている。胃のほうが腸よりも体のためになる活動をしていると言えるだろうか。胃と腸の仕事の収益性に優劣があるのだろうか。

外国から人材を集める手段として例外的に、外国人向きの基準として定める

のはよいが、企業全体の原則とするならば、そのような企業は日本では早晩脱落する危険性が高い。

　日産を再生させたゴーン社長も「日本人には目標に向けて必死に取り組む性質があり、一つの計画が示されると全員が参画し、結果に対して全員が責任を持つ。これがチームワークにつながり、その結果、障壁を克服することができるのだ」と言っていた（『潮』2007年1月号、p.102）。

〈223・36〉
Our Comの仲間に感謝する、過失を謝る、赦す

〈223・361〉
感謝する

　人は、民族や気質の別なく、感謝の気持を忘れない。しかし、Our Comには独特の感謝がある。「自分の成功は、みなのお陰で実現した」という意識である。日本では、成功者がインタビューを受けるときには、必ずそれを言う。そうしないと、仲間を裏切ることになると思っているからでもあるが、多くの場合、それは本気で言っている。それに反して、単独に生きる外向型社会では、成功の栄誉を自分で独占する傾向が強い。

　日本に似たようなことはスウェーデン社会にも見られる。「ありがとうございます"tack"」が、反対の「どういたしまして（you're welcome）」の意味でも使われ、両方ともが一緒に"tack"と言い合っている。互いに〈仲間に入れてもらえた感謝の気持〉から出てくる謙虚さの表われで、非常に広く使われている（Daun, SM, p.56）。

〈223・362〉
過失を謝る

　内向型は、内省的・自己批判的である。交通事故があった場合、相手が悪いと思うのは、アメリカ人が75％、日本人は15％ぐらいと言われている。内向型

は、他人と何か問題を起こすと、自分のほうが悪いととっさに思ってしまい、思わず「ごめんなさい」と言ってしまう。Our Comの仲間外れにされないよう、反射的に謝る傾向が身についているからだろう。

　大分以前になるが、日本のテレビのコマーシャルに、ちゃんちゃんこを着た小ザルが、「反省！」と言われると、片手をついて謝る姿勢をとるのがあった。人気になった。「反省をすることが良いことだ」という通念があるからだ。
　「すみません」は、本来は謝罪の言葉で、「弁解の余地もありません」ということだが、実によく耳にする。単に謝るばかりでなく、感謝の気持を表わすときすら「すみません」と言う。
　「すみません」と言われると、仲間に入れてあげる気持になる。だから、日本では企業が社会に何か迷惑をかけたとき、トップがテレビで深々と頭を下げるシーンがよく出てくるが、見ているほうは赦したような気持になってしまう。だから彼らの陳謝は、さらなる非難を封じる手段にもなっていると言う人もいる（『日本人のまっかなホント』pp.11・15）。
　裁判でも犯人に本当の反省があるかないかは、判決の刑量を大きく左右する。しかし、内向型社会は、謝らない人に対しては徹底的に攻撃を仕掛ける。あるプロ野球監督の夫人が、気質的にはフランス人で、楽しく、論理的になかなかうがった発言をして人気を博していた。日本人としては珍しいタイプだった。ところが、あるとき誤った発言をしたが、謝らなかったため、マスコミの猛烈な攻撃にさらされ、ついに表舞台から葬り去られてしまった。

〈223・362・1〉 **しかし、外向型は責任が問われる場合には謝らない**
　外向型は、普通は明るく、失礼したような場合にはすぐに謝る。社交的で、社交儀礼上の謝罪は積極的に行なう。しかし、実際に利害が絡んだり、責任を取らされそうな場合には、まずほとんど謝らない。どんなに証拠をつきつけられても謝ろうとはしない人が多い。
　外向型社会は個人主義社会であるため、他人とは競争・戦う関係の中に生きており、相手は基本的には敵である。性悪説に立って相手を見ているから謝らないのだろう。
　カナダのスーパーの駐車場で日本人の知人が、老女の運転してきた車に後ろ

からぶつけられて怪我をした。周囲に大勢の証人がいて警察の聴取もあったにもかかわらず、老女は、「相手が横から飛びだしてきたのだ」と最後まで言い張った。両者とも同じ保険会社に入っていたから、結果は明らかだった。保険会社は老女のほうを正しいとした。

■**外向型社会において謝ることの危険性**

　内向型社会の人は容易に謝罪するから、外向型の国に行ったときには、I am sorryに類する言葉を発するのは危険である。損害の責任が自分にあることを自白する明確な証拠とされ、必ず相手に利用されるからである。私の住んでいた町の隣の町Vernonで日本人の青年がワーホリで配達中、後ろから追突された。そのとき日本での習慣で、うっかり"Sorry"と言った。それは、自分の非を認めたものではなく、つい日本人が癖で口に出てしまう反射的言葉である。しかし、どんなにそれを訴えても聞き入れられず、警察も「お前が先に非を認めたのだから、お前が悪かったはずだ」と言い、事故の実証検分すらしてくれなかった。彼は日本に夜逃げ同然の姿で逃げ帰った。

■**外向型の国家も謝らない**

　外向型の国は相手には謝罪を強く要求するが、自国の過ちについては謝罪しない。他の国の領土に侵略し、植民地化し、住民を苦しめた外向型の国はたくさんあるが、それに対する謝罪の言葉は、私の知る限りでは未だに聞いたことがない。近年（2010年頃だったと思う）フランスが植民地時代のアルジェリアに対して行なった過ちに謝罪の意を表わす動きが見られたが、結局は謝罪しなかった。アフリカにおいても、南米においても同じような不幸を人々に与えた国々からの謝罪の言葉は、未だに聞こえてこない。

〈223・363〉
国家としての謝罪の問題

〈223・363・1〉 **ドイツの場合**
　しかし内向型は個人としても国家としても謝罪する。ドイツも第二次世界大

戦後には謝罪した。ドイツ人は気質的に内向思考型であり、論理的一貫性をきちんと貫いている。

〈223・363・2〉**日本の場合（マッカーサーと昭和天皇、靖国神社問題）**
　日本も、世界のコロニアリズムに刺激された満州の関東軍が、日本中央政府の反対を押し切って始めた侵略戦争〈See：222・332〉に対して謝罪した。しかし、現在、周辺諸国からは、日本の反省が足りないと盛んに問題にされている。日本人は「気持型feeling type」であるため、フィーリングに左右され、外交姿勢においても「思考型thinking type」でないため、論理的一貫性に欠けることがあるからである。
　一方、中国人や韓国人は「外向思考型」の気質要素が強い民族であり、論理的一貫性には極めて敏感である。ゆえに、日本政府が謝罪をする場合、彼らの理解できる論理的一貫性を貫いて謝罪しない限り、彼らにとっては謝罪にならない。
　この問題については、次の「マッカーサーと昭和天皇」の項と、そのあと、「靖国神社問題」をお読みいただきたい。

■マッカーサーと昭和天皇

　マッカーサー元帥が、最初に昭和天皇と会見されたときのことを回顧録に書いているが、謝罪の例として重要だと思うのであえてここに記載してみた。
「私が東京に着いて間もないころ、私の幕僚たちは、権力を示すために、天皇に総司令部に出頭するよう命じたらどうかと、私にすすめた。私は『そんなことをすれば、日本の国民感情を逆なでし、国民の目には天皇は殉教者のように見えるだろう。いや、私は待とう。そのうちに天皇のほうから自発的に私に会いに来るに違いない。今は、西洋人のせっかちよりは、東洋人の辛抱強さのほうが、我々の占領目的にはかなっている』と説明した。
　実際、天皇は会見を求めてこられた。私は占領当初から、天皇の扱いを粗末にしてはならないと命じ、君主にふさわしい礼を尽くすよう部下に求めていた。私は丁重に出迎え、話の糸口に、日露戦争終結の際、私は一度、天皇の父君にお会いしたことがあると、思い出話をしてさしあげた。

天皇は落ち着きがなく、それまでの幾月かの苦悩の末にやつれていた。天皇の通訳官以外、全員を退席させたあと、迎賓室の暖炉の前に私は天皇と向かい合って座った。私が米国製のタバコを差し出すと、天皇は礼を言って受け取られた。そのタバコに火をつけてさしあげたとき、私は天皇の手が震えているのに気がついた。私はできるだけ天皇の緊張を和らげることに努めたが、天皇の感じている屈辱が、いかに大きいか、私にはよく分かっていた。

私は天皇が、戦争犯罪者として起訴されないよう、自分の立場を訴え始めるのではないか、と不安を感じた。連合国に一部、ことにソ連と英国からは、天皇を戦争犯罪者に含めろという声がかなり強くあがっていた。現に、これらの国が提出した最初の戦犯リストには、天皇がトップに記されていたのである。私は、そのような行動が、いかに大きな悲劇的結果を招くことになるか、よく分かっていたので、そういう動きには、極力抵抗した。ワシントンが英国の見解に傾きそうになったときには、『もしそんなことをすれば、反乱を抑えるため、今後少なくとも100万人の将兵が必要になる』と警告した。おそらく絞首刑に処せられることにでもなれば、日本中に軍政を敷かなければならなくなり、ゲリラ戦が始まることは間違いないと私は見ていた。結局、天皇の名は、リストから外されたが、こういったいきさつを、天皇は少しもご存知なかった。ところが、天皇の口から出たのは、次のような思いがけない言葉だった。

『私は、国民が戦争遂行にあたって政治・軍事両面で行なったすべての決定と行動に対して、全責任を負う者として、私自身をあなたの代表する諸国の裁決にゆだねるためにお訪ねしました』

私は大きな感動に揺さぶられた。死をともなうほどの責任、私の知り尽くしている諸事実に照らしても、明らかに天皇に帰すべきではない責任を、自らすべて引き受けようとする！　この勇気に満ちた態度は、私を骨の髄まで揺り動かした。私はその瞬間、私の前にいる天皇が、個人の資格においても、日本の最上の紳士であることを感じた。

天皇との初対面以降、私はしばしば天皇の訪問を受け、世界のほとんどの問題について話し合った。私はいつも、占領政策の背後にあるいろいろな理由を注意深く説明したが、天皇は、私が話し合ったどの日本人よりも民主的な考え方をしっかり持っておられた。天皇は日本の精神的復活に大きな役割を果たし、

占領の成功は天皇の誠実な協力と影響力に負うところが極めて大きかった」
〔注:『マッカーサー 大戦回顧録』島津一夫訳、中央公論新社、2003年7月25日、下巻、pp.200～203〕

　通訳(外務省の奥村勝蔵)によれば、このとき天皇が実際に言われたのは「日本には私以外にはただ一人の戦犯もおりません。私は絞首刑はもちろんのこと、いかなる極刑に処されても、いつでも応ずるだけの覚悟はできております……。しかしながら、罪なき8000万の国民が、住むに家なく、着るに衣なく、食べるに食なき状態において、まさに深憂に耐えないものがあります。温かき閣下のご配慮を賜りますように」ということだった。

　マッカーサーは驚いて、立ち上がり、陛下を抱くようにして座らせた。そして部下に「陛下は興奮しておられるようだ。コーヒーをさしあげるように」と言った。そして陛下に対し、「陛下はこのような方でいらしたのですか！　陛下はこのような方でいらしたのですか！　陛下、私にできることがあれば、何なりとお申しつけください」と言った。天皇は、再び立たれ、涙をポロポロと流されながら、「命をかけて、閣下のお袖にすがっております。この私に何の望みがありましょう。重ねて国民の衣食住の点のみにご高配を賜りますように」と言われた。

　そして藤田尚徳の『侍従長の回想』(1961年、p.175)には、このときマッカーサーは天皇に次のような言葉も加えた。「かつて、戦い敗れた国の元首で、このような言葉を述べた人は、世界の歴史にも前例がないと思います。私は陛下に感謝申しあげたい。これからの占領政策の遂行にも、陛下のお力を乞わなければならないことは多々あります。どうかよろしくお願いいたします」と。

　そして筆者の推測であるが、天皇は終戦直後から、ご自身が最大の戦犯として裁かれ、死刑になる恐怖と、いつ司令部からの呼び出しがくるかと待っておられるなかで、極度のストレスを感じておられた。そして天皇がマッカーサーに言われたお言葉は、唯一、心の内を明かすことのできた皇后とともにまとめられたものと確信している。これほどご夫婦にとって重大な問題はなかったからである。絞首刑になることは確実と思い、「私こそ戦争の全責任がある。他の誰にもない。だから私の命はさしあげるから、せめてそれに免じて、塗炭の

苦しみにあえぐ国民を救っていただきたいと懇願すること」をお二人でお決めになったのだと思う。そして皇后ご自身は天皇が死刑に処せられるときは、ご自身もその後を追う覚悟を密かに固められておられたに違いない。いよいよ司令部に行かれる当日の朝には、どのような思いで最後の別れを惜しまれたことであろう。死刑になる夫が絞首台に上る前に、妻と最後の別れをする状況と同じだったからだ。そして皇后は天皇が出発された後、自室にこもり、どんなに悶え苦しんで祈られたことだろう。

　ところが、天皇は司令部から帰ってこられた。そして死刑にならないことを皇后に告げられた。その瞬間のお二人の喜びはいかばかりだっただろう。喜びのあまり抱き合って、いつまでも涙されたに違いない。

　なお、天皇の戦争責任については次の箇所もお読みいただきたい〈See：222・332・2〉。

　ユングの著作をポーランド語に訳したJerzy Prokopiuk博士が言っておられた。「私は、敗戦直後のドイツを、隣国のポーランドから見ていたが、完膚なきまでに叩きのめされたドイツ社会は、ユングの言うように、精神病Psychosisに陥った。その結果、今までの心の支えであったキリスト教を忘れ、原始的信仰 pagan godsへと退化し、精神的大混乱に陥った」と〔注：Interviewed in Warzshawa, 2001〕。

　日本の場合には、これが起こらなかった。天皇制が保たれたからだった。Nancy Gibbsも『タイム』誌に書いているように、「この末世的な欲望の氾濫する現代において、我々は、どこかで悔悛の文化を腐らせてしまった。しかし、**謝るということは、降伏の行為を通して活力を回復する稀な機会であることも知らなければならない。これは、我々の生存にかかわる重大な問題だ**」

　　Somewhere in the course of our fin de siècle excess, we corrupted the culture of contrition. (But) an apology is that rare instrument that restores strength through an act of surrender. This is the matter of survival. (*Time Magazine*, March 30, 2009, p.72)

第2章　内向型と外向型の特徴

■靖国神社問題

　靖国の英霊たちは、日本国を防衛する防衛戦争のために犠牲になったのではなく、満州に展開していた関東軍の軍閥が、当時西洋に広がっていた植民地主義に刺激され、植民地拡大の野望にかられて火をつけた侵略戦争のために利用され、命を落としたのである〈See：222・332〉。詳しくは、国連難民高等弁務官、緒方貞子著『満州事変——政策の形成過程』（岩波現代文庫）を参照していただきたい。だから、英霊たちが霊界に入って初めて事の真相を知ったとき、激しい憤りを覚えられたに違いない。

　いま英霊たちは言っている。
「軍閥は、自分たちで火をつけた不当な侵略戦争のために我々を使ったのだ。しかも周辺諸国の無数の罪なき人々を、自衛のために戦ったそれらの国の兵士のみならず一般市民も含めて、我々を使って虐殺させたのだ。自分たち英霊は、祖国日本を防衛するために戦っているものとばかり思っていた。そして自分たちも喜んでそのために命を捨てた。しかも将来ある若い命を捨てたのだ！　しかし、軍閥は、自分たちを騙した。しかも、何と言って騙したか。『天皇のご命令だ』と偽って騙したのだ。『天皇陛下万歳と言って死ね！』とまで命じたのだ！　まさに、自分たちの野望のために天皇を出汁に使って我々を殺したのだ。

　しかも、どのような天皇を出汁に使ったのか。『日本には私以外にはただ一人の戦犯もおりません。私は絞首刑はもちろんのこと、いかなる極刑に処されても、いつでも応ずるだけの覚悟はできております』とマッカーサーに嘆願されたような天皇だったのだ！　これほど悪質な騙しがあるだろうか！」

　そして彼ら英霊はさらに続けて言うだろう。
「自分たちが今、日本国民にやっていただきたいことは、まず第一に、日本の総理大臣が、自分たち英霊が、軍閥に騙されて殺してしまった近隣諸国の無数の無実な霊魂たちに対して、日本国民を代表し、心から鎮魂の祈りを捧げていただくことである。そうすれば自分たち英霊の心も総理の鎮魂の祈りによって慰められるだろう。それと同時に、二度と侵略戦争を起こさないことを誓っていただきたい。

　ただし、**靖国神社では絶対だめだ**。我々を騙し、天皇の御心にかくも逆行し

417

た当の軍閥の首脳までも合祀してしまったからだ。それにもかかわらず、総理が靖国神社に参拝されることは、『軍閥の首脳も含めて崇め、祈願をしている』と第三者の目には映るだろう。〈ヒトラーの墓に詣でるようなものだ〉と思われても仕方があるまい。『合理的一貫性を貫いていない』と言われるのはそういうことなのだ。それでもあえて靖国神社に参詣されるなら、ぜひとも、戦争責任者を合祀から公式に追放した後にやっていただきたい」

　幸い、千鳥ヶ淵には戦没者墓苑と正式に呼ばれている、れっきとした戦没者専用の墓地が存在する。国家がそのように命名した墓地である。それなら、日本の総理がそこで我々英霊たちのために冥福を祈れないはずがない。

　戦没者墓苑ならば、特定の宗教色もなく、宗教の相違には極度に敏感な国際社会にも誤解されないですむ（一人で複数の宗教に同時に属することに矛盾を感じないのは、私の知る限りでは、インドネシア人と日本人ぐらいしかいない）。総理がこの正式の戦没者墓苑に詣でられ、不戦の決意をあらたにされることに反対する日本国民はいないだろう。総理が最も大切にされる戦争の犠牲者を弔う純粋なお気持も、英霊たちには十分伝わることだろう。むしろ、近隣諸国との和解が推進されることこそ英霊たちは喜ぶだろう。

　ほんのわずかな時間でもよい、総理が日本の戦没者墓苑に参られ、「今後は毎年ここで戦没者の冥福を祈ることにした」と宣言されるだけで、近隣諸国の誤解も解けるのではないか。

■靖国神社問題に関する重要な証言

　靖国神社の問題についてさらに理解するためには、以下に紹介する読売新聞グループ本社会長・主筆渡邉恒雄氏の「安倍首相に伝えたい『わが体験的靖国論』」（『文藝春秋』2014年9月号、p.257）をお読みいただきたい。靖国問題の核心部分が明確な論理によって整理されているからである。

　「現在の靖国神社は、戦後連合国軍総司令部の国家神道排除の方針により、一時存在理由が不明確になった後、1946年9月に東京都知事の承認による宗教法人として発足した。ただし、単立神社であるため、神社本庁には属せず、宮司以下の神職は神社本庁の神職資格が必要なく、特にA級戦犯合祀を断行した第6代宮司の松平永芳は、旧軍人で、自衛隊出身だったが、神職資格を持っては

いなかった。しかし、この松平宮司のほぼ独断で、**A級戦犯を含む大規模な合祀が1978年10月17日に行なわれたのである。**

A級戦犯の合祀に関しては、松平宮司の先代の第5代宮司・筑波藤麿宮司は、B・C級戦犯は被害者なので祀るが、A級は戦争責任者だからと言って合祀しなかった(『日本経済新聞』2006年7月20日付)。それにもかかわらず、松平宮司が、ほぼ強引にA級戦犯14人を合祀した。それが靖国問題が政治問題化し国際的に拡大する原因になった。ただ、A級戦犯の合祀は、なぜか公表されず、1979年4月に報道されるまでは、表沙汰にならなかった。

しかし、天皇陛下は松平宮司によるA級戦犯合祀を非常に不快視され、A級戦犯合祀が明らかになって以降は、天皇陛下ご夫妻は参拝されていないし、現天皇も昭和天皇の意を汲み今日まで参拝されていない。この昭和天皇のご意思については、いくつかの文書で明白になっている。では、靖国神社は、A級戦犯合祀を改めて分祀はできないのか。松平宮司は、『神社の教学解釈上、できない』という迷信に近い理屈でA級戦犯分祀を拒みつづけているのである」

〈223・363・3〉 **今こそ世界諸国が相互に赦し合うべき時が来た**

幸い、今日、この謝罪と赦しの機会が世界に訪れたように思われる。それは2008年秋のリーマンショックによって、否(いな)みようがないほど明白に示されたからである。このショックが示した最大の真実とは、世界には経済的に独立した国はもはや一つもなくなったという厳然たる事実である。そして**経済的に独立できないということは、政治的にも独立できなくなったということを意味する。**

だからこの事実はまた、世界全体が、今や一つの生命体Our Communityへと進み始めたことを示していると私は捉えている。それぞれの国が生命体の臓器のように、互いに依存し合うようになってきたからである。肺は心臓がなければ生きていけない。敵視していたのでは生きられない。肺は心臓に侵略することはできない。今や世界では領土問題を互いに主張することはできなくなった。そして互いに、過去の過ちを詫び、赦し合い、一つの生命体として活動しなければならない。

しかし、もしも互いに領土問題を主張しつづけるならば、世界という生物は、**臓器が互いに貪り合う結果、遠からず死んでしまうであろう。**

〈223・37〉
Our Comに役立つことが内向型の生き甲斐となる、外向型は自分で達成した成果を楽しむことが生き甲斐となる

　生き甲斐とは、人に生きる意味と喜びを与えてくれるものであるが、内向型にとってはOur Comに尽くすことが生き甲斐となる。外向型にとっては、己が人生を楽しむことが生き甲斐となる。

■スウェーデン人
　スウェーデン人は働けるうちは働きたい。社会に貢献することは人の生き甲斐となっており、権利になっている。だから〈働けない〉というのは、深刻な問題として捉えられ、その不幸から救うためにセーフティネットが幾重にもつくられている。これがスウェーデンの福祉のシステムなのである。

■ドイツ人
　在日ドイツ大使館語学部長Osten氏が言っておられた（2010年2月22日）、「ドイツ人は、人類のために役立つことをすることに生き甲斐を感じる」と。
　ドイツには、もう数十年前からUrlaubsgesetz休暇法といういかめしい法律があり、およそすべて働く人は、最低3週間の有給休暇をとる「義務」がある。一般労働者ばかりでなく、自由業の人も、医者も、店主も、当然の権利、いや義務として長い休みをとらなければならない。この義務化は、ドイツ人の生き甲斐が〈働くこと、有益なことをすること〉にあるため、働き過ぎる傾向があることからつくられた。ドイツ人の多くが余暇（遊び）をもてあますからである（『ドイツ人のまっかなホント』p.41）。
　ドイツでは、リタイヤした後で、毎日職場に通勤していたときには感じなかった孤独感に襲われる人が少なくない。日本人のように、男性（あるいは女性）の老人たちだけで旅行したり、何かのクラブ活動で仲間を探すようなことはあまりしない。一人で孤独に苦しみながら耐えている（Fred）。最近は、こういう人たちが互いにネットで結びつくような試みがなされてはいるが（Alt und Jung kommen sich im Internet näher）。

第 2 章　内向型と外向型の特徴

■日本人

　日本人は社会のために尽くすことに生き甲斐を感じる。NHK（TV-Japan、カナダ・バンクーバー時間2010年6月7日3：30 pm）によると、人のために尽くし感謝される中で自分の生き甲斐を感じると答えた人は、50歳代で60％。

　松下幸之助は、「良い製品をつくるには、それにふさわしい人にならなければならない。社会人としての自覚を持ち、社会に貢献しようとする気持で働く人にならなければならない」と従業員に諭していた〔注：片山修「松下幸之助とその後継者たち」『潮』2006年1月、p.97〕。

　稲盛和夫は、将来性がないと考えた会社に見切りをつけて、彼を慕って集まった7人の部下とともに、京セラを設立したが、そのとき、皆で決意の血判状をつくった。「我々が今から始める仕事を、世のため、人のために一致協力して成し遂げよう」というものだった。そしてNHKのインタビューに答えて稲盛は、「単なる技術の開発ではなく、世の中を良い方向に変えていくことがこの会社の眼目だった」と言っていた〔注：NHK「プロジェクトX」TV-Japan、2005年12月6日カナダpacific time〕。

■身体障害者に生きる意欲を与えた「人のために役立つ喜び」

　ある障害者の施設に、左手がマヒして、元気を失い、自殺したいと頻繁に漏らす婦人がいた。彼女は、野菜を切るとき一方の端を鍋蓋で押さえ右手で野菜を切っていたが、あるとき、同じように野菜の切り方で苦労していた一人の患者が、彼女のやっているのを見て、教えてほしいと頼んだ。それをきっかけに彼女は、自分が見つけていた〈不自由を克服する様々な方策〉を教え始めた。

　初めて人のために役に立つことの喜びを味わった彼女は、生き生きとなり、今の体の不自由を受け入れたばかりか、むしろ、それがあることに今では感謝するほどになった。そればかりか、運動するから、ますますリハビリも進んだ。

　それを見ていた施設の作業療法士は、これをリハビリの理念の柱として取り入れた。リハビリを単に機能の回復のためではなく、人のために役立ち、生き甲斐を感じるように組み立てた。その結果、その施設では、機能を傷めた人たちの回復率が大きく改善され、今では見学者が後を絶たない〔注：藤原茂、作業療法士。「夢のみずうみ村」山口県山口市中尾木乃787-1。Tel：083-995-2820〕。

第Ⅱ部　内向型国民の優れた特性

■カナダの日本人2世も同じことを経験していた
　私がいつも野菜を買いに行く日本人の農園に、若年脳溢血で倒れ、絶望のあまり一度ならず自殺を図った娘さんがいた。しかし、幸い徐々に立ち直り、子供たちのカウンセリングを手伝えるところまで回復した。ところが、彼女は体の不自由な自分だからこそ、かえって心を病んでいる子供たちが心を開いてくれることに気がついた。こうして生き甲斐を感じるようになった彼女は、今では「神様から『元どおりの体にしてあげるから、今までの経験をみな返してちょうだい』と言われても、『No Thank youよ』と言えるまでになった」〔注：『いっぺこっぺ（鹿児島弁で精一杯の意）Canada』荻ムツ子著、けやき出版、2004年、p.124〕

■外向型の生き甲斐
　カナダで最も印象づけられたことの一つは、私が出会った大半の人たちが、〈何かを成し遂げる喜び〉と〈達成した成果を楽しむこと〉の二つのことを生き甲斐としているという事実であった。何かを成し遂げたい、そしてその成果を楽しみたいのである。
　生活の必要のために働くことは当然だが、リタイヤした人たちも、趣味はもちろん、毎日、家の修理、ペンキ塗り、庭の手入れをはじめ、いろいろ仕事を自分で見つけては、クリエイティブに生きようとしている。私が親しくしている隣家のフィリップが言っていた。「今日も、こういうことができた。あーいうことができた。仕事をやり遂げた。征服できたという喜びが自分に生きる力を与えてくれる」と。しかし、生き甲斐は社会のために貢献することにはない。
　私がカナダで住んでいたリタイヤした人たちretireeの団地は、庭のついた一戸建て住宅500軒ほどから成っているが、3軒に1戸は、かなりの大工仕事ができる電動工作機の作業台を持っている。
　そして、また彼らは愉快に楽しみたい。老人になっても相変わらずゲームが大好きだ。子供のように嬉々として遊ぶ。パーティでもいろいろゲームを楽しむ。その他、釣りに行ったり、ゴルフをしたり、キャンプに行ったりして楽しむことに忙しい。だから夏になると、郊外で走っている車の10台に1台はキャンパーという感じになる。少し余裕ができると、例えば、冬は暖かい米国のアリゾナやフロリダ州に行って楽しんでいる。

■ヴォランティア活動について

　苦しむ人を助けるため、ヴォランティア活動をする人は少なくない。実際、社会のために尽くす仕事の多くは、ヴォランティア活動によって支えられている。知人の息子が行っているカリフォルニアの大学では、ヴォランティア活動に費やした時間が、必須単位の一部に利用できるようになっている。社会全体としてヴォランティア活動を常に積極的に支援している。

■外向型社会に伴侶を求められる日本女性に一言

　外向型文化の男性の生き甲斐は、金ができるとまずは遊び（特にスポーツ、旅行、RV、ボート、キャンピングカー等々の健全な遊び）に使おうとする。将来のために貯蓄する気はまずない。一方、日本の女性の多くは、まずは子供たちや生活の基盤を固めるために貯蓄しようとする。だから、結婚すると、しばしば問題が起こる。夫にはこうした妻は、自分の自由を束縛する疎ましい存在に見えてくるし、妻にはこうした夫は、信頼できなくなり、不安になる。少なくともこういう事実がよくあることは知っておいていただきたい。

〈223・38〉
内向型は大自然を大きなOur Comのように感じ、その中に溶け込むときに安らぎを覚える

「多くのスウェーデン人は、大自然の中では人間の声は、大自然の声（鳥の声、動物の声、樹木の間を通る風のざわめき等々）に場所を譲らなければならないと思っている。田園を散策し、野のベリーを摘み、湖のほとりに釣り糸を垂れ、自然の囁きに耳を澄ます。大自然の聖なる雰囲気に包まれて、自己自身とも語らっている。大自然の体験は感動を呼び起こし、記憶を甦らせる。大自然の中にあっては、他人に自分を合わせる必要もなく、気にすることもない。大自然の中でスウェーデン人の多くは、全身でリラックスし、自由を楽しむ。犬を連れて散歩しているときのような安らぎを覚える。この大自然の中の孤独は、多くのスウェーデン人の詩情を呼びさます。小説や芸術では見出すのが難しい一種の甘美な、そして物悲しい気持に浸る（Daun, *SM*, p.62）。

この大自然全体との一体感と安らぎは、内向型の人が生き甲斐を感じる貴重なひと時であり、これを一種のスウェーデン的宗教性と呼ぶ人もいる。

〈223・4〉
第4項　内向型社会における組織の特徴

〈223・40〉
この問題を解くために参考になるGeert Hofstedeの理論

　オランダの社会心理学者Geert Hofstede（1928年生まれ）は、世界の民族のカルチャーの特徴を捉えるため、極めて興味深い研究を行なった〔注：本書が参考にした彼の著書は、"Cultural Consequences" International Differences in Work ─ Related Values Abridged Edition, Sage Publications Newbury Park, London, 1980 New Delhi. なお、本書で引用するさいには略して HCC とした〕。

　彼は<u>企業において表われるその国の国民性</u>を、四つの側面から捉えようと試みた。
　第一に、その国の上司と部下の間の<u>力の距離の指標Power Distance Index</u>（PDI）が、大きいか小さいかということ。
　第二に、その国の社員には冒険心があるかないかということ、すなわち不確実なことを回避しようとする度合いUncertainty Avoidance Index（UAI）の指標が、大きいか小さいかということ。
　第三に、その国の社員は、個人主義の度合い、Individualism Index（IDV）の指標が、大きいか小さいかということ。
　第四に、その国の社員は、男性的か女性的かということ、すなわち男性の度合いMasculinity Index（MAS）の指標 が、大きいか小さいかということである〔注：なおユングは言う、「外向思考型の人は、私の経験では、男性に多い」(504c)〕。

　しかし、**筆者は、こうした彼の視点は、内向型と外向型の違いをかなりよく**

表わしていることに気がついた。ただしHofstede自身は、このことについては一切触れていない。

例えば、内向型社会ではPower Distanceは小さく、Uncertainty Avoidanceは大きく、Individualismは小さく、Masculinityは小さい。

すなわち：

内向型社会では、上司と部下との力の距離が短く、上司はあまり権威者ぶらない。

また、人々は心配症で、危険を避け、できるだけ不確かなことは避け、冒険しない。

また、人々は仲間集団をつくり互いに支え合うから、個人主義の度合いが低い。

また、人々は受動的であり、男性の度合いが外向型社会よりは小さい。

一方、例えば、外向型社会ではPower Distanceは大きく、Uncertainty Avoidanceは小さく、Individualismは大きく、Masculinityは大きい。

すなわち：

外向型社会では、上司と部下との力の隔たりが大きく、上司は権威的。

また、人々は冒険心に富み、不確かなことは内向型のようには避けない。

また、人々は仲間集団をつくらず、個人主義の度合いが高い。

また、人々は積極的・攻撃的であり、その点で男性的である。

Hofstedeは、彼自身の理論の確立のため、世界40カ国に支店を持つ多国籍企業Hermès社の同意を得て、同社の世界中の社員11万6000人全員に上記の指標に関わるアンケートを送って調査した（1966年）。対象が企業人に限られているため、彼の調査の資料は、国民気質論が必要とする幅広い調査のためには、もちろん限界はある〈See：111・111〉。

参考のため、Power Distance Indexに関する彼のアンケートの一部を以下に紹介したい。

〈223・401〉
HofstedeのPower Distanceの設問に見る内向型と外向型

　PDIの小さい側、すなわち**内向性**の設問を、先に正体で示し、PDIの大きい側、すなわち**外向型**の設問を、後に*斜体*で示した。彼の言わんとするところをより正確にご理解いただくために英文を残した。

1　Managersと部下の関係（HCC, p.92 Fig 3.6）

・上司は部下の意見を聞いた上で決定を下すものと見られている。（Managers seen as making decisions after consulting with subordinates.)
・*上司は独裁的、かつ親分的に決定を下すものと見られている。（Managers seen as making decisions autocratically and paternalistically.)*

・細部にわたって監督することは、部下からは**ネガティブ**に評価される。(Close supervision negatively evaluated by subordinates.)
・*細部にわたって監督することは、部下からは**ポジティブ**に評価される。(Close supervision positively evaluated by subordinates.)*

・勤勉な人が多く、仕事が嫌いな人がいるなんて信じられない。（Stronger perceived work ethic; strong disbelief that people dislike work.)
・*勤勉な人が少なく、人は働くことが嫌いだと信じている人のほうが多い。(Weaker perceived work ethic; more frequent belief that people dislike work.)*

・決定に参加させてくれる上司のほうがもっと好まれる。（Managers more satisfied with participative superior.)
・*命令的であるか、説得上手な上司のほうがもっと好まれる。（Managers more satisfied with directive or persuasive superior.)*

・部下たちは、上司の決定スタイルが、部下の意見を聞き、ギヴ・アンド・テ

イクの決定スタイルをはっきり中心に据えているマネジャーの決定方式を好む。(Subordinates' preference for manager's decision-making style clearly centered on consultative, give and take style.)

・部下たちは、上司の決定スタイルが、独裁的で親分的か、あるいはそれとはまったく逆に、多数決で決まることを好む。(Subordinates preference for manager's decision-making style polarized between autocratic – paternalistic and majority rule.)

・従業員は、ボスと意見を異にすることをそれほど恐れない。(Employees less afraid of disagreeing with their boss.)
・従業員は、ボスと意見を異にすることを恐れる。(Employees fear to disagree with their boss.)

・従業員はもっと協力的である。(Employees show more cooperativeness.)
・従業員は互いにあまり信用しない。(Employees reluctant to trust each other.)

・上司はもっと思いやりを示すはずだと思われている。(Managers seen as showing more consideration.)
・上司は思いやりをあまり示さないものと思われている。(Managers seen as showing less consideration.)

2　Hofstedeは彼の理論を企業だけではなく社会にも当てはめている（HCC, p.94 Fig 3.7）

・社会における不平等は最小限でなければならない。(Inequality in the society should be minimized.)
・この世の中は不平等の秩序がなければならない。人それぞれ分相応の場所があり、上も下もこの秩序によって守られている。(There should be an order of inequality in this world in which everyone has his rightful place; high and low are protected by this order.)

・すべての人は相互に依存し合っていなければならない。（All should be interdependent.）
・わずかな人だけが独立し、大半の人は独立してはならない。（A few should be independent; most should be dependent.）

・部下たちは自分と同じ人間である。（Subordinates are people like me.）
・上司たちは部下たちを自分とは異なる類の人間と考えている。（Superiors consider subordinates as being of a different kind.）

・上司たちも自分と同じ人間である。（Superiors are people like me.）
・部下たちは上司たちを自分たちとは異なる人間と考えている。（Subordinates consider superiors as being of a different kind.）

・権力の行使は合法的でなければならず、善と悪の判断に従わねばならない。（The use of power should be legitimate and is subject to the judgment between good and evil.）
・権力は人間社会の基本的事実であり、善悪以前の問題だ。その正当性など問題ではない。（Power is a basic fact of society which antedates good or evil. Its legitimacy is irrelevant.）

・人はみな、等しい権利を持つべきだ。（All should have equal rights.）
・権力者たちが特権を持つ資格がある。（Power holders are entitled to privileges.）

・権力ある人たちは、実際よりも権力が少なく見えるよう努めなければならない。（Powerful people should try to look less powerful than they are.）
・権力ある人たちは、できるだけ自分を強く見せなければならない。（Powerful people should try to look as powerful as possible.）

・社会のシステムが悪いのだ。（The system is to blame.）

・あの負け犬が悪いのだ。(The underdog is to blame.)

・社会のシステムを変えるには、権力を再配分しなければならない。(The way to change a social system is by redistributing power.)
・社会のシステムを変えるには、権力者を権力の座から引き下ろさなければならない。(The way to change a social system is by dethroning those in power.)

・いろいろな権力レベルの人たちは、脅威をあまり感じていないし、人々を信用する気持がずっと備わっている。(People at various power levels feel less threatened and more prepared to trust people.)
・他人は、自分の権力にとっては潜在的な脅威であり、信用できる人間はめったにいない。(Other people are a potential threat to one's power and rarely can be trusted.)

・強者と弱者の間には見えないハーモニーが存在する。(Latent harmony between the powerful and powerless.)
・強者と弱者の間には見えない確執が存在する。(Latent conflict between powerful and the powerless.)

〈223・402〉
Hofstedeの設問をスウェーデン人に当てはめてみた結果

　以上は、PDIの設問の一部であり、他の三つのインデックスについても同じ形式で設問がなされている。そして、先に述べたように、私は内向型社会は**Power Distance**は小さく、**Uncertainty Avoidance**は大きく、**Individualism**は小さく、**Masculinity**は小さいと捉えている。少なくとも日本人については当てはまる。
　ゆえに、もしもスウェーデン人にも当てはまるなら、内向型と外向型の違いを判断する上で指標として役立つことが確認できると思った。

そのため、次のお三方にお願いしたところ、快く助けてくださった（2002年3月）。ストックホルム大学・文化人類学部のÅke Daun教授、Swedish InstituteのDirector Thomas Lunden博士、長年スウェーデンに在住し、ストックホルムのOstasiastika Museet極東博物館の要職におられる中村衛氏である。

その結果、お三方とも、スウェーデン人がかなりのところまで当てはまることを確認された。

〈223・41〉
内向型社会の上司に求められる資質とその役割

トップとして必要とされる様々な具体的条件については、あまた出版されている優れた類書にゆだねるとして、ここでは、このトップの最も基本的な資質について考察したい。

〈223・411〉
上司に求められる基本的資質、すなわち成熟（利己心の超克）

なぜ人間は権力を手に入れたがるのか。権力があれば、富や名誉を容易に手に入れることができるからだ。だから外向型社会では権力闘争が激しい。力の強い者が勝ち、支配しようとする。

それとは逆に、内向型社会は外向型社会のような機械構造的集団ではなく、**基本的に生命体の集団**である。そのため、生命体全体の善が普通優先される。トップは、自分の利己心を追い求めるわけにはいかない。だから、指導力があるだけでなく、**利己心を克服し、劣等感を持たず、自分をありのまま受け入れることのできた人、すなわち心理的に安定し、組織のために尽くす精神的余裕のある人物、すなわち成熟した人物**が求められる。

この成熟に関しては、第3章・第1節の「気質と成熟（美点と欠点）」において詳しく説明してあるので、そこをご参照いただきたい〈See：31、445ページ〉。

〈223・412〉
内向型社会における上司の役割

■内向型組織は、生命体のような組織である
　トップと組織の関係は、脳と身体のような関係になっている。脳は身体全体と一体となっており、常に身体の安全と成長のために心を砕く。身体の各部分も脳の指示に従い、脳の示す目標の達成に一体となって協力する。脳が身体を自分の利益のために利用する構図はここにはない（もちろん、実際には内向型の国の企業においても、外向型の経営者はたくさんおり、また利己心一杯の経営者も存在し、自分の利益を第一にしている）。
　トップは部下の中に入ってゆき、親近感を深め、Power Distanceは短く、距離があるとすれば尊敬のDistanceである。トップは部下の仲間になったわけではないが、彼らと同じ目線に立つことも忘れず、苦楽を共にする。

■外向型組織は、機械のような組織である
　外向型社会のトップは、機械構造物をつくるように、組織の目的に合わせて部品（人）を組み立て、各自の役割を正確に規定し、全体が最も効果的に機能するよう条件を整える。そこではトップが一方的に命じ、被雇用者は〈決められた仕事を、決められたとおりに実行するだけ〉という構図になっている。**たとえ全体のために役立つことであっても、命令されたこと以外のよけいなことはしない。**
　事業の目的意識を持っているのはボスと株主だけである。だからボスは自分の収入を増やすためには、被雇用者をレイオフし、自分は高給をとっても罪悪感はない。**ボスは基本的には独裁者dictatorである。**被雇用者も「本当は自分自身で事業を起こし、自由に支配しdictatorになりたいのだが、今はそれができない。チャンスが来るまでやむなく使われている」という構図がある。もちろん実際には、こんな簡単なものではないが、心理構造的には基本的にはこのようになっている。

〈223・412・1〉**ヴィジョンを策定する**
　トップの最も重要な仕事は、絶えず組織のヴィジョンを考えることである。内向型社会のトップは目先の利害に振り回されず、組織全体の長期的発展と展望を慎重に策定する。ビジネス・パースペクティブが長い。
　これに対して、外向型社会のビジネス・パースペクティブは短い。例えばアメリカの企業のように、各期の収益によってCEOのボーナスが決定されるところでは、当期の業績を重視するあまり、健全な基盤づくりのために必要な長期計画が疎かにされやすい。ちなみに1990年代には、アメリカでは主な企業のパースペクティブは平均2.8年であった。

〈223・412・2〉**部下を育てる（事業は人なり）**
　したがって、内向型社会におけるトップの最も基本的な仕事は「人を育てること」である。松下幸之助は、「お得意先に行って、『君のところは何をつくっているのか』と尋ねられたら、『松下電器は人をつくっています。電気製品もつくっていますが、その前に、まず人をつくっているのです』と答えなさい」と従業員に諭していた（片山修著「松下幸之助とその後継者たち」『潮』2006年1月号、p.97）。

〈223・412・3〉**部下が最大の成果を挙げるよう仕事環境を整える**
　部下が働きやすいよう環境を整え、必要な手段を整える。言うまでもない。

〈223・412・4〉**部下とその家族を守るために最大限の努力をする**
　内向型社会においては、理想的社長は会社の発展を図ると同時に、**常に社員とその家族を自分の家族のように守ろうとする**。その結果、社員は「自分たちの会社だ」という意識に燃え、会社の発展に可能な限り協力する。

〈223・413〉
内向型諸国に見るトップの役割の実際

〈223・413・1〉 スウェーデン

　ダウン教授は言う。「スウェーデンのマネジメントは、『個々の社員には仕事をやる気があり、それができる』という考えの上に成り立っている。そして、スウェーデンのマネジャーは自分を司令官よりは、むしろコーチと考えている……。日本人のように（そしてNordicの人々以上に）、協調とコンセンサスに重きを置いている」(Daun, *Modern and Modest*, p.106上)
「良いマネジャーとは、スウェーデンのstandardでは、部下たちの創造性と意欲を上手に使うことのできる人のことを言う。彼は部下たちを自分の力や地位の威力によって動かすのではなく、協力と合意の原則に従ってリードする。人の話をよく聞く耳を持っていることも上司の重要な素質の一つであり、部下たちとのディスカッションにおいても、合理的で、事実に基づいて意見を述べることも、プロの上司の印と見られている」〔注：Sweden Information Smörgåsbord General information on education in Sweden, Jönköping International Business School Jönköping University file 3, file３）〕
　そしてSwedish Instituteのルンデン教授も言う。「スウェーデンはアメリカナイズされたというが、それは表面的に過ぎない。基本は変わっていない。頻繁にミーティングが開かれて意見の調整をする。上司が上から『これをせよ』と一方的に命令することはあまりない。彼は『ディスカッションしよう。これはどう思うか？』と訊く」(Interviewed in Stockholm, 2001年6月15日)
　ロンドンからストックホルムへの飛行機の中で会った（2001年6月12日）エリクソン社のマネジャーLennart Jansso氏も言っていた。「スウェーデンの上司はワンマンではなく、トップダウンでもない。上司はアイディアを部下に示し、皆でとことん議論して決める。合宿も、オーソリティの各段階でしばしば行なっている。皆やる気があるから、コンセンサスができると仕事は速い。これがスウェーデンの経済が成功した原因だと思う」と。

〈223・413・2〉 **ドイツ**

　ドイツ社会でもコンセンサスを大切にするため、昔から根回しはよくやってきた。庶民のレベルでは、Pubという飲み屋がしばしばその場所として利用された。テーブル・クロスもなく、食事のメニューもない。政治論議を楽しむが、それをしないといけないような雰囲気がある。だから、今でも仕事の相談はよくPubで行なわれ、実際の会議のときには、一般に反対なく可決される。

　アメリカの経済学者Peter F. Drucker（ピーター・F・ドラッカー）は、彼のMBO（Management by Objectives and Self-Control）をドイツにおいても喧伝したが、はかばかしい成果は得られなかった。ドイツ語圏では、人を大切にし、皆が決定に参加し、チームワークを重視する社会的・政治的圧力が高かったからだ（HCC, p.262）。

〈223・413・3〉 **スイス**

　皆のコンセンサスで物事を決めていくことは、スイス社会でも同じだ。今は物理的には不可能なのでできないが、昔は町も村も皆で集まり、話し合って物事を決めていた。だから一度決まったことは、皆よく守った。

　また、スイスは先進国の中では労働時間の最も長い国の一つで、年間1700時間は働いている。にもかかわらず、労働争議は稀にしか起こらない。「和」の傾向が強く、社会はよくまとまっている（coherent）。

　いろいろなビジネス、産業の鍵を握る人々が結束し、自分たちの製品をいくらにするかという市場戦略を決定する（『スイス人のまっかなホント』p.72）。要するに西側経済圏で、長い間、違法とされてきたカルテルだが、スイスでは未だに健在だ。Kartellは性悪説の外向型社会には必要だが、性善説に基づく内向型社会には、やりようによってはプラスに働く。日本社会では、外向型社会の経済の考え方の影響を受けて、経済的犯罪とされているが、性善説の日本では、場合によっては必要かもしれない。

〈223・413・4〉 **ロシア**

　コンセンサス社会は、ロシアでも、何世紀も前から存在していた。西暦867年にはすでに数多くの公国に民衆議会（ベーチェ）が存在していたことが記録

されている。昔は議会といっても素朴な町や村の集会というものであったが、そこでは自由人である戸主が集まり、議決は秘密投票でなく全会一致でされていた。ただし、一度そこで決まったことには絶対に従うことが求められた〔注：『もっと知りたいロシア』木村汎編、弘文堂、1995年、p.100〕。

　ロシアには昔からコンセンサスを得るための根回しもある。皆で一緒にサウナなどに行くのも、しばしばそのためである。みなの承認のサインを前もって集めておくこともする〔注：『新・ロシア人』〈上〉ヘドリック・スミス著、飯田健一監訳、日本放送出版協会、1991年、p.320〕。

■**ロシア人が好むトップ像**
　内向<u>直観</u>型のロシア人は、まず、自分で判断するのが苦手だから、判断してくれる指導者が欲しい。また、**集団化する**のが好きだから、集団をまとめてくれる人が欲しい。といって、専制的絶対君主のようなのは嫌だ。**温情ある権威者を歓迎**する。また、**集団の和を乱す連中を排除する**権威者も歓迎する。

〈223・413・5〉 **インドネシア**
　内向型気質の国民は、東洋では、日本のほかに、北ベトナム、タイ、インドネシアのジャワ島（人口は日本とほぼ同じ1.2億人）、インドの北部などに存在するが、ジャワ島の社会では、皆のコンセンサスによって事を運ぶ傾向が特に著しい。国会でも満場一致を極めて重視する。日本に似てしばしば合議制をとる。「ムシャワラ」といわれる長が、コーディネーターとなって皆のコンセンサスをつくっていく。小さな村でも長老がコーディネーターとなっている。

　この個人主義を排する集団民主主義の理念をインドネシアでは、「ゴトン・ロヨン」というが、スカルノ時代には「ゴトン・ロヨン議会」が出現した。それは、対決したり、大声で相手を黙らせたり、票決で決めるようなことはせず、和解や「心のふれあい」を求める議会を意味していた。

〈223・413・6〉 **日本**
〈223・413・61〉【**もと不良少年だった二人の弁護士が語るリーダー論**】：リーダーは「皆と一緒に歩むこと」、すなわち、①周りの士気を高めることができ

ること。②自分でリスクを取り、部下に範となり、人間的にサポートすること。③リーダーは三つのプロだ。「聞く」「伝える」「学ぶ」プロだ。常に前進すること。だから学びつづけねばならない。④本質を直球で伝えることができること。そういう人しか、組織は引っ張れない。⑤「大船に乗ったつもりでついて来い」ではなく「小船に乗ったつもりでついて来い。ただし俺の舟は小さいからお前たちも漕がなきゃ沈没するからな。一緒に行こうぜ」で行く（『潮』2006年11月号、p.100）。

〈223・413・62〉【理想的な中小企業の一例：伊那食品工業】：創業以来48年間、増収増益を続ける会社としてマスコミに紹介されている中小企業がある。「かんてんぱぱ」の「伊那食品工業」である（『文藝春秋』2011年7月号、p.312）。
　塚越寛会長は言う。
「人様からは『御社は増収増益を続けたから、いい会社だ』とよく言われますが、私は抵抗を感じます。たくましく、そして優しい良い会社をつくろうと全社員一丸となって努力を続けてきた結果が、長年の増収増益に繋がったからです。利益だけを目標にしてきたのではありません。

　寒天ブームが到来しても、『我が社にとってはむしろ最大の危機である。追い風やブームに乗ってはいけない』と社員に訓示しました。大幅な設備投資や社員の大幅増員はせず、堅実な経営に努めました。『お金さえ儲かれば』『今さえよければ』『自分さえよければ』という発想は、私どもの会社では『三悪』と戒めています。確かに、金も自分も大切ですが、もっと大切なことがあるはずです。社員を幸せにすることです。どうやったら社員がもっと快適に働けるかと考えつづけたのが当社の歴史だったと言っていいでしょう。

　私は20歳のとき、地元の木材関係の会社に就職しましたが、1年半後、社長から『（系列の）伊那食品工業が、創業してから半年しか経たないのに赤字で潰れそうだ。君、そこに行って会社を立て直してはくれまいか』と言われました。同社は従業員10人ほどで、前身の会社時代からの負債もかかえており、マイナスからのスタートでした。会社は寒天を粉末にする技術を持っていましたが、経営が軌道に乗るまで、社員皆と大変な苦労をしました。設備が故障して深夜まで修理に追われることが何度もありました。女性社員に炊き出しをして

もらいながら、4日間も昼夜兼行で頑張ったりもしました。社員が一丸となって苦労した経験が、『会社は、社員全員の幸せのために存在する』という考え方に繋がったのです。

　社員の幸せになるかどうかが、会社経営の根幹にあるので、社員の給料を下げるようなコスト削減は念頭にありません。実際これまでにリストラしたことは、一度もありません。他方、いくら注文が殺到しても、24時間3交代のようなフル操業はしません。人間は、夜は寝るものだと考えるからです。勤務時間中も、午前10時と午後3時には、工場の機械を止めて休息します。休息のとき、お茶を飲みながら食べるお菓子代として、月に500円ではありますが手当もつけています。私どもは社員との約束で、海外旅行と国内旅行を1年交代で実施しています。

　社員を幸せにする手段が利益なので、商品開発や研究には不断の努力を惜しみません。全社員の1割以上を研究開発部門に配置しているのもそのためです。

　会社が永続する経営方針を、当社では〈年輪経営〉と呼んでいます。身の丈ほどに、同心円状に、毎年少しずつ大きくなる会社となるようにとの願いを込めています。また、1日の一番いい時間を過ごす会社をきれいにするために、毎日社員は早めに出社して、自発的に掃除をしています。

　社員は家族なのですから、当社は年功序列を採用しています。特定の社員やチームの業績が突出して見える場合もありますが、そこには、会社の長年の信用と会社内外の人たちに支えられた要素も多分にあるからです。先輩たちの指導による成果も否めません。個人だけに評価を集中させてばかりいたのでは、年長の先輩が軽んじられて、社内の和は保てなくなってしまいます。

　月に1回、全社員がホールに集まって、会社に関するあらゆることを話し合っています。私どもでは、新入社員の研修期間中に、技術やノウハウなどは教えません。そのほとんどを人間教育に当てています。人間としてどう生きるか、社会人としてどう生きるかを考えることが、良い社員を育て、良い会社をつくるためには欠かせないと思っているからです。人間教育に比べれば、技術やノウハウを教えるのは簡単なことなのです……」〔注：「伊那食品工業」──創立1958年、2011年現在従業員数約450人〕

第Ⅱ部　内向型国民の優れた特性

〈223・413・63〉【大企業の一例：トヨタ自動車・豊田喜一郎の姿勢】：彼の父、豊田佐吉は天才的な発明家で、1896年には、日本初の動力織機を発明、日清戦争で疲弊した国家財政の立て直しに一役かうほどの成功を収め、1924年には、ついに世界初で高性能の自動織機Ｇ型をつくり、従来の織機の15～20倍の生産力を達成、世界の織物産業の発展に大きく貢献した。

しかし息子の喜一郎は、1929年から1930年４月まで欧米に出張したが、当時、黎明期にあった自動車産業が将来大きく発展すると強く感じ、自動車会社の設立を夢見るようになった。しかし社内からは猛反対を受けた。成功していた織物業からまったく未知の自動車の開発に重心を移そうとしたからである。

しかし彼のヴィジョンは揺るがなかった。社内に密かに開発チームをつくり、夕方、仕事が終わると、チームは夜遅くまで、アメリカの自動車を分解し、研究した。喜一郎も社員とともに油まみれになって働いた。

こうしてついに1933年９月、豊田自動織機製作所内に自動車製作部門（のちに自動車部）を新設。1936年には自動車製造事業法の許可会社に指定され、1937年にはトヨタ自動車工業株式会社として独立、喜一郎は副社長に就任した。しかし、アメリカの自動車と比べると未だ月とスッポンの違いがあった。トヨタグループからの反対も依然根強いものがあった。

そして迎えた敗戦。〈自動車はアメリカのものを買えばよい、**日本での開発は諦めるべきだ**〉というのが、日本の政財界の主流の考えになっていた。アメリカの会社も当然それを歓迎した。GHQも日銀も同じ考えだった。

しかし、喜一郎の信念は揺るがなかった。こうして彼の壮絶、かつ孤独な闘いが始まった。

特に1949年のドッジ・ラインの影響で不況に陥った中、トヨタ自動車の債務も増大し、豊田市の主力銀行からは見放され、最後の頼みの綱となった日銀の融資は何とかとりつけはしたものの、人員整理が条件だった。しかし彼には強い信念があった。〈**会社は社員とその家族あっての会社だ、どんなことがあっても社員は守る**〉という信念であった。彼の決意は固く、人員整理を拒みつづけ、ついに会社は日銀の管理下に置かれ、日銀の命令で人員整理が始まった。

労働組合との激しい闘いとなった。しかし、彼が最後に多くの組合員を前に行なった宣言が事態を収束させることになる。彼は言った。「**今回、自分は辞**

職することを決意した。それは君たちに言いつづけてきた『何があっても社員を守る』という約束が果たせなくなったからだ。しかし、会社が立ち直ったあかつきには、会社は整理された社員を呼び戻すだろう、帰ってきてほしい」と演説し、去って行った（1950年6月）。

　これを聞いた組合は闘争を中止し、会社は活力を取り戻した。**これによって自動車産業は日本から永久に失われる危機を回避することができたのである。**そして、トヨタの自動車産業は戦後日本経済復興の牽引力の一角を占めるに至った。父、佐吉が、日清戦争によって疲弊した国家財政の立て直しに貢献したように。

〔注：NHK、TV-Japan、豊田喜一郎の業績についての二晩にわたるドキュメンタリーより。2014年6月カナダで放映〕

〈223・5〉
第5項　内向型社会と経済

〈223・51〉
成果主義は内向型社会には基本的にはなじまない

　内向型社会でも、ゼロサム原理（自分が取ると、他人が損する）が働く分野（地位や価格競争）では、たしかに競争原理は必要だ。しかし、プラスサム原理（10人が協力すれば、成果は10倍ではなく100倍になる）が働く内向型社会では〈See：425・2〉、競争原理はマイナスに働く場合が少なくない。

　内向型社会の組織は、生命体的な組織であり、皆で一緒に協力する集団主義の社会となっている。生命体の部分のように、社員には**率先して会社のために働き、怠けることはしない**という基本的な姿勢がある。
　しかし、社員個人の仕事の収益性評価は難しい。生命体では心臓も胃も腸もどれをとっても身体全体の成長・発展のためそれぞれ不可欠な役割を果たしており、胃のほうが腸よりも体のためになる活動をしていると言うことはできな

い。胃と腸の仕事の価値に優劣はない。

　したがって、**成果を上げるために社員を競争させる（Competitive）必要は基本的にはない**。むしろ成果主義を導入することによって、逆に、内向型社会の企業を支えてきた〈安心して仕事に専念できる基本的条件〉が失われる危険性のほうが高い。

　外向型社会の組織は、機械構造的な組織であり、個人主義の社会となっている。自分個人の利益が第一であり、命じられたこと以外に会社のために率先して働くことはない。だから、成果主義によって競争させることこそ労働の強力なインセンティブとなる。

　最近（2014年）、日本には、アメリカの真似をして、成果主義を取り入れて競争社会にすることこそ、進歩であるという観念が広がっている。しかし、内向型社会においては、成果主義は一部で成功するかもしれないが、全体としては、結局はなじまないだろう。実際、すでにその兆しが見えている（2006年）。

　HofstedeのIBMのデータ・ベースにおいても、「社員の間では、一般に競争Competitiveness原理は、善よりも害のほうが大きい」と報告されている（Hofstede, Masclinity Femininity, p.119）。

〈223・52〉
内向型諸国の高度な生産性Productivity

　内向型諸国の多くは、一人当たりの生産性では、近年、経済的にも世界のトップ10に加わるようになってきた。完璧主義者であり、できるだけ高品質のものを作ろうと勤勉に働き、「品質競争」と「サービス競争」に努力するからである。

　2009年6月15日、米誌『フォーブス』は「国民が勤勉な国」に関する調査結果を発表したが（調査を行なったのは経済協力開発機構OECD）、内向型のいくつかの国がベスト10に入っていた。以下、内向型社会の高度な生産性を示す2、3の資料を紹介したい。

第2章　内向型と外向型の特徴

主な先進国のGDPの比較

■**名目GDPの伸び率**（アンダーラインは内向型諸国：以下同）
　2002年を1とした場合の2006年のデータ：高い順から並べると：
<u>ノルウェー</u>（1.76）、<u>デンマーク</u>（1.59）、<u>フィンランド</u>（1.58）、<u>スウェーデン</u>（1.58）、フランス（1.54）、<u>イギリス</u>（1.52）、ドイツ（1.44）、アメリカ（1.25）、<u>日本</u>（1.11）
（資料：「社会実情データ図録」（本川裕）IMFと内閣府経済社会総合研究所データ）

■**2012年のOECD加盟国34カ国の一人当たりのGDP**（多い国からの順位：太字番号）
　1ルクセンブルク、**2**<u>ノルウェー</u>、**3**スイス、**4**アメリカ、**5**オーストラリア、**6**オーストリア、**7**アイルランド、**8**<u>スウェーデン</u>、**9**オランダ、**10**<u>デンマーク</u>、**11**カナダ、**12**ドイツ、**13**ベルギー、**14**<u>フィンランド</u>、**15**アイスランド、**16**<u>イギリス</u>、**17**フランス、**18**<u>日本</u>
（日本生産性本部のサイトより〈www.jpc-net.jp/annual_trend 2013_3.pdf〉）

■**2013年の一人当たりのGDPの世界189カ国の中でのランキング**（石油産油国を除く）
　ランキングを1番から見ると：
1ルクセンブルク、**2**<u>ノルウェー</u>、**3**スイス、**4**オーストラリア、**5**<u>デンマーク</u>、**6**<u>スウェーデン</u>、**7**シンガポール、**8**アメリカ、**9**カナダ、**10**オランダ、**11**<u>フィンランド</u>、**12**オーストリア、**13**アイルランド、**14**ベルギー、**15**アイスランド、**16**ドイツ、**17**フランス、**18**ニュージーランド、**19**<u>イギリス</u>、**20**<u>日本</u>、**21**香港、**22**イスラエル
　内向型の国の大半がトップ22に入っている。
（資料：「社会実情データ図録」（本川裕）〈http://www2.ttcn.ne.jp/honkawa/4540.html〉）

■人間開発指数（2004年）に関して

　GNP、GDPは国の経済規模を測る指標として、また経済発展を測る指標として定着しているが、経済万能主義は誤りだとして、それに代わる発展の指標がかねてより求められていた。その答えとして出てきたのがノーベル賞経済学者アマルティア・センの人間開発指数（HDI：Human Development Index）である。比較的計測しやすい指標として国連開発計画（UNDP）が毎年計測、公表している。

　人間開発指数（HDI）は、「一人当たりのGDP」と「平均寿命」と「教育」という三つの指標の合成指数である。ごく大ざっぱにこの考え方を要約すると、毎年の所得、すなわち一人当たりのGDPが同じでも、平均寿命が40歳の国と80歳の国とでは、後者のほうが2倍の期間同じ厚生を受けつづける勘定となり、厚生総量が大きいと考える。また、一人当たりのGDPが同じでも、教育度が高いためコンピューターを使える国民は、使えない国民と比べて、コンピューター10万円とバナナ10万円との間で選択が可能であり、バナナを食べるしかない国民より厚生量が大きいと考えるわけである。

■2013年の人間開発指数の国別順位

　対象60カ国の中で高い順から並べると：
<u>1ルクセンブルク</u>、<u>2ノルウェー</u>、<u>3スイス</u>、<u>4オランダ</u>、<u>5アメリカ</u>、<u>6ドイツ</u>、<u>7ニュージーランド</u>、<u>8カナダ</u>、<u>9シンガポール</u>、<u>10デンマーク</u>、11アイルランド、<u>12スウェーデン</u>、13アイスランド、<u>14イギリス</u>、15香港、16韓国、<u>17日本</u>、18リヒテンシュタイン、<u>19イスラエル</u>、20フランス、<u>21オーストリア</u>、22ベルギー、23フィンランド
となっている。内向型諸国の大半が上位3分の1に入っている。

（資料：「社会実情データ図録」（本川裕）〈http://www2.ttcn.ne.jp/honkawa/1130.html〉）

　上記の様々な資料は、年により国の状況により、個々の数値は変動しても、全体の動きの傾向を見る限り、**今後も内向型社会が高い生産性を維持する傾向はそれほど変わらない**と思われる。

最近（2014年）フランスの経済学者Thomas Piketty（トマ・ピケティ）が書いた『21世紀の資本』は、資本あるいは富の蓄積と所得格差の際限なき拡大を警告し、大きな反響を呼んでいるが、これは外向型社会の経済にとっては大問題だが、内向型社会の経済には当てはまらない。**外向型社会の個人主義が不平等の最大の原因だからである。**

ただし、世界の国の大半（世界人口のほぼ90％）は外向型だから〈See：212・2〉、世界にとっては大きな問題となる。

〈223・6〉
第6項　内向型社会の課題
外向型社会の個人主義が侵入するとき、問題が発生する

■**組織のトップが個人主義になるとき**

内向型社会は前述の「理想的な中小企業・伊那食品工業」と「大企業・トヨタ自動車」の例〈See：223・413・6、436ページ〉からも分かるように、トップが自分個人の利害ではなく、組織（社員とその家族）全体の利益を図らないと、社員の労働意欲は高まらない。

社長は、社員と家族全部を包み込む「親父」でないと、内向型社会の良い点は表われない。内向型企業の底力も出てこない。当然生産性も上がらない。早晩、組織は崩壊する危機にさらされるだろう。結果的には、まさに、日本でよく言われるブラック企業となってしまう。良い親父であるほど、内向型組織の素晴らしさが表われる〈See：223・412〉。「内向型諸国に見るトップの役割の実際」も参照されたい〈See：223・413、433ページ〉。

■**組織の成員が個人主義になるとき**

すでに、縷々述べてきたように、内向型組織においては、個人主義者は受け入れられない。

■内向型の国に個人主義者が移住してくるとき

このトピックについての私の見解は、間違っているかもしれない。あくまで、私個人の意見として述べさせていただきたい。現在まで気質を研究してきた限りでは、次のように考える。

外向型社会から外向型社会へ移民することには問題はない。また、内向型社会から内向型社会への移民も問題ない。内向型社会の人が外向型社会に移民するのも問題はない。

しかし、**外向型社会から内向型社会への集団移民は**、私の調べた限りでは、双方に問題が発生しやすい。移民自身が苦しむだけでなく、受け入れた内向型社会もダメージを受ける場合が多い。

差別的発言のように誤解しないでいただきたいが、出稼ぎのためではなく、個人としてすでに専門知識を活かそうとする人ならあまり問題はない。

スウェーデンでは、南欧からの移民たちとの不協和音が大きい。ダウン教授も同じ認識を持っていた。ドイツにおいても同じような現象があり、トルコからの移民が問題となっている。スイスでも、私が9年間の留学中に見てきた限りでは、外向型の国からの労働者はスイスには定着できなかった。

もしこうした考えが正しければ、日本の場合には、移民の受け入れには慎重でなければならないと思う。外向型の国よりも、内向型の国〈See：212・2〉で日本に移民を望む人、なかでも北ベトナムやインドネシアの人が適しているように私には思える。

〈3〉第3章
気質に関わる問題

〈31〉
第1節　気質と成熟（美点と欠点）

利己心を克服した気質が美点となり、利己心に負けた気質が欠点となる

　成熟した外向型の人は明るく積極的であるが、同時に自己中心ではなく、他人への配慮を怠らない。自分を抑えるべきときには抑えることができる。その結果、彼の外向性の良い面が主に現われ、素晴らしい美点となる。
　内向型の人の場合も同じである。自分を抑えるべきときには抑えるから、良い面だけが現われ、素晴らしい美点となる。

成熟とは何か

　自分本位の**利己心を克服**できるようになることである。ではどのようにして利己心を克服できるようになるか。それについては、フランスの実存哲学者ガブリエル・マルセルの考えが、貴重な示唆を与えてくれる。
　人は〈自分が**存在することにおいて価値がある**〉ということを悟るとき、初めて利己心を克服することができる。自分の「**存在の領域**」（本人自身の領域）において自分の価値を見出すとき、人は自分を肯定し、ありのままの自分を受け入れ、自信が湧くとともに、他人の価値をも肯定し、他人を思いやる余裕が出てくる。すなわち、利己心を克服することができるようになり、成熟の土台が築かれる。

ところが自分の「存在の領域」において自分の価値を悟ることができないとどうなるか。〈**自分を他人と比較して、他人よりも勝っていると感じることによって、自分の価値（良さ、偉さ）を捉えようとする**〉。自分が他人よりも美貌だから価値がある。他人よりも地位が高いから価値がある。他人よりも良い物を持っているから価値がある。他人よりも金があるから価値がある。つまり自分の「所有の領域」、すなわち、「私の財産、私の名誉、私の地位、私の美貌」という時の、「所有の領域」において自分の価値を求めるようになる。

　しかし「**所有の領域」は、他人が踏み込んでくる領域**である。そこでは、自分の価値は絶えず他人の価値と比べられる。その結果、地位や富や風采が自分よりも優れた相手の前では、劣等感や嫉妬にさいなまれ、逆に、自分よりも劣る相手の前では、たちまち優越感を感じ、相手を見下ろす。こうして相手しだいで地獄と天国を経験することになる。そこには自分を肯定し、ありのままの自分自身を受け入れるところから来る充実した安らぎがない。

　しかも、所有の領域には上限がない。いくら地位が上がっても、財産を蓄えても、満足することができない。平和がない。ますます地位や財産や美貌を追い求めて狂奔するようになる。その結果、自己中心・利己心の塊となる。最も成熟から遠い存在となるのである。

　実話であるが、筆者の知人の精神科医のところに、ある日、一人の若い女性が飛び込んできた。興奮していて口もきけない。彼は看護婦に指示して彼女を病室に休ませた。落ち着いたところで理由を訊くと、車庫の中でエンジンをかけ、自殺を図ったが、途中で逃げ出してきたという。「じゃあ、どうして逃げ出したのですか」「実はきれいな服をいろいろ持っているのですが、それが急に気になって……」彼はやにわに彼女をベッドから引きずり出し、壁に掛かっていた彼女の服を指差して叫んだ。「あんたと、あの服とどっちがきれいなんだ！　あんたじゃないか！」これが彼女に対する治療の始まりだった。

　彼女は、何事においても他人に負けることが我慢できなかった。金の許す限り、高価な物を買い集めた。しかし、勝ろうとする渇きは止まらなかった。そんな彼女が人に好かれるはずがない。孤独はますます深まり、ますます焦って、ついに爆発してしまったというわけである。

真宗大谷派僧侶、田口弘願師も言っておられる。「他人と比較することで得た自信は、またすぐに消えてしまう。本当の自信はどこから生まれるかといえば、今ここに生きている私を認めることである。尊い命を生きていることに気付いたら、感謝が生まれる。大事なことは、この事実に気付くことである」(『文藝春秋』2012年12月号、p.361)
　それなら、どのようにして「尊い命を生きていること」に気付くことができるのか。
　無償の慈悲の体験と、社会における自分の使命を体験することによって気付くことができる(拙著『生命のメタフィジックス』pp.192〜200)。

1　無償の慈愛を体験すること

　まず幼児の頃、親の無償の慈愛を体験することが必要である。幼児にとって親はすべてである。神である。その親が、自分を最高の価値として無償の慈愛を注いでくれていることを実感すると、**幼児は、言葉でこそ言えないが、自分が無条件に素晴らしい存在であることを直観する**。その結果、ありのままの自分において、深い存在の安らぎを感じ、存在する自信に満たされる。そして**幼児の体験は、特に意識の底に固着するから**、大人になっても、その記憶、すなわち「**存在の領域**」の価値の記憶は失われない。そこから、人に親切にする余裕が出てくる。これが理想的な形で得られた成熟なのである。これは内向型の人も外向型の人も同じである。
　しかし、実際にはそのように恵まれた人ばかりではない。不幸な環境に生まれた人も少なくない。しかし、そういう人でも、無償の慈愛は体験できる。配偶者や親友の無償の愛を通して、自分の「存在価値」を実感することができる。仮に、そうした体験に恵まれない場合でも、最終的には、田口弘願師が言われるように、根源的生命の限りない無償の慈悲を体験するとによって癒される。すべての生命を内部から生かしている限りない慈悲を持つ絶対的根源的生命(すべての命の親、その名称は仏であれ、神であれ、アラーであれ)は、人間が良心に従って生きている限り、一人一人の中に厳然として実在しているからである〈See：212・5〉。だから、その限りない慈悲の腕の中で憩うのである。赤子が母親の腕の中に眠るように安らぐのである。**生まれてきて良かったと感**

じるようになる。このような瞑想のやり方について詳しくは、拙著『もしかしたら神に出会えるかも』(ティビーエス・ブリタニカ、1999年)を参照されたい。

2　社会における自分の使命を体験すること

生物のあらゆる部分は、一つの例外もなく、身体全体を生かすために驚異的な合目的的構造(目的を持った構造)を持っている。もしも、すべての部分において驚異的な合目的的構造を持っているならば、身体全体がもっと大きい目的を持たないはずがない。**部分が驚異的な目的を持っているにもかかわらず、全体がまったく無目的であることは絶対にあり得ない。**存在の矛盾だからである。

それゆえ、すべての人は、一人の例外もなく、目的を持った存在なのだ。社会のため、ひいては人類のため、さらには「生命の樹」のために使命を持って生まれてきた存在なのである。それゆえ、人は、何であれ、与えられた仕事に真剣に取り組んでいるならば、社会における自分の尊い使命に目覚めるようになる。そして「**自分はこの自分でよかった、生まれてきてよかった**」と、自分自身を肯定し、受け入れ、成熟に至ることができるようになるのである。

⟨32⟩
第2節　気質と性格の違い

本書では「気質」と「性格」を区別する。**性格は気質よりも広い概念**である。「性格」はその人の「気質」によって最も大きな影響を受けるが、その他の様々な因子によっても同時に受ける。例えば、その人の人間性の良し悪し、健康の良し悪し、教育の良し悪し、経験の幸不幸をはじめ、様々な因子の影響を受けている。それらすべての影響の結果、最後にその人の人格の表面に現われる「その人全体の特徴」を「性格」という。

ユングによれば、気質は変わらないが性格は変わる。**個人の気質は一生変わらないが、性格は変わり得る**。だから、気質は同じでも、性格的には善人もいれば、悪人もいるのである。

〈33〉
第3節　気質と気候の関係

　気候は気質の形成に影響するのではないか。寒くて厳しいところでは、勤勉にならざるを得ない。また、北部の人より南部の人のほうが明るい。だから、気候が気質をつくるのではないかと問われるかもしれない。

　確かに、天気になれば、気持がよくなり、明るくなる。働きやすい。しかし、これは気質の特徴ではない。暑いと仕事がしたくない、勤勉に働けない。頑張れない。しかし、寒くなったから、あるいは暖かくなったからといって、主観的になることはなく、客観的になることもない。理想主義になることもなく、現実主義になることもない。シャイになることもなければ、アグレッシブになることもない。集団主義になることもなく、個人主義になることもない。

第Ⅱ部　内向型国民の優れた特性

〈4〉第4章
気質論の基盤に関わる哲学

　一部の科学者は「しょせん生命は物質から生じたものであり、進化も物質の偶然の突然変異の積み重ねによって生じたものであって、生命と物質の間には本質的な相違はない」と主張する。

　しかし、生命と物質の相違から、内向型と外向型の違いが出てくるため〈See：211〉、生命と物質の相違は、気質論の基盤に関わる問題である。ゆえに、一度、基本的哲学的問題をきちんと整理しておきたい。次の三つのテーマに分けて検証する。「無から有は生じない」、「生命は物質からは生じない」、「進化は偶然の突然変異だけでは生じない」。

〈41〉
第1節　無から有は生じない

　この問題を理解するには、まず空間が何かを理解すると分かりやすい。

〈411〉
第1項　空間の意識

　空間とは実在性のない観念にすぎない。**空間とは、存在していた物体がなくなったところに感じる「物体の欠如」の意識**である。あるいは二つ以上の物体の間に感じる「物体の欠如」の意識である。先に物体の存在を体験したからこ

そ、「物体の欠如の観念」が生じたのである。
　したがって、空間は実体性のない観念的存在でしかない。それゆえ、アリストテレス系の西洋哲学では、空間をens rationis cum fundamento in re（現実世界に基盤があっての観念的存在）と呼んでいる。

■**だから空間の意識は物体を足がかりにしてしか拡大しない**
　宇宙空間の意識は、星を足がかりにして拡大する。中世のヨーロッパの人たちは、天空数百キロの上空に存在するところのドームのような固いしっかりしたもの Firmamentumがあり、そこから星がぶら下がっていると考えていた。ところが、望遠鏡の発明とともに遠くの星が見えるようになると、**それを足がかりに宇宙空間の観念が飛躍的に拡大した**。今日でも望遠鏡の性能とともに空間の意識は拡大しつつある。

〈412〉
第2項　無の意識

　同じように、無とは「有の欠如」の観念である。有が無から生じたのではない。有が先に有ったからこそ、はじめて無の観念が人間の頭の中に生まれたのである。まず「**存在ありき**」であり、「**まず無ありき**」ではない。だから先の哲学では、無とは「**有の欠如Privatio Entis**」と定義された。
　人は生まれた瞬間、まず、**物体（例えば母親）を認識**した。その記憶が瞬時に意識の中に固着する。その後、この物体が無くなると、**それが「欠如したこと」（無）を意識**する。だから、母親がいなくなると、赤子は大声で泣き叫ぶ。実際、「**有ったもの**」が欠如したとき、それを探すという経験こそは、生まれたときの最初の最も重要な経験であった。まず「有」を先に意識したからこそ、「有」の無（有が無くなったこと）を意識したのである。そして、ひとたび、無の意識が刷り込まれるや、その時以来、何かを探す場合、無の意識が先行する。だから、人は無が先にあって、有が後にくると錯覚してしまうのである。しかし、**存在はあくまで「有」から始まる。「無」からではない**。

■Big Banの問題

「宇宙の最初はBig Banから始まった」とよく科学の文献で言われているが、物質の大爆発があったということは本当かもしれない。しかしそれは、「絶対無において突如Big Banが出現した」という意味ではない。それ以前に、何か爆発するものが存在していたのである。

〈413〉
第3項 「実在することが本質となっている存在」とは

ところで、私は、100年前には実在していなかった。私が実在するには「他の存在」（親）から実在を与えられなければならなかった。その親自身も、「他の存在」（祖父母））から存在を与えられなければならなかった……。こうしてどこまでも遡っていくと、**最後には他から存在を与えられるものではなく、〈自力で実在する存在者〉**にたどり着かざるを得ない。もしもそれが実在しなかったなら、今の我々も存在しなかったからである。〈私が現にこうして実在しているという事実〉こそが、〈自力で実在する存在者〉が実在している何よりの証拠となる。

このような存在は、〈自己自身の中に実在するために必要かつ十分な根拠・原因力〉をすべて持っていなければならない。〈実在することが、自らの本質そのものとなっている〉ところの存在でなければならない。It's essence is to exist、エッセンスとエクジステンスとが一つとなっている存在者である。彼が自分自身について、人間の言葉を使って語るとすれば、「われは自ら在るものなり I am who am」と言うかもしれない。

■無の観念が先行することに関するベルグソンの考え

「我々は、無と我々との間に介在する〈無〉のお化けに関わることを止め、回り道をせずに、直接見るために見ようとつとめなければならない。そうすれば、**絶対的ものは、我々のすぐ傍に、ある程度我々自身のうちに開示される……。絶対的なものは、我々と共に生きているからである**。絶対的ものは、我々と同

じように、しかし、ある面からすれば、我々以上に、限りなく自己のうえに**凝縮**（concentrated）し、**結集**しながら、**持続Durer**（ベルグソン哲学の中心概念で「生きて存在を続けている」というニュアンス）している〔注：Bergson "L'Evolution Créatrice" Presses Universitaires de France, Paris, 1940, p.298. 『創造的進化』ベルグソン全集・第4巻、白水社、pp.337〜338〕。

〈414〉
第4項　カントの不可知論の問題

　しかし、「自己自身の中に実在するために必要かつ十分な根拠・原因力をすべて持っている存在」を否定する人たちがいる。そういう人たちが、しばしば最後に拠り所とするのが、「神の存在は理性では証明できない」とするカントの不可知論（神の存在は合理的理論では証明できないという説）である。それゆえ、カントを少し考えてみたい。
　カントは信仰の深い人であったが、このように不可知論を提唱したのは、次のような理由からであった。
　近代の科学者は理論的に神の存在を否定するようになってきた。どうしたらよいか。カントは考えた。理論的には証明できなくとも、一つ明確な事実によって証明できる。**人間が良心を持っている**という事実である。これは神が存在しなければあり得ない。だから神は実在する。彼はそれを『実践理性批判』という本を書いて主張し、彼はこれで信仰は守られたと確信した。
　しかし、無神論者の言う「神が存在しない」という理論的証明をどのように論破したらよいのか。
　このことについて、彼は無神論者と同じように、『純粋理性批判』の中で、まず神の存在は理論的には証明できないと主張した。ただし「**理論的に証明できない**」ということは両刃の剣で、「**理論的に否定することもできない**」ということでもある。だから、カントは『純粋理性批判』によって、無神論者の口も同時に封じたと思い、安心したというわけである。
　しかし、カント自身はどのような論理によって、神の存在は理性によって証

明も否定もできないと主張したのだろうか。

　彼は、人間の知識は、〈赤子が生まれときにはすでに乳の吸い方を知っているという事実〉からも分かるように、実際に経験する以前にすでに知っている知識なのだと主張する。すなわち、人間の頭の中に**前からあった知識**だと主張する。すべて知識とはみなそういうものなのだ。**経験以前に知っている「先験的知識」**なのだと言った。カントは、赤子の持っているこの先験的な知識を人間のすべての認識にまでに一挙に拡大してしまったわけである。これは、無謀と言えば無謀だが、カントはそれに固執した。

　しかし、それなら、今私が私の外に（外界に）見たり、触ったりして認識している世界はいったいどうなるのか。頭の中の妄想の産物になってしまうのではないか。

　それに対してカントは、「外界には、〈何らの規定性（色、重さ、形）も持たない『物自体 Ding an sich: Thing in itself』としか呼びようのない、得体の知れないもの〉だけしか実在しない。「家」とか「本」とかいう具体的な規定性は外界には存在しない。そうした規定性は、すべて主観が意識の中で構築したものにすぎない。観念的存在にすぎないと彼は主張した。

　しかし、これは無茶だと、カントでない我々はみな思う。実際、友人たちと食事をともにするのを楽しみにしていたカント自身、目の前にあるご馳走が、自分の頭の中で構成されたものに過ぎない**得体のしれない「物自体」**だと思いながら食べていただろうか。彼は友人たちと談笑しながら食事をとることをいつも楽しみにしていたが、その彼が、今一緒に食事している**友人たちが実際には外の世界において存在する得体の知れないもの**だと思っていただろうか。

　しかし、こうした批判を受けても、カント自身は平然としていた。「確かに今の自分には完全な答えを示すことはできないが、いつの日か将来、必ず誰かが答えを出してくれるだろう。**なぜなら人間は生まれる前から知識を持っているという私の確信は絶対に揺るぎないからだ**」と。

　ところが、カントの求めていた〈主観の中に在りながら、なおかつ同時に個人の主観を超える客観妥当性を持つ認識の土台〉が実際には存在するのである。それこそが、ユングの言う〈太古の生命の始めから生命の中に途切れることな

第4章　気質論の基盤に関わる哲学

く記憶されてきた集団的無意識の内容、元型の世界の宝庫〉なのだ。そしてこれこそが動物や人間の本能の基盤となっているのである。しかし、こうした元型自体は、もとはと言えば、**我々の先祖たちが実際に客観世界で経験して得た客観的知識**であって、**カントの言うような主観の産物ではない**のである（538a）。

　もちろん上に記したことは、カントの思想の骨組みを述べただけである。詳しくは、『生命のメタフィジックス』の付録二「カントの『純粋理性批判』の分かりやすい解説」をお読みいただきたい。

〈42〉
第2節　生命は物質からは生じない

　　1　生命は一つに融合する、物質は「多」に分かれる。
　　2　生命には目的性がある、物質には目的性がまったくない。

このように両者は本質的に相違するから、生命は物質からは生じない。以下に詳述する。

〈421〉
第1項　生命は一つに融合しようとする、
　　　　　物質は多に分散する

　ドアや床があるのはなぜだろう。人が入らないようにしたり、落ちないようにするためである。ドアや床は、他の何ものも、同一空間を占めるのを許さない。すなわち**物質のすべての部分は互いに互いの外に在る**。すなわち、**相互排他性juxta-positivity**（それぞれが互いの外に隣り合わせになっていること）を基本的特徴としている。
　だから物体には延長がある。そして、延長がある限り、部分に分けることが可能となる。

■しかし、生命には延長がない

　鉄の棒を二つに切ってみよう。そして、似たような形をした毛虫を真ん中から二つに切ってみたとしよう。どんな違いが生じるだろうか。鉄棒においては、二つの部分は、それぞれ切られたことが直接の原因で、質的な変化を始めることはない。ところが毛虫では、二つの部分は、**分離されたことが直接の原因で**、ただちに変質を始める。どうしてだろうか。

　生物の身体のすべての部分は、〈相互に区別された鉄の部分〉のようには独立していないからである。あらゆる部分が、他のすべての部分から生かされていると同時に、他のすべての部分を生かし、しかも〈身体全体の統一された行動〉を実現すべくコーディネートされている。だから、切り離されると、たちまち立ちゆかなくなるのである。

　このことから分かるのは、生物の身体には、〈**身体を構成する一切の物質的部分の仕切りをすり抜けて、浸透するとともに、一切の物質的部分を一つに統合する何か一つの実在**〉が存在しているということである。この〈何か一つの実在〉こそが、生命なのである。

〈422〉
第2項　生命は空間に制約されない、生命は「偏在」しようとする

　私の生命は部分的な生命となって分割されて生きているのではない。細胞質の隔壁によってモザイク的に区切られて生きているわけではない。空間的間仕切りを超えて存在している。

　私の生命は、何兆もの私に分散して多くの私になっているわけでもない。あくまで「一つの私の生命」として存在しているのである。すなわち、**生命は体内では「偏在」している**。

　そうでなければ、我々の意識は一つに統一され、一つになって活動することができなかったはずである。意識そのものが不可能だったはずである。意識そのものが存在しなかったはずである。

そして、もしもある日、私の生命が完全に物質性から解放されたならば、私の生命にとっては、宇宙空間の制約はなくなり、どこにでも完全なかたちで存在するだろう。孫悟空がお釈迦様から宇宙の果てまで逃げたつもりでいたが、ふと気がつくと相変わらずお釈迦様の手の平の上に乗っていたというストーリーがあるが、孫悟空の作者が、生命のこの特徴を表現しようとしたのかもしれない。

〈423〉
第3項　生命は時間にも制約されない、生命は「永遠」になろうとする（現在に収斂する）

さらに、生命は、物理的時間の制約からも自由である。生物には歴史があることが何よりもそれをよく示している。例えば、幼児期の身体や精神の状態が、**大人の現在の状態に直接影響を及ぼしている**。小さいとき受けた虐待が、大人になっても現在の言動に直接影響を及ぼしている。過去の経験が物理的時間の間仕切りを超えて、その原因性を現在の瞬間に及ぼしているのである〈See：023・6（565c〜565d）561ページ〉。だから歴史を学ぶのである。過去の経験を現在に生かすためである。だから、イタリアの哲学者クローチェが「歴史は現在なり」と言ったのは至言であった。

■**過去だけではない、未来も現在に影響を及ぼしている**
　生まれたばかりの赤子にも、今はまだ使われない生殖器がすでに備わっている。また、我々は、未来を予測して現在の行動を決めている。
　このことは生物が獲物を追いかけるときや、天敵に襲われたときなど、一心不乱になるとき、はっきり表われる。そこでは、その生物の**過去の経験と未来**が、現在の一瞬に、行動の質を直接決めているからである。

■ **しかし、物質においては現在の状態に直接影響を及ぼすのは直前の状態のみである**

　確かに、物質においても一つの状況が他の状況に影響する。しかし、物質においては現在の状態に直接影響するのは直前の状況だけであり、あらゆる過去の状況がすべて直接現在の状態に影響することはない。今ゴルフのボールがスライスしたとすれば、それは今のクラブヘッドの当たり方によって生じた結果である。昨日タイガー・ウッズがそのボールとクラブを使ってくれたからではない。だから物質界においては真の意味での歴史、すなわち、**過去の状態のすべてが現在の状態に直接影響しているプロセスは存在しない**。だから火星探査機が送ってくれた写真を見ていると、経過した何百億年の物理的時間は何だったのかと、一瞬、歴史の欠如を直観する。

　そして、生命が高次なものとなればなるほど、過去から未来への物理的時間の流れの隔壁を超えるから、ますます現在に充実するようになるだろう。もしも生命が完全に物質から解放されたならば、その生命にとっては、**すべては現在に充満しているだろう。絶対的な現在あるのみとなるだろう**。これが〈永遠に生きる〉ということなのである。だから天国も地獄も過ぎ去らない。

〈424〉
第4項　物質には目的性がないが、生命には目的性がある：驚異的な生命体の合目的的構造

　そもそも、我々が物の本質を捉え、定義するのは、その目的によってである。だから、例えば、時計とは「時間を示すことを目的とした器械である」と定義される。しかし、**物体の目的は、物体自体には存在しない。それを作った人間の意識の中にのみ存在する**。

　物体の部分の活動は現象的には関連しているように見えるが、物体の部分自身にとっては意味がない。ポンプのピストンにとっては、シリンダーの壁が隣にあることは、作った人間にとっては物理学的に関連していても、ピストン自身にとっては、まったく意味がない。

ところが、生命体においは、我々の意識とは関係なく目的性がある。人間が存在していようと、いまいと、例えば、昔の恐竜の心臓は、血を全身に送ることを目的としていた。

肉眼で見えないような細胞小胞体の一つ一つにさえ目的がある。役割と意味がある。しかも、驚異的な合目的的構造が存在する。

世界最小の昆虫のコンテスト（2008年度バイオスケープ・コンテスト）では、0.2ミリにも満たない「ホソハネコバチ」が１位になったが、心臓、胃、肺、神経など、生き物が持っている基本的な内臓器官がすべて備わっていている。

さらに、それぞれの内臓器官は、無数の細胞から成っており、顕微鏡でしか見えないような小さな細胞には、ミトコンドリア、グルジ体、小胞体等々、多数の細胞小器官、すなわち「**高度な合目的的構造物**」がぎっしりと詰まっている。

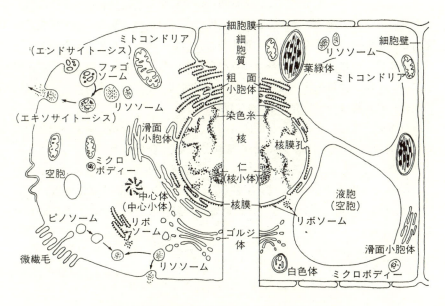

「細胞の微細構造を示す模式図」　左：動物、右：植物
『現代生物学』（東京教学社）38ページより

ところが**目的を持つ構造物を造ることは知性にしかできない**。目的（今の瞬間には未だ存在していない未来の存在）を今認識し、それを獲得する手段を今認識し、両者を結び合わせるという活動は、**物質的、空間的、時間的壁を超克する知性**しか為すことができない。

しかも、生物の合目的的構造物は、**自ら増殖する**。このような**自己増殖のプログラム**を、生物の中に組み込むには、さらに物凄い知性が必要となるだろう。しかも、そのプログラムたるや、たった一つの細胞から、〈60兆の細胞から成る人体全体を創りだすほどのプログラムなのである！　それを創った知性の凄まじさには、想像を絶するにあまりある！

それだけではない。この生物の合目的的構造物は、人間がそれを発見する何億年も昔からすでに現実世界に存在していたのだ。

ゆえに、人間の知性を<u>無限に超える知性が実在すると結論せざるを得ない。しかも、もしも、生物の体が、目的志向性のない物質の「偶然」の突然変異の産物だったなら、目的性のない、意味のない部分の組み合わせ、すなわち「無駄な構造物」が無数に生物の身体には混在しているはずである。ところが、生物においては、役目を終えて代謝していく細胞は別として、何兆という細胞には無駄な構造物は一つも存在しないのだ！</u>

それゆえ、生物の身体の合目的的構造を、今日、日々驚嘆しながら研究している医学者や生物学者は、宇宙から降りてきたUFOを驚嘆しながら調べる科学者に譬えることができる。本当は、**それを造った知性の物凄さに驚嘆している**のである。だから、ノーベル賞を受賞したiPS細胞の発見者山中教授も、NHKの番組の中で「私はそこに神の驚異的な叡智を感じている」と言われた（2014年4月）。

〈425〉
第5項　生命と物質のさらなる相違

〈425・1〉
生命は築く、物質は崩れる

　生命は、身体を築き成長させるだけではなく、進化を上昇させる。何かの目的を目指し、積み上げ、築こうとする。それに対して、物質はそれ自体では「崩れる存在」である。ランダム状態に向かおうとする。
　それゆえ、生命が手を引くと、残った身体（物質）はたちまち分解しはじめ、腐敗し崩壊してしまう。すなわち、物質においては、「無秩序の度合いを示す物理量」エントロピーが増大する。生命は逆に秩序を築くから、エントロピーが減少する。

〈425・2〉
生命はプラスサム的、物質はゼロサム的

　すき焼き鍋を皆で囲んでいるとき、誰かが肉を一切れ取ると、何となく気になる。こちらから見ると奪われたことになるからだ。彼にはプラス＋となり、私にはその分マイナス－となる。両方足し合わせるとゼロとなる。すなわち「ゼロサム存在」なのだ。
　ところが、誰にあげても、相変わらずあげたものがなくならない世界が存在する。生命の世界である。誰かに知識や愛を与えても自分の知識や愛は減らない。ますます増える。「Win-win」となる。「プラスサム存在」だからだ。生命体では、それぞれの部分がその役割をよく果たせば果たすほど、他の部分も良くなるのである。心臓が強いほど、他の器官もよく機能する。3人寄れば「文殊の知恵」となる。

〈425・3〉
生命体ではすべてが好循環か悪循環になる、物体ではそれがない

　生命体においては、厳密に言えば、どの部分の変化も、大小の差こそあれ、良きにつけ悪しきにつけ、全体に直接影響する。一つの部分が良くなれば、全体も良くなる。悪くなれば、全体も悪くなる。だから、**生命活動は良くも悪くも循環現象を生む**。好循環か悪循環になる。

■ではどうやって悪循環を断ち切ることができるのか
　病気になったら、患部を真っ先に治療するが、それだけではまだ不十分だ。それに加えて〈健康に役立つこと〉は、**何でもよい、今できることから、できる範囲で、すべて実行しなければならない**。よく睡眠をとる。よく噛んで食べる。酒やタバコをできるだけ控える。散歩する。明るく歌えるなら歌う。緑の野山に出て深呼吸する。少しでも微笑んでみる。挨拶をよくする。悪口を控える。人を褒める。人に小さな親切をする。気持がよくなる。こうしたことが巨大な好循環を体内に引き起こし、身体全体の免疫力と回復力を格段に高めるはずである。

■これは組織においても同じである
　問題と真っ先に立ち向かうことはもちろんだが、直接関係がないことでも、組織を元気づけることなら何でも始めることである。互いの挨拶をよくし、明るく振る舞い、互いに助け合い、悪口を控える等々いくらでもある。これが巨大な好循環を組織内に起こし、組織の回復力を格段に高める。

■結論
　以上、縷々述べてきたように、生命と物質の間には本質的な相違、180度の相違がある。したがって生命は物質からは生じ得ない。

⟨43⟩
第3節　進化は偶然の突然変異だけでは生じない

⟨431⟩
第1項　生物の側からの積極的適応努力が必要

　確かに進化は存在する。我々が日常それを一番よく体験している。人間も動物も生存競争に必死だ。特に我々は進化の最先端をリードする生物として、生物たちの進化の心理を、どの生物よりも鮮明に体験している。

　身近な例は、我々の企業の生き残り作戦である。次々と試作品を考案し、マーケット環境が選んでくれるのを待っている。そのどれが気に入ってもらえるかは分からない。十に一つも気に入ってもらえれば、御の字だ。これが生物の心理の側から見た本当の進化なのだ。

　ダーウィンが、ガラパゴス島で見つけた同じ種類の鳥の標本の中には色や形を異にする様々な変種が存在するが、**自然環境に選んでもらうために、生物が試してつくった試作品**なのであり、そのうちのどれかを環境が選んでくれるのを待っていたのである。選ばれたら、大繁殖するわけだ。

　ただし、自然環境が楽になると、動物も人間も退化する。だから自然は生物たちが怠けて退化しないよう、**常にひもじい思いをさせるべく、過剰繁殖Over-populate**させるわけである。ビジネスでも、大儲けして喜んでいると、たちまちそれを真似る相手がたくさん現われて、またしても、ひもじい思いをさせられるというわけだ。

　この生物の側からの積極的適応努力の必要性を見落としたことが、従来の進化論の最大の誤りであった。〈適応の努力もせずにただ漫然と「偶然の変異」に自らをゆだねるだけで進化は進む〉と人々に思わせてしまったからである。

⟨432⟩
第2項　偶然の確率から見ると、
　　　偶然の突然変異だけでは進化は生じない

　コインを放り上げて落ちてきたとき、「全部が同時に表に出る平均的確率」はどのくらいか。
・1個なら2回に1度：$1/2$
・2個なら4回に1度：$1/2 × 1/2 = 1/4$
・3個なら8回に1度：$1/2 × 1/2 × 1/2 = 1/8$
・10個なら1024回に1度：$1/2 × 1/2 × 1/2 × 1/2 × 1/2 × 1/2 × 1/2 × 1/2 × 1/2 × 1/2 = 1/1024$
となる。
　すなわち分母が2の10乗となる。つまり、10のコインを1024回放り上げたなかで、たった1回だけが、全部が同時に表になる。それほど低い確率なのである。

■**この法則を生命体の進化に当てはめてみると**
　古来ヨーロッパにあった哲学の原理に「良いことは、すべての部分が良くないと生じない。悪は一つの部分でも悪ければ生じてしまう（Bonum ex sola perfectione omnium, malum ex unaquaque defectione）」というのがある。
　眼球を考えていただきたい。
　眼球は、多くの部分から成っているが、カメラの絞りに相当する虹彩一つが機能しなくなっただけでも、**他の部分がすべてどんなに完全に機能していても、目は見えない**。仮に目が見えるために必要な基本的機能が10しかなかったとしても、そのすべてが同時に機能しなければ（すなわち10のコイン全部が同時に表を出さなければ）、目は見えなくなる。

第4章　気質論の基盤に関わる哲学

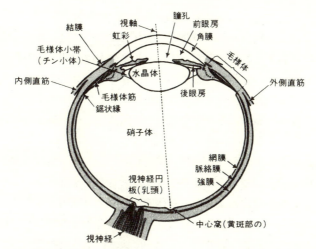

第1図　右眼の水平断面　　　From Charles H. Best
and Norman B. Taylor,"The Physiological Basis of Medical Practice"
『ブリタニカ国際大百科事典』19巻「眼」の項目より

　10の機能を持っている眼球が、偶然の突然変異のみによって進化すれば、進化する確率はどのくらいになるか。今みたように**1024回の突然変異のなかで、たったの1回だけである。あとの1023回の変化においてはすべて退化する。**
　ところが、目が見えるために必要な基本的機能は10どころではない。便宜上、仮に20だったとしても、偶然の突然変異によって進化する確率は104万8576回のうちのたったの1回しかない。あとの104万8575回においては、すべて退化する。しかし、眼球が見えるために必要とする機能は20どころではないのだ。
　かくして偶然の突然変異による進化の確率は、限りなくゼロに近づく。つまり、**偶然の突然変異のみによる進化はあり得ない**ということになる。
　ベルグソンも言っている。
「二人の歩行者がそれぞれ違った地点から出発し、それぞれ気の向くままに野原を歩きまわって最後に出会ったなら、それはあり得るだろう。けれども、彼らが長時間、気の向くままに歩きまわりながら、互いにぴったりと重なる同じ軌跡を描いていたとすれば、ありそうもないことである。ところが、この複雑なジグザグの軌跡も、器官の進化過程の複雑さに比べれば、ものの数ではない

465

のだ」(『創造的進化』ベルグソン全集・第4巻、白水社、p.78)

 だから、こうした**偶然の確率の問題を乗り切る**ためには、どうしても生命という〈積極的に物事を目標に向かって統合し築き上げる活力〉の存在を認めないわけにはいかない。生命の存在を認めなければならない。それゆえ実際に人間は生命の存在を敏感に直観する。生命がなくなる死の瞬間もただちに分かる。**突然何かが身体から抜け去るからだ**。だから医師は「ご臨終でございます」と告げることができる。

 それにもかかわらず、残念ながら、進化論者の中には、**生命の側からの積極的な適応活動を公式に認めることを拒否する学者**が後を絶たない。その人たちは、ベルグソンも非難するように、具体的なケースを説明する際には、生命の積極的な適応活動によって説明しておきながら、進化論の理論を一般的に述べる段になると、とたんに、物質の〈受動的で偶然に選ばれるだけのプロセス〉で説明しようとする。生命の積極的な適応によって説明しておきながら、その現行犯で捕まりそうになると、とたんに偶然で選ばれるだけの説明に逃げ込んでしまう(『創造的進化』ベルグソン全集・第4巻、白水社、p.80)。まさに、論理学でいえば、「**媒概念多義性の誤謬**」にほかならない。合理的思考を重視する科学者としてはあるまじきことである。

⟨5⟩ **第5章**

相互誤解から相互理解へ

⟨51⟩
第1節　内向型と外向型の間に生じる誤解

⟨511⟩
第1項　内向型の寡黙から生じる誤解：魔女裁判

　内向型の人は、外向型の人を見ると、意識が浅く、底のほうまで見える。そのため、しばしば軽薄だと感じる。内向型が尊敬するのは、重厚さを持った寡黙な人で、黙って、思慮深く、思いやりがあり、見えないところで人を助けている人である。
　外向型の人は、ユングが言うように、内向型を見ると、内向型の人は奥が深く、何を考えているか分からない。ともすれば薄気味悪い。相手に心を開かず、黙しているのは、何かきっと疚(やま)しいことを考えているか、何かを企(たくら)んでいるからに違いないと思う（*Typen*, 550b〜550d）。実際、外向型自身がそのような態度をとるときには、しばしばそうだからである。その結果、中世末のヨーロッパには次のような不幸な出来事が起こった。

■**魔女裁判**
　様々な災いの原因がまだ分からなかった中世末（15世紀）のヨーロッパの社会では、魔女狩りが起こった。普段でも何か企んでいるのではないかと疑われていた彼女たちは、特に疫病や飢饉(ききん)などが発生した際に、悪魔と結託して災いを企てていると誤解され、魔女に仕立てられて火炙りにされた。

その上、外向型の人たちは、それがはっきり証明できなくても、彼女たちを災いの原因と考え、すべての責任を彼女たちに負わせ、スケープゴートにし、殺害することによって、**自分たちの心配の原因を取り除こうとしたのである。**

　スイスに留学中、夏休みを過ごした小さなシャトー（Fribourg市の郊外Midde村、聖心会の創立者ソフィア・バラがフランス革命のとき避難していた家）の門の脇に土盛があり、その上に十字架が立っていた。「ここで女性たちが、魔女と疑われて火炙りにされた」と刻まれた墓碑があった。夕日に寂しくポツンと立つ十字架を見て、彼女たちの苦しみを思い、万感迫る思いがした。

　しかし、私自身も似たような疑いをかけられたことがある。ある日、スペイン人たちが私たちを取り囲んで、「あんたたち日本人は何を企んでいるのか」と詰め寄ってきた。我々が静かに話し合っているのをみて、何か悪いことを企んでいる雰囲気を感じるのだと言う。彼らは集まると明るい大きな声で皆が同時にしゃべるが、日本人は正反対だったからだ。

　またアメリカのMIT・Sloan School of Managementの経済学者、レスター・サロウ教授も、そのことを言っておられた。アメリカが時々日本を経済的にバッシングするのは、「本当は、日本が気味悪いからだ」と。

〈512〉
第2項　内向型の理想主義と外向型の現実主義に基づく相互誤解

　内向型は、理想をどこまでも追求しようとする。どこまでも完璧を求めていく。しかし、ユングも言うように、「外向型にとって『正常である』とは、客観的状況とあまり摩擦を起こさず、現実の状況に従い、それと異なる考えを持たないことである」（480d）。

　だから、アメリカでは、内向型の理想主義者は完璧主義者（Perfectionist）と呼ばれ、実際にはノイローゼと同義語になっている。内向型の「シャイ」は精神疾患とされ、治療の対象となっているのだ〈See：222・26〉。

⟨513⟩
第3項　全体主義社会と個人主義社会の相互誤解

　集団的な内向型社会においては、**個人義主義は、しばしば利己主義と同義語にされ、最大の社会的悪とされている。**

　それに対し、個人主義的な外向型社会（南欧や南北アメリカの大半）においては、**全体主義は、個人主義を否定し、自由を否定する最大の社会的悪とされている**（HCC, p.154）。

■そして内向型の方が外向型よりも誤解される

　それは、人類の大半が外向型だからであり、外向型の価値観が世界において支配的だからである。「生命の樹」のイメージを見てみると、**生物圏全体としては、常に外向型がマジョリティを占めており、内向型は少数派となっている構図が見える**〈See：212・2「生命の樹」の先端部分〉。だから、ユングも「ほとんど常に内向型のほうが外向型よりも誤解される」と言っている（562b）。

　しかもこの結果、内向型の人自身までも、自分の気質に逆行している現代の〈外向型的風潮に洗脳されて〉、外向型風潮に迎合しようとするから、事態はさらに深刻だ。それは、外向型が容赦ない、批判的な反対者だからというわけではない。内向型が、単に外向型に対してではなく、世界が共有している西洋的世界観に対して、マイノリティ・少数派となっているからである。それも数の上だけではなく、気持ちの上でもそうなのだ。**そもそも見えるもの、手に触れるものしか認めようとしない現代世界の外向型の風潮は、内向型の原理とは真っ向から対立するからである**（562c）。

　だからユングは言う。「もしも内向型が自分の基本原理に忠実であるならば、外向型の人たちが彼をエゴイストと判断することが、いかに根本的な誤解であるかが分かるであろう。そして、内向型の『姿勢』の正しさが、彼のすべての活動を通して証明されるに違いない（563b）」

　だから、内向型も外向型も、相手の文化を否定するようなことがあってはならない。夫婦のように、両者の違いが、相互対立のためではなく、相互補完のためにあることを知らなければならない。**両者は人類史における使命と役割が**

違うのだ。内向型には、理想主義と完璧主義によって人類全体を向上さる使命があり、外向型には、現実主義によって、人類全体を環境に適応させる使命があるのである。

　幸い、最近（2012年）、アメリカでは 内向型の価値が見直され、「寡黙：しゃべることが止められない世界における内向型の力」"Quiet: The Power of Introverts in a World That Can't Stop Talking"［邦訳『内向型人間の時代――社会を変える静かな人の力』スーザン・ケイン著、古草秀子訳、講談社、2013年］と題する本がベストセラーになった。著者Susan Holowitz Cainは、外向型の人たちが内向型の人たちを誤解し、その性格と能力を過小評価してきた事実を問題にした。大きな話題になったが、一部の書評家たちは、彼女がこの事実を問題提起にしたことは重要だが、客観性と学術的根拠がもう少しあればさらによかっただろうに、と言っていた。本書では、その客観性と学術的根拠を提示したつもりである。

⟨52⟩
第2節　合理的タイプと非合理的タイプの間に生じる相互誤解

　ユングは大略次のように述べている。
「非合理的タイプの人が何かを『やるか、やらないか』を決めるのは、理性的判断によってではなく、<u>知覚の絶対的強さによってである</u>。彼の知覚Wahrnehmung（perception）は、ただ目の前に来るものに向けられており、この知覚によって彼らの行動は決定される。目の前に現われるままの客観的現実には、法則的に起こっているものもあれば、偶然的に起こっているものもあるが、<u>非合理的タイプの人は、偶然的に起こっているものに注目する</u>。公準は、単に我々の理性にとってのみ存在するのであって、知覚機能にとってではない（532b）。それゆえ、知覚機能が主機能になっている非合理的な人は、理性の原則や、公準にはまったく関心がない。
　他方、合理的タイプの人が何かを決めるのは、<u>理性的判断によってである</u>。法則的に起こっているものは、理性にとって合理的でありなじみやすいからだ。

彼は偶然的に起こっている事象には関心がない（532a）。したがって、**合理的タイプの人は、普遍的に妥当する法則（公準）に注目する**。

　だからと言って、判断を知覚の下に置く非合理的な人を『非理性的 unvernünftig』と呼ぶこともまったく正しくない。彼はただ高度に『経験的 empirisch』な人だということであり、体験の上に基盤をおいている分だけ、よけいに、判断が体験に追いつかなくなっているというだけの話である。判断機能がなくなったというわけではなく、大部分は無意識的となって細々と生き延びている。そして無意識は意識的主体から切り離されているとはいえ、絶えず姿を現わすために、非合理的な人の実生活の中においても、しょっちゅう顔を現わす。しかも、**ふと突然、突飛な選択をするというような形で人目を引く**。無意識から生じるものによく見られるように、歪んだ形で現われる（532d）。例えば、見え透いた詭弁や、心ない断定や、人や状況を選ぶ際の見え透いた下心などのような形で現われる。

　しかし合理的な人がこのような無意識の現象を見ると、非合理的な人たちの本当の性格は合理的であり、いま行なっていることは、悪い意味での下心で動いているとしか思えない。しかし、こうした判断が当てはまるのは、非合理的な人の無意識の表われ方に関してであって、彼らの意識の表われ方に関してではない。だから、知覚に固着している結果生じる非合理的な人の本質は、理性的な判断をする人にはまったく理解できない（533a）。非合理的な人が重視する偶然的なものの寄せ集めなど、心理 Psychologieの名にすら値しないと思っている。

　他方、非合理的な人は非合理的な人で、合理的な人たちに対して同じような見下げた判断をしている。すなわち、**合理的な人たちは生の半分しか生きておらず、人生の目的を、ひたすらあらゆる生命を理性の鎖で縛り、判断というもので、その首を締めあげている**と思っている（533b）。

　合理的な人は、非合理的な人を容易に劣等生と見なすが、それは非合理的な人に（本人の意に反して）無意識的に起こること、すなわち〈彼に襲いかかってくるもの〉のほうに注目している結果である。そして、非合理的な人に襲いかかってくるものとは何なのか。偶然の出来事ではない――それこそ非合理的な人が得意とする分野である――。襲いかかってくるものとは、**無意識の内容**

として出てくる歪んだ理性的判断や見解なのだ（533c）。しかし、このようなことは、合理的な人はまったく気がつかない。

　それとはまったく対照的に、非合理的な人は、合理的な人が〈理性のイデアのほうを、生きているリアルな出来事よりも重視する〉のを見て驚くとともに、まったく理解できないし、信じられない。非合理的な人に合理的な人の心理的動きを理解させようとしてもまず無理である。なぜなら、非合理的な人にとっては、合理的理解など知ったことではなく、不快極まりないことだからである。それはちょうど、合理的な人にとって、〈互いに考えを確認し合い義務を負うことなしに契約すること〉など、想像することすらできないのと、逆の立場において、まったく同じだからである」（533d）。

〈53〉
第3節　相互誤解の根深い原因：文化の違いの認識不足

　以上述べてきた様々な相互誤解は、〈自分たちのカルチャーの価値判断こそ唯一絶対のものであり、すべての人にとって守られなければならない〉とする一種の「信仰」から生じる。しかも自分たちの価値観が普遍的な価値観だと思っているだけならよいが、それだけでは済まないところに問題がある。自分たちと価値観を異にする相手の言動については、しばしば、**病気のせいだ**とか、**人としての**道に反する**行為**だと言って非難するからである。

　この問題についてはG. Hofstedeの分析が参考になるので、以下にまとめてみた。

「それぞれの民族は、それぞれ異なる文化遺産、特に〈文化の中で善し悪しを判断する価値観〉を受け継いで生きている。しかし、それは、〈自分たちだけの特別なもの〉とは意識されていない。世代から世代へと受け継がれ、幼い頃からその価値観で躾けられ、学校で教えられ、社会に出ても組織や職場のなかで、とっぷりと浸かって生きてきた価値観だからである。社会規範となって自分たちの社会全体の諸問題の解決にも、日常、幅広く使われている価値観だからである。あまりにも当たり前のことなので、逆に意識されない。その結果、

第5章　相互誤解から相互理解へ

自分たちだけでなく世界全体の人たちも皆、同じ価値観で生きているとすっかり思い込んでいる。
　こうした誤りに、自分で気がつくためには、価値観を異にする他の文化と接しなければならない。その文化の中に住み、苦い体験を通して徐々にその文化になじんでいくうちに、人間は〈叡智ある人間 Homo Sapiens〉だから、自分たちと異なる社会規範や価値観が存在することが分かってくる。まさに、パスカルの名言どおり「ピレネー山脈のあちらとこちらでは、真理が逆だ」ということを発見する。それが分かると、相手の持っている良いものを自分が持っていないことにも気がつくようになる。こうして、建設的な相互理解の道が開けるのである。
　しかし、こうした文化的特徴に人々の目を向けさせようとすることにはリスクがともなう。人々を両極に分裂させるからである。**Aha-erlebnis（やっぱりそうだったのか）**（HCC, p.254）と啓発されたことを大いに喜ぶ人々が存在する一方で、激しく怒り反対する人々が出てくるからだ。自分が今までまったく疑いもしなかった価値観の土台が揺さぶられるからである。万人のための絶対的価値観と思っていたのが、そうでなかったことを知らされるからである。
　にもかかわらず、価値観に対する文化の影響を知らせる闘いは、進めなければならない。今日、我々は、文化的背景の違う人々と接する機会が多くなったからであり、共に働くことが期待されているからである。
　しかし、文化の違いの問題を議論の場に持ち出すことは、現代ではまだタブー（我々皆が関わらざるを得ないことでありながら、なおかつ**口にしてはならないこと**）となっている。ヴィクトリア時代にはセックスについて話すことがタブーだった。1960年代までは、少なくとも組織論の領域では、権力Powerについて口にするのがタブーだった。私（Hofstede）がこの本を書いているのは、この『文化のタブー』をなくすために役に立ちたいからである」（HCC, pp.253〜255）。

　そして筆者自身も、内向型と外向型の「文化のタブー」をなくすために、本書を書いているのである。

473

⟨0⟩ C. G. Jung

「心理学的タイプ」の第10章縮訳
(p.473a〜p.583a)

C. G. Jung「心理学的タイプ」の第10章縮訳

　ユングの気質論が特に体系的に述べられている原書 "*Psychologische Typen*",（Rascher-Verlag, Zurich 1937）は、筆者が訳した。研究成果を世に問う場合、基本的文献については、訳書ではなく原書を読むよう、スイスFribourg大学に留学中、指導教授Joseph Bochénsky師から厳しく指導されたからである。そして読むだけではなく、自分で訳せば、一語一語ニュアンスを正確に確認するため、著者の思想の理解がより徹底できることにも気がついた。
　まず全章を訳したが、そのあと、専門的でテクニカルな部分を省き、縮約して読みやすくした。
　所々に訳語と共にドイツ語を付記したのは、ユングのニュアンスを正確につかんでいただくためである。たとえドイツ語に不慣れでも、独和辞典で単語の意味をつかめば、正確なニュアンスの推測が容易になると思ったからだ。
　なお、引用箇所をすぐ見つけることができるよう、原書の当該ページを括弧で示し、ページを上から下まで **a・b・c・d** の四段に区切った。例えば、(478a)のように。
　文中の太字、括弧、「　」、〈　〉、（　）等は筆者が付けた。

●目次●

A　序文（473a〜477b） ·· 479
B　外向型（477d〜535c） ·· 484
　　Ⅰ　外向型の意識の一般的「姿勢」（478a〜483b）······················ 484
　　Ⅱ　外向型の無意識の「姿勢」（483c〜490a）···························· 488
　　Ⅲ　外向的「姿勢」における心理学的諸機能の基本的特質（490b〜535c）
　　　　 ··· 494
　　　　1　外向思考（490b〜496d）··· 494
　　　　2　外向思考型（497a〜509a）·· 499
　　　　3　外向気持（509b〜511c）··· 509
　　　　4　外向気持型（511d〜5016a）·· 512
　　　　5　合理的タイプのまとめ（516b〜519c）··························· 516
　　　　6　外向感覚（519d〜521a）··· 519
　　　　7　外向感覚型（521b〜525b）··· 520
　　　　8　外向直観（525c〜527d）·· 524
　　　　9　外向直観型（528a〜531c）··· 526
　　　　10　外向的非合理的タイプのまとめ（531d〜535c）················ 530
C　内向型（535d〜583a） ·· 534
　　Ⅰ　内向型の意識の一般的な「姿勢」（535d〜541d）··················· 534
　　Ⅱ　内向型の無意識の「姿勢」（542a〜544d）···························· 539
　　Ⅲ　内向的「姿勢」における心理学的諸機能の基本的特質（545a〜583a）
　　　　 ··· 542
　　　　1　内向思考（545a〜549b）··· 542
　　　　2　内向思考型（549c〜554b）··· 546
　　　　3　内向気持（554c〜556c）··· 551
　　　　4　内向気持型（556d〜560d）··· 553

5	内向的合理的タイプのまとめ（561a〜563b）	557
6	内向感覚（563c〜566a）	559
7	内向感覚型（566b〜570b）	562
8	内向直観（570c〜574a）	565
9	内向直観型（574b〜576d）	569
10	内向的非合理的タイプのまとめ（577a〜579c）	571
11	主要機能と補助機能（579d〜583a）	573

⟨00⟩
A 序文 (473a〜477c)

　以下、気質の心理について一般的な説明をしようと思う（473a）。最初に、私（ユング）が「内向的」と「外向的」と呼ぶところの二つの「一般的なタイプ」について述べなければならない。次に、それら一般的なタイプと共に現われる、「機能Function別のタイプ」の特徴Charakteristikも述べなければならない。特徴が出てくるのが、個人が状況に自らを適応させたり、方向づけるために自分の最も分化した（発達し、かつ得意とする）**機能を使うとき**だからである（473b）。

　私は前者を、関心やリビド（生命的エネルギー）の方向によって区別される一般的な「**姿勢のタイプ**Einstelllungstypen」と呼び〔訳注：Einstellungは、自分の姿勢を基本的に固めることを意味する。日本語では、しばしば「構え」と訳されているが、「待ち構えている」というようなニュアンスがあるため違和感を感じる。英語のattitude に一番近いため、本書では「姿勢」と訳した〕、後者を「**機能のタイプ**Funktionstypen」と呼ぶことにする。

　これまでの章のなかで度々述べてきたように、一般的な「姿勢」は、それぞれのタイプの人に特有な〈客体に対する姿勢〉によって区別される（473c）〔訳注：ユングが本書の中で多用する「**客体**」Objektという言葉は、「対象」や「事物」はもとより、特に<u>相手の「人」</u>のことを言っている場合が多い。私はときどき「相手」と訳した〕。

　まず内向型は対象から何かを抽き出そうabstrahierend（abstract）とする。基本的には、そこから活力Libido〔訳注：Libidoとは、<u>原始的な生物学的欲求から来る感情のエネルギー emotional energy from primitive biological urges</u>のことで、精神分析でよく使われる〕を抜き取ることに懸命になる。あたかも襲いかかってくる客体（相手）の威力を殺ごうとするかのようだ（473c）。
　一方、それとは逆に、外向型は、客体に対しては<u>積極的positiv</u>〔訳注：ドイツ語にはeはない〕である。その意義を重視するあまり、彼は絶えず客体に向かい、客体との関係をどこまでも深めようとする。基本的には、彼にとっては、客体

479

の価値は常に十分過ぎるということはなく、さらに高められなければならない (473d)。

　これら二つのタイプは、相互にあまりにも正反対で、コントラストが大きいため、心理学の専門家でなくとも、誰かに一度指摘されればすぐ識別できる (474a)。

　誰でも知っているように、**ある人は閉鎖的verschlossenであり、はたから見ていると何を考えているのかよく分からない。しばしばシャイである。逆に、ある人はオープンで、社交的で、明るく、少なくともフレンドリーで、付き合いやすい。誰とでもうまくやっていけるが、さりとて喧嘩もよくする。互いに影響したり、影響されたりしている。**

　これらの特徴はその人の個人的性格の表われに過ぎないと思われがちだが、多くの人を深く知るようになると、相対立した形で現われるこうした違いが、単に個人的な問題ではないことが容易に分かってくる (474b)。むしろこれは類型的な「姿勢」の違いから来ているもので、はるかに一般的なものであり、狭い心理学的経験が想定するようなものではない。

　実際これは、基本的な対立的相違であって、時には明瞭に見え、時には明瞭に見えない。ある程度性格がはっきり表に出ている人と関わると、常に見えるものである (474c)。これら二つのタイプは、教育を受けた人たちだけでなく、普通の勤労者や農業従事者にも、また国民の中で最高に知性の分化した（優れた）人たちにおいても等しくみられる。また、男女の違いも関係ない。すべての社会層の女性の間にも、同じ対立が見出される。もしもそれが意識の問題だけだったならば、すなわち、意識的に、意図的に選択された態度だったならば、このように幅広く存在しているはずがない (474d)。もしも意識的な問題だったとするならば、同じ躾や教育的背景などに影響されて、同じ「姿勢」を顕著に持つようになった人たちの社会集団が、特定の地域に出現していたはずである。しかし、実際はまったくその逆で、どこにでも散らばって存在しているのである。同じ家族においてすら、一人の子供は内向的であり、もう一人は外向的という具合なのだ (475a)。

　こうした事実が示すように、「姿勢」の特徴は、意識的な判断や意図の問題

ではあり得ない。明らかに**無意識的**で**本能的な**instinctiv**基盤**から生じているものなのだ。だからこそ、これら二つの相対立するタイプのコントラストには、一般的な心理学的現象の場合と同じように、irgendwie (in some way) 何らかのし方で「**生物学的に先行するもの** biologischen Vorläufer」が存在するに違いない（475b）。

　生物学的に見ると、主体と客体との間に存在する関係は、常に適応の関係である。主体と客体の間の関係は、一方が他方を変化させるということを前提としている。そして客体に対するこの独特な「姿勢」こそが、「適応」ということなのである。そして自然界では基本的に二つの異なる適応の仕方が生物をして生き抜くことを可能にしている。一つは、自分を守る力が弱く寿命が短い場合には、子供を多く産むことによってこれに対処し（475c）、もう一つは、子は多くは産まないが、自己保存の様々な手段を身につけることによってこれに対処している。これは単なる比喩Analogonではない。ここで扱う二つのタイプの心理学的適応の根本的基盤になっているように私には思えてならない。

　ここでは一般的なヒントにとどめておくが、外向型は絶えず自分の力を使い果たし、すべてに首を突っ込んでいこうとする（475d）〔訳注：ユングは言う「私は、一般に**外向型が比較的早く人生で燃え尽きてしまうのは、外界に対する反応の速さによるのではなく、外界に対する反応の激しさによる**と考えている。例えば外向型の優れた研究者は早くから著作活動を始め、たちまち有名になり、多くの人々と関わり、学生を育てるなど、外界への反応の激しさによる消耗が著しい。それに反して内向型の研究者は、もっぱら研究に没頭し、外にエネルギーを消費することが少ない」（p.470b）〕。

　それに対して内向型は、外からの要求に対して自分を守り、自分を外の客体に直接引きずり込むようなすべてのエネルギー消費を極力抑えるとともに、可能な限り安全で強力なポジションを確保しようと努める（476a）。William Blake（ウィリアム・ブレイク、イギリスの著名な詩人）が人間を「**多産Prolific**」タイプと「**多食Devouring**」タイプに区分けしたのは間違いではなかった。生物学的に見れば、これら二つの生存方法は両方とも有効であり、それぞれそれなりに成功しているが、外向型と内向型においても同様である（476a）。内向型はたくさんの関係を通して（例えば多くの人の助けを得て――訳者加筆）

物事を成し遂げるのに対し、外向型は単独Monopolで物事を成し遂げる。

　一般に言われているように生存競争がこのような「姿勢」を形成するのかといえば、絶対にそうではない。しばしば子供がごく小さいうちから典型的な姿勢をはっきりと見せる事実があるからである（476b）。もちろんそれに対して次のように反論されるかもしれない。「幼い子供、それも母の乳房を吸う赤子ですら、母親から影響を受けて、無意識的に心理学的適応をしているに違いない」と。こうした反論は確かに疑えない事実に基づいてはいるが、同じように疑いの挟めない次の事実の前には色あせてしまう。同じ母親から生まれた二人の子供が、すでに幼少のときから、まったく相対立する外向型と内向型のタイプに分かれていることがあるという事実である（476c）。母親の「姿勢」にほとんど変化が見られない場合においてすらそうである。

　私は両親の影響の計り知れない重要性を過小評価するつもりはまったくないが、それでも以上のような経験から、決定的な要因は子供の素質Dispositionそのものの中にあると結論せざるを得ない。可能な限り同じ外部の条件のもとにおいて、一人はこのタイプに、もう一人はあのタイプにと明白に分かれているという事実は、究極的にその個人独特の素質Dispositionによるものであることをはっきりと示している（476d）。

　もちろん私はノーマルな状況を前提として語っている。ノーマルでない状況のもと、例えば、母親の極端でアブノーマルな姿勢のもとでは、それがなかったならば本来は別のタイプの子供になっていたはずなのに、彼女の個人的Dispositionの暴力のもとで、母親とある程度同じ姿勢を強いられるということはありうる（477a）。このような状況下では、外からの影響で、贋造タイプがつくられ、多くの場合、後にノイロティックneurotischになるものである。それを治療するには、本来の生まれつきの「姿勢」を再構築するしかない。

　それなら、この特別なDispositionとは何かと訊かれれば、私がただ言えることは、人は自分に合った一方の「姿勢」でやったほうが、もう一方の「姿勢」でやるよりも何でもうまく適応できるということである。それはまだ知られていない生理学的基盤に基づいているのかもしれない。経験からもその可能性は十分ある。なぜならタイプの逆を強いられると、生理学的健康が大きく損なわ

れ、厳しいストレスに苦しめられることが往々にして起こるからである（477b）
〔訳注：文脈から判断すると、ユングはこのDispositionという語を「単に経験で形作られた特徴ではなく、生まれつき備わっている資質」の意味で使っている。ユングはp.539cに「遺伝」という言葉も使ってはいるが、内向と外向の違いが「**遺伝子**」によるものであるとまでは言っていない。「**何らかの生物学的先駆的要因**（biologischen Vorläufer）があるに違いない」と言っているのである（475b）〕。

⟨01⟩
B　外向型（477d〜535c）
Der extravertierte Typus

　このタイプを分かりやすく説明するためには、ここで説明する外向型と次に説明する内向型を、それぞれ〈意識の心理〉と〈無意識の心理〉の両面に分けて説明しなければならない。まず意識の心理現象から説明したい。

⟨011⟩
I　外向型の意識の一般的「姿勢」（478a〜483b）
Die allgemeine Einstellung des Bewusstseins

　普通、人間は外界がもたらすデータによって自分を方向づけている。決定的な場合もあれば、それほどでもない場合もある。ある人は外が寒いという**事実に基づいて**すぐにオーバーを着るが、他の人は、それは身体を鍛えるためにはよけいなものという**自分の考え方に基づいて**着ようとしない（478a）。ある人は、新人テノールを、世間が絶賛しているという**事実から**自分も絶賛するが、他の人は、世間の評判は必ずしも真価につながるとは限らないという**自分の考え方に基づいて**同調しない。ある人は、経験によってそれ以外には起こり得ないということから、その状況に賭けるが、他の人は、もしもすでに1000回もそうだったなら、今度こそは1回くらい新しいことが起こるかもしれないという**自分の考え方に基づいて**、それに賭ける（478b）。前者は、外界の事実を基準にして態度を決めているが、後者の場合には、一つの考えが、彼と客観的既成事実の間に割り込んできているのでそうしない。
　前者の場合のように、もっぱら主観の考えではなく客観的状況に従って主な決断や行動を決める場合、それを外向型の「姿勢」と呼び、この「姿勢」が習慣的になっている人を外向型タイプと呼ぶのである（478c）。良い意味でも、悪い意味でも、ともかく考えること、感じること、行なうこと、つまり生きること、において、このように**客観的状況や要求に直接同意して生きているのが**

外向型なのである。

　確かに、外向型の人にも、主観的な考えがないわけではないが、外界の客観的状況と比べると決定力は小さい（478d）。だから、彼は自分の内部の世界において何か絶対的なファクターに出合うなどとは思ってもいない。そのようなものは外界においてしか知らないからである。エピメテウス〔訳注：ギリシア神話に登場する愚かな神Epimetheusで、人類を創造したときに人類に授けるはずだった大切な賜物（ここでは主観的条件を示唆）が足りなかったことに後から気がつき、兄のPrometheusに助けを求めたが、結局は手に入らなかった。行動して失敗した後で、ああしておけばよかったのに、と後悔する人を意味する。「後知恵」の例に使われる。ユングは（505c）においてもエピメテウスを例に出す〕のように、彼の内面は外界の要求と闘いながらも外界に屈しており、最終的には常に客観的条件に都合を合わせてしまう。重要かつ決定的な決断は常に外部から定められるので、彼の意識全体は外界に目を向けている（479a）。彼自身が、まさにそれを外界から期待しているからこそ、そうなるのである。彼の心理的特徴は、特定の心理的機能が首座にあるか、あるいは彼個人の独特な性格に基づいていない限り、すべてこうした根本的「姿勢attitude」から出てくるのである。

　彼の関心や注意力は客観的出来事、とりわけ最も近い周辺の状況に向けられる（479b）。関心を惹くものであれば、人間のみならず事物に対しても向けられる。そのために行動も、人や物から受ける影響によって左右される。行動は直接客観的データや規定性（特徴）と結びついているから、いわば余すところなく説明できる。その行動が客観的状況に向けられていることは見ただけですぐ分かる。単に周囲の魅力に取りつかれたような場合は別として（479c）、その行動は常に一つの現実的な関係に適合した性格を持っており、客観的な出来事の範囲の中で十分に満足し、適切な行動を取ることができる。その範囲からはみ出ることなどまったく考えもしない。同じことは、彼の関心についても当てはまる。客観的出来事が彼にとってはほとんど無尽蔵な魅力を持っているので、関心は、普通、これ以外のところには向かわない。彼の行動の道徳基準は、それに関する社会の要求、すなわち、一般的に妥当する道徳的解釈と一致している（479d）。もしも一般的に通用している道徳観念が今と異なっていたならば、主体の道徳のガイドラインも違ったものとなっただろう。だからといって、そ

れによって心理的な内容全体が変化を受けるようなことはなかっただろう。
　客観的なファクターによってこのように厳しく決められる状況は、完全な、あるいは理想的な人間の生存条件に適応しているかのように思われるかもしれないが、決してそうではない（480a）。外向型の見方からすれば、完全な適応に見えるに違いない。彼には他の判断基準など初めからないからである。しかし、もう一段高い見地から物事を見るならば、客観的にあるものがいかなる状況下でもノーマルなものだとは決して言えないことが分かる。同じものが、時代や地域によってはアブノーマルな場合もあるからだ。こうしたアブノーマルな状態に順応している個人は、確かに周囲のアブノーマルな生き方に溶け込んでいるかもしれない（480b）。しかし、生命すべてに妥当する法則から見るならば、周囲の人々全員とともにアブノーマルな生き方をしているのである。確かに、今しばらくはうまくやっていくかもしれないが、それも生命の法則に反した罪によって皆と一緒に破滅するときまでの話である。彼が客観的な状態に順応していたほど、この破滅は確実にやってくる。順応Einpassungは「本当の意味での」適応Anpassungではない。適応をするには、単に状況に合わせていくだけでは足りない（480c）（ユングの注：スイスの詩人Carl SpittelerのEpimetheusを見よ）。適応するためには、場所や時代に制約されたものよりももっと一般的な法則に従わなければならない。ただ順応しているだけというのなら、たとえ正常な外向型ではあっても、鈍感な順応に過ぎない。
　外向型にとって「正常である」（性に合う）ということは、客観的状況とあまり矛盾を起こさずに状況に従い、それと異なる考えを持たず（480d）、ただただ客観的可能性の実現を図るという生き方である。例えば、現在の状況において最も未来を約束する職業に就くとか、周囲の人が今必要としていることや、自分に期待をしていることをするとかであって、やれそうもないことや、周囲の期待以上の改革などは一切しないということである（481a）。
　体や心（主観的側面）が必要としていることを計算に入れて生きることも本来は含まれているはずだが、それが見過ごされてしまうのである。これがすなわちこのタイプの人の弱点で、あまりにも外界ばかりに気を取られているため、非常にはっきりと感知できる主観的事実でさえも、すなわち自分の身体の健康などでも、「あまりにも客観的ではない」「外的ではない」として十分考慮しよ

うとしない（481b）。そのため、体の健康にとって欠くことのできない基本的な必要すらも、もはや満足されなくなる。その結果、心はもちろん、身体までも病んでしまう。しかし、外向型の人はこの最悪の状態にほとんど気がつかないのが普通である。それに気がつくのは彼の身近な家族である。彼自身がバランスの崩れたことにようやく気がつくのは、体調が普通でないことを感じたときである（481c）。

　こうなると、彼もそれを見過ごすことはできなくなる。しかし、当然のことながら、彼自身はこの状態を、具体的事象・「**客観的事象**」と捉えてしまう。なぜなら、たとえ彼の中に起こっていることであっても、彼のメンタリティーでは、客観的なものとして存在する以外には現実の存在様式はあり得ないからだ——自分の中に（bei ihm）起こっていることなのに——。他人の中で起こっていることなら、そうした問題をすぐにその人の「妄想」にするだろう。しかし、外向型的な姿勢が行き過ぎると自分自身の主体に対して何の配慮もなくなるところまで進むため、彼の主体はすっかり客観の要求の犠牲となってしまう。例えば、注文が来る、チャンスがある、それを逃す手はないと、どんどんと事業を拡大するから、自分自身はますます犠牲にされてしまう（481d）。

　外向型の危険は、客観世界に引きずり込まれることである。そしてその中で自分を見失うことである。しかし、その結果生じる機能的（神経的）あるいは身体的障害には、コンペンセーション（補償）的な役割がある（行き過ぎから引き戻す、あるいは正す役割）。なぜなら、それは本人の意に抗して行き過ぎをくい止めるからである。機能的症状だったとすると、独特な方法でシンボリカルに心理的状況を表出する（482a）。例えば、ある歌手の名声が急速に高まり、そのストレスに耐えきれなくなったとき、彼女は神経症の障害で、突然高い声が出なくなるというようなことである。また、例えば、貧しい境遇から出発して急速に影響力の高い前途洋々たる社会的地位に就いた男が、心因性の高山病のあらゆる症状を呈するようになるというようなこともある。非常に怪しげな女に女神のように惚れ込んでいた男が、いざ結婚する段になると（482b）、ノイローゼで食道痙攣(けいれん)を起こし、1日にミルクを2杯しか飲めなくなり、飲むのに3時間もかかるようになる。そして彼女に逢いに行けなくなったばかりか、自分の体に滋養をつけるのがやっととなる。また、ある男は、あまりにも拡大

しすぎた事業の稼ぎの重圧に耐えられなくなり、渇水症のノイローゼに罹り、その結果、ヒステリー性アルコール中毒になる、といった具合である（482c）。

　私の印象では、外向型のノイローゼとして最も広く頻繁に起こるのはヒステリーである。このヒステリーの特有な特徴は周囲の人たちに過剰なまでに合わせようとする「接し方Rapport（仏語）」で、そのまま相手を真似るようなところまでいく。その根底にあるのは、ともかく皆に関心を持ってもらいたい、目立ちたいという執拗なまでの願望である。それと裏腹になっているのが、よく言われる暗示にかかりやすいこと、他人の影響を受けやすいことである（482d）。また外向型の、疑いのない印は、ヒステリー患者の話し好きにも表われるが、それは時としてまったくの作り話をするまでに至る。ヒステリーが嘘つきだと非難される所以である。このヒステリーの「性格」は、最初は外向型のノーマルな気質が誇張されたものに過ぎないが、やがて無意識サイドからの（ノーマルな状態に引き戻そうとする）反発によって病的になってくる（483a）。過度に外に向かう心理的エネルギーを、身体の不具合を通して無理やり内に向かわせようとするからである。この無意識の反動によって今までとは違ったもっと内向的な性格が生じてくる。特によく見られるのは、病的なファンタジーの極端な昂進である。

　以上で外向的姿勢の一般的説明を終わるが、次にこの過度な外向的姿勢によって生じる様々な問題について述べることにする（483b）。

〈012〉
Ⅱ　外向型の無意識の「姿勢」(483c〜490a)
Die Einstellung des Unbewussten

「無意識の姿勢」などと言うと、怪訝(けげん)に思われるかもしれないが、今まで説明してきたように、私は意識に対する無意識の関係を意識のコンペンセーション（行き過ぎをノーマルな状態に引き戻そうとする動き）と見ている。したがって、意識に「姿勢attitude」があるならば、無意識にも「姿勢」があるということである（483c）。

B 外向型

　前項において、外向的な「姿勢」が一方の方向に偏る傾向があるということ、すなわち、心理の流れにおいて客観的ファクターが常に主導権を握っているということ、を明らかにした。
　外向型の人は<u>見たところ</u>anscheinendいつも客体のために自分を与えてしまい、自分の主体を客体に同化しようとする（483d）。私は、先に外向の「姿勢」が度を超すと、どういう結果になるかを詳しく説明したが、意識の外向的な「姿勢」の行き過ぎを元に戻そうとする心の動きは、当然、主観性を強めるはずである。すなわち、無意識の中に強い自己中心的傾向が出てくるはずである（484a）。このことは、実際に臨床経験にも合致している。ここでは、事例に立ち入るのはやめ、次の項でそれぞれの機能タイプにおける無意識の典型的「姿勢」を描くので、そこを参照していただきたい。本項では、外向的な「姿勢」のコンペンセーションのみに限定しておきたいので、その一般的な特徴を述べるにとどめたい（484b）。
　無意識の「姿勢」は意識の外向的「姿勢」を効果的に正すゆえに、一種の内向的特徴を持っている。それはコンペンセーションのエネルギーを主観の<u>力Moment</u>に注入する。すなわち、外向的な意識の「姿勢」によって抑圧されたり、奪われていたところの主体のニードや要求を活発にするのである。前項を読んでお分かりになったと思うが、客体や客観的事実に向けて意識が夢中になると、主観の大量の動き、考え、望み、欲求が弾圧され、自然では本来それらに与えられるはずだったエネルギーが奪われてしまう（484c）。しかし、人間は機械ではないのだ。まったく違ったものに作り替えて機能させるなど絶対にできない。人間は常に自分の人生のみならず人類の歴史すべてを引きずって生きているからである。この歴史こそ生存の基本に関わるニードを開示するファクターなのだ。英知ある注意深い対処が不可欠なものなのだ（484d）。今までの経験が新しい経験の中で発言し、ともに生きつづけなければならないのである〈See：221・01〉。だから、もしも完全に客体と同化してしまったならば、抑圧された主観の要素や太古の時代から（生命の経験によって深層意識の中に）積み上げてきた記憶（元型）が、反乱を起こすようになるのである（485a）。こうしたすべてのことから容易に理解できることは、外向型の人の無意識の現われ方は（太古の時代からの記憶や幼児の時からの記憶が表出してくるため）、

原始的、幼児的、利己的な性格を帯びているということである。フロイトは無意識について、（無意識は常に抑えられているがゆえに）「ただ願望するnur wünschenことしかできない」と言っているが、まさに外向型の無意識にはぴったり当てはまる。意識が客観の事象に順応し同化することによって、主観（心）の微弱な動きは意識の表に出てくるのを妨げられてしまう。感謝Gedanken、希望Wünsche、衝動Affecte、欲求 Bedürfnisse、気持Gefühleなどの心の傾向Tendenzは、それらが排除される度合に従って、退行的な特徴を持つようになる（485b）。例えば、意識によって受け入れてもらえない心の動きほど、幼児的で太古的な様相を帯びてくる。意識の外向きの姿勢は、それらの心の働きから奪えるエネルギーはすべて奪い去り、奪えないものだけを残してやる。にもかかわらず、残ったエネルギーは依然侮りがたい力を持っており、まさに根源的な本能と呼ぶべきものとなっている。そして本能は人が何をやったところで根絶できるものではない。本能を変えるには、多くの世代にわたってわずかずつ積み上げられた器官の変質（Umwandlung：metamorphosis）が必要である。なぜなら本能とは、特定の臓器のエネルギー的表われだからである（485c）。だから、心のいろいろな傾向には、抑圧されても、それぞれに、かなりの量のエネルギーが、たとえエネルギーが奪われ無意識化しているとはいえ、最後まで残っており、その力を保っているのである。意識の外向的「姿勢」が徹底すればするほど、無意識の「姿勢」も幼児化し太古的となる。時には幼児性をはるかに超えて極めて悪質で残忍なエゴイズムを特徴とするようにもなる（485d）。そこではフロイトが描写している例の近親相姦願望がフルに活発化する。言うまでもなく、こうしたことは、すべて無意識の領域で起こっていることであるから、外向の意識の「姿勢」が相当ひどくならない限り、専門家でないと捉えられない。しかし、それが過剰になると無意識の活動がハッキリとした症状となって表に現われてくる（486a）。無意識のエゴイズム、幼児性、太古性などが、本来のコンペンセーションの性格をなくしてしまう。だから、多かれ少なかれ意識的「姿勢」とは明白に逆の形で動きだす。こうなると意識は、無意識をますます抑え込もうとするようになり、意識の立場はますます極端に誇張されるようになる。その結果ついには、意識の姿勢が誤っていたという証しreductio ad absurdumが必ず現われてくる。すなわち主体の完全な崩壊

だ。この破局は具体的形をとって現われることもある。客観的な意図が主観的な意図によってすり替えられるからである（486b）。

　例えば、ある出版社の社長は一介の雇い人から20年の長きにわたって必死に働き、ついに独立し、大企業のオーナーとなった。事業はますます拡大し、彼はますます仕事にはまり込み、ついには彼の趣味までその中に持ち込むようになった。彼はそこに呑み込まれてしまい、次のような形で自滅の道をたどった。彼の無意識の中で、仕事一辺倒の行き過ぎから彼を引き戻すために、小さいときから持っていたある記憶が活動を始めた（486c）。小さいとき、絵やデザインを描くのが大好きだったからだ。ところが彼はこの才能を生活のバランスをとる余暇として素直に楽しむべきだったのに、仕事の中に持ち込んでしまったのである。自社の製品に芸術性を与える開発にファンタジーをめぐらすようになった。不幸なことに、このファンタジーは実際に製品化されてしまい、彼独特のプリミティーブで幼稚なテイストで製品がつくられるようになった。その結果、数年にして会社は倒産してしまった（486d）。彼は、我々の「有能な男は一つの目標のためにすべてを注ぎ込まなければならない」という現代の外向的文化的理想に従ったが、あまりにも行き過ぎたために、主観的な幼稚な要求の力に呑み込まれてしまったわけである（487a）。

　こうした破局はまた主観的な形で現われることもある。ノイローゼによる破局である。このような事態は、常に、無意識の反動が意識の活動を窒息させてしまうことから発生する。このような場合、無意識は意識に対して有無を言わさぬ要求を突きつけ、解きがたい葛藤が生じる（487b）。ほとんどのケースでその現われ方は、自分自身が本当に何を望んでいるのかすらも分からなくなり、何にも喜びを見出し得なくなったり、逆に、一度になにもかもやりたくなり、あまりにもたくさんのことを楽しみたくなる。できないことにまで手を出そうとするようになるのである（487c）。

　この人とても、文化的な理由から幼児的や太古的な欲求を抑えることはしばしば必要になるが、これは、容易にノイローゼやアルコール、モルフィネ、コカインなどの睡眠・麻薬剤乱用へと道を開くことになる。さらに不幸なケースとして、この葛藤は自殺で終わることもある。この無意識の<u>傾向Tendenz</u>の著しい特徴は、意識に無視されエネルギーが奪われる程度に応じて破壊的性格を

強めるようになり、それとともにバランスを正すはずのコンペンセーションが止まってしまうことにある。ただし、こうしたことは、我々の文化的水準と絶対に相容れない低い水準にまで無意識が抑え込まれた時に起きる。この時から、無意識の傾向は、ことごとく意識の「姿勢」と対立し、傍目にもはっきりとそれが見えるようになるのである（487d）。

　無意識の「姿勢」が意識の「姿勢」を正すということは、一般に心理的バランスをとるという形で現われる。外向の「姿勢」が正常だということは、本人がいつもどこでも外向型として振る舞っているということでは決してない。様々な状況の中で、彼においては内向型のメカニズムも観察される（488a）。ある人を外向型と呼ぶのは、彼の外向性のメカニズムが彼の内向性のメカニズムよりも優位にあるということに過ぎない。すなわち、彼の最も発達した（分化した）心理的機能が常に外界との関わりにおいて使われ、それほど発達していない機能が内界との関わりにおいて使われているということである。優越機能が最も意識化され、意識のコントロール下に置かれ、意識の意図に完全に従っているのに対し、それほど分化していない劣勢機能は、あまり意識されず、部分的に無意識の中にあって、意識にはほとんどコントロールされない（488b）。優越機能は常に意識的な人格を表わし、その意図、意志、動向を表わすものに対し、劣勢機能の動きは、「知らないうちに、うっかりやってしまった」というように感じられる。しかし、それは言い間違い、書き間違い、その他の間違いのようなものである必要はない。そのうちの半分、ないし4分の3は意図的な可能性がある。劣勢機能とても、まだ幾分か意識を備えているからである（488c）。その典型的な例は、外向感覚型の人が周囲の人たちと、とても仲良く付き合っているのに、時に、うっかり極めて失礼なことを口にしてしまう、というような場合である。こうした彼の判断は、〈未分化であまり意識化されておらず、部分的にしかコントロールできない思考thinking〉から出てきたもので、客体（相手）への配慮が不十分であるため、きわめて無分別な言動を起こしやすいのだ（488d）。

　外向的「姿勢」における未発達な機能は、度外れた自己中心性と個人的偏見のために、常に極度に主観的にとらわれた状態にあり、それによってこの機能が無意識と密接につながっていることが明らかになる。無意識はこのように未

B　外向型

　発達な機能の中に姿を表わしている（489a）。無意識の内容は、幾重にも重なった層の下に埋もれているという具合に意識の下に埋もれていると思ったら大間違いである。まったく逆で、意識の心理的出来事の中に流れ込み、しかもその量が多いために、観察者の目には、時々、どちらがその人の本当の意識的な人格のものなのか、どちらが無意識的な人格のものなのか、区別がつかなくなるほどである。特に、自己表現が他の人よりも豊かな人の場合においてそうである（489b）。

　この判断は、観察者自身の「姿勢」にも大きく影響される。彼が相手の人の意識の特徴のほうに目が向かうか、無意識の特徴のほうに目が向かうかによって違ってくる。一般に「判断タイプ」の観察者（思考型と気持型の人）の場合には、相手の意識の特徴のほうに目が向かう。一方、「知覚タイプ」の観察者（感覚型と直観型の人）の場合には、相手の無意識の特徴のほうに目が向かう。判断機能は心理的出来事の意識的な動機の判断に適しており、知覚機能は出来事をそのままの姿で捉えるのに適しているからである（489c）。しかし、観察者が、知覚機能と判断機能を同じ程度に使う人の場合には、相手の人格が同時に内向型にも外向型にも見えるということが容易に起こり得る。そして最初はどちらの「態度」に優勢機能が属しているかが分からない。このような場合には、相手の機能の特性を根本にまで掘り下げて分析することだけが正しい理解への道となる（489d）。そしてこの分析においては、どの機能が意識のコントロールとモチヴェーションに全面的に従っているか、そしてどの機能が、偶発的で自然発生的に動いているかをよく観察する必要がある。意識に従っている機能のほうは常に後者よりも発達しており、後者のほうは、どことなく幼児的であり原始的である。その時々に前者はノーマルな印象を与えるが、後者のほうは、どことなくアブノーマルな病的なものを感じさせる（490a）。

〔訳注：なお読者におかれては、以下の部分を続けてお読みいただくわけだが、多少読みづらい専門的な説明があちこち出てくると思う。その場合には、気になさらずに、軽く読み流しておいていただきたい。そして、〈1〉の第Ⅰ部「世界諸国の国民性」をはじめ、本書全体をお読みいただいた後に、もう一度このユングの第10章を読み直していただきたい。よくご理解いだだけると思う〕

〈013〉
Ⅲ　外向的「姿勢」における心理学的諸機能の基本的特質
（490b～535c）
Die Besondernheiten der psychologishen Grundfunctionen in der extravertierten Einstellung

〈013・1〉
1　外向思考（490b～496d）
Das Denken

　全体の「姿勢」が外向的である場合には、思考は、客体対象や客観的データによって自らを方向づける。その結果、思考には一つの明確な特徴が出てくる（490b）。

　そもそも思考の内容は一般にどのようにして獲得されるのであろうか。まず思考の内容は、根源的には、主観の無意識の原泉から出てくるものである。もう一つは、〈五感の知覚を介して得られた客観的データ〉から得られる。外向型の思考は、後者すなわち客観のファクターのほうからより大きな強い影響を受ける。判断というものは何かの基準に基づいて行なわれるから、外向型の人の判断では、主に客観的な状況から借りてきた基準に基づいて行なわれ、その基準が妥当なものとされ、決定的なものとされる（490c）。その基準は、直接的に、五感に知覚された客観的事実からもたらされる場合もあり（例：「この車は**性能がよいから、これを買おう**」などのように）、間接的に、客観的理念によってもたらされる場合もある（例：法律、規則、スポーツのフォーム、組織の内部規定、仕事の手順、等々で、「**そういう規則や決まりになっているから、そうすべきだ**」となる）。なぜなら、客観的理念もまた、たとえ主観が承認したものであっても、外から入ってきたものであり、外から借りてきたものだからである。したがって、外向的思考は、純粋に具体的な事実に関するものである必要はまったくない（490d）。純粋に理念（観念）についての思考であっても、例えば、伝統とか教育とか授業などから得た度合が強いことが証明されれば、十分である。

それゆえ、外向的思考かどうかを見極めるには、ともかく、〈判断がどちらの基準によってなされているのか、外から借りてきたものか、それとも主観の内面の原泉から来たものなのか〉ということを問えばよい。そして、見極めるためのもう一つの目安は、（実生活の様々な局面で）判断の**結論が向かう方向**である。外に向かっているか、否かということである（491a）。思考が扱っているのが具体的な対象物だというだけでは、まだ外を向いた思考だとは結論できない。なぜなら、自分の考えを具体的な対象を通じて（三次元の世界において）具体化しているなら外を向いているが（例：料理のアイディアを実際に料理にする）、たとえ具体的な対象を扱っていたとても、（内向型のように）そこから自分の考えを引き出している、すなわち抽象している場合があるからである。

実際、たとえ私の考えが具体的な物を考えていても、そして外を向いた思考だと言われたとしても、それだけでは、どちらの方向に思考が向かっているかはまだ分からない（491b）。最後に再び客観的な事実や外界の事象や一般的な既成概念に戻ってくるなら、その時初めて、外を向いた思考だと言うことができるのである。例えば、商人や技術者や自然科学者などが実際の仕事をしている時の思考das praktische Denken自体は、外の対象に向かっていることがハッキリしている（491c）。しかし、哲学者のように、彼の思考の方向が理念（一つの考え）に向かっているならば、注意を要する。もしも、理念が経験した対象のアブストラクション（**抽象**）のみから得られたもので、その結果、客観的な諸事実を包括する高次の集合概念（例えば「人類」とか、さらに高次の集合概念「存在者」など）に過ぎないならば、内向的な思考だからである。もしも、理念が〈直接的経験のアブストラクションではない〉ことが明らかで、伝統的に受け継がれてきたものであったり、精神的な環境から借りてきたものならば（491d）、客観的所与に基づいているから、思考も外向的な思考ということができる。

内向的な思考については、後で（542a〜544d）詳しく説明するつもりでいたが、ここで多少触れておくことも必要と思う。私が述べたことから、〈客観的事象にも一般的理念にも向かわない思考〉は「思考」の名に値しないと思わ

れたり、それが思考についての私の考えのすべてであるかのごとく解釈される可能性が危惧されるからである（492a）。実際、現代の人たちは、代表的な優れた人たちですら、外向型の思考しか知らないし、認めない人が多いからである（492b）。その原因の一つは、普段、人々の目に触れる思考が、科学においても、哲学においても、芸術においても、どれも直接、客観的対象から出てきたものか、あるいは一般的な理念に流れ込んでいくものかのどちらかだからである。それなりに理解できないことはないが、現代人は外向的な思考、すなわち、客観的所与に向かう思考しか知らないと言われても仕方がない（492c）。

しかしながら、外向的な思考とはまったく異なっているが、それにもかかわらず思考と呼ばざるを得ない思考が別に存在する。客観的経験から生まれたものではなく、一般的であり、客観的に仲介された理念には向かわない思考である。ではこのような思考はどのようにして生じるのか。

私が具体的な対象や客観的な一般的理念について考える場合、私の思考が最終的にその対象に戻ってくる場合ですら、こうした知性の活動だけがそのとき実際に起こっている心理的活動のすべてではない。感覚や感情など、多少の邪魔はもちろんあるが、客観的所与から出発して客体に帰っていく私の思考活動でさえ、絶えず私の主体との交流を保持しつづけているからである（493a）。しかもこの主体との交流は、思考活動にとって〈それなくしては一切が成り立たないほど絶対的な条件conditio sine qua non〉なのである。私の思考活動がいかに客観的所与に向かおうとも、それはあくまで「私の」主体の思考活動であり、主観の内容が混入することは避けられず、それなしではすまされないものなのである（493b）。たとえ私が自分の思考活動にあらゆる点で客観的方向性を与えようと努力しても、〈主観が並行して活動し一緒にやろうとしてくる〉のを阻止することはできない。しかもそれなくしては私の思考活動の生命の光は消えてしまう。

この主観の並行活動は、当然のことながら、客観的所与を主体にアシミレートassimilieren（取り込もうと）するところの〈自然でほとんど避けることのできない傾き〉を持っている。そして、もしも力点が主観的活動に置かれるならば、外向的思考と対立する別の種類の思考、すなわち〈主体と主観的所与に方向づけられ、私が内向的と呼ぶところの思考〉が生まれるのである（493c）。

この方向性のゆえに、〈客観的事実によって規定されることもなく、客観的所与によって方向づけられることもない思考〉、すなわち〈主観的所与から出発して主観的理念、ないし主観的な特徴をもっているところの事実に向かう思考〉が生まれるのである。これ以上、ここでは内向的思考について述べるつもりはないが、このような思考が身近に存在していることを確認することだけはしておきたい。

　それでは、本筋に戻って、外向的思考活動の本質をさらに詳しく説明する（493d）。

　外向的思考は、客観への方向づけが優勢になることによって生じる。これは**思考の論理自体を変えるものではないが**、ウィリアム・ジェームスが言うように、思考する人の気質の違いをつくるものである。客体に目を向けているということは、思考の働きそのものが違うのではなく、思考の表われ方が違うだけである（494a）。すなわち、客体に縛られているように見え、外を向いていないと生きていかれないように見える。外的な事柄に従っているように見え、外界との関係で普遍的妥当性をもった理念（例えば、権力、富、名誉など）に合流するときに最も高揚するように見える。外向的思考は、常に客観的所与を通して作り出され、その同意を得て初めて決断に至ることができる（494b）。だから、一見、客観的枠に囲まれた範囲内では自由活発のように見えるが、客体に縛られており、その意味では自由がなく、時には近視眼的な印象すら受ける。

　ここで私が書いていることは、外向的思考の現象（現われ方）が観察者に与えるありのままの印象であるが、観察者は外向型とは異なる視点に立たなければならない。そうでないと、外向的思考の現象がまったく観察できなくなるからである。外向的思考にとっぷり浸かっている外向型の人は、自分の本質や価値は捉えることはできても、自分がどのように人に見られているかは分からないからである。

　単に現象だけを見て判断していたのでは、本質を正しく評価することはできないし、判断はたいてい否定的なものとなってしまう（494c）。

　しかし、外向的思考は、本質において、内向的思考に劣らず実り豊かで創造的な思考である。ただ、その能力が異なった目的に役立っているに過ぎない。

この違いが特にはっきり認められるのは、外向的思考が、主観的な方向づけを持った思考（内向型思考）の対象を捉えようとする時である（494d）。例えば、主観的な確信を、客観的事実から説明しようとしたり、〈客観的イデアの結果、もしくは、そこから派生的に出てきたもの〉として分析的に説明しようとするようなやり過ぎをする場合である。
　他方、内向的思考も踏み外すことがある。客観的所与を客観的には与えられていない意味関連の中に持ち込もうとする場合である。客観的所与を一つの主観的な観念の根拠にする場合である。自然科学的思考に馴れた我々にはそれが問題であることはすぐ分かる（495a）。
　これら二つのアプローチは、一種の越権行為Übergriffであり、その結果、内向的思考においても、外向的思考においても、それぞれが持っている影の動きが胎動し始めることになる。その結果、内向的な思考は、純粋な独断となってゆき、それに対して外向的な思考のほうは、月並みで陳腐な説となっていく。このために、両者の立場はいつまでも嚙み合わない（495b）。

　こうした争いは、もしも、主観的な性質の対象と、客観的な性質の対象とをはっきり区別すれば、容易に解決できるように思われるかもしれないが、残念ながら、これまで幾度も試みられてきたが不可能だった。また、たとえそれが可能だったとしても、それは大きな損失となる。内向的思考も外向的思考も、一面的であり、守備範囲が限られているがゆえに、互いに影響（補足）し合うことこそ必要なことだからである（495c）。
　だから、もしも客観的所与が一方的に思考を支配するようになると、思考は不毛となる。すなわち、思考は客観的所与の「付け足し」に過ぎなくなり、その結果、客観的所与から自らを解放し、抽象的概念をつくることが決してできなくなってしまうからである。そうなると、思考のプロセスは委縮し、「熟考」Überlegungという意味の「追考」Nachdenkenではなく、単なる「模倣」Imitationという意味での「追考」になってしまい、本質的には、初めから終わりまで、客観的所与の中にすでに明らかに現われていたこと以外のことは何も語れなくなってしまう（495d）。
　もちろん、このような思考プロセスは、客観的所与に直接戻ってはくるもの

の、その域を超え出ることはない。その結果、体験を**客観的なイデア**（理念）に結びつけることは決してない。また、これとは反対に、この思考が、一つの客観的なイデアに固着する場合には、それによって現実の異なる経験を個々に説明することができないから、類語反復Tautologischに終始することになってしまう。このよい例が、唯物論的メンタリティーの思考である（496a）〔訳注：ユングはその例として、「唯物論は人の心の動きを、神経節の化学的変化だとか、細胞突起の伸縮だとか、内分泌の問題として片付ける。われにとって慣れている生理学にすべてを還元して述べようとするのである」（508c）と言っている〕。

　また、外向的思考が客観的所与に支配されてしまうと、一方では、個々の体験の中に完全に埋没しきってしまい、消化しきれないほどの経験的素材を蓄積するようにもなる。このようにして集められた膨大な個々の体験は、多かれ少なかれ互いに関連性のないものだが、その重圧のもとに、知的な分裂状態が生じるようになる。そのため、通常、別の側面からの心理的コンペンセーションが必要となってくる（496b）。このコンペンセーションの一つは、〈集められてはいるが内的には互いに結ばれていない部分からなる全体〉を、あたかも一つの関連性で結ばれているかのように匂わす単純で一般的な理念をもってくることである（496c）。例えば、「物質」とか「エネルギー」という言葉である。

　その一方でまた、外的事柄にそれほど固着せず、むしろ何かの受け売りの理念のほうに固着している場合には、その思考の貧しさを補うために、事例を驚くほどたくさん集めてくる。しかし、それは比較的狭く、しかも不毛な観点から集められたものであって、決まって、意味や価値をたくさん含んでいる側面が完全に捨てられている。今日、科学的文献と称するものが眩暈（めまい）を起こさせるほど氾濫しているが、残念なことに、その多くが、このような誤った方向づけによって書かれているのである（496d）。

〈013・2〉
2　外向思考型（497a～509a）
Der extravertierte Denktypus

　経験が示すように、同一人物のなかにおいては、心理的な基本の諸機能（感

覚と直観、思考と気持、知覚と判断）は、その強さと発達程度において同じであることはめったにない。普通には、どちらか一方が勝っている（497a）。それで、思考が優位な場合、すなわち、生活の営みがもっぱら思考に導かれ、すべての重要な行為が、何らかの形で、知的に考えられた動機から出ているならば、あるいは少なくともそうした傾向に沿って為すべきだと思っているならば、その人は思考型となる。こうしたタイプは内向型にも外向型にも存在する。ここでは、外向思考型について述べたい。

このタイプの人は定義に従って——もちろん純粋なタイプの話だが——自らの生活のあり方全体を、知的な結論に従う方向に持っていこうとつとめる（497b）。ということは、最後のところは常に客観的所与、すなわち客観的事実か、あるいは普遍妥当性のある客観的理念に方向づけようとする。このタイプの人は、自分自身に対しても、また周囲の人たちに対してすら、客観的事実のほうを優先し、その事実やその事実に方向づけた客観的な公式のほうに決定権を与える（497c）。この公式に基づいて善と悪が裁かれ、美と醜が測られる。この公式にかなうものはすべて正しく、それに反するものはすべて誤りでしかなく、それと関わりのないものは偶然とされる。この公式は世界の意味にかなっているように見えるため、いつもどこでも、個別的にも全般的にも実現されなければならない世界の法則とされてしまう。外向思考型が自分の公式に従うように、彼の周囲の人たちも、幸せになりたいならば、彼の公式に従わなければならない（497d）。なぜなら、それをしない人は正しくなく、世界の法則に反しており、したがって非合理的で、反道徳的で、無責任な人間と彼には見えるからである。**彼のモラルは例外を認めることを禁じる**。なぜなら、彼の理念はすべての状況の下でレアリティにならなければならない。現実化されなければならない。なぜなら、彼の理念は、彼の目に映るとおり、客観的事実の最も純粋なかたちで公式化されたものであり、それゆえに普遍妥当性を持った真理でなければならず、したがって**人類の幸せに不可欠のものと彼には思える**からである（498a）。これは隣人愛などというようなものではなく、彼にとっては、正義と真理という高い視点から出てきたものである。彼自身の性格の中でこの公式に矛盾するものは、すべて不完全でしかなく、偶然の挫折であり、次の機

会には取り去られるべきものであり、それに成功しない場合には、病気のせいにされる (498b)。病人や困窮者や障害者などが公式の部分となったような場合には、そのために、特別の対策がとられる。例えば、養護施設、病院、監獄、居留地などが考えられ、そのための計画や草案がつくられる。しかし、実際に実行するとなると、普通は、正義や真理などの動機だけでは不十分で、知的な公式よりも、もっと心のこもった本当の隣人愛が必要となる。そのような場合には、「そもそも人間としてすべきであろう」とか「せざるを得まい」とかいうような表現が大きな役割を演じる (498c)。

しかしながら、公式が十分幅のあるものならば、このタイプの人は改革者、不正の糾弾者、良心の覚醒者、重要な革新提唱者として社会のために極めて重要な役割を演じるだろう。しかし、公式が幅の狭いものとなるほど、このタイプの人は、不平屋、小言屋、理屈屋、独善的あら探し、となって、自分も他人も狭い枠の中に押し込めるようになる。これはこのタイプの両極であるが、その間に大部分の人が動いているのである (498d)。

外向的「姿勢」の本質から、こうした人格の活動や言動は、彼の影響範囲の外側の人たちになるほど適切で良質なものになる。その一番よい面が現われるのは周辺部においてである。しかし、中心部に深く入るほど、良さは失われ、暴君の様相を呈してくる。周辺部においてはまだ他の人の生命は脈打っており、公式の真理の部分を貴重なプラスとして感じている (499a)。しかし、公式の勢力圏の中心に入るほど、公式に合わないすべての生命は死滅していく。**外的公式の悲惨な結果を最も味わうのは身内の人たちである。**なぜなら、その人たちこそ真っ先にこの公式の**仮借なき恩恵**を受けるからである。しかし誰よりも**苦しむのは本人自身**であって、ここにこのタイプの心理の暗い裏面が浮かび上がってくるのである (499b)。

生命の豊さとその可能性を包みこみ、的確にそれを表現できる知的公式は今までに存在しなかったし、これからも存在しないだろう。ということは、公式にとらわれると、思考以外の重要な生命の表われ形や活動は排除され、阻止されることになるからである。このタイプによってまず第一に抑圧されるのが、フィーリングに支えられるあらゆる生の営みである。例えば、審美的活動、趣味、芸術的感覚、友情の育みのようなもの (499c)。合理性をはみ出す生命活

動の表われ、例えば、宗教的体験、情熱、その他それに類するものは、しばしば完全に無意識の中へと抹殺される。状況しだいでは非常に重要となる生命の営みの大きな部分が、ほとんど無意識的な存在となってかろうじて露命をつないでいる。確かに、その全生命を一つの特定の公式に捧げつくすことができる人は例外的に存在するが、長期にわたって続けることのできる人はまず存在しない（499d）。遅かれ早かれ、──その人の外的状況や内的状態にもよるが──知的な「態度」によって抑圧されていた生の営みは、意識的な生の営みを妨害するという形で間接的に人目を引くようになる。この妨害がかなりの段階に達すると、ノイローゼということになる。たいていの場合はそこまではいかない。本能的にもっともらしい理由をつけて公式を緩めるからである。まさに安全弁だ（500a）。

　意識の「姿勢」から排除された傾向や機能は、部分的に、あるいは全体的に無意識の状態にあるため、比較的に未発達な状態にある。すなわち意識的な機能と比べると劣っている。無意識である分、無意識の残りの内容と溶け合っており、現実離れした奇怪bizarreな性格を持っている（500b）。意識されている場合でも、心理的全体像にとっては重要な意味を持っているにもかかわらず、果たすのは二義的な役割にとどまる。外向思考型の場合、意識からの妨害を真っ先に受けるのは「気持feeling」である。なぜなら、feelingは、柔軟性のない思考に真っ先に反対するからである。しかし、いかなる機能も完全にシャットアウトすることはできない。単にひどく歪められるだけである（500c）。feelingが好きなように変形されたり、従わされたりしている限りは，知性的意識の「姿勢」をサポートしなければならないし、その意図に合わせなければならない。しかし、それにも限界がある。feelingの一部は言うことを聞かないから、抑圧されなければならない。抑圧が成功すると、意識からは消えるが、意識の下で意識の意図に逆らう活動を繰り広げ、その状況下で、本人自身がどうしてそんなことになったのかまったく不可解な出来事を引き起こすようになる（500d）。例えば、彼の意識においては、稀にみる博愛精神でやっているのに、そこに本人には気づかれない私欲がひそかに紛れ込み、気持の上では本当に私欲がないのに、（彼の無意識の動きを敏感に感じた人たちからは）偽善というレッテルが貼られてしまうという具合である。純粋に道徳的な意図を持ってし

たことなのに、時として、道徳的動機とはまったく逆の単なる見せかけに過ぎないものとされ、苦境に立たされることもある。進んで人助けをし、風紀を守ろうとしていた人が、突然、逆に自分自身が救いを必要とするようになり(501a)、恥さらしなことになってしまうことすらある。救いたいという善意で選んだ手段が、まさに彼が避けたいと思っていたことを惹起するのに役立ってしまうというようなことになる。外向型の理想家の中には、人々の幸せを願うあまり、嘘やその他の不正な手段さえ平気で用いてしまう人がいる(501b)。学問の世界にはもっと嘆かわしい例がある。高い評価を受けている研究者が、自分のテーマの真実性と大きな有用性を確信するあまり、自分の考えに役立つように資料の捏造をしてしまう。こうしたことは、〈目的は手段を神聖化する〉という図式に従っている。他の点では極めて立派な人たちを、このようにつまらぬ過ちに陥れるのは、無意識の中に暗躍しているところのfeeling機能だけしかありえない(501c)。

外向思考型によって、feelingは過小評価されるが、それは別の形をとっても現われる。意識的「姿勢」は、即物的な公式に顕著に執着するために、多かれ少なかれ、非パーソナル的となり、しばしばパーソナルな関心が著しく損なわれてしまう。もしも、意識的な「姿勢」が極端だと、すべてのパーソナルな配慮・思いやりが、なおざりにされてしまう。自分自身に対してすらそうである。自分の健康もおろそかにされ、社会的地位は落ち、家庭はしばしば、生命的に不可欠なことすらも蹂躙され、健康的にも、経済的にも、道徳的にも、深手を負う(501d)。すべてが、彼の理念・公式のために犠牲にされるのである。ともかく他人に対する個人的な親しい気持は、たまたま彼の公式を支持する人に対しては別として、感じることはない。近親者、ことに子供には恐ろしい暴君と映っているのに、彼の周囲では人間として立派だという評判が高いということが稀ではない(502a)。それどころか彼の意識の「態度」においてはパーソナルな関係とは全然無関係にもかかわらず、否、まさにそれだからこそ、彼の無意識の動きにおいては、極端なほどパーソナルな関わりに敏感となり、わずかなことでも密かに人を疑うようになる。例えば彼の公式に対する異議は個人的悪意の表われととってしまう。あるいは、相手の反論を前もって弱体化して

おこうと、相手のネガティブな側面を暴こうとする（502b）。当然のことながら、恥ずかしい自分自身の傷つきやすい感受性を隠すためだ。この無意識に起きる感受性の結果、彼の口調はしばしば、鋭くなり、とげとげしくなり、攻撃的になる。当てこすりも多くなる。彼の気持には抑圧された機能特有の執念深さ、根に持つところがある。そこには怨恨、ルサンチマンの構造がはっきり見られる。この人が知的目的のためにいかに大きな犠牲を捧げても、feelingのほうは狭量で、疑い深く、不機嫌で、消極的なのだ（502c）。新しいことは、公式にすでに含まれていない限り、すべて無意識の憎しみの色眼鏡を通して見られ、その視点から判断される。前世紀の中頃の話だが、人間的に温かいことで有名だった医者が、助手が体温計を使ったというだけで、首にすると脅した。なぜなら、医者の公式によれば、熱は脈拍で測るべきものとされていたからである。こういうことはしょっちゅう起こる。feelingが強く抑圧されればされるほど、それはより悪質なものとなり（502d）、陰湿な影響を思考に与えるようになる。それさえなければ思考は非の打ちどころのない状態にあることができるのだが。知的であること自体は実際には悪いことではない。一般に認められてしかるべき価値があるが、しかし、パーソナルな感受性が無意識の中で過度になると性格は一変してしまう。独断的となり、硬直したものとなる。個性が横暴に表に乗り出してくる（503a）。真理はもはや本来の活動ができなくなるばかりか、主体自身が真理になりかわって邪悪な批評家となり、真理を哀れな小さな人形のように虐げるようになる。自分を批判する者は、できれば個人的中傷をもってしてでも八つ裂きにしようとし、どんなに非難しても十分とは思えなくなってくる。彼が真実を前面に持ち出せば持ち出すほど、世間の目には問題は真理よりもむしろ彼自身の中にあることがハッキリ見えてくる（503b）。

　知的な視点からの独断主義は、時として、無意識的でパーソナルな気持feelingの無意識的な干渉によって、さらに大きな独特の変化を蒙ることになる。その変化とは、厳密な意味でのfeelingに基づいているというよりは、むしろ、無意識の中で抑圧されたfeelingと溶け合ったところの他の無意識的ファクターの混入に基づいて生じたものである。たとえ、それぞれの知的な公式は、限られた範囲でしか真理とはならず、したがって決して常に正しいと主張してはならないことを理性自身が明示しているにもかかわらず（503c）、彼は実際には

自分の公式を絶対的なものとして主張する。そして、他の見解や可能性はすべて背後に追いやってしまう。そして彼の公式は、彼にとっては、より普遍的な、より規定されていない、したがって、弾力性のある、より真実味を感じさせる世界観となってしまう。つまり普遍的な世界観、宗教となってしまう（503d）。たとえ宗教とは本質的に何ら関係なくとも。それとともに、宗教にとって本質的な特徴であるところの絶対性という性格までも獲得する。つまり知的な迷信となってしまうのである。しかし、そうなると、これに対決して、それまで公式によって抑圧されていたすべてのあの心理的傾向が無意識の中で結集し、疑いを爆発させる（504a）。すると、この疑いを打ち消そうと躍起になり、意識の「姿勢」は狂信的になってしまう。なぜなら、**狂信は疑いを打ち消す最高のコンペンセーション以外の何物でもないからである**。こうした展開の結果、意識はますます過度に防衛的になるとともに、無意識においては、意識と絶対的に対立するポジションが形成される。例えば、意識的な言動では合理主義的であるのに、無意識的な言動では、極端に非合理的となり、現代科学とは逆に極端に太古的で迷信的となるのである（504b）。そこから科学の歴史においてよく知られているような愚かで笑いものになった学説が生まれるが、けっこう多くの優れた学者が最後には同じように躓いている。このようなタイプの無意識の側面は、よく女性に見られる。

　読者もおそらく同じような印象を持っておられると思うが、外向思考型の人は、私の経験では、男性に多い（504c）。なぜなら一般に思考は女性よりも、ずっと男性において優越しているからである。もしも女性の場合に優越しているならば、私の見た限りでは、ほとんどの場合、優れて直観的な精神活動をともなっている。

　外向型の思考は、ポジティブである。すなわち、創造的である。新しい事実を見つけたり、ばらばらな経験素材を全体的にまとめて捉える（504d）。外向型の判断は一般的に総合的である。分解するかと思えば、また組み立てる。常に分解から新しい綜合へと向かう、すなわち、分解したものを別の形で再び統合して新たな理解へと進む。あるいは与えられたものにさらに何かを加える。このような判断は、いうなれば、「述語的」なのである。どの場合でも、特徴的なのは、決して価値を全面的に否定したり、破壊するようなことはなく、壊

しても、常に別のもので置き換える（505a）。このような特徴が出てくるゆえんは、思考型の思考はいわば水路のようなもので、主にそこに彼の生命のエネルギーが流れているからである。絶えず前進している生命が現われるのは彼の思考の中においてであり、そこを通して彼の考えは発展的かつ創造的性格を獲得するのである。彼の思考は澱むこともなく、まして退行することもない。澱んだり、退行するのは、思考が意識の中で首位を与えられないときである（505b）。その場合には思考は比較的に無意味なものとなる。積極的な生命活動をするという特徴を失うからである。そして、他の諸機能に追従するようになる。エピメテウス的epimetheischになる。すなわち、過ぎ去ったことや、すでに起こったことを（後追いし）反復・反芻することで満足する「後知恵」になってしまう〈See：(479a)〉。こうなると、創造性は他の機能のほうに移り、思考のほうはもはや進歩的でなくなり、澱んでしまう。彼の判断は極度に「**内属的Inhärenzcharackter**」になる（505c）。すなわち、彼の眼前にあるものの範囲から一歩も外に出ようとしなくなる。多少の抽象的な確認をするだけで満足してしまう。経験素材に、それまでそこにはなかった価値を賦与するようなことはしない。外向思考型のこの自閉的な判断は、客体に向けられてはいるが、そこに確認するものは、いつもただ経験が持っている客観的意味だけである。それゆえ、客観的所与の影響によって方向づけられたままであるばかりか（505d）、個々の経験にしっかりと縛られており、すでにそこで与えられているもの以外は何も語らない。この思考は次のような人たちにおいて容易に観察できる。すなわち、何かの印象や経験について理にかなった疑いなく極めて妥当な見解を述べることはできるが、経験に与えられた範囲を超えるものについては何も語っていない人たちである。そこで言っていることは要するにただ「私はそれが分かった。私はそれについて考えた」という、たったそれだけのことに過ぎなくなる（506a）。このような判断は、一つの経験を一つの客観的全体の中で適当な場所に位置づけるのがせいぜいで、はじめからそこにあったことがすぐ分かる。

　しかし、思考以外の他の機能が意識の中において、思考よりも多少優勢ならば、思考は一応意識的であり（506b）、優勢な機能に直接支配されていない限り、それは「ネガティブな性格」を持っている。思考が優越機能に従う限り、もち

B 外向型

ろんポジティブで肯定的に見えるが、しかし、よく調べると、思考はただ単に優越機能の口真似をしているに過ぎない。しばしば、思考本来の論理的法則とは明白に矛盾するような論拠で優越機能をサポートするからである（506c）。

　この種の思考についてはこれ以上述べないが、問題はむしろ、他の機能の優越性に従おうとしない場合である。自分自身の原則に忠実でありつづけようとする思考の場合である。ただし、この種の思考を観察し、調べることは容易ではない。なぜなら、実際の場面では、意識の「姿勢」によって多かれ少なかれ抑圧されているからである（506d）。だから、意識が監視していない隙に、ひょいとした弾みに、それが表に出てくることでもない限り、たいていの場合、まずは意識の裏から引きずり出してこなければならない。普通は、次のような設問で、誘き出す。「しかし、このことについて、ともかくあなたご自身は、本当のところ、どうお考えですか」とか、あるいは、策略を使って、「それでは、このことについて私はどう考えているとお思いですか」という具合である（507a）。この２番目の問いは、本人の考えが無意識の中にあるので、質問する私に投影させる問いである。このようにして、意識の表に誘い出された思考には、独特の性質が見られる。まず意識の裏に抑え込まれていたがゆえに、ネガティブである。それが典型的に現われるのが「……に過ぎない」というような表現である。ゲーテの描いたメフィストフェレスがまさにそれだ（507b）。特にこれは一つの傾向を持っている。すなわち、判断の対象から、それが本来持っている固有の価値を剥ぎ取って陳腐・凡庸なものとすり替え、そして判断する。判断の対象としている相手を、本人の本心とは異なる陳腐な理由によって動かされているものとして描くわけである。二人の男が何か仕事のことで争っているのを見ると、ネガティブ思考は「女の取り合いだな」と断定してしまう。誰かが、何かを推薦したり、宣伝したりするのを見ると「あれでいくら儲けるつもりか」と問う（507c）。Moleschott〔訳注：モレスホット、1822〜93年。オランダの唯物論的生理学者〕が言ったとされる言葉「Der Mensch ist, was er ist.（人は、しょせん、何を食べているかで決まる）」というのもこの種の「物の見方」で、類似の諺や観点はいくらでもある。こうした思考の破壊的な性質も、また時には役立つその性質も、これ以上述べるまでもあるまい。

しかし、それとは別に、ネガティブ思考には、一見しただけではそれとは分からないもう一つの形態がある。それは、神智学的（テオソフィー的）な思考で（507d）、最近急速に世界各地に広がりつつある。これはおそらくその直前の時代の唯物論に対する反動であろう。この思考はまったく還元的思考（このことは結局こういうところから来ていたのだというような根源に戻る思考）ではなく、一切を超越し、世界全体を包括する考え方、理念へと高めていく。例えば、夢は単なる夢ではなく別世界への探検とされる。テレパシーと呼ばれる現在のところ未だはっきり分かっていない事実は、人から人へと伝わる霊波バイブレーションとして極めて簡単に片付けられてしまう（508a）。普通のノイローゼは、アストラル体〔訳注：神智学で我々が肉体とともに持っているとされる霊体〕に何かが起こったのだろうと、いとも簡単に片付けられてしまう。大西洋沿岸の住民たちに特有な人類学的特性は、アトランチック大陸の沈没の結果として簡単に片付けられてしまう、等々。神智学の本を１冊読めば、すべては解明済みで、（彼らのいわゆる）精神科学がすべての謎を解き明かしたことを知って唖然とさせられるだろう（508b）。こうした類いの思考は、根本的に捉えるならば、唯物論的思考と同様ネガティブな思考である。唯物論が人の心の動きを、神経節の化学的変化だとか、細胞突起の伸縮だとか、内分泌の問題として片付けるのは、神智学に劣らず迷信的である。唯一の違いは、唯物論は我々にとって慣れている生理学にすべてを還元して述べようとするのに対し、神智学は、インドの形而上学の概念で一切を説明しようとするところにある（508c）。

しかし、夢を食べ過ぎの結果だと言っても、夢の説明にはまったくならないように、テレパシーを霊波のバイブレーションだと言われても、我々にはさっぱり分からない。「それなら、そのバイブレーションとは何なのか」と言うだけである。両方とも説明としては無力であるばかりか、破壊的ですらある。問題の真剣な探究を妨げるからである（508d）。見せかけの説明によって、事実から、前者の場合は胃に、後者の場合は空想的バイブレーションに関心をそらすからである。両者とも不毛であり、不毛にさせるものである。これらネガティブな思考は、あまりにも陳腐であるため、生産的・創造的エネルギーを失ってしまった。まさに、他の機能に引きずられた思考である（509a）。

⟨013・3⟩
3　外向気持（509b〜511c）
Das Fühlen

【ユングのFühlenの意味とその日本語訳について】
　従来のユング気質論の邦訳書は、ドイツ語のfühlenを「感情」と訳している。しかし、それは問題である。fühlenはエモーションではないからである。実際、ユングも言っているが、「Affekt（Emotion）とGefühl（Feeling）とは区別すべきである。なぜなら、Gefühlは意のままになる機能であり、Affektは普通、意のままにならないからである（592b）……Affektは心理学的な感情状態psychologischen Gefühlszustandであるとともに、神経によって刺激される生理学的な状態physiologishen Innervationszustandであり、しかもこれらの状態は互いに強め合うからである（593b）」
　またfühlenとユングがここで言う場合、「感じる」「知覚」することでもない。「熱く感じる」とか「痛い！」というような「感じる」ことではない。「私はAのほうがBよりも良いように**感じる**」という意味での「**感じること**」なのである。**判断機能**なのである。理屈によってではなく、感じで判断していることである。
　なお、ユングは、fühlenを、「能動的active fühlen」と「受動的なfühlen」とに分けている。「能動的active fühlen」とは、方向づけられた機能（active fühlen ist eine gerichtete Funktion）である。「愛する」という意志活動（eine Willenshandlung）である。それに対して、「受動的なfühlen」は、例えば惚れた状態（Verliebtsein）である。「受動的認識passive Gefühlsapperception」にすぎない。しかし、「能動的なfühlen」だけが合理的なのである。「受動的なfühlen」は「非合理的」（passive fühlen irrational）であり、判断ではなく直観、すなわち知覚なのである（Gefühlsintuition）（628c）。
　なお、念のため、在日ドイツ大使館の通訳・翻訳課課長ベアーテ・

フォン・デア・オステン女史（Beate von der Osten。日本人なみの達者な日本語をお使いになる）にご意見をうかがったところ、「やはり『感情型』と訳すと『エモーション型』となる。これはfühlenよりずっと狭い概念です。『気持』のほうがもっと適切です」と言っておられた（Interviewed 2010年2月18日）。

私は「気持」と訳すのが日本語としてはベストと考えるが、それでも「気持」という言葉も「ストンと心に落ちてこない」。表題は別として、文中ではドイツ語原語に近いフィーリングfeelingという英語を使ったほうがよいように感じる。

【ユング本論】

外向的「姿勢」における気持feelingは、客観的な事象のほうに向いている。すなわち、客体は、気持のあり方を決めるのに不可欠である。この気持は、客観的価値にすっかり賛同している。気持を単に主観的な事実としてしか理解していない人は、外向的気持の本質に主観的もの以外のものも存在していることには気がつかない。しかし主観的事実にはまったくとらわれず、客体の影響に完全に追従している気持feelingが存在しているのである（509b）。たとえ具体的な客体の性質から縛られていないことが証明される場合でも、なお伝統、あるいは、それに類する普遍妥当的な価値の支配下に留まっているのである。例えば、外向型の人が「美しい」とか「良い」と言いたい気持になった場合、その客体についての主観の気持からそう言っているのではなく、客観的状況の下ではそう言うことが相応しいからそう言っているのであり、そう言わないと周りの人たちの気持を不愉快にするからである（509c）。だから、これは、決して心にもないことを言っているのでもなく、嘘を言っているわけでもない。状況に対する順応行為の一つなのである。例えば、ある絵画が「美しい」と言う場合、それはサロンに展示され、有名な画家のサインがあるから、一般に美しいはずだとか、もしも「この絵は嫌いだ」と言えば、せっかく幸せを感じている所有者の家族の気持を傷つけるかもしれないとか、訪問者の気持として、よい雰囲気をその場につくり出したいとか、ともかく皆と一緒にすべてを心地よく感じることが絶対に必要notwendigistだと思うからである（509d）。このよ

うな気持が、客観的な決定因に従った気持なのである。そういうものとして、この気持は純粋なものであり、外向的気持機能の目に見える姿のすべてなのである。ちょうど、外向的思考が、可能な限り主観的影響を排除しようとするように、外向的気持も、様々に特殊化しながら主観的な要素を脱ぎ捨てていくのである（510a）。このように気持の動きに基づいてなされる価値の評価は、直接に客観的価値に合致しているか、少なくとも、特定の伝統や、普遍的に広く妥当する価値基準に合致している。

　このような類いの気持があればこそ、たくさんの人が劇場やコンサートや教会に行くのであり、しかも、お決まりのように積極的な「気持」をもっていくのである。流行などもそういうものである。さらに価値ある社会的、人道的、文化的支援事業もそうである（510b）。そこには外向的気持が創造的要因として働いている。このような気持がなければ、例えば、気持のよいハーモニーのある交際などは考えられない。その意味で外向的気持は、外向的思考と同じように有益で合理的な力なのである。

　しかし、このような癒しをもたらす働きも、客体対象が限度を超えて影響するようになると、とたんに失われてしまう（510c）。そうなると、あまりにも外向的になった気持は、その人の人格を客体の中に極端に引きずり込むようになる。すなわち、客体がその人を同化してしまい、その結果その人の主要な魅力をなしていた気持のパーソナルな特色は失われてしまう。それとともに、気持は冷たくなり、即物的になり、信用できなくなる。内部の隠れた意図を、つい、ばらしてしまうようにもなる。ともかく公正な観察者にはそうした疑いを抱かせる。純粋な気持が本来持っている心地よい爽やかな印象はもはやそこにはない。自己中心的な意図があることは、本人にはまったく意識されていないかもしれないが、わざとらしさや芝居じみた匂いがするようになる（510d）。

　このように極度に外向的になった気持は、確かに審美的期待に応えるかもしれないが、もはや、心に訴えるものはなく、せいぜい五感に訴えるか——もっと悪い場合には——ただ頭で理解するだけの代物になりさがっている。確かに、その場における審美的状況に答えることはできたとしても、ただそれだけのことで、それを超える働きはない。不毛になったからである（511a）。

　このプロセスがさらに進むと、気持は乖離Dissociationして著しく矛盾に満

ちたものとなる。一つ一つの対象それぞれを気持的に評価しては自分のものとし、たくさんのものそれぞれと個別の関係を結ぶため、それらの関係は互いに内的に矛盾し合ってしまうからである。ただし、このような事態は、ある程度活動する主体性が残っている限り決してあり得ない。

しかし、実際に起こった場合には、純粋にパーソナルな視点は余すことなく抑圧されているだろう（511b）。そうなると主体は個々の気持の動きにすっかり呑み込まれ、そこにあるのは、ただ気持の異なる動きであって、観察者にとっては、気持の主体の存在は全然感じられなくなってしまう。こうした状態になると、気持は、人間本来の温かさをすべて失い、わざとらしさ、気まぐれ、信用できないといった印象を与えるようになる。そして悪い場合には、ヒステリーの印象を与えるようになるのである（511c）。

〈013・4〉
4　外向気持型（511d～515d）
Der extravertierte Fühltypus

思考よりも気持のほうが、議論の余地なく、<u>女性weiblich</u>心理の特徴をよりはっきりと表わす。したがって、気持型が最もはっきり見られるのも女性である。そして外向的気持が首座を占めている人を外向気持型と呼ぶ。このタイプの人で私の心に浮かぶ人はほとんどが女性である。このタイプの女性は、自分の気持の赴くままに生きている（511d）。彼女たちの気持は教育によって順応し、意識のコントロールに従う機能へと発達する。極端でないかぎり、たとえ、すでに主観的側面がかなり抑圧されていても、気持はパーソナルな性質を保っている。それゆえ（彼女の）パーソナリティは、客観的な（人間）関係においてよく順応しているように見える。気持は客観的状況や普遍的に妥当する価値に合わせている。このことが何よりもはっきり現われるのが、いわゆる恋人選びにおいてである（512a）。「私に合っている人」が彼女に愛される。他の人ではない。ただし、彼がぴったり「合っている」のは彼女の主観に潜む本質に対してではない——彼女自身そんなことには気づきもしない——。身分、年齢、資産、身長、家柄などにおいて彼女の合理的な要求にすべて「合っている」から、

「彼女に合っている」のである。彼女の愛の気持がこうした選択にフルに同意していることを私がもしも確信していなければ、こんな言い方は皮肉や侮辱に聞こえても仕方があるまい（512b）。だから、彼女の愛情は本物であって、打算ではない。

このような「合理的な」結婚はいくらでもあるし、決して最悪のものではない。このような女性は夫や子供が普通の心理的構造を持っているかぎり、よき伴侶であり、よき母である。彼女の気持が「本物だRichtig」と感じることができるのは、気持を妨害するものが何もないときである。ところで、彼女の気持を一番妨害するのは思考である（512c）。それゆえ、思考が一番抑圧されることは言うまでもない。だからといってこのような女性が全然思考することができないと言っているのではない。否、むしろ彼女はおそらくたくさん考え、しかも、とても利口に考えているかもしれない。それにもかかわらず、彼女の思考は、決して本来の思考ではなく、エピメテウス的〈See：(479a)(505c)、即ち事後に理由をつけて正当化する〉であり、気持の付け足しということになる。彼女は、気持がともなわない限り、意識的に考えることができない。かつて私はある女性から「私は、その気にならないと、何も考えることができないんです！」と怒鳴られたことがあった（512d）。気持が許す限り、よく考えることができる。しかし、論理的結論が気持を妨害するようなものだと、すべてただちに拒絶してしまう。ともかく考えが働かないのだ。すべて客観的な価値評価に合うものは良いものとされ、価値あるものとして気持に受け入れられ愛される。それ以外のものは自分の存在とは無関係なものとしてしか見えない。

しかし、彼女にとって客体の意味が重要になりすぎると、状況は違ってくる（513a）。すでに述べたように、彼女の主体が客体に同化されるあまり、主体自体は多かれ少なかれ失せていく。気持はパーソナルな性格を失い、はたから見ていると、気持が次々と変わって、あたかもパーソナリティが完全にばらばらになってしまったような印象を受ける。人生においては、様々な状況が互いに入れ替わるから、様々な、そして互いに矛盾する気持のトーンに分裂していく（513b）。その結果、パーソナリティもそれと一緒に分裂していく。

もちろん実際にはパーソナリティが多様になることはあり得ない。多様に見えるだけである。自我Ichの基盤は常に同一のままである。だから、いろいろ

変わる気持に対して明白に自我Ichが対立するようになる。その結果、観察者の目には、その人の表面に出ている気持は、もはや感じている本人の個性的表現ではなく、むしろ彼の自我Ichの変化Alterationと映るようになる（513c）。自我Ichとその時々の気持の状態の間の分裂の程度に従って、多少なりとも、自己Selberとの分裂の兆しが現われる（IchとSelberの違いについては後出〔539c～540b〕参照）。すなわち、本来は不足を補おうとコンペンセーションをしていた無意識の「姿勢」が公然と反旗を翻すようになる。このことは、まず気持の大げさな表出となって現われる。例えば、声を荒げて感情的な言葉を発する。しかしそこには何かが欠けている。空虚に響く。本気に受け取れない（513d）。反対に、それは何かの憤懣の腹癒せであり、まったく別の憤懣を訴えている可能性があることが、すぐに分かってしまう。そして、少し後になると、また、気持が変わる。状況が少しでも変われば、同じ対象（人）なのにまったく逆の評価をするという具合である。それを見ている観察者は、どちらの判断も真面目に受け取れなくなり、判断を保留するようになる（514a）。

そうなると、この人にとっては、周囲の人たちと気持の上で緊密に結びつく必要性をますます感じ、周囲の人たちの疑いを晴らすべく、努力を倍加しなければならなくなる。これは悪循環となり状況は悪化するばかりとなる。周囲の人たち（客体）との関係を強化しようとする気持が強くなればなるほど、ますます無意識の反動が表面化するからである（514b）。

すでに見たように、外向的気持は、思考を最も抑圧する。思考が気持を最も妨害するからである。そのため、逆に、思考のほうも、純粋な結果をなんとしてでも得ようとすれば、何よりも先に気持の影響を排除する。なぜなら、思考を妨害し、誤りとするのは、気持による評価だからである（514c）。それゆえ、外向気持型の思考は、独立した機能である限り、抑圧される。ただし、すでに述べたように、思考なら何でも抑圧されるというのではなく、思考が、気持にそぐわない結論を厳密な論理をもって押しつけようとするときだけである。気持の召使い、あるいは、はっきり言えば、奴隷となるなら許される。こんな思考は背骨が折れたようなもので、自分自身で、自分自身の法則に従って事を成し遂げることはできない。しかし論理は残っており、曲げられない結論が存在しているため、どこかで姿を現わさざるを得ない、もしも意識の中でなければ、

無意識の中で発現することになる (514d)。それゆえ、このタイプの人の無意識の内容は何よりも独特な思考である。まず、幼児的であり、太古的であり、ネガティブである。意識に出ている気持がパーソナルな気持である限り、つまり、パーソナリティが外の状況に飲み込まれていない限り、無意識の思考はコンペンセーションをすることができる。

しかし、パーソナリティが、相互に矛盾したいろいろな気持の中に分裂していくと、自我Ichの同一性・アイデンティティは失われ、主体は無意識的になる (515a)。そこでは、主体は無意識の中に陥っているので、無意識的思考と結託し、無意識的思考が折に触れて意識化するのを助けるようになる。意識に出ている気持の影響が強くなればなるほど、主体の影響は弱くなり「非自我化ent-icht」が進み、それが進めば進むほど、無意識の反抗は強くなる (515b)。これがどういう形で現われるかといえば、まさに、最も高く評価されている客体（人）の周りに無意識的思考が集まってきて、この客体の価値を容赦なくぶち壊していくという形である。だから思考は何かというとすぐ「……に過ぎない」という表現の独り舞台となる。なぜなら、こうすれば客体に縛られた気持の優位を破壊することができるからである。

こうして、無意識的思考は、その時々の偶然の思いつきのような形で表面に出てくるが、しばしばオブセッション強迫観念の性格を帯び、常にネガティブであり、価値を剥ぎ取る特徴を持っている (515c)。そのため、このタイプの女性の場合、気持の上では最高に評価しているまさにその客体（相手の人）に関して最悪の考えが頭こびりついてしまう瞬間がくる。気持の上で感じている価値を疑わしいものにするあらゆる幼児的偏見や比喩を使い、そしてあらゆる太古的本能を総動員して、その気持が「……に過ぎない」と証明できるようにしてしまう。

しかし、集合無意識の根源的イメージを総動員し、手を加えれば (515d)、新しい「姿勢」が別の土台の上に生じるなどとは、たとえ傍注であっても言うことはできない（絶対にない）。このタイプの最も主要なノイローゼの形態Neurosenformはヒステリーであるが、無意識の中における幼児的な性的イマジネーションの世界となっている。

⟨013・5⟩
5　合理的タイプのまとめ（516b〜519c）
Zusammenfassung der rationalen Typen

　私は今まで述べてきた二つのタイプ、即ち外向思考型と外向気持型を合理的、あるいは判断タイプと呼んでいるが、それは、合理的に判断する機能が優越していることから特徴が出てくるからである。これら二つのタイプに共通する目印は、ほとんどいつも合理的な判断のもとに生きていることにある。ただし、この場合、当事者の主体の観点から話しているのか、あるいは、観察者の観点から判断しているのか、区別しなければならない（516b）。観察者の観点から判断すると、当事者の判断とは矛盾する判断に容易に至りうるからである。そのまま表に現われるものを直観的に捉え、それに基づいて判断しようとするときには特にそうなる。

　このタイプの人の生命の動きは、全面的に合理的判断のみに依存しているということでは決してない。同じくらい無意識の非合理的内容にも依存している。したがって、当事者の意識の内部に起こっていることに注意を払わずに、表面に現われることだけに注意を払うならば（516c）、その人の意識の中にある意図や動機の合理性よりも、その人の無意識の中から表に出てきている非合理的で偶発的な無意識的特徴のほうに先に目が向かい、それによって判断してしまう可能性が高い。**それゆえ、私は判断を、常に本人が自分の意識的な心の動きとして感じているものの上に基づかせている。そうしないと、逆に捉え、逆の結果が出てしまうからである。**私自身、もしも今と違った個人的心理を持っていたならば（516d）、合理的タイプを、逆にその無意識の特徴から見てしまい、非合理的だと判断していたであろう。

　このような事情から、心理的な事実を過小評価することもなく、さりとて誤解の可能性を際限なく高くすることもないように描写し、理解することは容易ではない。このような誤解をしながらディスカッションしても当然希望がもてない。互いに噛み合わないからである（517a）。こうした経験があればこそ、私は**個人の主観的意識の心理を描写することに土台を据えている**のである。なぜなら、こうすれば、少なくとも、特定のとらえどころのある客観的手がかり

を手に入れることができるからである。無意識の上に論拠をおいたのでは、そうした手がかりは一切得られなくなってしまう。しかもこの場合、観察の対象となっている当事者自身も何も語ることができない。自分自身の無意識ほど分からないものはないからである（517b）。

　しかしそうなると、必ず危険なことが起きる。判断が観察者にすっかり委ねられてしまい、観察者が観察者自身の意識の心理に照らして当事者を判断し、それを当事者に押しつけるようになるからである。このような誤りは、私の見解では、フロイトとアドラーの心理学において実際に起こっている。こうなると、当事者は、観察者の良しとする判断に完全に手渡されてしまう（517c）。だからこそ、我々は、当事者自身の意識の心理をベースに判断するのである。こうすれば当事者も対等の立場（der Kompetente）に立つことができる。実際、彼の意識内の動機を一番よく知っているのはまさに彼自身だからである。

　これら二つのタイプ（外向思考型と外向気持型）の意識的な生活が合理的であるということは、彼らの意識においては、偶然的なものや理屈に合わないことが排除されるということを意味する。このような心理においては、合理的判断が力を持っており、現実に起きる出来事のうち、秩序を乱すものや偶然的なものを一定の枠内に閉じ込めたり、少なくとも閉じ込めようと試みる。その結果、一方では、実生活の様々な可能性の中から一定のものしか選択されず（517d）、意識的には、ただ理屈に合うものしか受け入れられなくなり、他方では、目の前に起こっていることを知覚するはずの心理的機能が、その自立性や影響力を根本的に制限されるということになる。もちろん、こうした知覚や直観の閉じ込めは絶対的なものではない。こうした機能は存在しつづけるからである。ただ、それらの機能の産物のどれを選ぶかは合理的な判断に任されている（518a）。たとえ、知覚が否定できない強さを持って訴えてきても、行動の動機となる決定力は持たない。決定するのは、あくまで判断機能なのである。

　知覚機能は、ある意味で、第一のタイプの場合の「思考」と、第二のタイプの場合の「気持」と同じ運命をたどる。それらは、それぞれのやり方で抑圧され、未発達な状態（幼児的、太古的）に置かれる。このような状況はこれら両方のタイプの無意識に独特の痕跡を与えることになる。彼らが意識的に、そして意図的にすることは、合理的である（ただしそれは彼らの理性にとっての話

だが Ihrer Vernunft gemäss！）〔訳注：この括弧はユングのもの〕(518b)。しかし、彼らの意識をすり抜けて姿を現わしてくるのは、一方では幼児的・太古的感覚の本性Wesenであり、他方では、同じように太古的直観の本性である。今言っている感覚と直観については、あらためて後述するつもりであるが、ともかく、これらのタイプの人がふと気付かずにやってしまうことは、非合理的である（もちろん彼らの視点から見てのことだが natürlich von ihrem Standpunkt aus gesehen！）〔訳注：この括弧はユングのもの〕(518c)。ところが、多くの人は、日常生活においては、合理的に考えて言動するよりも、ことさら意識せずに物事を行なっている。だから、今我々が考察している二つのタイプ（外向思考型と外向気持型）の場合も、表面の現象を厳密に分析する人からは、非合理的だと指摘されるということが容易に起こり得る。

これら二つのタイプの合理性は、客観的な方向づけをもっており、客観的諸事実に左右される。その合理性は集団の中で合理的とされているものと一致している (518d)。彼らの主観にとっては、皆が合理的と見ていること以外には合理的なものはない。しかし、理性でさえも、多くの部分は主観的であり、個人的である。ところが、この部分が抑圧されてしまうのであり、客体の意味が大きくなればなるほど、ますます抑圧が大きくなる。だから、主体と主観的理性は、常に抑圧の脅威にさらされているのである。そして、実際そうなった場合には、無意識の支配下に置かれ、非常に厄介な特徴を帯びるようになる (519a)。

その場合の思考については、すでに述べたとおりであるが、そこには原始的な感覚が現われる。この感覚は強制されて出てきたもの、すなわち、アブノーマルな強迫的な享楽嗜好の形をとり、しかもあらゆる形で現われる。そしてこの原始的な感覚とともに、原始的な直観も無意識的に顔を覗かせるが、これは、当人にも周囲の人たちにも直接的に大きな苦悩を与えるようになる (519b)。あらゆる不愉快なこと、苦しいこと、恥ずかしいこと、あらゆる嫌悪すべきもの、醜いもの、悪質なものが嗅ぎ出され、憶測される。多くの場合、それは、誤解を生み害毒を流す以外に何の役にも立たない中途半端な真実でしかない。意識と対立する無意識の内容を通して強い影響を受けるため、必然的に意識内の理性の法則が破られることになる (519c)。すなわち、偶然的なことに際立

って縛られるようになる。偶発的な出来事が、感覚からの圧力のためか、あるいは無意識の強い主張のために、逆らうことのできない影響力を持つようになるのである。

⟨013・6⟩
6　外向感覚 (519d～521a)
Das Empfinden

　外向的「姿勢」においては、感覚は、客体に過剰なほど縛られている。五感を使って客体を捉え認識する機能（Sinnesperception）であるから、自然の動きとして、客観対象に依存し左右される。しかし、感覚というものは、同じ自然の動きとして、主観にも依存している。だから、主観的な感覚というものも存在し、独特な仕方で客観的な感覚とはまったく異なったものになっている（519d）。外向的「姿勢」においては、感覚の主観的な部分については、それを意識的に使うことに限って言えば、阻まれたり、抑圧されたりしている。同じように、感覚は、（判断機能ではないから）もしも、思考や気持などの判断機能が首座を占める場合には、非合理的機能としてそれなりに抑圧される。すなわち、感覚が機能できるのは、意識において判断する「姿勢」が、偶然に知覚されたものを意識の内容として認めてくれる程度に限定される。別の言葉で言えば、知覚されたものを現実化する場合だけである（520b）。五感そのものは、生理学的に正常ならば、心理とは関係なく機能する。物は見えるし、音は聞こえる。しかし、どれもが一様に感覚を効果的に働かせるほど強いわけではない。

　しかし、もしも、感覚が首座にある場合には、事態は違う。この場合には、感覚からは何も排除されず、何も抑制されない。客観対象が優先的に感覚を決定し、最も強烈な感覚を呼び覚ますような対象が、当人の心理にとって最も重要なものとなる。その結果、五感は客体に極端に縛られるようになる。感覚は生命機能だから、最も強烈な生命活力Lebenstriebをともなうようになる（520c）。客観対象は感覚を刺激しない限り意味がなく、合理的判断に合致しようとしまいと、ともかく感覚を通して可能となるのでなければ、意識の中にフルに取り込まれることはない。客観対象の価値は、その特質が感覚に生じさせ

る感覚の強さのみによって決まる。したがって、すべて客観的出来事は、感覚を誘発するときにのみ、意識に浮かぶ。しかし、それは、具体的に五感に感じる物であり、出来事であり（520d）、感覚を刺激し、誰でも、いつでも、どこでも、具体的に感じるものに限られる。だから、このタイプの人は、純粋に五感に訴えてくる事実によって方向づけられている。ゆえに、彼の判断機能は、感覚される具体的な事実よりも下に置かれ、劣勢機能の特徴を備えている。すなわち、幼児的・太古的な傾向をともない、ネガティブである。最も強く抑圧されるのは、当然、感覚に直接対抗する機能、すなわち無意識的な知覚、すなわち直観である（521a）。

〈013・7〉
7　外向感覚型（521b～525b）
Der extravertierte Empfindungstypus

　外向感覚型ほど、現実的なタイプの人は他にない。その客観的な事実感覚は並外れて発達している（521b）。彼は生涯において、具体的な客体の<u>経験Erfahrung（experience）</u>を積み重ねていくにもかかわらず、外向感覚の度合いが強いほど、逆に（過去の）経験は使わなくなる。彼の<u>体験Erlebnis（personal experience）</u>は場合によっては経験の名にすら値しない。その場合、そこで感覚が捉えているものは、せいぜい新しい感覚Empfindungenへの道標(みちしるべ)に過ぎない（521c）。何か新しいもので、彼が興味を感じるものがあるとすれば、それはすべて（じかに）感覚の道で得られるものであって、感覚の目的に役立つものでなければならない。

　純粋に事実そのものに対して鋭い五感Sinn（sense）を持っていることを非常に理性的だと捉える人もいるが、実際には、それは正しくない。合理的な出来事の感覚に支配されているのと同じくらいに、非合理的な偶然の出来事の感覚にも支配されているからである。このようなタイプの人——男性に多い——は、もちろん自分が感覚に「支配されている」などとは露ほども思ってはいない（521d）。そんなことを言われたら、「そんな馬鹿な」と一笑に付すだろう。なぜなら、彼にとっては、感覚とは具体的な生命の発現そのものだからである。

彼にとっては、それこそ、真の生命の充満以外の何ものでもないからである。彼の目は具体的な楽しみのみならず、彼の道徳生活にも注がれている。なぜなら、真実の意味で、楽しむということは、それ自体で、一つの道徳を守ることになり、節度・節制を守ることになり、法を守ることになり、無私の行為をすることになり、自己犠牲をすることになるからである。野卑な五感の暴君になることでは決してない。それどころか、彼の感覚は審美的な純粋性の極みにまで至ることができる（522a）。それでいて、抽象的な感覚においても、彼の原則であるところの客観的な感覚に背くことはない。Wulfens Cicerone（Willem van Wulfenヴィレム・ファン・ヴルフェン）のDer Genussmensch: ein Cicerone im rücksightlosen Lebensgenusss「快楽男：向こう見ずの人生享楽」は、この種のタイプの赤裸々な自己告白である。この本はこの観点から一読に値する。

　これより一段低い段階の外向感覚型は、<u>触感できるtastbaren</u>現実に生きている人たちである。反省・熟考などの傾向はなく、支配欲もない（522b）。彼の日頃の動機は、客体を感覚すること、感覚刺激Sensationenを味わうこと、できることならいつも楽しむことである。決して付き合いづらい人ではなく、逆に、しばしばフレンドリーで、生き生きしていて楽しみ上手。時には明るい仲間であったり、時には趣味の多い美術愛好家であったりする。人生にとっての重大な問題は、前者にとっては、多少とも美味い昼食にありつけることであり、後者にとっては、良い趣味を持っていることである（522c）。彼にとっては、触感すれば本質に触れたのであり、満たされたのである。手に触れるような具体的もの、現実的なもの以上のものは存在しない。それ以外のもの、あるいはそれ以上のものを予測するとすれば、予測が触感を強めるときだけである。それも決して五感の楽しみを強めるためではない。なぜならこのタイプの人は、いわゆる快楽主義者ではなく、彼がそこに求めているのは、単に一番強い感触であり、彼の本性に従えば、常に外から受け取らねばならぬものである。自分の内部から来るものはすべて病的で、忌まわしい最悪のものに見える（522d）。彼も考え、あるいは<u>感じfühlt（feel）</u>ようとするが、常に客観的基盤に足場を置こうとする。すなわち、客体から来る影響を重視し、たとえ論理的にそれが絶対許されないとわかっていても気にしない。どんな状況においても、感触で

きる現実があればホッとする。その関係で、彼は意外なほど信じ込みやすい。心理的な問題の兆候が出ていても、ためらわずに低気圧のせいにしてしまうだろう。心理的葛藤の存在は、アブノーマルな妄想としか考えない（523a）。彼の愛は、疑いもなく、彼女の感覚的なsinnenfälligen魅力に惹かれる。彼が正常であるかぎり、彼は目の前の現実に際立って順応している。際立っていれば最も現実的だからである。

　彼の理想は、現実Tatsächlichkeitに順応していることであり、その点では慎重である。彼は観念的な理念は何一つ持っていないから、それに照らして実際の現実を軽んじる理由は一つもない。どこから見ても彼は現実的である（523b）。分相応の良い身なりをしているし、彼の家に行けば美味しい食べ物や飲み物にありつけるし、くつろげる。彼の洗練された趣味のためには、彼に多少わがままなところがあっても、納得できる。それどころか、彼は自分のスタイルのためには多少の犠牲を払う価値は絶対にあると確信している。

　しかしながら、感覚が過剰になってくると、すなわち、感覚する主体自身が触感 Sensationの陰に小さくなればなるほど、このタイプの人は付き合いにくくなってくる（523c）。野卑な快楽主義者になったり、破廉恥な耽美主義者になる。そうなると、彼にとって客体はますます不可欠なものとなる一方で、それ自体において忌避すべきものとなってくる。客体（相手の人）は、悪質な暴力を受け、絞り取られ、実際に、感覚を得るための単なるきっかけとして使われるだけとなる。客体との結びつきは極端なものとなる。

　しかし、これによって、無意識がコンペンセーションの役割を乗り越え、公然と反旗を翻すようになる。何よりも、抑圧された直観が客体への投影という形で活動し始める（523d）。妄想的な憶測が湧きだし、性的対象に手を染め、嫉妬妄想や不安感が大きな役割を持つようになる。さらに深刻なケースでは、あらゆる種類の恐怖症、特に強迫症候が現われる。その病理学的内容は、著しく非現実的な性格を持っており（524a）、しばしば道徳的な、また宗教的な色彩を帯びることさえある。意地の悪い小言癖、馬鹿ばかしく小心な道徳観念、また、複雑怪奇な祭儀に乗っかる原始的で迷信的・マジック的な宗教心となって現われることもある。こうしたことはすべて、抑圧された未分化の機能から出てきたもので、このような場合、意識に激しく対抗するから、それだけに際

立って現われる。意識的な現実感覚と比べると、まったく馬鹿げた観念に基づいているように見え（524b）、洗練された感情や思考も、この第二のパーソナリティにおいては、病的で、原始的に歪められた形で現われる。理性は詭弁的となり、細切れとなる。道徳は空虚な説教となり、見えすいた偽善となる。宗教は馬鹿げた迷信となり、人間に与えられた高度なギフトであるところの予知能力は、個人の詮索や隅々までの「嗅ぎ出し」に使われ、広い世界に向かう代わりに、あまりにも人間臭い細事にこだわるようになる（524c）。

ノイロティックな諸症候の中で特に強迫的なものは、感覚の「姿勢」の意識が道徳的に非力であるところから、無意識が意識に対してとっている反対の態度である。意識が、合理的判断から見ると、何でも無差別に受け入れてしまうからである。感覚型が前提を持っていないとはいっても、それは決して、絶対的意味で法則や制約がないという意味ではない。このタイプには判断による本質的な制限がないという意味である。合理的判断には意識的な一種の強制があるため、合理的タイプの人は、自分から自由にそれに従っているように見える（254d）。それに対して感覚型の人は、その強制は無意識の中から襲ってくる。また、合理的タイプの場合、客体との結びつきには判断が介入するから、感覚型の場合と違って歯止めが利く。しかし、感覚型の「姿勢」が異常に偏り、意識が客体にますます依存するようになると、ますます無意識の支配下に落ち、歯止めが利かなくなるのである（525a）。ひとたび、ノイロティックになると、本人の理性に訴えて治そうとしても、できなくなる。なぜなら、医師が使おうとする患者の理性の機能自体が比較的に未分化・未発達なため、ほとんど、あるいは全然頼りにならないからだ。したがって、患者に意識的に何かをさせようとするには、しばしば、情感を揺さぶる圧力affektiver Pressionsしかない（525b）。

〔訳注：訳者は、諸国の国民性を知るための参考に、"The Xenophobe's Guide"（『外人恐怖症の人への案内書』、日本語訳は『〇〇人のまっかなホント』シリーズ）の本にはほとんどすべて目を通しているが、外向感覚型の特徴を知る上で、『ギリシャ人のまっかなホント』ほど、見事に、面白く、天才的といえるようなタッチで書かれた本はなかった〕

⟨013・8⟩
8　外向直観 (525c〜527d)
Die Intuition

　直観は無意識的な知覚機能であり、外向的「姿勢」においては、もっぱら外界の客体に向かっていく。直観は主として無意識的なプロセスであるため、その本質を意識的に捉えることはかなり難しい。意識の中に直観機能が見えてくるのは、ある種の「待ち受ける姿勢Erwartungseinstellung」の中で対象を「味わい眺めAnschauen」、さらに「覗き込む Hineinschauen」ことを通してであり、その際、どこまでが中まで覗いて捉えたものなのか、どこまでが客体の中に実際にもともと存在していたものかは、結果が出てからしか分からない（525c）。
〔訳注：ここでユングの言う「直観」とは、**客体を熟視し奥の本質と可能性まで覗き込んで捉えること**である。ユングはこれをIntuitionという言葉で表わしているが、ラテン語のintueriに由来し、前置詞in「中」あるいは「中へ」と、動詞tueri「見る」の合成語で、名詞はintuitioとなる。だから「**中を覗き込む**」という意味になる。しかし、この後の文章の中でユングは機能名としてはIntuitionを用い、知覚活動名としてはAnschauungを使っているため、Anschauungという別の機能があるかのような印象を与えるきらいがある。ゆえにここでは区別しないで「直観」と訳しておく。なお、「中を覗き込む」という語源的意味は、ユングの場合は特別に重要である。なぜなら、普通「直観」という場合、「突然ピンとくる」とか「直接本質が分かる」という意味であって、「対象の中に入り込んでいく」という積極的動きは感じられない。しかし、ユングの直観はまさにこの積極性が特徴なのである。「客体の奥深く入り込み、その本質を捉え、それが持っている可能性を嗅ぎ出す」というのが彼の直観なのである〕

　感覚の場合には、もしも感覚がその人の首座を占めているなら、〈客体を単に受動的に感じるだけで、それ以上何の意味も持たないプロセス〉ではなく、むしろ積極的なプロセスであって、客体を捉えるとともに、さらに形を与えるプロセスとなっている。

　同じように、直観の場合にも、もしも直観が首座を占めているなら、単に知覚するだけのものではなく、単に観照するだけのものでもなく、能動的に創造するプロセスとなり、客体から取り入れると同時にそれに劣らずたくさんのも

のを、客体の中に創り出すプロセスである。無意識的にヴィジュアルな知覚Anschauung（visual perception）を引き出してくると同時に、客体の中に無意識的に結果を創り出すのである（525d）。

確かに、直観は、最初は〈他の機能を介しては全然捉えられないため、大きな回り道をしてしか捉えられないような〉物事の関係や状態についての〈単なるイメージやヴィジュアルな知覚〉を見せてくれるだけである。しかし、直観が主導権を握っている場合には、状況はまったく違ってくる。こうしたイメージが、〈行動に決定的な影響を及ぼす一定の認識価値〉を持っているからである。この場合には、心理的な適応は、ほとんど直観のみに基づいてなされる（526a）。それゆえ、思考や気持や感覚はその分、抑圧される。なかでも感覚が一番抑圧される。なぜなら、意識的な五感の機能sinnesfunktionは、直観にとって最も邪魔になるからである。感覚は、執拗な五感の刺激sinnesreizungenによって、純粋な、偏見のない、素朴な直覚を妨げ、目を物体の表面、物体自体に釘付けにしようとするからである。しかし、直観はその背後に回って本質に迫ろうとする。しかし、外向的「姿勢」の直観は、客体に強く惹かれるため（526b）、感覚には非常に近い。というのは、外向直観型の持つ〈外界の客体を「待ち受ける姿勢」〉を、感覚が利用する可能性は、ほとんど同じぐらい大きいからである。したがって、直観が感覚の抵抗を乗り越えていくためには、感覚を極力抑え込まなければならない。

ここで、私が**感覚**と言う場合、輪郭の明確な生理学的、心理学的事実、すなわち、ズバリ五感の感覚そのものdie einfache und directe Sinnesempfindungのことを言っている（526c）。そのことはあらかじめ、はっきりと確認しておかなければならない。なぜなら、もしも私が直観型の人に、何をもとに自分を方向づけているかと質問すると、決まって五感の感覚と同じようなことを挙げてくるからである。「感覚」という言葉すら頻繁に使ってくる。確かに、彼は感覚を持ってはいるが、感覚によって方向づけてはいないのである。彼にとって感覚は、単にヴィジュアルな知覚Anschauungの手がかりに過ぎない。無意識的な前提を通して選択されているだけである。生理学的に刺激の最も強い感覚すら主導力はない（526d）。主導力を持つのは、何か他の感覚、すなわち、直観型の無意識的「姿勢」によって価値が著しく高められた感覚である。それ

を介して感覚が主導的価値を獲得すると、直観の意識にとっては、あたかも純粋な感覚のように映ってくる。もちろん実際にはそうではないのだが。

　また、外向的「姿勢」の人の感覚が、**最も確かな事実に到達しようとする**ように、外向的姿勢の直観も、**最も大きな可能性**を捉えようとする（527a）。なぜなら、可能性の<u>ヴィジュアルな知覚Anschauung</u>を通して予感が最もよくかなえられるからである。直観は、客観的な所与の中で可能性の発見に力を尽くす。だから、単に副次的機能としてある場合でも、他の機能が、どれも行き詰まった状況から出口を発見できない場合でさえ、自動的に救出に乗り出すのである（527b）。

　しかし、もしもこの直観が首座を占めていると、日常の生活状況は、何もかも、あたかも閉じ込められた空間のように感じられ、それを開かねばならないと感じるようになる。彼は絶えず出口を探し、外の新しい生活の可能性を模索する。**直観的「姿勢」の人にとっては、いかなる生活状況にあっても、たちまち牢獄や足かせのように感じられ、それを打ち壊したくてたまらなくなってく**る。またそれとは逆に、客体が時折、異常なくらい重要に感じることがあるが（527c）、それは、その客体が彼の閉じ込められた状況を解消し、そこから解放し、新しい可能性の発見に役立つ場合である。ところが、それが、階段や橋の役割を果たし終わると、とたんに、もはや何の価値もそれには感じられなくなり、よけいな重荷として捨ててしまう。ある事実に価値があるとすれば、それがそれ以上のものとなり、当人をそこから解き放ってくれるような新しい可能性を持っている場合に限られる。そのような可能性を見つけると、それがやむにやまれぬ強い動機となり、直観はそれを取り除くことができなくなるとともに、他の一切のものが犠牲にされるようになるのである（527d）。

〈013・9〉
9　外向直観型（528a～531c）
Der extravertierte intuitive Typus

　直観が支配的となると、誰が見ても明らかな独特な心理が現われる。直観が客体に向かっていることは、それが、外界の状況にすっかり依存しきっている

ことからも分かる。しかし、その依存の仕方は感覚型の場合とは極めて異なっている（528a）。直観型の人が生きる場所は、誰もが認める**現実価値のあるところではなく、可能性のあるところである。彼は芽生えつつあるものや、将来性があるものに優れた臭覚を持っている。彼は定着しているもの、昔から存在しているもの、基盤のしっかりしているものなど誰もが認めているものは、発展性に限りがあると、見向きもしない**（528b）。彼は、常に新しい可能性を探しているため、変化のない状況のもとでは息が詰まりそうに感じるのである。彼は新しい対象や方法を見つけると、俄然、熱を上げ、時には常軌を逸するほどの意気込みで取り組むが、状況が確定し、それ以上の発展が見込めないようになると、とたんに愛着を失い、記憶も失せたかのごとく冷たく放棄してしまう。

　しかし、可能性があるものについては、直観は運命的な力でそこに縛られる（528c）。あたかも人生のすべてがその新しい状況の中で花開くかのごとくである。**あたかも今まさに人生の決定的曲がり角に差しかかったかのごとき印象を人に与え、自分でも同じように感じている。そして、それ以上ほかのことは何も、考え感じることができない。そして、たとえ、今までの状況を続けることが、どんなに合理的であり、目的に適っていようとも、かつては自由と解放に見えていた日々が今は牢獄のように思われ、そこから脱出すべく必要な対策を考えはじめる**（528d）。もはや、理性も感情も引き止めることはできない。たとえ状況によっては、それまでの彼の信念に逆行するものであっても、新しい可能性を恐れない。思考や気持など、信念に生きるための不可欠な機能は、彼においては未分化なため、決定力は持っておらず、したがって、直観の力に対抗しつづけることはできない（529a）。にもかかわらず、直観の優位性を効果的に補償できるのは、まさに、思考と気持の機能しかないのである。これら二つの機能が、直観が気質的にはまったく持っていない判断を直観に与えるからである。

　直観型の人の道徳は知的intellectuellでも、情的gefühlsmassigでもない。一種独特のモラルMoralである。すなわち、彼自身の直観を信じ、その力に進んで身を投げ出すことにある。周囲の人たちの幸せなど、ほとんど省みない。その人たちの身体的幸せなど、彼にとっては、自分の幸せ同様、ほとんど論ずる

に値しない（529b）。彼の周囲の人たちの信念とか生活習慣なども、ほとんど考慮しない。その結果、非道徳で思いやりのない山師のように見られてしまう。彼の直観は外界の物事にとらわれ、ひたすら外界の可能性を嗅ぎ出すために、彼の能力が可能な限り広く展開できるところで働きたい。商人、実業家、エージェント、政治家などが、このタイプには多い（529c）。

しかし、このタイプは男性よりも女性に多いようだ。そして女性の場合には、職業よりも社交の場において直観の働きがはっきりと現われる。このような女性は、あらゆる可能性を利用して社交的関係を結び、可能性のある男性を見つけるすべを心得ている。しかし、新しい可能性を見つけると、今までのものすべてを捨ててしまうようなところがある。

このように、外向直観型が国民経済や文化の推進者として特別な意味があることは容易に理解できよう（529d）。もしも**彼が良い人柄ならば、すなわち、利己的でないなら**、あらたに何かを始める際に、創設者としても、あるいは、少なくとも支援者としても、もってこいの人物であろう。彼はまた、将来性のある少数派の人たちの生来の弁護者でもある。

また彼が、物事よりも人間に関心があるならば、それらの人たちの能力や使い道について予感できるところから、「人づくり」をすることができる（530a）。彼のように仲間に勇気を与え、ヴィジョンを吹き込むのに適した人はいない。自分自身は、すでにあさってにも、それを捨てることを考えていても、そうなのだ。直観が強ければ強いほど、彼の主体は直観された可能性と一つになる。彼はその可能性に生命を与え、生き生きさせ、説得力のある温かさをもって導く。言うなれば、彼がそれに成りきってしまうのである。それはお芝居ではない。運命なのだ（530b）。

しかし、このような「姿勢」の人にはそれなりの大きな危険がある。あまりにもやすやすと自分の生を分散させてしまうことである。彼は人々と物事に命を与え、自分の周りに生命をみなぎらすが、**生命がみなぎるのは自分ではなく他の人なのだ**。彼が何かの事柄に留まることができたとすれば、仕事の果実を手に入れることができるだろうが、彼は性急に新しい可能性を追いかけるあまり、作物を植えたばかりの畑すら見捨ててしまい、収穫は他人が喜んで手に入れるということになる。彼の手には結局何も残らない。しかし、直観もここま

でくれば、無意識も黙ってはいない（530c）。

　直観型の無意識は、感覚型の無意識と似たところがある。思考と気持が相対的に抑圧されるとともに、無意識の中で、反対のタイプ（感覚型）と類似した幼児的で太古的な思考と気持になってくる。それは、時に表に強烈に投影されて白日の下に晒される。しかも感覚型の無意識の場合のように、馬鹿ばかしい内容となっている。私の見たところ、そこには神秘的ものはなく、たいていは具象的でいかにも現実的に見える事物に関するもので（530d）、それも、性的・金銭的なものに関するものであり、可能性を予感するにしても、病気に関するものである。このような現実とのズレは、現実感覚が抑圧されているところから来ているように思われる。このズレが直観型においてよく見られるのは、突然、見るからに似つかわしくない女性に入れ込んだり、女性の場合には、男性に入れ込んだりする場合である。その相手が太古的な感覚領域に触れてきたからである（531a）。こうして、明らかに将来の希望が持てない相手に無意識的に強迫的に縛りつけられることになる。

　このようなケースは、すでに強迫的症候であるが、このタイプには特徴的なことでもある。彼は感覚型と同じく自由と気ままを要求する。すなわち、彼は何かを決断するにあたって、自分の合理的判断には一切従わず、唯一偶然的な可能性の知覚のみに従うからである（531b）。彼は理性の束縛から逃れるが、そのために、ノイローゼに陥り、無意識においては強迫的に詭弁、屁理屈を弄するようになるとともに、客観対象の感覚に強迫的に縛られるようになる。一方、意識においては、感覚や感覚される対象（人も含めて）を絶対的権力者のように好き勝手に扱うようになる。ただし、それは自分から勝手にやろうと考えてやっているのではなく、単に誰にでも見えていることが見えないからで、おかまいなしにやってしまうわけである（531c）。その点では感覚型に似ている。ただ違いは、感覚型の場合には、客体（相手）の心が見えないからそうなるのである。その結果、いつかは客体から復讐され、ヒポコンドリア的な強迫観念、恐怖症、その他、あらゆる身体感覚への馬鹿げた囚われが生じることになる。

⟨013・(10)⟩
10　外向的非合理的タイプのまとめ（531c〜535c）
Zusammenfassung der irrationalen Typen

　今述べた二つのタイプ（外向感覚型と外向直観型）を私は、非合理的タイプと呼んでいるが、すでに説明したように（531d）、この人たちが何かを「やるか、やらないか」を決めるのは、理性的判断ではなく、知覚Wahrnehmung（perception）の絶対的強さである。彼らの知覚は、ただ目の前に来るものに向けられており、判断ではなく、この知覚によって決められている。この点について、この二つのタイプ（外向感覚型と外向直観型）は前の二つの判断タイプ（外向思考型と外向気持型）と比べると、意味のある卓越性を備えている。目の前に現われるままの客観的現実は、法則的に起こっているものもあれば、偶然的に起こっているものもある。そして、法則的に起こっているものは、理性にとってはなじめるが、偶然的に起こっているものはなじめない（532a）。逆の言い方をすれば、法則的だというのは、我々の理性にとってそう見えるからであり、偶然的だというのは、理性がそこに何も法則性を見出すことができないということである。だから、普遍的に妥当する法則が存在するという公準は、単に人間の理性にとってのみ存在する公準であって、我々の知覚機能にとっては公準でも何でもない（532b）。だから、知覚機能が優勢な人たちは、理性の原則や、その公準にはまったく依拠していない。その本性において非合理なのである。それゆえ、私は、**知覚タイプの人を、その本性に基づいて、非合理的**と呼ぶわけである。

　だからと言って、判断を知覚の下に置く、こういう知覚タイプの人を「無分別unvernünftig」と考えるのはまったく正しくない。彼らはただ高度に経験的empirischな人だということであり、すっかり体験Erfahrung（experience）の上に基盤をおいている分だけ、よけいに、判断が体験に追いつかなくなるというわけである。だからといって、判断機能がなくなったというわけではなく、大部分は無意識的存在となって細々生き延びているのである。そして無意識は意識的主体とは切り離されているとはいえ、絶えず姿を現わすため、非合理的な人の実生活の中においても姿を現わす。すなわち、突飛な判断や突飛な選

択というような形で人目を引き、見えすいた詭弁や、心ない断定や、人や状況を選ぶ際の見えすいた下心などのような歪んだ形で現われる（532d）。（無意識のこうした現われ方において常に見られるように）これらの動きには幼児的で原始的な特徴が備わっている。時には目立ってナイーブであるかと思えば、時には無思慮で、粗野で、暴力的になることさえある。

　合理的「姿勢」の人がこのような無意識の現象を見ると、このような人たちの本当の性格は合理的であり、今行なっていることは、悪い意味での下心で動いているとしか思えない。ところが、こうした判断が当てはまるのは、彼らの無意識の現われ方に関してであって、彼らの意識の心理ではない。彼らの意識は全面的に知覚に固着しているからである。だから、知覚に固着している結果生じる彼らの非合理的な本質は、理性的な判断をする人にはまったく理解できない（533a）。したがって、合理的「姿勢」の人からは、〈このような非合理的タイプの意識の偶然的なものの寄せ集めなど、心理Psychologieの名にすら値しない〉と思われる可能性は十分ある。

　一方、非合理的な人は非合理的な人で、合理的な人から受ける印象から、合理的な人たちに対しては同じように見下げた判断・評価をしている。すなわち、〈合理的な人たちは生の半分しか生きておらず、人生の目的を、ひたすらあらゆる生命を理性の鎖で縛り、判断というもので、その首を絞めあげている〉としてしか見ていない（533b）。もちろんこれは極端な言い方かもしれないが、そういうタイプの人は確かに存在する。合理的な人は、非合理的な人を容易に劣等生と見なすが、それは非合理的な人に（本人の意に反して）無意識的に起こること、すなわち、〈彼に襲いかかってくるもの〉のほうに注目している結果である。そして、非合理的な人に襲いかかってくるものとは何か。偶然の出来事ではない──それこそ非合理的な人が得意とする分野である──。襲いかかってくるものとは、まさに理性的判断や理性的な問題である（533c）。

　合理的な人は、なぜ非合理的な人がそんな問題を抱えているのか、まったく理解できない。反対に、非合理的な人は、〈理性のイデアのほうを、生きているリアルな出来事よりも重視する人〉、合理的な人を見て驚くとともに、まったく理解できないし、信じられない。彼にこうした基本的心理的動きを教えて相手を理解させようとしてもまず無理である。

非合理的な人にとっては合理的理解など知ったことではなく、不快極まりないことである。それはちょうど、合理的な人にとって、〈互いに考えを確認し合い義務を負うことなしに契約を結ぶ〉など、想像することすらできないのと同じなのである（533d）。

　このことから、私は、特徴のはっきりしている異なるタイプ同士の心理的関係の問題に関心を持った。このような心理的関係は、最近の精神医学において、フランスの催眠術学派の言葉を借りて「ラポールrapport」と呼ばれている。ラポールとは、まず第一に、相違があることを承知の上で「存在している一致点を感じていること」である（534a）。それどころか、相違が存在していることを認識していること自体、その認識を共有していることであり、その限りにおいて、すでに一つのラポール、一つの〈一致の気持〉が成立しているのである。もしも我々が、この気持を高度に意識化できた場合には、それは単にそれ以上分析できない気持にとどまらず、同時に一つのインサイト・洞察、あるいは一つの認識内容であり、知的な形での一致のポイントであることを発見するだろう（534b）。ただし、このような合理的表現が意味を持つのは合理的な人に対してだけである。非合理的な人には全然通用しない。なぜなら、非合理的な人のラポールの土台は、判断の上にはいささかも置かれていないからである。生き生きとした出来事のつながりの上に置かれているからだ。彼にとっての一致の気持は、同じ感覚あるいは直観の知覚をともに共有していることである。しかし、合理的な人にとっては、そんなものは、偶然に起きることに基づいている関係だからラポールの名にすら値しないと必ず言うだろう（534c）。なぜなら、非合理的な人との人間関係が、客観的状況がたまたま偶然に一致した時のみ生じるというなら、誰もそれがどのくらい有効なのか、いつまで続くのか、分からなくなると感じるからである。しかし、合理的な人にとっては、人間関係が、外的状況がたまたま偶然に共通している間だけ続くなどというのはとうてい我慢できない。そんな関係が特に人間らしい関係とはとても思えない。ところが、非理性的な人は、そこにこそ素晴らしい人間らしさを見るのである。その結果、相互に信用はおけないし、とても付き合える相手とは思えなくなってしまうのである（534d）。

ただし、このような結果にまで至るのは、知り合った人との関係において意識的に誠実になろうとする場合に限られる。こうした心理的な誠実さは、そうざらには見られないので、通常起きていることは、立場が根本的に相違しているにもかかわらず、次のような具合に「一種のラポールArt Rapport」がつくられることである。合理的な人は、暗黙のうちに非合理的な相手に対し一つの投影を行ない、「彼は、本当は、自分と同じ考えを持っているのだ」と思い込む（535a）。非合理的な人のほうは非合理的な人で、「合理的な人も実際には仲間同士の一体感Gemeinsamkeitを予感し、経験している」と思い込む。しかし、合理的な人はそんな予感などまったく意識していない。だから、それがあると言われたら、即座に反対するにちがいない。それとまったく同じように、非合理的な人にも、「自分の人間関係が、相手と考えが一致することに基づくべきだ」というような考えは絶対に浮かばないのである。このような疑似ラポールはしょっちゅうつくられている。これは投影に基づくものだが、後々、誤解のもととなるのも事実である（535b）。

外向型の心理的関係は、常に客観的要因や外的条件によって調節されている。その人が内的にはどういう人かということは決して決定的な意味を持たない。**今日の我々の文化においては、外向的「姿勢」の人が、人間関係の問題を考えるに当たって決定権を握り、基準となっている。内向型の基準もないわけではないが、あくまで例外としてであり、かろうじて現代人の寛容にすがって生きているに過ぎないという有様なのである**（535c）。

⟨02⟩
C　内向型 (535d〜583a)

⟨021⟩
I　内向型の意識の一般的な「姿勢」(535d〜541d)

　すでに第10章の序文で述べたように、内向型と外向型の違いは、外向型が客体に重点を置き、客観的事実に方向づけられているのに対し (535d)、内向型は、主観的事実によって方向づけられているところにある。内向型の人においては、客体を知覚してから行動するまでの間に主観的な観念が介入し、行動が客観的事実に適合するのを妨げる (536a)。もちろん序文で挙げた例は特殊な場合であって、単に理解を助けるための例として挙げたにすぎない。しかし、ここでは、あくまで全般的な説明をしなければならない。
　内向型の意識は、もちろん外界の状況を見てはいるが、主観的な決定因（主観に訴えるもの）のほうを断然選ぶ。彼が何かを知覚し認識する場合、主観の状態にぴったり合った感覚刺激を与えてくれるファクターに真っ先に目が行く。二人の人が同じものを見ていても、二人が捉えるイメージはそれぞれまったく異なっている (536b)。知覚の鋭さの違いや個人差をすべて抜きにしても、捉えた客体の心理的受け止め方や程度は、しばしば人によってまったく異なる。
　外向型がいつも〈客体から来るもの、呼びかけられるもの〉を重視するのに対し、内向型は、〈外からの刺激が主体の中に生じさせ、あたかも天体の星雲 Konstellation のように広がる記憶（See：221・0「豊かな元型の世界」）〉を拠り所にしているのである (536c)。もちろん、この外向型と内向型の違いは、個々の統覚 Apperception（新しい知覚対象を過去の経験の助けによって捉える認識活動〔Typen：593c〕）においては、当然、違いは極めてデリケートであるが、心理学的家計簿全体から見るならば最高に明白なことであり、<u>自己の聖域 Reservates des Ich</u> となっているのである。
　ここで、あえて結論を先取りして言うならば、内向型を見て、ヴァイニンガー〔訳注：Otto Weininger（1880〜1903年）オーストリアの思想家。「性の形而上学」を提唱し、女性の精神的・道徳的劣等性を主張した〕のように、内向型は<u>自愛心が強い</u>

philautischだとか、自己エロチックautoerotischだとか、自己中心的だとか、主観的だとか、エゴイスティックだとか言うのは、基本的に誤りであり、誹謗も甚だしい（536d）。**しかし、このような見解は外向型の人が内向型の人の本質について抱いている偏見と一致する**。忘れてならないことは、——そして、外向的な目で見る人は、いとも簡単に忘れてしまうのだが——認識することWahrnehmen（perceive）も、識別することErkennen（discern）も、客観的のみならず、主観的制約も受けているということである。**世界は単にそれ自体において、それ自体のためだけで存在しているのではなく、我々に映ることにおいても存在している**ということである（537a）。それどころか、人間の認識能力と同化できないような〈世界を判断するために有効にはたらく基準〉など、我々はまったく持っていないのだ。

ゆえにもしも主観的ファクターの存在を認めないならば、認識など絶対あり得ないという重要な事実を否定することになるだろう。そして、もしも否定するならば、我々は、今世紀への代わり目を醜悪に変貌させたあの虚ろな味気ない実用主義に陥っていくとともに、粗暴な感情と、愚かで傲慢な暴力の先駆けとなった知的傲慢にも陥ってしまうだろう（537b）。

また、客観的認識能力を過大評価することは、主観的要因のみならず、主体自体の意味すらも否定することになる。そもそも主体とは何なのか。人間ではないのか。我々がまさに主体そのものではないのか。認識するということは、一つの認識主体を持っているということである。「私が認識する」という「私」が存在しなかったなら、認識も存在しなかっただろう。我々にとっては世界すら存在しなかった。「私が認識する」ということ自体が、**主体なくしては認識もないということ**を何よりもよく証明しているのである。このようなことすら忘れてしまうのは病的としか言いようがない（537c）。

このことはすべての心的機能にも当てはまる。**心の機能にはすべて主体があり、客体と同様、常に不可欠なものなのだ**。しかし、**外向的価値一辺倒の現代では、「主観的」という言葉は、しばしば、人を非難する言葉として使われている**。ともかく「主観的に過ぎない」という表現で、〈客体の絶対的優位性を認めようとしない人〉を攻撃する武器となっている。このような状況だから、本書において「主観的」と言う場合、どういう意味でそれを言っているかを明

確にしておく必要がある (537d)。私が「主観的ファクター」と言う場合、それは、〈客体の影響と溶け合って、一つの新しい心的状況をつくり出す心理的な働き、あるいは反応〉のことを言っている。そして、こうした心理的活動や反応という主観的ファクターは、太古の時代から今日まで、すべての民族の間において、ほとんど同じであった。人間の基本的な知覚や認識の仕方が、いつもどこでも同じだったからである。だからこそ、内部の主観的要因は、外部の客観的要因同様、確固とした現実的基盤so ist er eine ebenso festgegründete Realitätなのである (538a)。もしもそうでなかったならば、永続的で本質的な現実が存在しているなどということはまったく言えなかっただろうし、（文化の）伝承なども、まったく不可能だったであろう。それゆえ、主観的ファクターは、海の面積や地球の半径と同じく、確固とした現実なのである。主観的ファクターもまた世界を規定する要因である限り、我々はそれを無視するわけには絶対にいかない (538b)。それは客体と並んで、もう一つの世界法則であり、その上に存在の土台を置いている人は、客体の上に存在の土台を置いている人と同様、確実なもの、永続的もの、価値あるものの上に根をおろしているのである。

しかし、客体も客観的事実も決していつまでも同じ状態にとどまることはない。もろいものであり、不確定なものである。同様に、主観的ファクターのほうも、変わりやすく、不確定なものである (538c)。したがって、その意味ではあくまで相対的なものである。だから、内向的な傾向が意識の中で過度に発達すると、主観的ファクターは良いかたちで効果的に使われる代わりに、わざとらしい不自然な行動を起こすようになる。彼がやることは、（現実から遊離して）まさに「主観的に過ぎない」という非難を免れることができなくなる。それによって、過度に外に傾いた外向的「姿勢」の人における意識の主体化、すなわちヴァイニンガーが「自己錯誤的misautisch」と呼んだ状況と対照的な状況が、生じるのである (538d)。

**内向的「姿勢」の人が根本に据えているのは、誰もが持っている心理的適応の最も現実的で絶対に不可欠な条件である。だからそれを「自愛心が強い」とか「自己中心的だ」とか、それに類することを言って非難するのは不適切であり、あってはならない。なぜなら、これは〈内向型の人はいつも自分だけを愛

C　内向型

している〉という偏見を生むからだ。これほど事実に反する偏見はないだろう。しかし、内向型の人についての外向型の人の判断を調べると、しばしばこのような偏見に出会う。もちろん私はこうした誤解を個人の外向型の人の責任にするつもりはない。むしろ、現代世界に蔓延している外向型の偏見のせいだと考えている（539a）。しかも、この偏見は、単に外向型の人たちの間だけに限られたものではなく、内向型の人たちもそれに影響されて、それが自分自身の傾向に逆らっているにもかかわらず、是認しているのである。おまけに、彼らは「その内向的生き方そのものが人としての本来のあり方に反している」とすら非難されている。その一方で、外向型の人たちはまったく、何の非難もされないのである（539b）。

内向的「姿勢」は、普通の場合、主に遺伝を通して与えられている心理学的構造に従って durch Vererbung gegebenen psychologischen Structur 方向づけられている（539c）〔訳注：ユングは、同じ親から内向型の子も外向型の子も生まれると主張し、気質は遺伝子による遺伝とは関係ないことを主張しているところから判断すれば、ここで彼が言う遺伝とは、生物学が言う狭い意味での遺伝子による「遺伝」ではない〕。

しかし、こう言うと、この心理的構造は、主体の「自己Ich」と同一視されかねないが、絶対に同一視してはならない。これは「自己Ich」の発達する以前から存在する主観の心理的構造だからである。この文字どおり根底に存在している主体であるところの「自我Selbst」は、「自己Ich」よりもはるかに範囲が大きい。無意識も含んでいるからである（539c）。一方、「自己Ich」のほうは、本質的には意識の中心点でしかない。もしも「自己Ich」と「自我Selbst」が同じものだったならば、いかにして我々（「自己Ich」）が夢の中で時折、まったく別の姿や意味合いの中で出てくるのか分からなくなる。

確かに、この両者の違いから、内向型を示す固有な特徴として次のような問題が起こるかもしれない（539d）。すなわち、〈内向型に対する周囲の偏見の圧力と、自分自身の性向も手伝って、「自己Ich」が「自己Ich」と「自我Selbst」とを混同し、心理的プロセスの主体に成り上がるとともに、意識の病的な主体化が起こって、客観世界から隔絶してしまう〉という問題である。

また、この心理的構造とはSemon〔訳注：ゼーモン、1859～1918年。獲得形質を社会の進化の説明に使ったドイツの生物学者〕が"Mneme"と呼び、私が「集合的無意識"Das kollektive Unbewusste"」と名付けたのと同じである。個々の生物には「**自我**Selbst」が内在し、それぞれの生物に応じて異なる形で存在する心理の流れの一部、あるいはそれを代表するものとなっている。これは、それぞれの生物が生まれる時に与えられている。古くから、「生まれつき与えられている行動の仕方」は本能と呼ばれてきたが、私は「生まれつき与えられている心理的認識の仕方」を「元型Archetypus」と呼ぶよう提唱してきた（540a）。本能に関しては、あらためて説明する必要はあるまい。しかし、元型となるとそうはいかない。元型と言うとき私が理解していることは、以前Jakob Burckhardtにならって「<u>根源的イメージurtümliches Bild</u>」と呼んだものと同じである（540b）。それについては、本書（ユングの本）の第11章「定義」の項目8「Bildイメージ」の項に書いておいた。参照されたい。
〔訳注：この個所には、8ページに及ぶ解説が書いてあるが、かなり専門的であり、ここでは直接必要ないと思われるので訳さなかった〕

　元型とは「シンボリカルな形式Formel（英formular）」である。いかなる意識的な概念も存在しないか、存在していても、内的あるいは外的原因のために結局表出できないときには、いつでも機能しはじめる（540c）。
　集合的無意識の内容は、はっきりとした好みや見解となって意識の中に入ってくる。これらは本人には普通客体に規定されたものと思われているが、実際にはそうではない。無意識の心的構造から出てきたものである。客体の影響によって解き放たれただけなのだ。こうした主観的好みや見解は、客体よりも強い影響力を持ち、心的価値もずっと高く、受ける印象も極めて強い（540d）。だから、内向型の人にとっては、〈常に客体を優先させなければならないという外向型の心理〉は理解できない。逆に、外向型の人にとっては、〈客観的状況よりも、主観的視点を優先させなければならない〉というのは理解できない。だから外向型は、内向型が妄想的なエゴイストか独断的狂信者だと思うようになるし、近頃なら内向型が無意識の権力コンプレックスの影響下にあると想定するだろう（541a）。

内向型がこのような偏見を外向型から受けるのは明らかに、内向型が、初めから他人の言うことをシャットアウトしたような断定的で極めて一般化したものの言い方をするからである。そのうえ、〈彼がアプリオリに（経験する以前に）自分の断固とした主観的判断をすべての客観的事実の上に据えること〉だけで、強い自己中心的印象を周囲に与えるには十分だからである（541b）。
　こうして生じた偏見に対して内向型はほとんどの場合、正しい反論ができない。彼は、自分の主観的判断や主観的知覚が普遍的に妥当する根拠（元型）を持っていることを知らないからである。それが無意識の中にあるからだ。そもそも彼自身が現代の時流に流され、外界を目をこらして見つめ、自分の意識の内面を見ようとしないからである。
　もしも彼が多少ともノイロティックであるならば、「**自己Ich**」は「**自我Selbst**」を多かれ少なかれ完全に呑み込んでしまい、「**自我Selbst**」の重要性はゼロにされるとともに、「**自己Ich**」のほうは際限なく膨れ上がってしまうだろう（541c）。そうなると、主観的ファクターの持っている「世界のあり方を定めようとする力weltbestimmende Macht」が「自己Ich」の中に閉じ込められ、その結果、飽くなき権力欲や子供じみた自分本位の生き方となって現われることになる。たとえば、ニーチェに見られるような多くの悪趣味は、このような意識の主体化にほかならない（541d）。

〈022〉
II　内向型の無意識の「姿勢」 (542a〜544d)
Die unbewusste Einstellung

　意識の中に主観的ファクターが優勢であるということは、客観的ファクターが劣勢に立たされているということである。客体は本来認められるべき意味を認められていないということである。外向的「姿勢」にあっては、客体があまりにも大きすぎる役割を果たしているのに対し、内向的「姿勢」においては、あまりにも小さすぎる役割しか果たしていない（542a）。
　内向型の意識が主体化されればされるほど（自分中心に生きれば生きるほど）、

C. G. Jung「心理学的タイプ」の第10章縮訳

「自己Ich」は不相応に大きな意味を持つようになり、客体と対立するようになる。しかし「自己Ich」は己を長く支える力を持たない、極めて限られた脆い存在である。他方、客体のほうは疑う余地のない力を備えた大きな存在である。しかし、「自我Selbst」が客体と対峙するなら事情は違ってくる。世界と「自我Selbst」とは、同じ次元のもの、<u>同じ尺度で測れるものcommensurable Grössen</u>だからである〔訳注：「自我Selbst」に含まれる身体、知覚、運動などは、みな3次元の世界に存在するものだからである〕。

したがって、「自我Selbst」に十分な役割を与える正常な内向的な「姿勢」の人は、正常な外向的な「姿勢」の人と対等の存在の権利と価値を持っている(542b)。ところが、もしも「自己Ich」が主体であることを要求するようになると、当然のことながら、客体の影響力を強めてバランスを回復しようとする無意識的動きが活発になり、コンペンセーションが活発になる。それがはっきりと見えてくるのは、自分の優位性を確保するために、「自己Ich」がまさに狂ったように努力を始めるときである。その努力にもかかわらず、客体と客観的事実は、圧倒的な影響力を繰り広げ、乗り越えがたいものとなり、個人（自己Ich）を無意識のうちに捉えてしまう。こうして意識は抗しえない力で押しまくられるようになるのである (542c)。

「自己Ich」が支配しようとすることは、客観的状況に順応することとはまったく違う。だから、客体の影響を回復しよとする無意識によるコンペンセーション〔訳注：ユングは英語のCompensationをそのままドイツ語の中で使っている。日本語では通常「代償」とか「補償」と訳されているが、ここでは「無意識が意識の過度な暴走を元に引き戻そうとする動き」という意味である〕が起きるのである。それが意識に現われると、客体への絶対かつ抗しがたい固着となって現われる (542d)。このように「自己Ich」がすべてにおいて可能なかぎり客観からの自由、独立、解放、優越を手に入れようとすればするほど、客観的事実の奴隷となってしまう。例えば、精神の自由は屈辱的な金づまりで失われ、無頓着な行動はその度ごとに世間の顰蹙(ひんしゅく)を買い、高い道徳意識を持っていたのに、つまらぬ関係の泥沼にはまり込み、相手を支配しようとしていたのに、相手に愛を哀願するみじめな関係になり下がったりする、といった具合である (543a)。

内向型において無意識は、まず第一に、客体を大切にする。特に、意識の権

C　内向型

力妄想や優越幻想に対しては、徹底的に破壊するようなやり方で、それをする。客体は、意識においては過小評価されているにもかかわらず、不安をかき立てるような大きな広がりを持ってくる。その結果、彼は客体からはますます遠ざかるが、客体からは、ますます圧力が強まる（543b）。最後に彼は安心を得るために、一つの儀式体系を周囲に構築し、せめて主観の優越意識だけでも守ろうとするようになる。アドラーが的確に描写しているように、これによって内向型の人は客観世界からまったく隔絶するようになり、一方で防御策を講じると同時に、他方では客体を支配し自分の要求を通そうと不毛な努力に神経をすり減らす（543c）。しかもこのような骨折りすら、客体から受ける圧倒的な印象によって挫折してしまう。彼の意に反して客体は彼を支配し、彼に不快な、しかもいつまでも続く感情的乱れを起こし、とことん彼を追いつめる。彼は「自分を保つために」内部で絶えず恐ろしい作業をしなければならない。だから、このような人のノイローゼの典型的な形は神経衰弱である。この疾患は一方では神経過敏、他方では、極度の消耗や慢性的倦怠感を特徴とする（543d）。

こうした個人の無意識を分析すると、たくさんの権力ファンタジーが、〈強力に活性化した客体を前にした不安〉と対になっていることが分かる。こうした内向型の人は、現実においても容易に客体（相手）の犠牲になってしまう。彼は客体を恐れるところから臆病になるが、それは独特な形で現われる。彼は自分自身も、自分の気持も表わせない。なぜなら、客体の強い影響を恐れるからである。客体（相手の人）の激情に激しく揺さぶられ、その影響下に引きずり込まれるのではないかとの不安が拭えない（544b）。彼にとって客体は恐ろしい威力に満ちており、それを意識的に見ているわけでなないが、無意識を通して、それを知覚している。客体との意識的関係は比較的抑えられているため、関係は無意識を通して保たれる。その結果、そこには無意識の特徴が積み込まれている。まず第一に幼児的かつ太古的な特徴である。こうして彼の客体との関係は原始的primitiveとなり、未開人が客観世界との関係の中でみせる独特な特徴を備えるようになる。そうなると、客体は彼にとってはあたかも呪術的な力を備えているかのように見えてくる。なじみのない新奇なものは、未知の危険を秘めているかのように感じ、恐怖や不信を抱く。昔からなじみのあるものは、彼の魂に見えない紐で結ばれているかのように感じている（544c）。変

化は、それほど危険でないものですら、トラブルと感じる。なぜなら、そこに魔力が潜んでいるように感じるからだ。自分が許可したものだけが動く孤島に住むことが彼の理想となる。ドイツの小説家F. Th. Vischer〔訳注：フリードリヒ・テオドール・フィッシャー、1807〜87年〕の小説 "*Auch Einer*" は、内向型の心理のこのような側面と、その背後に潜む集合無意識のシンボル体系を覗き見るには格好の本である。なお、集合無意識は、タイプ論だけの問題ではなく、全般にわたる問題なので、これ以上深入りしないことにする (544d)。

〈023〉
Ⅲ　内向的「姿勢」における心理学的諸機能の基本的特質
(545a〜583a)
Die Besonderheiten der psychologischen Grundfunktionen in der introvertierten Einstellung

〈023・1〉
1　内向思考 (545a〜549b)
Das Denken

　外向的思考の記述の中で、すでに短いながら内向的思考の特性についても触れたが、再度そこを参照していただければと思う。内向的思考は、まず何よりも、主観的要因に基づいて自分を方向づけている (545a)。主観的要因は、少なくとも、「方向づけをする主観的気持Richtungsgefühl」として現われ、これが、最終的に判断を決定する。時にはこれは、多少とも完成されたイメージとして存在し、ある程度、判断基準の役割を果たしている。
　内向的思考は、具体的なものにも、抽象的なものにも関わることができるが、決定的なところでは、常に主観的所与を基準にして自らを方向づけている。それゆえ、内向的思考は、具体的体験から出発しても、再び具体的ものに帰っていくのではなく、主観的な内容に帰っていく (545b)。外界の事柄はこの人にとっては動機にも目的にもなり得ない。確かに内向型の人は、しばしば、自分

の思考に、こうした外見を与えようとするかもしれないが、内向的思考は、常に主観から始まり、主観に戻っていくのである。たとえ、リアルな現実の領域にどんなに深く広く関わってもそうである。それゆえ、新しい事実を提示するという点では、間接的な価値しか持っていない (545c)。なぜなら、**内向的思考がまず第一にやろうとすることは、新しいインサイト・見解を仲介することであって、新しい事実はほとんど伝えないからである。**

内向的思考は、問題提起や理論を強調し、展望やインサイトを開く。しかし、実際の事実に対しては、手控えるところがある。実際の事実は（理論を裏づけるための）例証にすぎず、それが表に乗り出すことは許さない。事実は単に証拠として集められているにすぎず、それ自身のために求められているわけでは決してない。仮にそんなことが実際にあったとしても、それは、外向型社会の風潮に合わせているにすぎない (545d)。事実は内向的思考にとっては、二次的な意味しか持たないからである。重要な価値があるのは、主観的理念、すなわち、彼の内部の眼に映じている多少とも漠としたシンボル的なイメージであり、それを発展させ、提示することである。だから**追求するのは、具体的事実を一つの考えに再構成することではなく、薄暗いイメージを光に満ちたイメージへと形作ることである** (546a)。

内向的思考が手に入れ、見ようとしている外的事実は、彼の理念の枠組みにはめ込み、それを満たして完成するためのものであり、彼の創造力が真価を発揮するのは、その理念によって、外界の事象の中には存在しなくとも、外界の事実に適合し、それを抽象的に表わすことができる場合である。すなわち、その思考によってつくられたイデア・観念が外界の事実から由来するように見えるとともに、また、**外界の事実を通してその妥当性が裏づけられるときである**。それによってこの思考の使命は達成される (546b)。

外向的思考が具体的事実に適合した一つの経験概念をひねり出したり、あるいは、新しい事実を創造することに常に成功するとは限らないように、内向的思考も、その生まれてきたイメージを事実に合致した理念に置き換えることができるとは限らない。外向的思考の場合には、ただ単に経験的な事実を寄せ集めたものが思考を不具にし、五感を窒息させることがあるように (547c)、内向的思考の場合も、自分の空想イメージを展開しようと、事実を自分が描いた

イメージに押し込めたり、あるいは、まったく無視したりする危険な傾きがある。こうした場合、描かれた観念が、薄暗い太古的なイメージから生まれてきたものであることが否定できなくなる。そこには、神話的な匂いがつきまとっており、良く言えば「オリジナリティのあるもの」「奇抜なもの」、悪く言えば奇怪なものと思われてしまう。こうした太古的な性格は、神話のモチーフに詳しくなければ専門研究者にすら見抜けない（546d）。

　普通、このようなイメージは、主観に対しては強い説得力を持っている。この説得力は、外界の事実とのコンタクトが少ないほど大きくなる。この理念・イデアに取りつかれている人にとっては、彼の持っているわずかばかりの事実が彼のイデアの信憑性(しんぴょうせい)と妥当性の土台であり根拠であるかのように思えるが、実はそうではない。**なぜならこのイデアは、その説得力を彼の無意識の元型から手に入れているからであり、元型はそのものとしては、普遍妥当的なものであり、永遠に真理でありつづけるものだからである**（547a）〈See：221・0〉。しかし、その真理は、かくも普遍的であり、極めてシンボリカルであるため、実用的な真理として命を得るためには、現在この瞬間に認識され、また認識され得る認識にならなければならない。例えば、因果原理は、実際の原因と実際の結果の中においてそれが認識され得るものでないならば、何の価値があるだろう（547b）。

　内向的な思考は、主観的な要因という膨大な真理Wahrheitの中に自分を見失いやすい。理論のための理論をつくろうとし、現実的な事実、あるいは、少なくとも現実にあり得そうな事実に目を向けているように見えるが、イデアから出発して単なるイメージを中心としたものへと流れていくはっきりとした傾向が認められる。確かに、それを通してたくさんの可能性を見ることにはなるが、そこからは、現実的なものは何も生まれず、結局のところ創られるイメージは、もはや実際には外的な現実を表わしていないばかりか、何かさっぱりわからないもののシンボルにすぎなくなる傾向がある（547c）。

　そのために内向的思考は、曖昧模糊となり、客観的な事実の枠内だけで遊ぶ外向的思考と同じく、思考としてはあまりにも不毛なものとなる。外向的思考が、事実のみを表象する思考になり下がるように、内向的思考も、あらゆる具

体的イメージを超える表象不可能なものを表象しようとして蒸発してしまう。外向的思考において、事実のみの表象は、確かに真実を表象してはいる。なぜなら、主観的要因が排除され、事実しか残っていないからであり、事実は自らを証明するものだからである。同じように、内向的思考においても、表象不可能なものの表象は、主観の中での「じか」の認識だから（547d）、説得力がある。主観の中に存在していることが主観に対して自らを証明しているからだ。前者、外向的思考は、Est, ergo est（存在するがゆえに、存在する）となり、内向的思考は、Cogito, ergo cogito（われ考える、ゆえにわれ考える）となる（両方ともデカルトのCogito, ergo sum「われ考える、ゆえに、われ在り」に模したもの）。

　内向的思考が極端になると、自分自身の主体的あり方を、疑う余地のないものと思うようになるが、外向的思考も同じように、客観的事実と自分が完全に同一になっていることは疑う余地もないものと思うようになる。そして外向的思考が客体にあますことなく入り込むvölliges Aufgehen im Objektことによって、自分自身を否定してしまうように、内向的思考のほうも、一切の、そして個々の内容jenes allen und jeglichen Inhaltesを取り除き、「そこにある自分の存在Vorhandennsein」だけを残して満足してしまう（548a）。

　その結果、どちらの場合も、生命の歩みは、思考機能から、〈それまでは比較的に無意識の中にあった他の心的機能〉の領域へと移っていくことになる。客観的事実に対する内向的思考の極端な非力は、豊富な無意識の事実によってフルにコンペンセーションされることになる。しかし、意識が思考機能によって小さな、そして空虚極まりない領域――自分には神に満ちているかのように見えるが――に自らを凝縮すればするほど（548b）、そこでは、無意識のファンタジーが、様々な形で、太古的事実、魔術的で非合理な広大な伏魔殿を築いていくことになる。そしてこの伏魔殿は、〈生を担う機能として思考に取って代わった機能〉の種類に応じて、独特の特徴を帯びてくる。もしも取って代わった機能が、直観機能であれば、「裏側」（すなわち無意識の世界）は、Alfred Kubin アルフレート・クービン〔訳注：1877～1959年。オーストリアの表現主義の画家。暗いシンボリックな幻想的絵で知られる。エドガー・アラン・ポーの著書のイラストも描いた。著書 "Die Andere Seite"「裏側」でも知られる〕やGustav Meyrink グスタフ・マイ

リンク〔訳注：本名Meyer。1868～1932年。オーストリアの表現主義の作家。超自然的、神秘的体験、奇怪な現象、恐怖を誘う内容で知られる。特にユダヤの伝説的人工生物を題材にした "Der Golem"『ゴーレム』がベストセラー〕の目に映ったようなものとなる。もしも取って代わった機能が、気持feeling機能であれば、今まで、感じたこともないような幻想的な気持や判断が矛盾に満ちた理解できない性格を帯びて出てくるようにもなる。また、もしも取って代わったのが感覚機能であれば、自分の身体の内と外とで、今まで体験したことのないような新しい感覚が現われてくるようにもなる。こうした変化をさらに詳しく調べると、そこには原始的心理がそのすべての性格と共に出てきていることが容易に分かる。もちろん、その体験は単に原始的であるばかりでなく（548d）、シンボリック・象徴的なものであり（548d）、古いもの、原初的なものほど、未来の真実を伝えるものzukunftswahrerにもなっている。なぜなら、我々の無意識に出てくる古いものは、すべて今から起こることをも示唆しているからである〔訳注：無意識の内容は、今まで何億年の間に動物と人類が経験した記憶が蓄積し凝縮した元型の世界であり、生命の動き方のパターンがそこに見えるため、それを見れば未来の動きも予想がつくからである〕。

　しかし、日常の状況においては、意識の「裏側」へ移っていくことはできない。まして、無意識を安全に通り抜ける通路など存在しない。避難通路はたいてい、意識によって阻まれているからである（549a）。なぜなら、**自己Ich**が、無意識的な事実、すなわち、〈無意識的対象が現実に押しつけてくる規定〉に屈服させられることに抵抗するためである。この状況は、一種のDissociation・分裂状況である。別の言葉で言えば、一種のノイローゼであり、内的消耗と増えつづける脳の疲労の特徴をともなった神経衰弱である（549b）。

〈023・2〉
2　内向思考型 （549c～554b）
Der introvertierte Denktypus

　ダーウィンのような人がノーマルな外向思考型とすれば、その正反対にカントのような人をノーマルな内向思考型とすることができる。前者が事実に基づ

C　内向型

いて語るのに対し、後者は主観的要因に基づいて語る。ダーウィンは客観的事実の広野に分け入るが、カントは、認識の分析・批判を自分の仕事にする。一方にキュヴィエ〔訳注：Georges Léopold Chrétien Frédéric Dagobert Cuvier（1769〜1832年）。フランスの多産な動物学者、古生物学者〕を置き、他方にニーチェを置けば、違いはいっそう明確なものになるだろう（549c）。

　内向的思考タイプの人においては、今述べたような思考が優越していることが特徴となっている。彼は、パラレルに対比される外向思考型のように、ともかく何事もイデア（観念、理念、理想）を通して力を及ぼそうとする。ただし、この場合、このイデアは、外向思考型とは異なり、客観的事実からではなく、主観的基盤から出てきたものである。彼も外向思考型のように自分のイデアに従うが、逆方向に向かう。外に向かってではなく内に向かっていく。彼は広がるのではなく、深まっていく。外向思考型とは対照的に（549d）、こうした基盤において、大きく、そして明白に異なっている。外向思考型に著しい特徴、すなわち客体に対する強い繋がりは、他の内向型同様、彼においてはほとんど見られない。客体が人間だった場合には、その人は、自分が彼から否定的に見られていることをはっきりと感じるだろう。すなわち、良くて、自分がその場ではよけいな者になっているように感じてくるし、悪ければ、直接邪魔者扱いされているように感じるだろう（550a）。

　このように、無関心から拒否に至るまでの客体（そして相手）に対するネガティブな関係は、どの内向型にも特徴的であり、内向型の描写を実際には極端に難しくしている。彼の中ではすべてが見えなくなり、隠れていくように感じられる。彼の判断は冷たく、剛直で、独断かつ思慮に欠けるかのように見える。なぜなら、彼の判断は、客体に対する関わりが少ない分、主観に対する関わりが強いからである（550b）。彼の判断は、客体（人でも物でも）に高い価値を与えているようにはまったく感じられず、常に何か客体を見下ろしているかのようであり、主観の優越性をはっきりと感じさせる。

　また、礼儀正しく、愛嬌もあり、親しみもあるかもしれないが、しかし、しばしば、何かを恐れているような奇妙な感じがともなっており、そこには背後に一つの意図がなんとなく見え隠れする。敵を武装解除しようとする意図である（550c）。相手には静かでおとなしくしていてもらいたい。なぜなら相手は

547

厄介な人になりかねないと思っているからである。もちろん実際には敵ではないのだが、相手の人がもしも敏感な人ならば、彼は何となく嫌われており、見下されているとさえ感じるだろう。相手は、常に何かしら適当にあしらわれ、必要もないのに防御柵さえ張りめぐらされてしまう。そのため、内向思考型の人は、とかく人々に誤解される。しかも、誤解されればされるほど、自分を取り戻そうと、彼の劣等機能の助けをかりて、社交性のマスクをはめるから、真の彼とは極端にかけ離れた人物として映じてしまい、誤解はますます深まっていく（550d）。

また、もしも、すでに自分自身のイデアの世界（理想の世界）を描こうとしていたならば、そのためにはどんな大胆な冒険の前にもたじろぐことはない。その考えがどんなに危険でも、革命的でも、異端的でも、感情を害するものであっても、考えることをやめはしない。ところが、その理想像を現実の世界で実行する段になると、とたんにすっかり怖気づいてしまう。そんなことは、そもそも彼の性分には合わないからだ。たとえ、自分の考えを世に送り出すとしても、我が子を心配しながら送り出す母親のようにではなく（551a）、放り出すようにし、それが自分独りで道を開いていかないと、ひどく苛立つ。

このタイプは、たいていの場合、プラクティカルな実務に極端に疎く、宣伝することは何についても嫌うから、ますますうまくいかなくなる。しかし、自分の生み出したプロダクトは、主観的には正しく、真実に見えるから、〈それは真実のはずだ。他の人もその真実性に素直に頭を下げなければならない〉と思っている（551b）。だから、自分から出向いて誰か、特に影響力を持つ人を味方に引き入れようとは毛頭考えない。仮に出向いたとしても、あまり不器用なため、結果はむしろまったく逆効果になってしまう。

また、自分の専門領域においける競争相手とはたいていうまくいかない。彼らの好意を得るすべをまったく知らないからである。むしろ、たいてい、逆に彼らに〈自分たちを必要としてはいないのだ〉と思われてしまう。自分の理念・理想を追求するにあたっては、たいていは一徹で、頑固で、人の言うことには耳を貸さない。それと意外にコントラストしているのが、彼が相手のパーソナルな影響の暗示にかかりやすいことである（551c）。相手が危険な人物でないと感じるや否や、このタイプは、自分の劣勢要因に極度に影響されるようにな

る。劣勢的要因が無意識の中から彼を捉えるからである。彼は、自分の理念の追求が妨害されない限り、どんなに酷い目にあわされても、さんざん食い物にされても、なすがままに任せてしまう。後ろで悪事をはたらかれ、実害が生じても気がつかない。彼にとっては客観事態との関係は二義的であり、彼が生み出した思想がいくら金になるかなど考えもしないからである（551d）。

　また、彼は自分の課題について、その可能性をどこまでも突きつめて考えるために、かえってそれを複雑にしてしまい、いつもありとあらゆる反論の可能性が気がかりになって、混乱してしまう。それゆえ、彼の考えの内的な構造が彼にとって明確になればなるほど、どこでどのように、それを現実の世界に生かしたらよいかが分からなくなる。自分にとってこんなにも明白なことがどうして他人には分からないのか、ということが分からないし、受け入れることができない。したがって彼の文章のスタイルは、たいてい、様々な補足を加えるから読みづらくなる。限定したり、注を加えたり、疑問を挟むなど、ともかく気がかりな問題を並べてしまう（552a）。だから仕事はなかなかはかどらない。

　また、彼は無口であるか、さもなくば、自分を理解してくれない人のことが気にかかる。それゆえ、そういう人たちの底知れない愚かさの証拠を集める。たまに理解者が現われると、容易に信じて相手を過大に評価する。だからそうした場合、彼が人を批判する力が欠如していることを食い物にするすべを心得ている野心的な女性の格好の餌食となるか、子供っぽい人嫌いの独身者になることもある（552b）。

　また、人前に出ることがうまくできず、目立つことを避けようとし、なんとなくぎこちなく、意識過剰となることもあれば、あるいは、またナイーブな態度を装い摩擦を避けようとすることもある。しかし、彼の専門領域においては、激しい反発を巻き起こし、原始的な激情が抑えきれず、嚙みつかんばかりの不毛な論戦に引き込まれる以外に、なすすべを知らない。

　また、彼は、多くの人たちからは、気配りのない、権威的な人間と見られている（552c）。しかし、彼をよく知るようになると、彼に対する人々の判断は好意的になり、一番近い人たちからは、彼の優しい人柄は極めて高く評価される。あまり近しくない人たちからは、彼は怒りっぽく、近づきにくい、尊大な人と思われ、彼が人付き合いに否定的な偏見を持っているために、極めて不快

に感じられている。

　先生としては、パーソナルな影響力はあまりない。彼には生徒の気持がよくつかめないからである。教えること自体についても、たまたま彼にとって理論的課題でもない限り、まったくと言ってよいほど関心はない (552d)。彼は先生としては、適していない。教えている最中に教材の内容について考え込んでしまうこともあり、生徒に分からせることに喜びを味わおうとはしないからである。

　このタイプの傾向が過度になるにつれ、彼の確信はますます固く、意見は絶対に曲げず、頑固一徹になる。未知のものからの影響は拒絶し、近しくない人たちに対しては冷ややかとなり、ごく親しい一部の人たちに対してはますます依存するようになる (553a)。彼の発言は、ますます個人的なものとなり、他の人の見解を一切無視するようになる。彼のイデアは深まるが、手持ちの素材ではもはや十分に表現できないものになってくる。そしてその空白を情動 emotivität が埋め、傷つきやすくなってくる。未だ知らないものからの影響は、外から来るものに関しては断固として拒否するが、内から、すなわち無意識サイドから来る未知のものに関しては、それに対処するための反証、それもはたから見れば、取るに足らない些細な事柄に対処するための反証を集めなければならなくなる (553b)。

　また、客体との結び付きが欠けているために、彼の意識は主観的になり、ひそかに彼のパーソンと最も結びついているものが、彼にとっては最も重要なものに見えてくる。こうして彼は、主観的な真理を彼のパーソンと混同し始める。彼は確かに、誰にもパーソナルに自分の信念を押しつけることはしないが、彼の考えに向けられる批判に対しては、たとえ正しい批判であっても、一つ一つ個人的な憎悪を込めて立ち向かっていくようになる。その結果、彼はしだいにあらゆる問題において孤立していく。彼の当初の実り豊かなイデアも、破壊的となっていく。なぜなら、彼のイデアが苦々しい感情の雨に毒されてしまうからである (553c)。外界での孤立が進むにつれて無意識の影響との闘いも増大し、彼を麻痺させるようになる。孤独への傾向を強めるのは、そもそもは、無意識の影響から自分を守るためであるが、ますます彼をこの葛藤の中に巻き込んでいく。

内向思考型の思考は、イデアから発展する点においてポジティブで総合的な思考である。このイデアは元型のイメージの永遠の妥当性に向かって、自らを高めていくからである（553d）。しかし、**客観的体験との結び付き**を失うにしたがい、神話的になり、今日の時代状況に対しては真実味が失われていく。この思考が、現実に生きている人々にとって価値があるとすれば、それは、この思想が、現に知られている事実との関連性を明白に持っており、納得のいく場合である。しかし、内向的思考が、神話的になると、それ自身において、無意味なものとなり、独りよがりなものとなる（554a）。この思考に対抗して鎌首をもたげてくるのが、気持や直観や感覚など、相対的に無意識的な劣等的機能であり、原始的な外向的性格を備えている。その結果、無意識的な劣等的機能に取りつかれた内向思考型は、客体（人も含めて）の厄介な影響を受けることになる。

　そうした客体に対して彼が自らの周りに好んで張りめぐらす防衛策や障壁などについてはよく知られており、あらためて説明するまでもないと思う（554b）。こうしたものはすべて「不可解な魔力」から自分を防御するためのものであり、女性に対して抱く恐れもその一つである。

〈023・3〉
3　内向気持 (554c～556c)
Das Fühlen

　内に向かっていくときどういう気持になるかは、主に主観的要因によって決定される。このことは内向的思考が外向的思考から本質的に異なるように、内向的気持feelingによる判断も、外向的気持feelingによる判断とは本質的に異なることを意味している（554c）。内向的気持のプロセスを、知性的intellektuellに述べたり、あるいは、また単に近似的に記述することは、極めて難しいが、もしも自分の内向的気持に実際に気がつくならば、この気持の独特の本質にも必ずや気がつくに違いない。内向的気持は、主として主観的な基本条件に支配され、客体とは単に二義的にしか関わっていないため、表面に出てくることは極めて稀で、出てきても決まって誤解される。この気持は、客体を過小評価す

るように見えるから（554d）、たいていの場合、相手の人に自分自身をネガティブな形で印象づけることになる。そこに積極的な気持が存在していることは、間接的にしか推測できない。この気持feelingは客観的な物事に順応しようとはせず、それらよりも上に自らを置こうとする。自らの根底にあるイメージを現実化しようと無意識的に模索するのに忙しいからである。現実には姿を見せないが、昔どこかで経験したような気持feelingを常に探し求めている。また、自分の求めているものとまったく合わない客体は、ほとんど目に入らず、その上を通り過ぎていく（555a）。また、この気持feelingは、一つの内的充実感（einer innern Intensität）を得るのに懸命で、客体は彼にとっては、せいぜいそれに刺激を与える存在に過ぎない。その気持の深さは、それとなく感じとられるだけで、明白には捉えられない。またこの気持feelingは当人を無口にし、近寄りにくい人にする。なぜなら、荒っぽい相手の前からは敏感に身を引き、内面の世界をしっかりと感じようとするからである。自分を守ろうとして、否定的な気持をはっきりと示したり、あからさまに無関心を装うこともある（555b）。

　内向気持型にとって一番性に合ったイメージは、よく知られているように、理念・理想であり、「気持feeling」である。神、自由、不死というような根本的なアイデアもまた、理想を意味すると同時に「気持価」すなわち「気持の良さ」を持っている。それゆえ、内向的思考について言われたこととは内向的気持についてもそのまま当てはまる。ただ、違いは、ここでは思考するのではなく、すべて感じるfeel点である（555c）。実際には、しかし、思考のほうは通常は理解可能な形で表現することができるが、気持feelingのほうは、その豊かな内容を近似的に、外面的に表現したり人に伝えるためには、並みの言語的、あるいは文化的表現力ではとても間に合わない。主観的思考は、他の存在との関係を持たないために、十分な智解を相手の中に目覚めさせるのは容易でないが、主観的気持の場合はその困難はおそらくもっと大きいだろう。自分の気持を人に伝えるためには何らかの外的な形で表わすことが必要となるが（555d）、一方では主観的な気持を自分で的確に捉えると同時に、他方では相手の中に、自分と同じ気持（Parallelevorgangパラレルな出来事）を生じさせるように伝えなければならないからである。人間は、お互い、内的にも外的にも比較的よく

似通っているために、気持を伝えるのは可能であるが、気持が主として根源的イメージの宝蔵（元型の世界）のほうを向いていることが条件である。もしも、自己中心的ならば、こうした共感は得られない。なぜなら「自己Ich」と関わり合うことで手いっぱいになっているからである（556a）。

こうなると、間違いなく、センチメンタルな自己愛、自己中心的傾向が目立つようになり、自身は一種の病的な自己陶酔状態に落ちていく。（自己中心的になった）内向的思考の主観的意識が、抽象のまた抽象へと突き進み、それとともに思考密度は高くなるものの、結局は、それ自体としては内容の乏しい思考プロセスに終わってしまうように（556b）、内向的気持も自己中心的になると、自己自身の中で感じるだけの内容のない情熱に終わってしまう。

この段階になると、気持は神秘的で陶酔的な気持になるとともに、それまで気持で抑えてきた外向的機能が（無意識の中で）胎動を始めるようになる。内向思考thinkingに対して、原初的な気持feelingが動き出し、呪術的な力で客体が襲いかかってくるように、内向的気持feelingに対しても、同じように、原初的な思考が動き出し、彼を具体的事物と現実の奴隷にしようとする（556c）。内向的気持feelingは、客体との関係の束縛から自らを解放し、主観によってしか縛られない言動や良心の自由を自分のために創出しようとし、時には常識では考えられないことまでやってしまうようになる。しかし、そうなると、彼の無意識的な思考は、ますます客観的物事の力に呑み込まれていくのである。

〈023・4〉
4　内向気持型（556d〜560d）
Der introvertierte Fühltypus

内に向かう気持が優越している人で私が出会ったのは、ほとんどが女性であった（556d）。「静かな水は深い」という諺はまさにこうした女性に当てはまる。彼女たちはたいてい物静かで、一歩距離を置いており、何を思っているのかよく分からない。しばしばあどけない顔だったり、無表情な顔の背後に隠れている。また、しばしばメランコリックなところがある。彼女たちは控え目で、表に自分を出さない。もっぱら主観のほうを向いている気持によって動いている

ため、彼女たちの本当の意図はたいてい隠れている (557a)。外に対しては、ハーモニーのとれた慎み深さ、爽やかな安らぎを湛え、相手の気持を大切にし、それに合わせるところがある (eine harmonische Unauffälligkeit, eine angenehme Ruhe, einen sympathischen Parallelismus)。彼女は、他人に命令したり、強く印象づけるようなこと、あるいは、何かを変えさせるようなことはまったくしない。

　しかし、もしも、こうした外見的消極面が強くなると、無関心だとか冷たいと密かに疑われるようになり、ひどくなると、〈他人の幸せや苦しみなどどうでもいい人間なんだ〉と思われるようになってしまう。こうなると、彼女の気持が客体（他人）から離れていっていることが、誰の目にも明らかになってくる (557b)。もちろん正常なタイプがこのような状態になるとすれば、客体（誰か）が、何らかの形で、酷い仕打ちをした場合だけである。したがって、客体（人々）と気持の上で調和のとれた関係が保てるのは、客体が落ち着いた気持になっていて、その人独特のやり方で動いても、こちらのやり方とぶつからないように気をつけてくれる場合に限る。

　客体（相手）のエモーションが独特の場合には、彼女からは調子を合わせてはもらえず、彼女のネガティブな気持によって退けられ、回避され、よく言って「冷やされる」(557c)。いつも安らいだハーモニーの中に仲良くしたいという気持はあっても、知らない相手に対しては、愛想よく接することも温かく迎えることもなく、無関心を装い、拒絶するような態度すら示すことがある。ともすると相手の人は、自分がそこにいることが、よけいなように感じる。

　わくわくするようなもの、夢中にさせるようなものに出会うと、このタイプは、まず、好意的な中立的態度で見守っているが、時には、一段上に構えた批判的な態度をかすかに漂わせているため、敏感な相手は容易に風を失った帆のようになってしぼんでしまう (557d)。一方、このタイプは、攻撃的なエモーションが襲ってきても、氷のような冷酷さで、容赦なく撃破してしまう。ただし、そのエモーションが無意識のほうからこの女性の気持を捉えていたなら、別である。彼女は一瞬麻痺してしまう。しかし、その後、必ずその反動として、彼女はその分だけよけいに激しい反撃を展開し、相手の最も傷つきやすい部分をえぐることになる (558a)。

C　内向型

　客体（人々）との関係では、気持はできる限り、穏やかで、確かな中庸を保たなければならない。激情は厳しく禁じられ、節度を越えることは絶対に許されない。内面的な気持が表に出てくることが少ないので、客体は、もしも自分があまり評価されていないと感じたならば、その感じはいつまでも続くことになる。もちろん、いつも最初からそう感じるとは限らない。自分の気持の表現が乏しいことは、たいてい本人自身には意識されておらず（558b）、時間とともに、無意識的な気持が症候を表面化させるようになる。すると否が応でも認めざるを得なくなる。

　このタイプは、たいてい冷ややかで、控え目に見える。そのため、表面的にしか判断しない人は、このタイプの人には感情など何もないと思ってしまう。しかし、これは基本的に誤りである。内に向かう気持は確かに<u>横への広がりextensiv</u>は少ないが、<u>縦へのintensiv</u>掘り下げは深く、内深く発達していく。例えば、外向型の横へ広がる同情心は機会が来れば言葉や行為で表出するが、ほどなくこの印象から解き放たれる（558c）。しかし、内向型の縦に深まる同情心は、それぞれの気持を、それを表現する以前に自らの内に溜めこみ、ついには世界中の不幸を一身にまとって、そこに凝結してしまう。それが一部溢れ出て、英雄的とも言われるような驚くべき行為となって現われ、客体（周囲の人たち）も主体（本人）も、それにどう対応したらよいか分からない、というようなことになることもある。

　外向型の人の盲目的な目から見れば、こうした形の同情は、冷淡としてしか捉えられない。見えることは何もしないし、外向的意識にとっては目に見えない力など信じることができないからである（558d）。こうした誤解は内向気持型の人の日常生活においてよく起きる特徴的な出来事であり、通常こうした事実は、本人には客体と深い気持の結びつきを持つことを戒める有力な証拠となってしまう。しかし、この同情の気持が実際に何をやろうとしているかは、この正常なタイプ自身にとっても、はっきりとは分からない（559a）。その目的や内容は、場合によっては、隠れた、そして世俗的目の前では慎重に守られた宗教性の中で表現されたり、あるいは、世間を刺激しないような詩的な形をとって、自分自身のために表現されることもある。

　しかも、そこには、これによって客体の上に優位性を保持しようとする密か

な野心が働いている。子供をもった女性は、こうした野心を子供たちの中にたくさん植えつけようと、知らず知らずの内に自分の情念を子供たちに注ぎ込む（559b）。

　正常な内向気持型の場合には、いま示唆してきたような傾向、すなわち、自分の密かな気持をいつかあからさまに見える形で客体の上に及ぼそうとか、相手に押しつけようとする気持があることは、厄介なことにはならない。本気でそうすることはまずないからだ。ただ、そこから何がしかは漏れ出て、個人的な影響を相手の上に及ぼすことはある。よくは定義できないが、どこか相手を支配するような影響である。何か押し潰されるような、息の詰まりそうな感じとして体験され、周囲の人たちを呪縛する（559c）。それによって、このタイプは、不思議な力を獲得し、特に外向型の男性を極端に魅了することがある。彼の無意識を揺り動かすからである。この力は、内向気持型が自分の中に感じる無意識のイメージから来るものであるが、しかし、容易に、意識によってこのタイプの「自己Ich」に結びつけられる。その結果、その影響力は歪められ、個人的な暴君のようになってしまう（559d）。

　しかし、このように「自己Ich」が無意識的主体と一体になると、内向気持型の不思議な神秘的力は、陳腐な支配欲、栄光欲、暴君的暴力となってしまう（559d）。そこから、恐れを知らぬ際限なき野心と、陰険で残虐な悪名高い一つの女性のタイプが生まれてくる。しかし、その末路はノイローゼとなる。

「自己Ich」が、自らを無意識的主体の下位に感じ、気持feelingのほうが「自己Ich」よりも高いもの、力あるものと認めている限り、このタイプは正常である（560a）。無意識的思考は確かに太古的であるが、「自己Ich」が折に触れて主体を乗っ取ろうとするとき、衝動を効果的に減圧することでコンペンセーションの役割を果たす。しかし、もしも無意識的な思考の影響力が完全に抑え込まれると、無意識的な思考は「自己Ich」に反旗を翻し、客体（相手）の中に自らを投影するようになる。それと共に、自己中心的となった主体は、今まで自分が見下していた客体（相手）の力と重要性を思い知らされることになる（560b）。すなわち、意識は「この人は何を企んでいるのか」と感じ始める。当然「この人」が考えていることはありとあらゆる悪だくみや卑劣なことであり、

C　内向型

秘密裏に進める攪乱(かくらん)と謀略であるということになる。だから、これに対して主体は全面的に対決しなければならなくなる。防衛のために、策略をめぐらし、疑えるものはすべて疑い、様々な手段で詮索し、あらゆる情報を集めて分析する。たくさんの噂に襲いかかられていると感じる。恐ろしい劣勢を挽回し、可能な限り優勢に転じようと気違いじみた努力をしなければならなくなる(560c)。こうして水面下での確執が果てしなく続く。この壮絶な闘いに勝つためにはどんなに悪質で卑劣でも手段を選ばない。切り札となるなら、美徳すら悪用される。こうしてついには消耗しきってしまう。

　ノイローゼの形態としては、ヒステリーよりも神経衰弱症であり、女性の場合には、例えば、貧血とそれにともなう身体的症状が強く現われるようになる(560d)。

〈023・5〉
5　内向的合理的タイプのまとめ (561a〜563b)
Zusammenfassung der rationale Typen

　これまで述べてきた両方のタイプ(内向思考型と内向気持型)は、合理的タイプである。理性的判断機能に根ざしているからである。理性的判断は、客観的所与だけではなく、主観的所与にも基づいている。しばしば幼児期から存在する<u>心的傾向psychische Disposition</u>に影響されて、どちらかの要因が支配的になると、もちろん理性は後退する(561a)。というのは、真の理性的判断なるものは、客観的所与にも、また主観的所与にも基づくものであり、両方に対して公正でなければならないからである。しかし、それはあくまで理想的な場合であって、外向性と内向性が均等な発達を遂げていることが前提される。ところが、**両方の動きは互いに相容れないものであり**(外に向いていると同時に内を向くことはできない)、このジレンマが存在する限り、<u>一緒に肩を並べていることは絶対にできないnebeneinander überhaupt gar nicht sein</u>。できたとしても交互に現われるだけであり(561b)、普通の状況の下でも、理想的な理性は不可能である。ということは、合理的タイプは、内向型と外向型とでは、それぞれ異なるタイプの理性を持っているということである。

それゆえ、内向的な合理的タイプは疑いもなく、一つの理性的判断を持っているが、それが主観的要因に従って方向づけられているということである。だから自分の論理に恥じる必要はない。そもそも一面的であるということが前提になっているからである。すなわち「すべて結論や判断を下す前には、主観的要因を優先させる」という前提である（561c）。はじめから、主観的要因が客観的価値よりも、より高い価値を持っていることが自明の理とされているのである。

　これは、すでに述べたように、価値の問題ではなく、それ以前に存在する生まれつきの傾向・素質の問題である。したがって、理性的判断は、必然的に、内向型においては、外向型とは違った独特のニュアンスがあるのである。その最も一般的な例を挙げれば、内向型にとっては、主観的要因に帰着するような結論の流れのほうが（561d）、客観的要因に帰着するものよりも、何がしか理性的に見えることである。この違いは最初のうちこそたいした問題にはならないが、ほとんど気がつかないような小さな違いが、後で大きな越え難い対立を内向型と外向型の間にもたらすことになる。個々のケースにおいては心理的前提からくる立場の違いはわずかでも、それをはっきり認識していなければいないほど、苛立つことになる。**この場合決まって現われる主要な誤りは、心理的前提の違いを認め合う代わりに、「相手こそ間違っている」ことを証明しようと、懸命になることである**（562a）。このような違いを認めることは、どちらの合理的タイプにとっても難しい。なぜなら、そのことは、自分では絶対と思っている自分の原則の妥当性を根底から否定することになり、反対論側にそれを手渡して、カタストローフ・破滅同然の結果になると感じるからである。

　この場合、ほとんど常に内向型のほうが外向型よりも誤解される。それは、外向型が容赦ない、批判的な反対者だからというわけではなく、内向型の本人自身まで、自分に逆行している現代の外向型風潮に迎合しているからである（562b）。彼は単に外向型に対してではなく、我々が共有している西洋的世界観に対してまで、マイノリティ・少数派となっているのである。それも数の上ではなく、**気持ちの上で少数派となっているのである**。彼がこの西洋的（外向型的）風潮を信奉すること自体、自分を根底から否定することになっている。なぜなら、そもそも見えるもの、手に触れるものしか認めないという現代の風潮

C　内向型

は、彼の原理に真っ向から対立するからである（562c）。彼は自分の主観的要因を、目に見えないという理由で、過小評価せざるを得ないばかりか、外向型のように、いやでも客観的価値を過剰評価せざるを得ないからだ。彼自身、主観的価値を見下すことによって劣等感にさいなまれてしまう。

　ゆえに、我々の（外向的）時代に、そして特に、時代の先端をいく運動において、主観的要因が極端に、だからこそまた悪趣味な風刺的な形で出現しているのを見ても驚くにはあたらない。私が言っているのは現代芸術のことである（562d）。しかし、内向型は、自分の固有の基本原理の価値が否定されるため、自分を守ろうとし、エゴイズム・自己本位に追い込まれ、被抑圧者の心理を抱くようになる。そして、エゴイズムが進むほど、彼の目には、現代の風潮に完全に歩調を合わせているように見える人たちが、ますます抑圧者のように見えてくる。そして彼らに対し自分自身を防衛し、戦わなければならなくなる。

　彼は彼の最大の誤りがここにあることに気がつかない。外向型が客体に対して抱いているあの忠実性と従順性を、自分が主観的要因に対して抱いていないことこそ、最大の誤りだということに気がつかないのである（563a）。自分の基本的原理を否定することによって、エゴイズムへの傾きは避けられず、またそれによって外向型からますます偏見を受けることになるのである。しかし、もしも彼が自分の基本原理に忠実になるならば、外向型の人たちが彼をエゴイストと判断するのは根本的な誤りとなるであろう。こうして、彼の「**姿勢**」の正しさが、彼のすべての活動を通して、証明されるだろう。そして誤解も解消されるに違いない（563b）。

〈023・6〉
6　内向感覚（563c〜566a）
Das Empfinden

　感覚はその本質そのものからして客体と客体の刺激とに関わっているが、内向的「姿勢」の人の感覚は、外向的感覚とはかなり性質が異なっている。主観的要因を持っているからである。すなわち、感知される客体のかたわらに主体が立っており（563c）、これが客体を感知するとともに、客観的刺激に自分の

主観の様態Dispositionでもって味付けを施すからである。すなわち、内向的「姿勢」の人において感覚は、感知Perceptionの主観的部分に基盤を置いている。それが一番よく分かるのが、外界の対象物を再現する芸術作品においてである。例えば、何人かの画家が同一の景色を忠実に再現しようと努力しても、それぞれの絵は、ほかの絵とは違っている。単に力量があるかないかの違いだけではなく（563d）、主として、異なった見方をした結果である。それどころか、いくつかの絵においては、色や形の雰囲気や動きにそれぞれの画家の心的psychische相違までが歴然と表われてくる。そこに、主観的要因が多少とも強く働いているからである。

そもそも感覚の主観的要因は、本質的には、すでに検討した他の諸機能の場合と同じである。それは無意識の様態Dispositionであるが（564a）、内向的感覚の場合、五感が発動するや否やそれを変質させてしまう。純粋に客観的作用であるという性格を五感から奪ってしまうのである。ここでは、感覚は大きく主観側に傾斜しており、客体とはほんの二義的にしか関わっていない。この主観的要因がどこまで強くなりうるかを最も明らかに示してくれるのは、やはり芸術作品である。主観的要因の強さは、時として客体の働きを完全に封鎖してしまうところまで行く（564b）。感覚はあくまで感覚であることには違いないが、主観的要因の知覚となってしまい、客体の作用は単なる刺激の段階にまで沈下してしまう。内向的感覚が発達すると、このような展開になってくるのである。

確かに、五感は正確に機能してはいるが、客体は主体の中に押し入ることができない。なぜなら主体は客体を、他の人とはまったく違った風に見ているからだ。それどころか、まったく別の対象を見ているかのようにさえ感じられる（564c）。実際には主体は他の人が知覚しているのと同じ客体を知覚しているのだが、その客体の純粋な影響の下にとどまることは決してない。その客観的刺激によって触発された主観的知覚自体に夢中になっているのである。この主観的知覚は、客観的知覚とは著しく異なっている。主観が知覚しているものは、客体の中には全然存在していないか、していても、暗示的にしか見出されない。ということは、この主観的に知覚されているものは、確かに他の人々の中にもそれに近いようなものはあるが、客体自体の客観的な在りようには直接基づいていないのである（564d）。（だから）この主観的に知覚されているものは、意

C　内向型

識が捉えているものという印象は与えない。それにはあまりにも純粋すぎるからである。むしろ、一つの心的なものpsychischだという印象を与える。すなわち、一つの高度な心的次元psychischen Ordnungからの要素が認められるからである。さりとて意識の内容とは合致しない。それが関係するのは、集合的無意識の諸々の前提、あるいは、Disposition（在りよう）であり、神話的イメージ、諸表象の根源的可能性であるEs handelt sich um collectiv-unbewusste Voraussetzungen oder Disposition, um mythologische Bilder, Urmöglichkeiten von Vorstellungen（565a）。すなわち、主観的知覚には、「意味を与える」という特性があるのである。客体の純粋なイメージよりももっと多くのことを語ってくれる。もちろんすべての人に対して語ってくれるというわけにはいかない。主観的要因が実際に何かを語ってくれる人たちに対してだけである。

　別のタイプの人にとっては、こういう再現された主観の印象は、客体とは十分似ておらず、認識の目的を果たしていないがゆえに、認識としての特性に欠けているように映る。このようなことになるのは、主観的知覚が、感覚的物質世界の表面ではなく、その背後にある基盤Hintergründeを捉えるからである（565b）。

　主観的知覚が、決定的現実として捉えるのは、客体の現実ではなく、主観的要因の現実、すなわち全体が心理的鏡の世界psychische Spiegelweltとなっているところの根源的なイメージである。しかし、この心理的鏡は独特の能力を持っており、意識の現実の内容を我々が知り慣れている姿においてではなく、ある意味で、その永遠の姿のもとにsub specie aeternitatis提示する。すなわち、あたかも百万年の歳月を生きている意識の目に映っているかのような姿において提示するのである（565c）。このような意識は、事物の生成し消滅するさまをその瞬間ごとに見ているばかりでなく、生成前にあった状況も、消滅後に成るであろう状況までも、同時に見ているのである〈See：421・23〉。

　この意識にとっては、（一瞬後に流れ去る）現在の瞬間などというのは存在しない。もちろん以上は比喩的Gleichnisな説明であるが、内向的感覚の独特の本質について説明するには、これしか方法がないのである。内向的感覚のイメージは、客体を再現するのはわずかだが（565d）、原初から（生命の流れの中に）蓄積されてきた主観的体験や未来の主観的体験で客体を包むのである。こうし

て内向的感覚においては、単なる五感の印象が、予感に満ちた深淵へと発達していくnach der Tiefe des Ahnungsreichen。それとは異なり、外向的感覚は、今現在、白日の下にさらされている事物のありのままの姿をもっぱら捉えるのである（566a）。

〈023・7〉
7 内向感覚型 （566b〜570b）
Der introvertierte Empfindungstypus

　内向的感覚が支配的になると、ある種の特徴が際立った一つのタイプが生まれる。彼は目の前に現われてくるものの中から、何かを理性的判断に基づいて選ぶというよりも、ちょうど目の前に来たものを、来たから選ぶ。その意味で、非合理的タイプなのである。外向感覚型が客体の影響力の強さによって物事を決めるように、内向感覚型は、客体の刺激によって触発された主観的感覚部分の強さによって物事を決める（566b）。そのため、彼においては、客体と感覚とは、釣り合いがとれてはいない。どこにも規則性がないばかりか、主観が気ままに活動しているかのように見える。外から見る限り、何が彼に印象を与え、何が与えないのかさっぱり予想がつかない。もしも、彼がこの感覚の強さに釣り合った表現力と表現意欲を持っているなら（566c）、このタイプの非合理性が著しく目立ってくるであろう。たとえば、彼が多産な芸術家の場合である。しかし、これは例外的な場合であって、普通は、内向型はその特徴として表現力に乏しいため、非合理性も覆い隠されてよく見えない。反対に、彼の落ち着いた物腰や受動的であること、あるいは理性的な自己抑制が目立つこともある。表面的な判断を誤らせるこうした特徴は、彼の客体、すなわち相手の人に対する無関心から来ている（566d）。正常な場合、客体（相手の人）は決して意識的に過小評価されることはないが、客体の魅力は、客体の現実とはもはや関わりを持たない主観の反応によって取って代わられ、除かれてしまう。当然客体は軽んじられる。
　その結果このようなタイプの人には次のような疑問がぶつけられることになるだろう。すべて本質的なものが客体抜きに生じるなら、人間はそもそも何の

C 内向型

ために実在しているのか、客体はそもそも何のために存在する資格があるのか、という疑問である（567a）。

　こうした疑問は極端な場合であって、正常の場合には当てはまらない。なぜなら、内向的感覚にとっても、客観的刺激はなくてはならぬものであり、ただ外的状況から想定されるものとは異なったものをもたらすだけのことだからである。だから内向感覚型を外から見ると、客体の働きが実際に彼の主体の中へ入っていくようには見えない。この印象は、無意識から生じてきた主観的内容が、主体と客体の間に割り込んできて、客体の影響を奪ってしまうという意味では正しい（567b）。この割り込みがあまりにも激しいために、客体の影響を前にして、その個人が直接自己防衛をしているような印象を与えることすらある。しかし、この傾向が昂じると、このような自己防衛的姿勢が実際に表に出てくるようになる。もしも無意識が少しでも強くなってくると、主観的感覚部分がその分活発になり、ついには客体の影響はほとんど見えなくなってしまう（567c）。その結果、一方では、客体（相手）は、自分の価値がまったく否定されたように感じ、他方では、主体（本人）はしだいに現実を錯覚と幻想の中に捉えるようになる。

　もちろん現実感覚を失い、現実の客体と主観的知覚の区別がもはやできなくなるのは病的な場合だけである。確かにこれほど重大な区別が消えていくということは、ほとんど病に近い状態になったときだけである。しかし、そこまではいかなくとも、客体がその完全な現実性の中にはっきりと捉えられているにもかかわらず、主観的感覚が、思考や気持や行動に著しい影響を及ぼすことがあるのである（567d）。客体の影響が特別な状況、例えばそれが非常に強烈intensitätだったり、もしくは無意識のイメージに非常によく<u>似ておりAnalogie</u>、それが主体にまでくい込んできた場合には、このタイプの正常な人でも、その無意識の指示に従って無意識的に対処せざるを得なくなる。そのときの対処の仕方は、客観的現実と比べてみると、錯覚しているように見え、極めて奇妙不可解に見える（568a）。こうしてこのタイプの主観が現実離れしていることが一挙に暴露される。しかし、客体の影響がそれほど強く入り込んでこない場合には、〈あまり同調するわけではないが、好意的な雰囲気を漂わせた中立的な態度〉で受け止め、穏やかに、何事も釣り合いのとれたものにしよ

うと努める。低いものは高められ、高すぎるものは低められ、熱中は冷やされ、常軌を逸したものは「正しい」常識的線まで引き戻されるが（568b）、すべては客体の影響をほどほどに留めておくためである。それゆえ、また、このタイプは周囲には、抑制的な雰囲気を与える。その意味では、この人はまったく無害とも言いきれない。しかし、無害である場合には、得てして、他人の押しの強さや支配欲の餌食になりやすい。普通はおとなしく利用されたままにしているが、その代わり、思いもよらないときに激しく抵抗し執拗に仕返しを試みることがある（568c）。

　芸術的表現能力に欠ける場合には、受ける印象はすべて内に向かって深くしみ込むとともに、意識を呪縛してしまい、受けた魅惑的な印象を、意識的な表現をすることによって乗りきることができなくなる。それを表現しようとすれば、太古的な表現がある程度できるだけである。なぜなら、思考と気持は相対的に無意識の中にあり、たとえ意識的であったとしても、必要最低限のありふれた平凡な表現しかできないからである。だから、意識的な機能としてはまったく不十分であり（568d）、主観的知覚を十分に再現することには適していない。したがって、このタイプの人は、自分で自分のことをほとんど理解できないが、同じように他の人も、彼を理解するのは非常に難しい。

　このタイプの傾向が強くなると、彼は客体の現実から遠ざかり、主観的知覚にゆだねられてしまう。そして、この主観的知覚は彼の意識を太古的現実に向けて方向づけるようになる（569a）。しかし、本人自身は、比較し判断する能力に欠けているため、この事実をまったく意識していない。実際には、彼は神話的な世界の中に生きており、人間も、動物も、鉄道も、家も、川も、山も、彼の目には、一部は恵み深い神のように見え、一部は、悪意に満ちた悪魔のように映るのである。ただし、実際にそのような姿において意識されているわけではなく、彼の判断や言動にそういうものとして作用しているのである。すなわち彼は、あたかもそのような威力と実際に関わっているかのごとくに判断し、行動するというわけである（569b）。彼がこのことに初めて気がつくのは、彼の感覚が現実とまったく異なることを発見した時である。もしも彼が客観的理性に傾いているなら、こうした相違は病気と感じるだろう。反対に、もしも非合理性に傾いて自分の感覚の現実的価値を認めようとするならば、客観的世界

C　内向型

は彼にとっては仮象Scheinとなり、コメディとなるだろう。もちろんこうしたジレンマが起きるのは、どちらかに極端に傾いた場合だけである。普通は、こうした個人は、自分だけの世界に閉じこもってEingeschlossenheit満足しており、日常の平凡な生活に満足しているが、そこでは無意識的に、太古的に物事と関わっているのである（569c）。

　彼の無意識に特徴的なことは、主として直観が除け者にされていることであり、最後には、この直観は、外向的かつ太古的な性格を持つようになることである。外向的直観が例の特徴的な勘のよさ、すなわちあらゆる客観的現実の可能性を嗅ぎ取る「よい鼻」を持っているのと同じように、内向感覚型の無意識の中で太古的になった外向的直観は、現実の背後に、あらゆるいかがわしい、暗い、汚い、危険なものを嗅ぎ取る能力を備えている（569d）。こうした直観にとっては、客体（人）の現実的で意識的な印象などは何の意味もなく、その印象の背後にある〈太古的で、第一印象において感じるもの〉に意味があり、そこにあらゆる可能性を嗅ぎ取るのである。これは非常に危険な破壊力を持っており、外向的直観が意識において好意溢れるハーモニーに満ちているのとは、目もくらむほどのコントラストをなしている（570a）。しかし、この人が、客体をそれほど避けないうちは、この無意識的直観は、何かしら空想的で信じやすい意識の「姿勢」に対する健全なコンペンセーション・補償となっている。しかし、無意識が意識とは逆方向に足を踏み出すと、無意識的直観は表面化し、その破壊的作用を展開するようになる。すなわち、この人の注意を強制的に無意識に向けさせるとともに、客体についての忌まわしい強迫表象を触発する（570b）。ここから生じるノイローゼは一般に強迫神経症であり、ヒステリーの傾向は消耗症候群の背後に後退する。

〈023・8〉
8　内向直観 （570c～574a）
Die Intuition

　内向的「姿勢」の人の直観は、無意識の要素とも呼べるような内的客体に向かっていく。内的客体は、外的客体が意識に対して持っている関係と類似した

関係を意識に対して持っている。もちろんこれは外的客体のような物体的現実ではなく（570c）、心理的現実ではあるけれども。内的客体は直観的知覚に対して、事物についての主観的イメージの形で現われるもので、外的体験の中で出合うようなものではない。それは無意識の内容であり、最終的には集合的無意識を構成するものである。無意識の内容は、〈それ自体において、それ自体のために存在するれっきとした存在（An-und Fürsichsein）〉であり、当然、いかなる経験によっても到達できない。その点では外的客体と共通した特性を持っている（570d）。外的客体が今あるような姿において現われるのがまったく相対的であるように（例えば物の大きさは何かと比べていないと示すことができない）、内的客体の現われる姿も相対的であり、我々には直接触れることのできない本質Essenzと、直観機能の特性の産物なのである。

　感覚と同じように直観も主観的要因を持っているが、外向的直観の場合には主観的要因は極力抑え込まれているのに対し、内向的直観の場合には、それは決定的な重要性を持っている（571a）。たとえ内向的直観がインパクトを外的客体から受けるにせよ、外的可能性に留まることなく、〈外的客体によって無意識の内部に触発されたところのイメージ〉に向かっていく。しかし、**内向的感覚**が主として無意識によって生じる独特な神経刺激伝達現象を知覚することに自らを限定し、そこに留まるのに対し、**内向的直観**は主観的要因のこうした側面を無視し（571b）、この神経刺激伝達が無意識の内部に誘発したところのイメージのほうに目を向けるのである。例えば、ある人が心因性の眩暈（めまい）に罹ったとする。**内向感覚**だったならば、この神経刺激伝達の特異な症状に留まって、そのすべての様相を捉える。眩暈の強さ、時間とともに進む経過状況、その始まり方と終わり方などを細部にわたって捉える。しかし、それ以上のことは何もしない。症状の内容や原因などを探ろうとはしない（571c）。

　それに対して、**内向直観**の場合には、感覚から受け取るのはただ最初の感覚を起こした外部からのインパクトだけで、ただちにその背後に目を注ぎ、内的イメージを捉える。すなわち眩暈の症状とともに、眩暈そのものまでも引き起こしたイメージである。（例えば）心臓を矢で射抜かれてよろめく一人の男のイメージを見ている。このイメージは内的直観を捉え、内的直観はそこに留まり、そのあらゆる細部を調べ尽くそうとする。内的直観は、しっかりとイメー

C　内向型

ジを捉え、どのようにこのイメージが変化するか、さらにどのように展開するか、そして最後にどのように消えていくかを、生気溢れる共鳴・共感をもって見届ける（571d）。

　このような具合に内向的直観は、外向的感覚が外部の客体を明確に感知するときと同じくらいに、意識の背後にあるあらゆる動きを明確に感知する。だから、内向的直観にとっては、無意識のイメージは、外向的感覚に対して事物または客体が持っているような尊厳Dignitätを持っているのである。しかし、この内向的直観は一緒に活動している内向的感覚の活動をシャットアウトしてしまうために、神経刺激伝達の障害、すなわち〈無意識的なイメージが身体に及ぼす影響〉をまったく認識しないか、不十分な認識しかできない（572a）。そのため、無意識的なイメージが主体から遊離し、その人とは関係なく独自に存在しているかのごとくに本人には思えてくる。その結果、先の例で述べた眩暈に襲われた内向的直観型の人は、捉えたイメージが何らかの形で自分自身に関係がありうるという考えには思い至らない（572b）。もちろんこんなことは、判断的「姿勢」の人には、考えられないことかもしれないが、これは、私がこのタイプの人においてしばしば経験した事実なのである。

　外向的直観型の人が、外的客体に対して示す際立った無関心は、内向的直観型の人も内的客体に対して示している。外向直観型は、絶えず新しい可能性を嗅ぎ出しては、自分自身だけでなく周囲の人たちの幸せや苦しみすらもおかまいなしに、人としての思いやりも投げ捨てて、新しい可能性の実現を追い求める（572c）。しかも極端なあまり、それが実現するかしないうちにそれを捨てて、また新たな可能性を追い求める。これと同じようなことが、内向的直観型の人にも起こっている。イメージからイメージへと渡り歩き、無意識の豊穣な胎からあらゆる可能性を引き出そうとしながらも、出てきたものを一向に自分の手元に残して味わおうとはしない。味わう前に新しいイメージを追いかける。

　単に世界を感覚するだけの人にとっては、世界が道徳的な対象とは決してならないのと同じように、内向直観型の人にとっても、イメージの世界は道徳的な対象とはならないのである。世界は、一方にとっても他方にとっても、審美的な対象であり、知覚の対象であり、「感じることSensation」なのである（572d）。

このように、内向直観型の人は、自分の身体が存在することも、それが他人に及ぼす働きも意識しなくなる。外向型の視点から言うならば、「彼にとって現実は実在せず、ただ空しい夢を追い求めている」ということになるだろう。

確かに、想像力が尽きることなく生み出される無意識のイメージを眺めることは、直接の役には立たない (573a)。しかし、無意識のこうした様々なイメージが、場合によってはエネルギーの新しい流れをもたらす様々な解釈の可能性を示す限り、外的世界にとっては最も縁遠いこの機能すらも、心理的収支決算全体psychischen Gesamthoushaltの中では不可欠なものなのである。だからこそ、このタイプの人は一つの民族の心理的生命psychischen Lebenにとってはなくてはならぬ存在となることもある。もしもこのタイプの人が存在しなかったならば、イスラエルには預言者が現われることはなかったであろう (573b)。

内向的直観は、こうしたイメージをしっかりと捉える。このイメージは、アプリオリに（経験する前から）備わっている、すなわち遺伝Vererbungに基づいているところの無意識的精神の土台から出てきたものである。これら諸元型の最奥の本質Wesenは経験によって捉えることはできないが、先祖代々受け継いできた心理的機能psychischen Funktionnierens der Ahnenreiheの沈殿・堆積物を表わしている。すなわち、何百万回となく繰り返され、積み上げられ、圧縮されてついに一定のタイプにまで凝縮した生き物たちorganischen Daseinsの経験そのものなのである (573c)。これらの元型の中に、太古からこの地球上にあったすべての経験が姿を現わしている。その経験が頻繁だったものほど、また強度intensiverだったものほど、元型の中にはっきりと現われる。

元型は、カントの言葉を借りれば、イメージのNoumenon（可想的存在）のようなものであり、直観がそれを捉えて、知覚として産み出したものである。だから、無意識は決して、心理的活動の「骸骨の残滓caput mortuum」のような無用な沈殿物ではない。それどころか、我々とともに生きており、内的な変容を体験しつつあるのであり、しかもその内的な変容はすべの出来事と内的に関係しているのである (573d)。

だから、内向的直観は、内的プロセスの知覚を通して、あらゆる出来事を捉えるための極めて重要なある種のデータを提供してくれる。それどころか、新

しい可能性だけでなく、未来に実際に起こり得ることすらもある程度はっきりとした形で予見することすらできるのである。預言者の予見も、それが元型と関連していることから理解できる。諸元型があらゆる経験可能な出来事の流れの法則を提示しているからである（574a）。

⟨023・9⟩
9　内向直観型 (574b〜576d)
Der introvertierte intuitive Typus

　こうした特性を持った内向的直観は、それが首座を占めると、独特のタイプの人間をつくり出す。一方には、「神秘的で夢見るタイプmystischen Träumer」と「予見するタイプSeher」。他方には、「空想するタイプPhantast」と「芸術するタイプKünstler」である（574b）。この後者の二つが内向直観型に普通によく見られるタイプである。なぜなら、一般に、このタイプには、直観の「知覚としての性格」のみに自分を限定する傾向があるからである。そもそも直観型は、通常、知覚に重きを置き、最大の関心事は知覚することにある。そして、彼が生産的な芸術家ならば、知覚したものに形を与えるGestaltungことになる。
　それに対して「空想するタイプ」の場合には、視覚すること、すなわち、見ることAnschauung（visual perception）自体で満足してしまい、それによって自分の形がつくられる、すなわち自分の有りようが決定されるer sich gestalten, d. h. determinieren lässt（574c）。
　この直観が深まると、当然、しばしば手の届く範囲の現実から極端に乖離するようになり、周囲の人にとっては極めて謎めいた人になってしまう。芸術家の場合には、彼の芸術は極端に異様なものとなり、別世界のもののように見える。あらゆる色彩を放つとともに、意味があるかと思えば陳腐だったり、美しいかと思えばグロテスクだったり、高尚かと思えば気まぐれだったりする。芸術家でない場合には、しばしば、埋もれた天才、ぶらぶらしている大物、馬鹿と天才が紙一重といったような人物、「心理小説」に出てくるような人物となる（574d）。

確かに、知覚をモラルの問題にするには、知覚機能である内向直観型の本性だけでは足りない。判断機能がある程度強くなければならない。しかし、「見ることAnschauung」を純粋に審美的なものから道徳的なものへ引き入れるには、比較的にわずかな分化で足りる。そこから内向直観型の変種が生まれるが、審美的タイプとは本質的に異なるものの（575a）、内向的直観の特性を備えていることにおいては変わりはない。
　道徳的問題に引き入れられるのは、内向直観型がそのヴィジョンに自分との関係を持ち込むときである。すなわち、彼が、単に「見ることAnschauung」やその審美的動きや、造形活動に満足することなく、「このヴィジョンは、義務、あるいは課題の視点から、自分と世界にとってどのような意味があるのか？何か自分に求められているものがあるのではないか？」と自問するときである（575b）。「空想するタイプPhantast」と「芸術するタイプKünstler」のような純粋な直観型の場合には、判断を抑え込むか、あるいはそうしたものを感覚の支配下に置いているため、根本的にはこうした問いには至らない。彼が関心を持っているのは、ただ感覚のあり方についてだけだからである。したがって、彼にはこうしたモラルの問題など理解できないし、馬鹿ばかしくさえ感じられ、そんな問題はできるだけ考えまいとする。
　それとは異なり、モラルに関心を持つタイプの内向直観型は、自分が見るヴィジョンの意味のことで頭が一杯である（575c）。ヴィジョンが持っている広い審美的可能性よりも、自分に迫ってくるヴィジョンの意味とそこから起こり得る倫理的結果のほうが気にかかる。そして彼の判断は、漠然としてではあるが、彼に次のことを認識させる。彼がこのヴィジョンの中に人間として丸ごと何らかの形で組み込まれ、ヴィジョンが単に感覚されるだけでなく、彼の主体の血となり肉となり得る何かであることを認識させる。
　その結果、彼は自分のヴィジョンを彼自身の生の中で現実化することを誓うことになる（575d）。しかし、彼はこの重い課題の中で、頼れるものはヴィジョンだけしか持たないため、倫理的な活動の試みは一面的になってしまう。すなわち彼は、自分自身と自分の生涯をシンボリックなものにしてしまう。出来事において感知する内面的で永遠な意味には適っているが、目の前にある現実のレアリティには適ってはいない。したがって、彼は現実に対する影響力を

自ら奪ってしまう。なぜなら、彼は理解されないままで終わってしまうからである。彼の話は、普通に話されていることとは違い、あまりにも主観的なのだ（576a）。彼の主張Argumentenには説得力ある道理が欠けている。彼ができることは、ただ告白することか、発表することしかない。彼は荒れ野に叫ぶ預言者の声なのである（ルカ福音書3の4）。

⟨023・(10)⟩
10　内向的非合理的タイプのまとめ（577a〜579c）
Zusammenfassung der irrationalen

　上記の内向感覚型と内向直観型の二つのタイプは、外から物事を判断する人にとってはほとんど理解できない。内向型であるため、そしてまさにそのゆえに、表現力と表現意欲に乏しく、的確な判断を下す手がかりが少ないからである（577a）。彼らの主要な活動は、内部に向けられているため、外から見ると、内気、人目を避けること、無関心、どっちつかずの態度、根拠のない困惑ばかりが目につく。何か外に現われるものがあるとすれば、たいてい、比較的に無意識的な劣等機能が間接的に現われたものである。
　このような外見から、当然このタイプの人たちに対して周囲は偏見を持つようになる。そのために、多くの場合、過小評価されるか、少なくとも理解されない（577b）。このタイプは判断機能がかなり劣性であるため、自分自身でも自分のことが分からない。それだけに、なぜ自分がいつも周囲から過小評価されるのかも分からない。自分たちが外に対して行なうやり方が、実際にはお粗末であることにも気がつかない。彼らの目が主観内の出来事に魅了されているからである。内部で起こっていることが常にあまりにも魅力的であるため（577c）、それについて周囲の人に語る内容が、内部で一体となって生きている現実と比べると極めてわずかなことには全然気がついていない。
　彼らが話してくれることは断片的で、たいていは単にエピソード的であるのに、周囲の人の理解と関心を求めることにかけては人一倍である。それにもかかわらず、彼らが話すときには相手に対する温かさが足りない。彼らの場合、唯一その温かさこそ、説得力を持っているかもしれないのだが。こうして、し

ばしば無愛想で冷たい態度が出てしまう（577d）。

　本人たちにはまったくその意識はなく、そんなことをするつもりは毛頭ないのだが。このような人たちをもっと公正に判断し、もっと温かい理解で包むことができるとすれば、それは、彼ら（彼女ら）の話を聞く人が、〈自分の心に浮かぶことを他人が理解できる言葉に翻訳することがいかに難しいか〉がよく分かっている場合である。ただし、その場合でも、この寛大さは示しすぎてはいけない。彼らにはあくまで自分で語る努力をやらせなければならない。彼らが何も言わない先に汲み取ってやってはいけない。そんなことをすれば、このタイプの人たちを非常に傷つけることになりかねないからだ（578a）。彼らを助けることができるのは宿命自身であり、それが彼らの道を準備し、おそらく他の人々よりももっと多くの外界の困難に遭遇させ、それを乗り越えさせる。それによって、彼らは内界の陶酔から目覚めるであろう。しばしば大きな困難があってこそ、初めてこのタイプの人たちから人間らしい言葉が絞り出される。

　外向型や合理型の人たちから見ると、こうしたタイプの人たちは人間の中ではまったく役に立たない部類に属する。しかし、より高い視点から見るならば（578b）、**このような人こそ、〈豊かで活気に満ちた世界が、そして生命の喜びが溢れんばかりに満ちた世界が、外界のみならず、内界にも存在するという事実〉の生き証人なのである**。確かに、このタイプは、「自然の理法」の一面をデモンストレートするものであるが、その時々の精神の流行に振り回されない人々にとっては、教えられることの多いタイプである。

　この「姿勢」の人たちは、文化の推進者であり、それぞれのスタイルにおいて教育者である。彼らの生き様が、言葉よりも多くのことを教えてくれるからである（578c）。我々は、彼らの生き方のみならず、彼らの最大の欠点である〈言葉を使って思いを伝えることが不得手なこと〉からすら、現代文化の大きなエラー、すなわち、〈「語ることSagen」と「説明・立証・表現することDarstellen」を過度に重要視する迷信〉、すなわち〈「言葉と方法を通して教えること」をあまりにも過大に評価する誤り〉に気づかされるのである〈See：121・111・1「聖なる愚者の元型」〉。

　子供は親の立派な言葉に影響されやすく、子供は言葉をもって教育しさえす

れば幸せに育つと信じられているようであるが、実際には、「この親にしてこの子あり」なのであって、親がさらに言葉で説明を加えたところで、子供は混乱するばかりである（578d）。

言葉に偏向する教師の場合も同じである。しかし、現代では方法を信仰するあまり、方法さえよければ、それを使う先生まで崇められてしまう。人間として最低の人間は絶対に良い教師ではないのだが、そんな教師ですら、方法と表現能力さえあれば、それらを隠れ蓑に、彼のおぞましい人間性を生徒たちの心に知らず知らずのうちに感染させ蝕んでいく（579a）。

もちろん、年長の生徒は、役に立つ有用な方法の知識を何よりも欲しがるだろう。彼は、〈方法さえよければ十分だと信じている現代社会一般の風潮〉にすでに毒されているからである。彼は頭が空であればあるほど、丸暗記する方法に適しており、一番点がもらえることをすでに経験から知っている。また、彼の周りでも皆が、「成功も幸運もすべて外界にあり、方法さえ知っていれば望むものは何でも手に入れることができる」と言っているし、そんな生き方の手本を見せてくれる（579b）。そして、宗教科の先生は、自分の生き方を通して、内部の観想から豊かな富が得られることを教えてくれているだろうか。確かに、非合理的な内向型は、先生としては決して完璧なタイプとは言えないかもしれない。理屈や倫理学で生徒を納得させることはうまくできないかもしれない。しかし、彼らの生き方は、現代文化が、不幸にも見失ってしまった別の可能性の重要性を教えてくれるのである（579c）。

〈023・(11)〉
11　主要機能と補助機能 （579d～583a）

人の言動の個々の事例を丹念に比べてみると、明らかに一つの法則性が見えてくる。意識の中には最も発達し分化した機能と並んで（579d）、常に未発達の補助機能がもう一つ存在し、ある程度言動に影響を与えていることが見えてくる……。機能はどれも、意識に出てくることは可能だが、ここで問題にしている機能とは、それが意志のままになるばかりでなく、その基本的動きが意識の方向づけ（Orientierung）に重要な役割を果たしている機能のことである

……（580a）。例えばそれがもし思考ならば、単に後知恵のような熟考や反芻するような思考ではなく、それが下す結論が一つの絶対的な妥当性を持ち、その論理的結論が場合によっては、他にいかなる証拠がなくとも、実際の行動の動機としても、保証としても、通用する場合である。

この絶対的な優位性は、<u>経験的に</u>empirisch常に一つの機能にしか与えられない。否、一つの機能しか持つことができない（580b）。なぜなら、もう一つ独立した機能が同じように介入してきたならば、必然的にもう一つの方向性が生じることになり、最初の機能の方向性と、少なくとも部分的に、対立することになるからである。しかし、意識の適応プロセスにとって死活問題となり得るような重要な条件は、常に明確に唯一であるということである。だから、当然第二の機能が同等の地位を持つことは禁じられる。補助的地位しか持つことはできない。このことは経験的にも確認されている。

補助的という意味は（580c）、それが第一の機能のように、場合によっては、〈それだけで絶対的に信頼できるとか、決定的に妥当する〉というようなことにはならないが、補完的機能を果たしているという意味である。第二の機能として現われることができるのは、当然その本質が第一の機能に対立しないものだけである。例えば〈思考thinkingによって判断する機能〉の傍らに、〈気持feelingによって判断する機能〉が第二の判断機能として共存することは決してあり得ない。両者の本質は氷炭相容れないものだからである。思考は真の思考、自らの原理に忠実な思考になるためには、注意深く気持による判断を抑えなければならない。

だからといって、思考と気持が同じくらい強く、両者とも同じくらい意識的な動機力となっているような人がいないわけではない。しかし、それは、それらの機能が比較的に未発達な人の場合である（581a）。意識と無意識が同じ程度なのは、原始的な精神状態の印である。

第二の機能は、経験的にそのものとしては本質的に異なっているが、主要機能とは対立することはない。例えば「思考thinking」が主機能ならば、容易に「直観intuition」を補助機能とすることができる。また「感覚sensing」ともうまくいく。しかし、今述べたように、「気持feeling」とは、決してうまくいかない。

直観も感覚も、思考とは対立しない (581b)。すなわち、無条件に排除されることはない。気持のように思考とは本質的に逆になってはいないからである。気持は判断機能であり、思考と競合する。しかし、直観も感覚も知覚機能だから、思考にとっては、ウェルカムな助っ人となる。だが、もし気持が強くなり、思考と同じ高さで分化するなら、姿勢自体の変化を起こし、思考の傾向と対立するようになるだろう (581c)。すなわち、〈判断する姿勢〉を〈知覚する姿勢〉につくり替えてしまうだろう。それによって、思考にとって不可欠な合理性の原則が抑圧され、思考は単なる知覚の非合理性に弄ばれるだけになるだろう。したがって補助機能は主要機能の召使いである限りにおいてのみ役立つのであり、自分の原則の独自性Autonomieを主張しない限りにおいてのみ許されるのである。

　ところで、すべての場合に、どのタイプにも当てはまる基本原則は、意識的な主要機能の傍らに (581d)、もう一つの相対的に意識的な補助機能があり、それが、主要機能とはどの視点から見ても、本質的に異なっているということである。それがミックスされて、よく知られている人物像が生じる。例えば、「感覚」と一体となった実際的な知性praktische Intellektの持ち主。直観と一体となった思索的な知性spekulative Intellektの持ち主。気持の判断機能を通して独自のイメージを選び出す芸術的直観künstlische Intuitionの持ち主。力強い知性に助けられて、自分のヴィジョンを広大な万有の知識の世界に繰り広げようとする哲学的直観philosophische Intuition (582a) の持ち主、など様々な人物像が生まれるのである。

　意識的機能に対応して無意識的機能の組み合わせもある。例えば、「意識的なプラクティカルな知性」に対応して「無意識的な直観＝気持intuitiv-fühlende」の姿勢があるが、ここでは、気持機能のほうが直観機能よりも相対的に強く阻害される (582b)。確かに、このような特性に関心を持つのは、臨床的な心理学的治療に携わる人たちだけだが、彼らにとっては重要である。例えば医師が、極めて知性的に優れた患者を相手に、その人の無意識から気持機能を直接発達させようと苦心しているのを私は何度も目にしてきたが、こうした試みは常に失敗するだろう。なぜなら、これは、意識の見地から見るならば、

あまりにも大きな暴力を意味するからである。この暴力が成功するや、それを通して、文字どおり、患者が医師に脅迫的に依存するようになるからだ (582c)。もっと言えば、医師と患者を残酷Brutalitätをもってしか切り離すことのできない「転移Übertragung」が生じてしまうからである。なぜなら、この暴力によって患者の立場がなくなりstandpunklos、医師が彼の拠り所Standpunktとなってしまうからである。

しかし、この危険を回避する治療方法がないわけではない。もしも補助機能を経由して進むならば、無意識への安全な抜け道、すなわち最も厳しく閉ざされている機能をすり抜ける道が開かれる。意識の視点から見ても、さらに十分に手入れされた状態で、いわば自ずと、道が開かれてくるのである。

このように合理的タイプの人の場合には、非合理的機能の一つを経由して治癒される (582d)。すなわち、患者の意識の目に、今から起こりそうなことや今起ころうとしていることに関し、幅広い展望やヴィジョンを提供できるために、患者は、無意識の破壊的活動に対する十分に安全なシェルターを手に入れることができるからである。

逆に、非合理的タイプの人の場合には、意識の中で合理的な補助的機能をより強力に使うことによって、十分な備えを整えて、無意識の攻撃をくい止めることができるようになるのである (583a)。

完

Epilogue

1959年に哲学の研究のためスイスに渡ったとき、東洋的思考と西洋的思考のシンテージスに強い関心を持っていた。その手始めとして、禅とベルグソンの直観の比較を試みていたが、たまたまユングの研究者であった私の指導者が、そのような研究であれば、一度、チューリッヒのユング・インスティテュートに分析を受けに行ってみたらよいだろうと勧めてくれた。こうして、はからずも得られたユングの思想との出会いから、ユングのタイプ論こそ、まさに私が求めていたものであることを発見した。内向型と外向型の違いが、仏教を中心とする日本の東洋的思考と西洋的思考の違いの根底にあることが分かったからである。

　それと同時に、まったく思いがけないことにも気がついた。ベルグソンの生命の哲学自体も、内向型と外向型の違いが生じる根本的な原因を明らかにするのに役立つということであった。内向型と外向型の特徴の違いが生命と物質の違いから来ていることが理解できたからである。

　すなわち、内向型は融合を特徴とする生命に影響されて、融和を好み、集団主義者となるのに対し、外向型は、区分・分別を特徴とする物質に影響されて、対決を好み、己を主張し、個人主義者となる。内向型は集団の規則（法）を守り、集団に尽くすことを生き甲斐とするのに対し、外向型は外界を支配し、それを自分で楽しむことを生き甲斐とする。その結果、内向型諸国の多くが、個人単位で見た場合、高度な生産性を上げている。

　それだけではない。内向型と外向型が、共に生物の進化のなかで基本的な使命を担っていることにも気がついた。生物圏全体は一つの樹木（生命の樹）のように成長しており、上に成長する動きと横に枝を広げる動きがあるが、それが、内向型の動きと外向型の動きであることに気がついたからである。理想を求めて上方向に伸びようとするのが、内向型の動きであり、横に向かい、現実と妥協し、あわよくば外界を征服し支配しようとするのが外向型の動きなのである。

　しかし、次のことも見えてきた。内向型社会と外向型社会は、夫婦のように互いに違いながらも人類には等しく必要なのだが、今日、世界は外向型一辺倒

Epilogue

となっている。内向型の優れた価値がまったくというほど理解されていない。それが現代世界にとっていかに大きな損失かが理解されていない。そのため、差し迫った思いで本書を世に出した。

　ただし、本書はあくまでこの種の研究の出発点であって終点ではない。航空機の歴史でいえば、ライト兄弟の試作機である。まだまだ欠陥だらけである。今から優れた研究者諸氏がこれを土台にして改良し、素晴らしいジェット機を造っていただければ幸いである。

本書に関連するユング研究所(チューリッヒ)から著者への手紙

```
             C.G. JUNG-INSTITUT
             ZÜRICH
             Hornweg 28, 8700 Küsnacht, Telefon 01/910 53 23


                         Dr. Joseph Minoru Yamaguchi
                                       Tokyo (181)
                         Japan


                         Küsnacht, May 6, 1988 HB/ew

         Dear Dr. Yamaguchi,

         I am sorry that I could not answer to your interesting
         letter dated March 12, 1988, before.

         I consider your idea being fascinating and asked various
         colleagues, whether they know literature on the use of
         Jungian Typology with respect to different nations. But
         as I, they did not know.

         Therefore, I would like to suggest you to contact

                         Prof. Dr. med. C.A. Meier

                                       Zürich

         who is an expert in Jungian Typology. Unvortunately, I
         could not reach him, perhaps you should write to him.

                                       Sincerely,
                                       C.G. Jung Institute


                                       (Dr.med. H. Barz, President)



                         Bank: Leu AG, Zürich, Kto. 16216-4
```

ユングの気質論を異なる国民に当てはめて国民性を論じようとする貴殿のお考えは魅力的です。さっそく私の知っているいろいろなユング研究者の同僚にそうした研究論文が存在するか問い合わせてみましたが、私同様、誰も知りませんでした。
ユングの気質論に詳しいProf. Dr. med. C.A..Meier教授にもうかがいましたが、残念ながら連絡がつきませんでした。貴殿ご自身で直接博士にお問い合わせください。

```
                    C.G. JUNG-INSTITUT
                         ZÜRICH
                Hornweg 28, 8700 Küsnacht, Telefon 01/910 53 23


                              Dr. Joseph Minoru Yamaguchi

                              Tokyo, 181
                              Japan


                              Küsnacht, July 8, 1988 HB/ew

        Dear Dr. Yamaguchi,

        I am very interested in your project to try to classify
        world nations according to the psychological types of
        Jung. Like you, I believe this project might become very
        valuable to foster mutual understanding between different
        nations around the world, the psychological understanding
        so needed at this time when international relations
        between countries are getting increasingly complex and
        intricated. I encourage you, therefore, with my sincere
        wishes that our colleagues around the world will generously
        come to your help and support.

                              Sincerely,
                              C.G. Jung Institute


                              (Dr.med.H.Barz, President)







                       Bank: Leu AG, Zürich, Kto. 16216-4
```

ユングのタイプ論によって世界の民族を分類しようとする貴殿の試みには大変興味をそそられます。私もこれは、世界中の異なる国民の相互理解を推進するために非常に価値あるものになるのではないかと考えます。このような心理学的理解は、特に今日、国際関係が日ましに複雑・多難になるなかで非常に重要になってきました。ですから、貴殿にぜひやっていただきたい。そして世界中のわれわれの仲間が貴殿に惜しみない支援とサポートを送られるよう望んでいます。

> **CG** Jung Institut Zürich
>
> Dr. Joseph Minoru Yamaguchi
> [address redacted]
> Canada
>
> Küsnacht, 26 August 2015
>
> Dear Dr. Yamaguchi,
>
> Thank you for your letter and the information. Time goes by, and unfortunately Dr. Barz died years ago.
> But we can confirm the content of his letter of July 8, 1988. We find your project interesting and it might be even more valuable in the actual globalized world.
> For the rights for translation of chapter 10 of CW 6, you have to contact Patmos Verlag, Ostfildern. This is the editor at time for the CW's of C.G. Jung. In the Internet, you can contact them directly. Rascher does not exist anymore.
>
> With all the best wishes for your publication,
> Sincerely yours
> C.G. Jung Institute Zurich, Küsnacht
>
> *Verena Kast*
>
> Prof. Dr. Verena Kast
> President of the Curatorium
>
> Hornweg 28, CH-8700 Küsnacht
> Telefon +41 44 914 10 40, Fax +41 44 914 10 50
> E-Mail: cgji@jungsinstitut.ch
> www.junginstitut.ch

お手紙と近況ありがとうございました。時は過ぎ、Barz博士も残念ながら大分以前に亡くなりました。
しかし、1988年7月8日付で博士が貴殿に送られた手紙の内容は、私共も確認いたします。貴殿のプロジェクトは興味深く、世界にグローバリゼーションが深まる今日、その必要性はますます高まってきていると思います。
出版のご成功をお祈りいたします。

山口　實（やまぐち　みのる）
1932年東京に生まれる。1959年より67年までスイスのフリブール大学に留学。アリストテレスの形而上学、西洋中世の形而上学を学ぶとともに、近世・現代諸哲学を、特に近世・現代哲学と数理論理学の分野で世界的に著名なJoseph M. Bochensky教授から学ぶ。博士論文では、ローザンヌ大学・東西比較思想のConstantin Regamey教授の指導のもとに、ベルグソンと禅の直観の比較研究を行い、東洋と西洋思考の基本的相違を探る。1967年6月、博士論文審査と博士課程最終総合試験を、Magna cum Laude（with great praise）をもって合格。Docteur ès Lettres（文博）受位。Zen and Bergson、『生命のメタフィジックス』ほか著訳者多数。

ユングのタイプ論に基づく
世界諸国の国民性
そして内向型国民の優れた特性

2017年9月7日　初版発行

著者――――山口實
発行――――形而上学研究所
発売――――株式会社CCCメディアハウス
　　　　　　〒153-8541 東京都目黒区目黒1丁目24番12号
　　　　　　電話　販売　03-5436-5721
　　　　　　　　　編集　03-5436-5735
　　　　　　http://books.cccmh.co.jp
印刷・製本―日本写真印刷コミュニケーションズ株式会社

© Minoru Yamaguchi, 2017
Printed in Japan
ISBN978-4-484-17224-8

落丁・乱丁本はお取り替えいたします。